プリント形式のリアル過去問で本番の臨場感！

神奈川県

逗子開成中学校

2・3次

2025年春受験用

解答集

本書は，実物をなるべくそのままに，プリント形式で年度ごとに収録しています。
問題用紙を教科別に分けて使うことができるので，本番さながらの演習ができます。

■ 収録内容

・解答集(この冊子です)

書籍ＩＤ番号，この問題集の使い方，最新年度実物データ，リアル過去問の活用，
解答例と解説，ご使用にあたってのお願い・ご注意，お問い合わせ

・2024(令和６)年度 ～ 2022(令和４)年度　学力検査問題

○は収録あり	年度	'24	'23	'22			
■ 問題(2次・3次)		○	○	○			
■ 解答用紙		○	○	○			
■ 配点							

全教科に解説があります

◎1次は別冊で販売中
注)問題文等非掲載:2022年度3次社会の【2】

資料の非掲載につきまして

著作権上の都合により，本書に収録している過去入試問題の資料の一部を掲載しておりません。ご不便をおかけし，誠に申し訳ございません。

教英出版

■ 書籍ＩＤ番号

入試に役立つダウンロード付録や学校情報などを随時更新して掲載しています。
教英出版ウェブサイトの「ご購入者様のページ」画面で，書籍ＩＤ番号を入力してご利用ください。

書籍ＩＤ番号　110414

（有効期限：2025年9月30日まで）

【入試に役立つダウンロード付録】
「要点のまとめ(国語／算数)」
「課題作文演習」ほか

■ この問題集の使い方

年度ごとにプリント形式で収録しています。針を外して教科ごとに分けて使用します。①片側，②中央のどちらかでとじてありますので，下図を参考に，問題用紙と解答用紙に分けて準備をしましょう（解答用紙がない場合もあります)。

針を外すときは，けがをしないように十分注意してください。また，針を外すと紛失しやすくなりますので気をつけましょう。

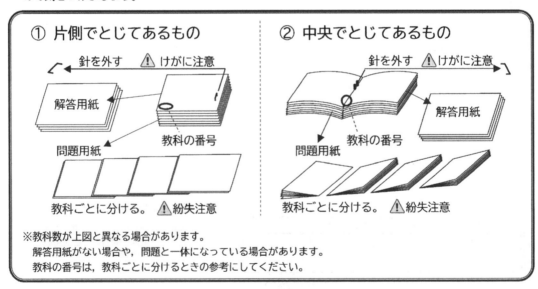

① 片側でとじてあるもの

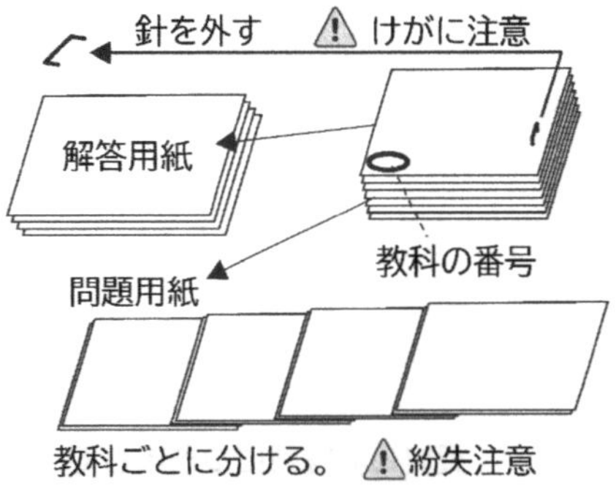

② 中央でとじてあるもの

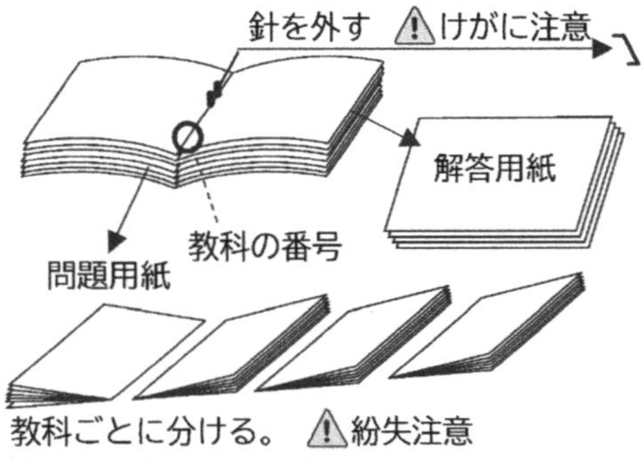

※教科数が上図と異なる場合があります。
解答用紙がない場合や，問題と一体になっている場合があります。
教科の番号は，教科ごとに分けるときの参考にしてください。

■ 最新年度 実物データ

実物をなるべくそのままに編集していますが，収録の都合上，実際の試験問題とは異なる場合があります。実物のサイズ，様式は右表で確認してください。

問題用紙	Ｂ５冊子(二つ折り)
解答用紙	Ｂ４片面プリント

リアル過去問の活用

～リアル過去問なら入試本番で力を発揮することができる～

本番を体験しよう！

問題用紙の形式（縦向き / 横向き），問題の配置や余白など，実物に近い紙面構成なので本番の臨場感が味わえます。まずはパラパラとめくって眺めてみてください。「これが志望校の入試問題なんだ！」と思えば入試に向けて気持ちが高まることでしょう。

入試を知ろう！

同じ教科の過去数年分の問題紙面を並べて，見比べてみましょう。

① 問題の量

毎年同じ大問数か，年によって違うのか，また全体の問題量はどのくらいか知っておきましょう。どのくらいのスピードで解けば時間内に終わるのか，大問ひとつにかけられる時間を計算してみましょう。

② 出題分野

よく出題されている分野とそうでない分野を見つけましょう。同じような問題が過去にも出題されていることに気がつくはずです。

③ 出題順序

得意な分野が毎年同じ大問番号で出題されていると分かれば，本番で取りこぼさないように先回りして解答することができるでしょう。

④ 解答方法

記述式か選択式か（マークシートか），見ておきましょう。記述式なら，単位まで書く必要があるかどうか，文字数はどのくらいかなど，細かいところまでチェックしておきましょう。計算過程を書く必要があるかどうかも重要です。

⑤ 問題の難易度

必ず正解したい基本問題，条件や指示の読み間違いといったケアレスミスに気をつけたい問題，後回しにしたほうがいい問題などをチェックしておきましょう。

問題を解こう！

志望校の入試傾向をつかんだら，問題を何度も解いていきましょう。ほかにも問題文の独特な言いまわしや，その学校独自の答え方を発見できることもあるでしょう。オリンピックや環境問題など，話題になった出来事を毎年出題する学校だと分かれば，日頃のニュースの見かたも変わってきます。

こうして志望校の入試傾向を知り対策を立てることこそが，過去問を解く最大の理由なのです。

実力を知ろう！

過去問を解くにあたって，得点はそれほど重要ではありません。大切なのは，志望校の過去問演習を通して，苦手な教科，苦手な分野を知ることです。苦手な教科，分野が分かったら，教科書や参考書に戻って重点的に学習する時間をつくりましょう。今の自分の実力を知れば，入試本番までの勉強の道すじが見えてきます。

試験に慣れよう！

入試では時間配分も重要です。本番で時間が足りなくなってあわてないように，リアル過去問で実戦演習をして，時間配分や出題パターンに慣れておきましょう。教科ごとに気持ちを切り替える練習もしておきましょう。

心を整えよう！

入試は誰でも緊張するものです。入試前日になったら，演習をやり尽くしたリアル過去問の表紙を眺めてみましょう。問題の内容を見る必要はもうありません。どんな形式だったかな？受験番号や氏名はどこに書くのかな？…ほんの少し見ておくだけでも，志望校の入試に向けて心の準備が整うことでしょう。

そして入試本番では，見慣れた問題紙面が緊張した心を落ち着かせてくれるはずです。

※まれに入試形式を変更する学校もありますが，条件はほかの受験生も同じです。心を整えてあせらずに問題に取りかかりましょう。

逗子開成中学校【2次】

《国　語》

【一】問一．①賛成　②吸収　③規制　④意向　⑤貧乏　⑥度胸　⑦立派　⑧承　⑨装　⑩吹〔別解〕噴
⑪ごんげ　⑫ほうふ　⑬ぬまち　⑭かな　⑮う　問二．①栗　②風　③板　④×　⑤腹

【二】問一．A．ア　B．ウ　問二．エ　問三．オ→ウ→ア→エ→イ　問四．和やかなひとときを過ごす
問五．家族のプライバシーの要求にしたがって四角い家を隔壁でしきった小部屋。　問六．エ
問七．プライバシーを守るために進化したはずの四角い家は、円居のときを喪失し、親から子に思想も教養も道徳も引き継がれなくなってしまったということ。

【三】問一．A．ウ　B．エ　C．ア　問二．そむけよう　問三．ウ　問四．Ⅰ．可愛く見られたい　Ⅱ．カラコンを着けないと世界と向き合えない　問五．ア　問六．北見先生の言葉にしたがうべきだと頭では理解しながらも、受け入れ難く感じているため、何とか自分を納得させようとしている。　問七．ⅰ．お互いの距離を感じていた　ⅱ．エ　ⅲ．相手の心を動かすことができる

《算　数》

1　(1) $1\frac{7}{9}$　(2)55　(3) $5\frac{1}{7}$

2　(1)775　(2)土曜日　(3)分速85m　(4)95個　(5)8通り　(6) $2\frac{1}{7}$ ㎠

3　(1)12：5　(2)120：1　(3)140頭

4　(1)X．240　Y．3　(2)右図　(3)（く）：9回
（進）：5㎝
（回）：80度

5　(1)16384㎠　(2)3：1　※(3)6回，11：21

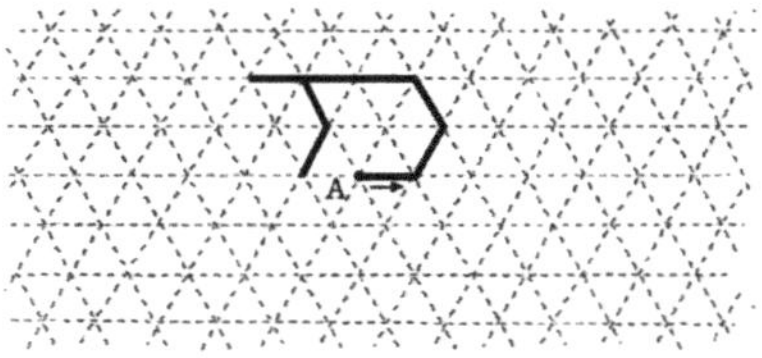

※の考え方は解説を参照してください。

《理　科》

【1】⑴反射鏡　⑵イ，ウ，カ　⑶オ→ウ→イ→エ→ア　⑷ゾウリムシ　⑸下図　⑹①下グラフ　②イ

【2】⑴エ　⑵イ，カ　⑶浮沈子内の空気の体積が小さくなって，浮沈子にはたらく浮力が小さくなるから。
⑷①$\frac{13}{12}$　②40

【3】⑴エ　⑵イ　⑶イ　⑷152　⑸地球の公転面に対して，月の公転面がかたむいているから。　⑹36800

【4】⑴①B　②エ　⑵①エ　②4.5　③下グラフ　④3.6　⑤7.5

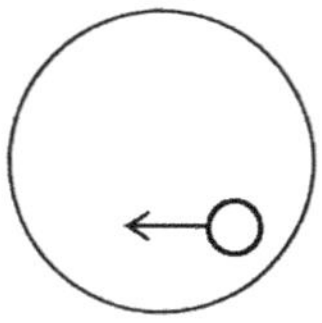

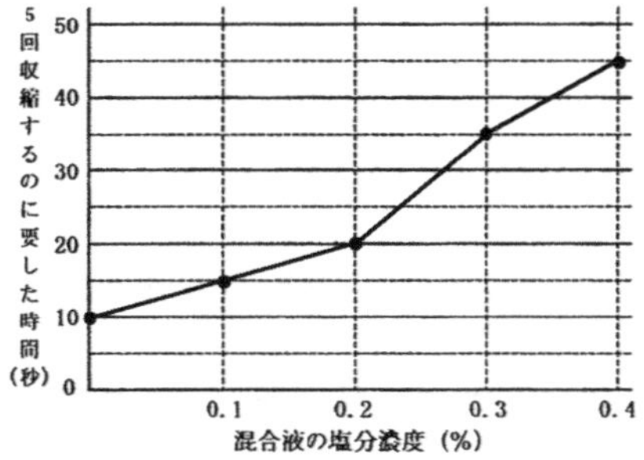

【1】⑹①のグラフ

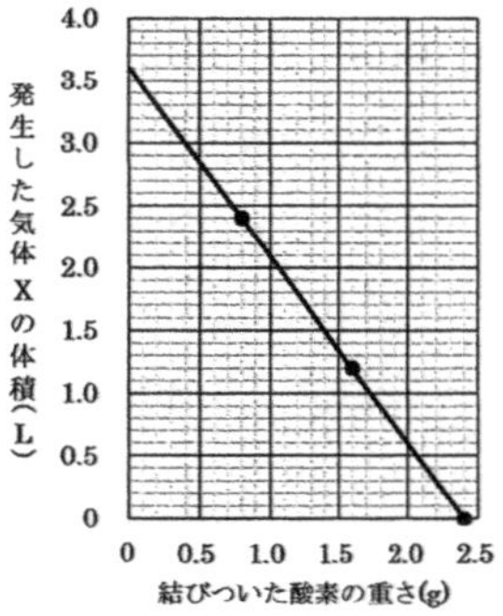

【4】⑵③のグラフ

《社　会》

【1】問1．Ⅰ．ウ　Ⅱ．オ　問2．Ⅰ．エ　Ⅱ．記号…エ　正しい語句…御成敗式目〔別解〕貞永式目
問3．Ⅰ．学制　Ⅱ．a．天明　b．異国船打払令　c．浦賀　d．朝鮮　e．イラク　問4．Ⅰ．イ，エ
Ⅱ．ア　Ⅲ．イ　問5．a．イ　b．エ　c．ア

【2】問1．Ⅰ．ウ　Ⅱ．イ　Ⅲ．a．ウ　b．オ　Ⅳ．a．近郊　b．東京などの大消費地に近い　問2．南半球の温帯に位置するニュージーランドは，日本と季節が逆であり，日本で品薄になる冬から春にかけてカボチャが多く出荷されるから。　問3．a．イ　b．エ　問4．Ⅰ．牛舎や鶏舎に緑のカーテンをつけ，舎内の温度が上昇するのを防ぐ。　Ⅱ．緑のカーテンは植物でできていて，電力やエネルギーを使用せず，二酸化炭素の吸収にもつながるから。

【3】問1．Ⅰ．150　Ⅱ．ア，エ　問2．Ⅰ．国土交通　Ⅱ．ア　Ⅲ．労働基準法
問3．Ⅰ．男女共同参画社会基本法　Ⅱ．ア　問4．ウ　問5．Ⅰ．持ち込ませない　Ⅱ．ウ
問6．a．違憲審査権〔別解〕法令審査権　b．最高裁判所　c．弾劾　d．裁判員

2024 解答例 令和6年度　逗子開成中学校【3次】

《国　語》

【一】問一．①灰　②染　③垂　④座席　⑤型紙　⑥区域　⑦街路　⑧直視　⑨色彩　⑩かげ　⑪もう　⑫つつし　⑬しずく　⑭たびかさ　⑮ばんしゅう　　問二．Ⅰ．A．一　B．二　Ⅱ．四　　問三．Ⅰ．千　Ⅱ．ウ

【二】問一．ア　　問二．ウ　　問三．イ　　問四．エ　　問五．1．オ　2．ア　3．エ　4．ウ　　問六．Ⅰ．他人の分まで背負う力　Ⅱ．自立　　問七．エ　　問八．イ　　問九．旅行者は、物乞いにバナナをあげる際に、自分が食べたい分を我慢してまで施しをする以上、きっと感謝されるだろうと思ったが、物乞いはお礼も言わずにバナナを投げ捨てたから。　　問十．Z．イ　W．ア　　問十一．エ　　問十二．だれかと関わる時には、まず自分をきちんと満たし、やせ我慢や無理をせず、何かを押し付けたり見返りを求めたりしないようにする点。

《算　数》

1　(1)1028　　(2)2　　(3)$3\frac{1}{3}$

2　(1)125個　　(2)2880円　　(3)102.05 ㎠　　(4)22通り　　(5)28枚　　(6)90000 ㎤

3　(1)15枚　　(2)35個　　(3)22100個

4　(1)7分24秒　　(2)15：8　　(3)43：10

5　(1)4個　　(2)9個　　※(3)192通り

※の考え方は解説を参照してください。

《理　科》

【1】(1)葉緑体　(2)Ⅰ　(3)気こう　(4)二酸化炭素　(5)イ，ウ，エ　(6)エ　(7)①P　②春に栄養分が減少するから。　③右図　④赤潮

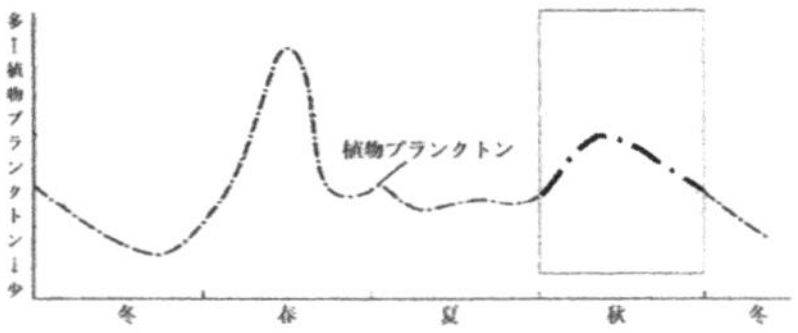

【2】(1)①24　②8　(2)①12　②12.5　③150

【3】(1)エ　(2)手の熱によって氷の表面が少しとけて水になるが，氷の温度が低いため，水が再びこおるから。　(3)①イ　②イ　③24　(4)ウ

【4】(1)金属は熱を伝えやすいから。　(2)57　(3)ア　(4)エ　(5)①730　②576

《社　会》

問1．1．渡来人　2．鑑真　3．真言　4．野口英世　　問2．イ　　問3．ウ　　問4．Ⅰ．三内丸山　Ⅱ．白川郷　問5．Ⅰ．エ　Ⅱ．［地名／農業の特徴］　A．［イ／キ］　B．［ア／ケ］　　問6．ウ　　問7．Ⅰ．クリーク　Ⅱ．ア　Ⅲ．水郷　　問8．蘇我馬子　　問9．Ⅰ．イ　Ⅱ．イ　Ⅲ．地方の特産物を都まで直接運んで納める「調」を一時的に停止することで，人流を抑制することができるから。　　問10．さとうきび　　問11．ア　　問12．イ　問13．Ⅰ．杉田玄白　Ⅱ．田沼意次　Ⅲ．ペリー　　問14．Ⅰ．エ　Ⅱ．ウ　Ⅲ．a．領事裁判権〔別解〕治外法権　b．日本の法令を他国に適用することができなかった　　問15．Ⅰ．イ→ア→ウ　Ⅱ．田中正造　　問16．Ⅰ．ア　Ⅱ．［工業地帯・地域／都市］　A．［ア／コ］　B．［ウ／キ］　C．［イ／カ］　Ⅲ．シリコンアイランド　問17．Ⅰ．ウ　Ⅱ．エ　　問18．Ⅰ．A．エ　B．ア　Ⅱ．公聴会　Ⅲ．臨時(国)会　Ⅳ．公共の福祉

問19．アフリカは，ワクチンをほとんど生産できず，先進国からの輸入などに頼っているのに加え，経済力が低く，さらに人口も多いため，すべての人に行き渡るだけのワクチンを十分に入手できなかったから。

《2024　２次　国語　解説》

【二】

問一Ａ　理屈《りくつ》をこねるとは、あれこれと理屈を言う、無理やり理屈をつけるということ。　Ｂ　求心力とは、人をひきつける力のこと。次の行に、「家族をそこに集束させるだけの力を持った」とある。家族をそこに集めるというリビングルームのもつ力を、「求心力」と表現している。

問二　奇怪《きかい》とは、あやしく不思議なこと、常識から外れていること。南アフリカの先住民たちが暮らす家は、どの部族のものも円形であった。円形の家に住むのが当たり前だった彼《かれ》らにとって、ヨーロッパからやってきた白人たちの「四角い家」は、見たことのない不思議なものだったと考えられる。よって、エが適する。

問三　ウ、ア、エは、この順に、入り口から奥《おく》に向かって家の構造を説明している。イは、この部分をまとめたものなので、ウ→ア→エ→イの順になる。オは、この家の説明の導入部分だと考えられるので、ウの前にくる。

問四　筆者は、一家団欒《だんらん》という言葉をもとに、「団欒」とは、中国の伝統建築のそれぞれの棟に住む家族が、中庭の栴檀《せんだん》の木の下に集まって、「和やかなひとときを過ごすことを指しているのであろう」と述べている。筆者は、伝統建築が、家族の円居《まどい》の場である中庭を持つことから、本来の家は、家族が集まって「和やかなひとときを過ごす」場であると考えている。

問五　５～６行前に「そもそも四角い家という発想は、家族がプライバシーを望んだ結果なのではなかろうか。つまり円い家に隔壁《かくへき》は造れないから、その壁に沿って家が四角くなったのではないのか」とある。

問六　少し前に「家族の絆《きずな》というものは、愛情や信頼《しんらい》だけではなく、こうした長い円居のときによって形成されるものであろう」とある。筆者が子供のころには、家族をリビングルームに「集束させるだけの力を持った、テレビジョンなる神器」があり、家族はリビングルームに集まっていた。しかし、今は、それぞれが家族各自の部屋に分かれ、夜な夜な「パソコンや携帯《けいたい》電話」でインターネットに夢中になっている。リビングルームは家族の円居の場ではなくなり、家族は見知らぬ人々が集うインターネット上の円居の場に集まるようになった。こうして、家族の絆が失われてしまったのである。よって、エが適する。

問七　筆者は、本来の家は、家族が集まって「和やかなひとときを過ごす」場であると考えている。そして、「四角い家」への進化は、「家族がプライバシーを望んだ結果」なのかもしれず、それは「家族意識の退行を意味している」のではないかと考えている。すべてが円い家をもつベルベル人たちは、夜ごとに竪穴の中庭に家族が寝転《ねころ》んで団欒することで、「思想も教養も道徳も、完全に正確に子孫へと享《う》け継がれたはずである」。一方、「四角い家」に住む人たちの間では、こうした「円居のとき」が失われ、「思想も教養も道徳も、親から子に引き継がれるものは何もなくなり、それればかりか愛情も信頼も怪《あや》しくなった」と述べ、「やはりこれは進化ではなく、退行と考えるべきであろう」と続けている。

【三】

問三　口をへの字に曲げるという表現は、苦々しく思うことや、不快の表情を表す。よって、ウが適する。

問四　失明するリスクを負ってまでカラーコンタクトを使用しなければならない理由を問われた玉置さんは、「目が可愛《かわい》く見えないから、私、カラコンを着けないと、人前に出られません」と答えている。続いて、「カラコンがあると気持ちが落ち着くんです～着けていないと不安で人と目を合わすことも、まっすぐなにかを見ることもできません」と言っている。また、少し後に、「彼女《かのじょ》はカラコンに依存《いそん》していた。カラコンを着けた瞳《ひとみ》で世界に接することによって、自分のイメージを作り出し守っていた」「自己のイメージを作りあげて～世界に向き合うことは、自然なことなのかもしれない」とある。つまり、玉置さんは、「目が可愛く見え」るという理由でカラコンを使っていて、それがないと世界と接したり向き合ったりできないという、カラコンに依存した状態になっている。

問五　直後に「僕《ぼく》らはきっとお互《たが》いに理解が足りなかったのだろう～ただそこには失明の可能性という事実と玉置さんの抱《かか》える心の闇《やみ》があった」とある。北見先生と「僕」、丘本さんの三人は、玉置さんの目の状態を深刻なものととらえている。一方、玉置さんも切実な理由で、カラコンに頼っている。玉置さんの目をめぐる両者の認識はかけはなれていて、それらをつなぐものは何もなく、どうすればいいのか誰《だれ》もわからない。それでも丘本さんは、玉置さんの友人として、「今だけじゃなく未来を見て～どうしてそれが分からないの～すごく危ないってことなんだよ」と玉置さんを説得し始めた。丘本さんは、玉置さんに対して、目の状態が深刻なものであることを強い調子で伝えている。このことから、丘本さんは、玉置さんが自分の目の状態を深刻なものだと認識できていないことに不安を感じていたことが読み取れる。よって、アが適する。

問六　丘本さんの、友人としての強い言葉と、その後の北見先生の言葉を聞いて、玉置さんは頭では北見先生の言葉にしたがうべきだと理解している。しかし、玉置さんは、これまで切実な理由でカラコンに頼ってきていて、カラコンなしで世界と向き合うことへの恐怖《きょうふ》や不安などから、カラコンを着けずに治療《ちりょう》に専念することを受け入れ難く感じている。玉置さんは、北見先生の言葉を何とか受け入れようとして、「しぶしぶ頷《うなず》いた」のである。

問七ⅰ　丘本さんが玉置さんを説得し始める直前、その場にいた誰もが「どうすればいい？」と考えていたのに、言葉はなく、「ただお互いの距離《きょり》を感じていただけだった」。そして、北見先生は「諦《あきら》めかけた口調で」口を開こうとした。　ⅱ　北見先生は、目が見えるという奇跡《きせき》のようなことが「失われてからその大切さに気付くよりも、いまここで、その大切さに気付いてくれれば」と言っている。よって、エが適する。　ⅲ　玉置さんは、最初は北見先生の言葉を聞き入れなかった。しかし、丘本さんの言葉や、穏やかに話す北見先生の言葉によって、玉置さんの心が動き、玉置さんは北見先生の言葉を受け入れた。

《2024　２次　算数　解説》

1 (1)　与式$=\frac{8}{15}\div\frac{2}{7}\div\frac{16+5}{20}=\frac{8}{15}\times\frac{7}{2}\times\frac{20}{21}=\frac{16}{9}=$ **$1\frac{7}{9}$**

(2)　与式より，$0.55\times5-32\div(\square-23)=\frac{7}{4}$　　$32\div(\square-23)=2.75-1.75$　　$\square-23=32\div1$

$\square=32+23=$ **55**

(3)　与式$=\frac{28\times14}{238}+\frac{26\times17}{238}+\frac{1}{17}\times6+\frac{3}{14}\times6=\frac{28}{17}+\frac{13}{7}+\frac{6}{17}+\frac{9}{7}=\frac{34}{17}+\frac{22}{7}=2+3\frac{1}{7}=$ **$5\frac{1}{7}$**

2 (1)　$930\div(1+\frac{20}{100})=930\times\frac{5}{6}=$ **775**(mL)

(2)　4月30日は30－9＝21(日後)だから，7月20日は，21＋31＋30＋20＝102(日後)である。

102÷7＝14余り4より，102日後の曜日は火曜日から後ろに4つずれた，**土曜日**である。

(3)　**【解き方】16分でA君とB君がそれぞれコース全体の何分の何を歩いたかを考える。**

A君は$11\div\frac{1}{3}=33$(分)で1周するのだから，16分ではコース全体の$\frac{16}{33}$を歩く。したがって，B君は16分でコース全体の$1-\frac{16}{33}=\frac{17}{33}$を歩く。速さの比は，同じ時間に進む道のりの比と等しいから，A君とB君の速さの比は，$\frac{16}{33}:\frac{17}{33}=16:17$である。よって，B君の速さは，$80\times\frac{17}{16}=85$より，**分速85m**である。

(4)　**【解き方】正方形から長方形にするにあたって，必要なコインは14＋37＝51(個)である。**

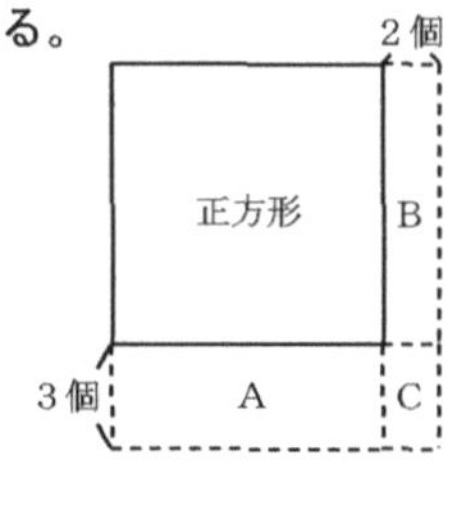

正方形から長方形にするときについて，右のように作図する。Cには3×2＝6(個)並ぶから，AとBの個数の合計は51－6＝45(個)である。AとBの個数の比は3：2だから，Bには$45\times\frac{2}{3+2}=18$(個)並ぶ。よって，正方形の1辺には18÷2＝9(個)並んでいるから，コインは全部で，9×9＋14＝**95(個)**

⑸　**【解き方】最後の同じ目で場合分けをする。**

最後が１→１の場合，それまでの和は７－１×２＝５である。そのような出方は，５→１→１，１→４→１→１，２→３→１→１，３→２→１→１，２→１→２→１→１の５通りある。

最後が２→２の場合，それまでの和は７－２×２＝３である。そのような出方は，３→２→２，２→１→２→２の２通りある。

最後が３→３の場合，それまでの和は７－３×２＝１である。そのような出方は，１→３→３の１通りある。

以上より，全部で，５＋２＋１＝**８(通り)**

⑹　**【解き方】三角形ＡＩＨの面積から三角形ＡＥＧの面積を引いて求める。右の「１つの角を共有する三角形の面積」を利用する。**

１つの角を共有する三角形の面積

右図のように三角形ＰＱＲと三角形ＰＳＴが１つの角を共有するとき，三角形ＰＳＴの面積は，

(三角形ＰＱＲの面積)×$\frac{PS}{PQ}\times\frac{PT}{PR}$

で求められる。

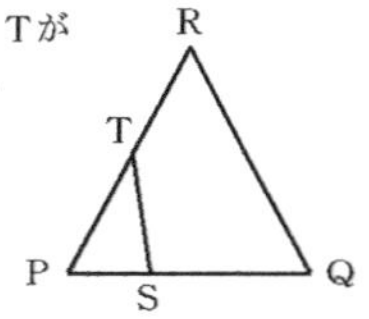

右のように作図する。

三角形ＡＤＨと三角形ＦＢＨは同じ形だから，

ＡＨ：ＦＨ＝ＡＤ：ＦＢ＝２：１

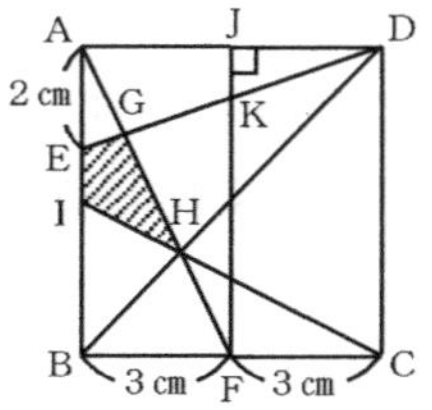

図形の対称性から，ＢＩ＝ＢＦ＝３㎝

(三角形ＡＩＨの面積)＝(三角形ＡＢＦの面積)×$\frac{AI}{AB}\times\frac{AH}{AF}=(6\times3\div2)\times\frac{3}{6}\times\frac{2}{2+1}=3$ (㎠)

三角形ＡＤＥと三角形ＪＤＫは同じ形で，対応する辺の比がＡＤ：ＪＤ＝２：１だから，ＪＫ＝ＡＥ×$\frac{1}{2}=1$ (㎝)

三角形ＡＥＧと三角形ＦＫＧは同じ形だから，ＡＧ：ＦＧ＝ＡＥ：ＦＫ＝２：(６－１)＝２：５

(三角形ＡＥＧの面積)＝(三角形ＡＢＦの面積)×$\frac{AE}{AB}\times\frac{AG}{AF}=9\times\frac{1}{3}\times\frac{2}{2+5}=\frac{6}{7}$(㎠)

よって，四角形ＥＩＨＧの面積は，$3-\frac{6}{7}=$ **$2\frac{1}{7}$(㎠)**

3　⑴　羊１頭は，１日に(36＋９)÷３＝15(kg)の牧草を食べる。よって，求める比は，36：15＝**12：５**

⑵　**【解き方】牧草が 15 日でなくなる場合の条件と，10 日でなくなる場合の条件から，15－10＝５(日間)で伸びる牧草の量を求める。**

牛 100 頭と羊 120 頭が１日で食べる牧草の量は，36×100＋15×120＝5400(kg)だから，15 日で食べた量は，5400×15＝81000(kg)

牛 150 頭と羊 160 頭が１日で食べる牧草の量は，36×150＋15×160＝7800(kg)だから，10 日で食べた量は，7800×10＝78000(kg)

したがって，５日間で伸びた牧草は 81000－78000＝3000(kg)だから，１日に伸びる量は，3000÷５＝600(kg)

10 日間で伸びる量は 600×10＝6000(kg)だから，最初の牧草の量は 78000－6000＝72000(kg)なので，求める比は，72000：600＝**120：１**

⑶　**【解き方】⑵より，ちょうど 15 日で牧草がなくなるのは１日に合計で 5400 kg食べるときである。**

羊が 164 頭だと，１日に 15×164＝2460(kg)食べるので，5400－2460＝2940(kg)足りない。羊１頭を牛１頭におきかえると，１日に食べる量は 36－15＝21(kg)増えるから，牛の頭数は，2940÷21＝**140(頭)**

4　⑴　「(進)：６㎝，(回)：120 度，(進)：６㎝」でＡＢとＢＣが引かれ，円柱型の機器はＣにありＢと正反対の方向を向いている。平行線の錯角は等しく，ＡＢとＣＤが平行だから，角ＢＣＤ＝角ＡＢＣ＝60 度

したがって，Ｘ＝180＋60＝**240(度)**

ＹはＣＤの長さである。三角形ＡＢＣは正三角形だから，Ｙ＝ＣＤ＝ＡＢ÷２＝６÷２＝**３**(cm)

(2)　最初の「(く)：３回」で右図のＢまで動いて左を向く。
次に「(進)：３cm，(回)：180度」でＣまで動いて右を向く。
最後の「(く)：３回」で残りの部分がえがかれる。

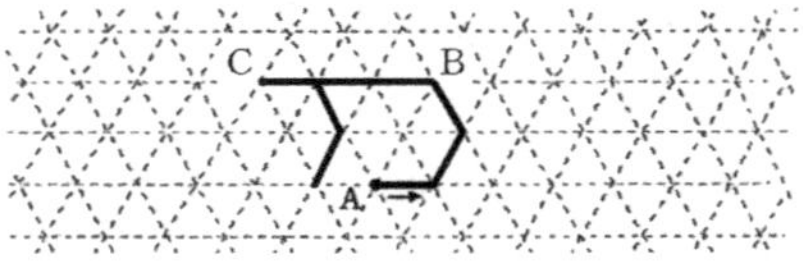

(3)　**【解き方】右のように作図し，角㋐の大きさを考える。**
角ＡＯＢ＝360×$\frac{2}{9}$＝80(度)で，三角形ＯＡＢは二等辺三角形だから，
角ＯＢＡ＝(180－80)÷２＝50(度)
三角形ＯＡＢと三角形ＯＢＣは合同だから，角ＡＢＣ＝50×２＝100(度)
したがって，角㋐＝180－100＝80(度)
よって，「(進)：５cm，(回)：80度」を９回くり返せばよい。

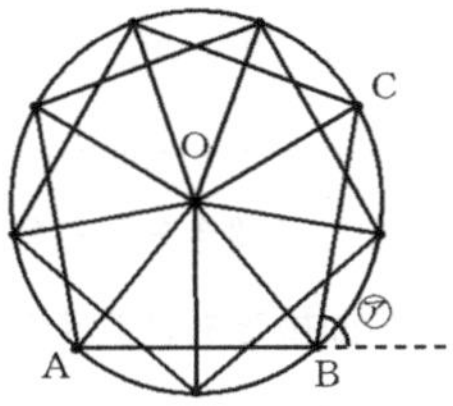

5　(1)　下の面の横の長さは，「切り開く作業」を１回行うごとに２倍になる。よって，２回行ったときの下の面の横の長さは，64×２×２＝256(cm)だから，このときの下の面の面積は，64×256＝**16384**(cm²)

(2)　**【解き方】「切り開く作業」を１回行うごとに，もとの上の面の半分が下の面の左右に加えられ，上の面は黒→白→黒→白→…，と交互《こうご》にくり返される。**
横の長さだけで考えると，「切り開く作業」の１回目を行ったとき，下の面はすべて白で長さが64×２＝128(cm)である。上の面は黒である。
「切り開く作業」の２回目を行ったとき，下の面は長さが128cmの白の面の左右に長さが128÷２＝64(cm)の黒の部分が加えられる。上の面は白である。
「切り開く作業」の３回目を行ったとき，下の面は長さが256cmの面の左右に長さが256÷２＝128(cm)の白の部分が加えられる。上の面は黒である。
よって，「切り開く作業」を３回くり返したときの下の面は右図のようになるから，
白と黒の面積比は，(128×３)：(64×２)＝**３：１**

３回(上の面は黒)

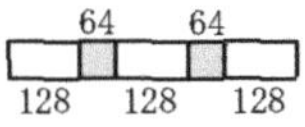

単位：cm

(3)　**【解き方】(2)と同様に，「切り開く作業」１回ごとに下の面を考える。**
高さは「切り開く作業」１回ごとに半分になる。64÷２÷２÷２÷２÷２÷２＝１より，64は２で６回割ると１になるから，「切り開く作業」を**６回**くり返すと高さが１cmになる。
「切り開く作業」の４回目から６回目を行ったときの下の面を実際にかくと，以下のようになる。

４回(上の面は白)

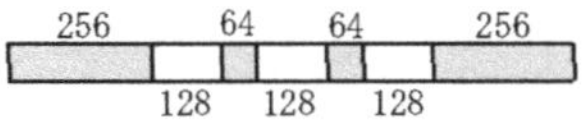

単位：cm

５回(上の面は黒)

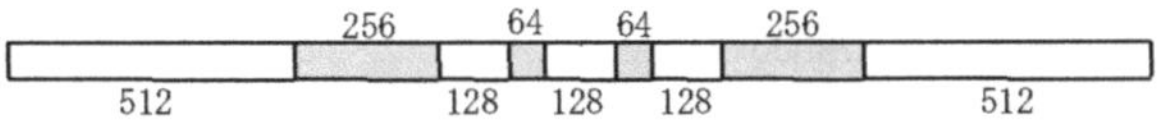

単位：cm

６回(上の面は白)

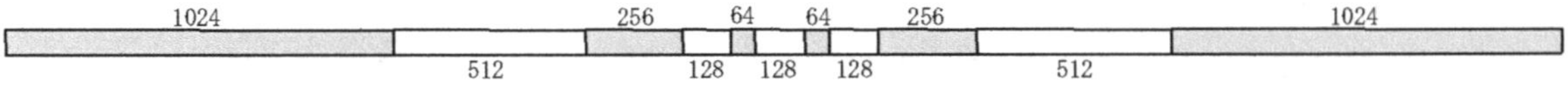

単位：cm

よって，求める白と黒の面積比は，(128×３＋512×２)：(64×２＋256×２＋1024×２)＝**11：21**

《2024　２次　理科　解説》

【１】

⑵　イ×…直射日光の当たらない明るいところに置く。　ウ×…最初は視野が広く観察物を見つけやすい低倍率のレンズを使用する。　カ×…低倍率の対物レンズから高倍率のものに変えると，届く光の量が減るため，視野は暗くなる。

⑸　顕微鏡《けんびきょう》では上下左右が逆に見える。よって，左上から右上に移動したAは，実際のプレパラート上では右下から左下に移動した。

⑹①　食塩水 10mL と培養《ばいよう》液 10mL を合わせて食塩水の２倍の体積の混合液を作ったから，混合液の塩分濃度は食塩水の濃度の$\frac{1}{2}$倍になることに注意する。　②　表より，食塩水の濃度《のうど》が高くなると，５回収縮するのに要した時間が長くなるので，一定の時間内に収縮する回数は減少する。

【２】

⑴　エ○…ばねばかりに物体をつるしたとき，物体が空気中にあるときにばねばかりが示す値と，物体が液体中にあるときにばねばかりが示す値の差が浮力《ふりょく》の大きさである。

⑵　ア×，イ○…水がこおって氷になると体積は少し増える。　ウ，エ×…水がこおっても重さは変化しない。
オ，キ×，カ○…水に浮《う》かぶ氷の重さは，氷が押しのけた水の重さに等しいから，氷がとけても水面の高さは変わらない。

⑶　ペットボトルに力を加えると空気の体積が減る。これにより，浮沈子《ふちんし》内の空気が押《お》しのける水の重さが減るから，浮沈子にはたらく浮力の大きさが小さくなって，浮沈子は沈《しず》む。

⑷①　〔密度$(\mathrm{g/cm^3})=\frac{重さ(\mathrm{g})}{体積(\mathrm{cm^3})}$〕だから，$\frac{13}{12}\mathrm{g/cm^3}$である。　②　液体の密度が物体の密度より大きくなると，物体が浮かぶから，液体の密度が$\frac{13}{12}\mathrm{g/cm^3}$より大きくなればよい。液体の体積が 480 g→480 cm³だから，液体全体の重さが$\frac{13}{12}\times 480=520(\mathrm{g})$より重くなればよい。よって，食塩を 520－480＝40(g)より多くとかす必要がある。

【３】

⑵　黒い部分は月の影《かげ》であり，この影に入る地域で日食が観測できる。

⑶　日食が観測されるとき，月の形は新月であり，月食が観測されるとき，月の形は満月である。月の形は，新月→上弦《じょうげん》の月→満月→下弦の月→次の新月と変わり，新月の約 14 日後は満月である。

⑷　太陽の模型と月の模型が同じ大きさに見えるとき，自分から太陽の模型までと月の模型までの距離《きょり》の比は，太陽の模型と月の模型の直径の比に等しい。3.5 mm→0.35 cmより，太陽の模型と月の模型の直径の比は 140：0.35＝400：１となるから，自分から月の模型までの距離が 38 cmのとき，太陽の模型は自分から $38\times\frac{400}{1}=15200(\mathrm{cm})$→152mはなれたの位置に置けばよい。

⑸　地球が太陽の周りを回る道すじが通る面(地球の公転面)に対して，月が地球の周りを回る道すじが通る面(月の公転面)がかたむいているため，月の形が新月や満月であっても日食や月食が起こるとは限らない。

⑹　人工衛星が１回転するのにかかる時間は，地球の自転周期に等しく 24 時間→24×60×60(秒)だから，人工衛星が地球の周りを１回転するときの道のりは３×24×60×60(km)である。したがって，人工衛星が地球の周りを１回転する道すじの半径は(３×24×60×60)÷３÷２＝43200(km)である。よって，この人工衛星の高度は 43200－6400＝36800(km)である。

【４】

⑴　A(外えん)は酸素が十分にあるため，ろうがよく燃え，最も高温になる。B(内えん)は酸素が十分にないため，

ろうが燃えきれないことで発生したすすが高温になってかがやくため，最も明るくなる。C(えん心)は酸素が最も少なく，気体のろうがほとんど残っている。

(2)①　アルミニウムに塩酸を加えて発生するXは水素である。アはアンモニアなど，イは水にとけてアルカリ性を示す気体，ウは二酸化いおうやちっ素酸化物など，エは水素，オは二酸化炭素の性質である。　②　1班の結果より，3.6gのアルミニウムを十分に燃やすと6.8gのアルミニウムの酸化物ができるとわかる。よって，アルミニウムを十分に燃やして，アルミニウムの酸化物が8.5gできたとき，燃やす前のアルミニウムの重さは $3.6\times\frac{8.5}{6.8}=4.5$ (g)である。　③　アルミニウムの重さと燃やした後の物質の重さの差がアルミニウムと結びついた酸素の重さである。結びついた酸素の重さは，2班で $5.1-2.7=2.4$ (g)，3班で $4.3-2.7=1.6$ (g)，4班で $3.5-2.7=0.8$ (g)である。　④　アルミニウム2.7gに十分な塩酸を加えたときに発生するXは，結びついた酸素の重さが0g(燃やした後の物質の重さが2.7g)のときに発生するXに等しい。2班～4班の結果から，結びついた酸素の重さが0.8g少なくなると，発生するXの体積が1.2L増えるから，4班より結びついた酸素の重さが0.8g少ない0gのとき，発生するXは $2.4+1.2=3.6$ (L)になる。　⑤　④解説より，アルミニウム2.7gに十分な塩酸を加えると，3.6LのXが発生するから，3.2LのXが発生したとき，燃やした後の物質にアルミニウムは $2.7\times\frac{3.2}{3.6}=2.4$ (g)残っていたとわかる。したがって，アルミニウム $5.1-2.4=2.7$ (g)が(2班の結果より)5.1gの酸化物になったとわかる。よって，燃やした後の物質の重さは $2.4+5.1=7.5$ (g)である。

《2024　2次　社会　解説》

【1】

問1Ⅰ　ウ　　1号墳の形の古墳は前方後円墳という。大和(奈良県)を中心とする近畿の豪族たちは，大王を中心として連合し，大和政権をつくった。そのため，大和とその周辺には大きな古墳が多くある。

Ⅱ　オ　　c(弥生時代・1世紀)→a(弥生時代・3世紀)→b(古墳時代)

問2Ⅰ　エ　　b(10世紀・武士の出現)→c(11世紀・奥州藤原氏の起源)→a(12世紀・平氏の台頭)

Ⅱ　エ／御成敗式目　　武家諸法度は，江戸時代に大名を統制するために江戸幕府が出した法令である。

問3Ⅰ　学制　　特に，家事の重要な担い手と考えられた女子の就学率は低かった。

Ⅱ　a＝天明　b＝異国船打払令　c＝浦賀　d＝朝鮮　e＝イラク　　a．天明の飢きんが起こって，百姓一揆や打ちこわしが急増し，田沼意次の政治は行き詰まった。b．ロシアのラクスマンやレザノフだけでなく，イギリスやアメリカの船も日本沿岸に近づくようになると，幕府は異国船打払令を出して，接近する外国船を砲撃することにした。c．浦賀は現在の神奈川県にある。d．1950年，ソ連の支援を受けた北朝鮮が，突如北緯38度線を越えて南下したことから朝鮮戦争は始まった。e．イラク戦争が始まったときのアメリカ大統領はジョージブッシュであった。

問4Ⅰ　イ，エ　　1894年，朝鮮で甲午農民戦争が起き，朝鮮政府の求めに応じて清が軍隊を送ると，日本もこれに対抗して出兵し，日清戦争が始まった。軍事力で勝る日本が勝利し，下関条約が結ばれ，清は日本に，朝鮮の独立，遼東半島・台湾・澎湖諸島の譲渡，賠償金2億両の支払いなどを認めた。しかし，日本が大陸に進出することを警戒したロシアは，ドイツ・フランスとともに，遼東半島を清に返還するように要求した(三国干渉)。大日本帝国憲法が発布されたのは1889年，義和団事件が鎮圧されたのは1900年のことである。

Ⅱ　ア　　ポーツマス条約で，賠償金が得られなかったため，大きな犠牲や重税に耐えて戦争に協力してきた日本国民は強い不満をもち，日比谷焼き打ち事件が起きた。　Ⅲ　イ　　八幡製鉄所の操業は1901年に始まった。

日清戦争は 1894 年，日露戦争は 1904 年に起きた。

問5　a＝イ　b＝エ　c＝ア　　a．三・一独立運動は，1919 年３月１日に始まった。b．満州に駐留していた関東軍は，柳条湖事件を起こすと，中国側の仕業であるとして攻撃を始め，約半年のうちに満州の大部分を占領した。その後，清の最後の皇帝だった溥儀を元首とする満州国をつくらせた。c．日本が韓国を保護国とすると，韓国では武器を取って日本と戦う義兵などの抵抗運動が広がった。日本は，韓国の抵抗をおさえ，1910 年，韓国を領有して朝鮮と改めた(韓国併合)。

【2】

問1Ⅰ　ウ　　③にある鹿島臨海工業地域は，鉄鋼や石油化学がさかんな工業地域である。　**Ⅱ**　イ　　内陸に位置する軽井沢は，１年を通して降水量が少なく，冬に冷え込む中央高地の気候である。アは横浜，ウは新潟。

Ⅲ　a＝ウ　b＝オ　　アは瀬戸内，イは北陸，エは東海である。**Ⅳ**　a＝近郊　b＝東京などの大消費地に近い首都圏の人口は日本の全人口の約３分の１を占めるので，牛乳の消費量も多い。

問2　ニュージーランドは南半球の温帯に位置しているため，カボチャの生産時期は，北海道の生産時期とまったくかぶらない。

問3　a＝イ　b＝エ　　日本の自動車生産が増え，1980 年代にアメリカ合衆国との間で貿易摩擦が問題化すると，日本の企業は，アメリカ合衆国の国内に工場を建てて対応した。中国は 2000 年以降に急激に自動車生産量を増やした。アはアメリカ合衆国，ウはドイツ，オは韓国，カはインド。

問4Ⅱ　日本の発電のほとんどが火力発電でまかなわれているため，電力を使うということは二酸化炭素の排出につながる。Ⅰで電力を使用する策を解答した場合，「緩和」の「節電」「省エネ」に反するという問題点がある。

【3】

問1Ⅰ　150　　通常国会(常会)の会期は 150 日間で，必ず１月から開かれる。　**Ⅱ**　ア，エ　　イは参議院の緊急集会，ウは特別国会(特別会)。

問2Ⅰ　国土交通　　国土交通省は，バスやタクシーの運転に必要な第２種免許の取得について検討している。

Ⅱ　ア　　法務省の外局は，出入国在留管理庁のほか，公安審査委員会，公安調査庁がある。

Ⅲ　労働基準法　　労働基準法では，原則として労働時間は１日８時間以内，１週間に 40 時間以内と定められている。

問4　ウ　　X．誤り。高度経済成長期は 1950 年代後半から 1973 年までである。すでに高度経済成長期が終わっている 1975 年以降も 1990 年代まで新聞の発行部数は増えている。Y．正しい。インターネットの普及率が 70％を超えたあたりから，インターネットの普及率が高まるにつれて，新聞の発行部数が減少し続けている。

問5Ⅰ　持ち込ませない　　非核三原則を唱えた佐藤栄作は，後にノーベル平和賞を受賞した。

Ⅱ　ウ　　Ｇ７は冷戦終結後にロシアを含めた８か国のＧ８となったが，2014 年のロシアのクリミア併合によって，ロシアはＧ８を除外され，再びＧ７となった。

問6　a＝違憲審査権　b＝最高裁判所　c＝弾劾　d＝裁判員　　d．裁判員裁判は，18 歳以上の国民のなかからくじで選ばれた６人の裁判員と３人の裁判官により，重大な刑事事件の第１審で行われる。

《2024　3次　国語　解説》

【一】

問二Ⅱ　一姫《ひめ》二太郎は、子を産み育てるには、最初は女の子、次に男の子を授かるのがよいという意味。一石二鳥は、一つのことをして、二つの利益を得ること。二人の子どもが、ＵＦＯキャッチャーで、二個ずつぬいぐるみを手に入れたので、合計四個のぬいぐるみが手に入っている。

問三Ⅱ　千年の寿命《じゅみょう》をもつ鶴《つる》は、百円×千年で、十万円を手に入れた。一万年の寿命をもつ亀《かめ》は、十円×一万年で、十万円を手に入れた。よって、ウが適する。

【二】

問一　空白や句点(。)があると、読み手はいったんそこで立ち止まり、そこまでに書かれた内容について考える。読み手は「一人でいるのは」という部分について考え、淋《さみ》しいイメージをふくらませる。その上で次を読むと、淋しいイメージとは反対の意味の「賑《にぎ》やかだ」が続いているので、強いインパクトを受ける。よって、アが適する。

問二　後の方にある「エーデルワイスも　毒の茸《きのこ》も」に着目する。花が咲《さ》き、茸が生えている場所としてイメージされるのは、選択肢《せんたくし》の中ではウの「森」である。

問三　ここより前に出てくる、「夢」と「よからぬ思い」、「荒《あ》れに荒れ」る海と「なぎ」は、それぞれ良いものと悪いものの組み合わせになっている。よって、イが適する。

問四　詩の作者は、まだ出会っていない将来の恋人《こいびと》に対して、「一人でいるとき　一番賑《にぎ》やかなヤツで　あってくれ」と呼びかけている。つまり、「一人でいるとき淋《さび》しいやつ」を否定的にとらえている。また、詩の少し後に、「一人でいるとき淋しいやつ」が二人寄ると、「寄りかかり合い、もたれ合って～ある時必ず、どちらかがウンザリして鬱陶《うっとう》しく思うようになってしまいます」とある。「一人でいるとき淋しいやつ」が二人寄って依存《いぞん》し合うと、さらに淋しくなると考えられる。よって、エが適する。

問六　２～３段落前に書かれている内容に着目する。「一人でいるとき淋しいやつ」が二人寄ると、「寄りかかり合い、もたれ合って～ある時必ず、どちらかがウンザリして鬱陶しく思うようになってしまいます」「人間というものは～自分一人を支えるくらいの力しか持たされて生まれてきていませんから、他人の分まで背負うことはできない」「夫婦・恋人～といった親密な人間関係でも～それぞれが自分の足で立っていて～並んで歩いているに過ぎない」などとある。人間には「自分一人を支えるくらいの力しか」なく、他人の分まで背負うことはできないので、二人ともが「自分の足で立ってい」る、つまり自立していなければ、恋人関係は続かないのである。

問七　２～４行前に、未知の、「今は『どこにいるのかもわからない』けれども、将来必ず出会うはずの『恋人』は、「自分と同じように賑やかな『孤独《こどく》』を持っている者であってくれ、と呼びかけられている」とある。そして、ここで呼びかけていることは、「単なる願望や希望の産物という」わけではない。むしろ、将来の恋人はそうであるという確信に満ちた予感がある、つまりきっとそうであると強く信じているのである。よって、エが適する。

問八　１～３行後の、「その星々(＝宇宙に「孤独」に浮《う》かんでいる星々)は互《たが》いに『万有引力』によって結ばれている。『孤独』あるところには必ず『愛』が生じる。しかしまた『愛』は、それぞれが『孤独』であることを前提としている。『孤独』の世界は、この『愛』によって賑やかさが与《あた》えられている」とある。つまり、「愛」とは、賑やかな「孤独」を持つ者同士がひき合う力である。イは、ある作家の本が好きな人物が、同じ作家が好きな図書館の先生と出会ってひき合っている。毎日一人で図書館に通っていた人物は、「孤独」ではあったが、本が好きという賑やかな「孤独」をもっている。それは、図書館の先生も同じである。互いに賑やかな「孤独」を持つ者同士がひき合っているので、「愛」を持っているといえる。ア、ウ、エは、互いに賑やかな「孤独」を持つ者同士がひき合っている例ではない。

問九　後の方に、「仏教で言うところの『喜捨《きしゃ》』、つまり喜んで捨てるという行為《こうい》」であれば、「愛」の行為だが、「本当は三本欲しいのにやせ我慢《がまん》をして行動したときには、どこかでひょっこり『欲望』が顔を出してくる。これが偽善《ぎぜん》です」とある。旅行者は、物乞《ものご》いに施《ほどこ》しをする際に、自分が食べたい分を我慢してバナナを三本あげた。そのため、感謝されたいという「欲望」が生じてしまい、バナナをあげるという行為は、嘘偽《うそいつわ》りのない「愛」の行為ではなくなってしまった。旅行者は、物乞いに感謝されたいという意図をもってバナナをあげたため、期待した見返りが得られず、怒《おこ》ってしまったのである。

問十Z　詩の[1]に、「生命は　その中に欠如《けつじょ》を抱《いだ》き　それを他者から満たしてもらうのだ」とあり、詩の[2]には、「しかし　互いに　欠如を満たすなどとは　知りもせず　知らされもせず　ばらまかれている者同士　無関心でいられる間柄《あいだがら》」とある。つまり、ここでいう「他者」とは、それぞれが欠如を抱き、それを他者から満たしてもらう存在だが、互いに欠如を満たすことなど知らずにばらばらに存在し、互いに無関心でいられる存在である。ここから、「他者の総和」とは、互いにばらばらで無関心でいられる人たちの集まりだと考えられるので、「仲良しとは言えない人の集まり」とあるイが適する。　　**W**　互いに欠如を満たすことを知らなければ、他者の欠如を満たさなければならないと思う必要がない。また、互いに無関心でいられたり、うとましく思うことが許されているならば、相手に関心を抱いたり、嫌《きら》われないようにしようと思う必要がない。つまり、「世界がゆるやかに構成されている」ことで、他者の欠如を満たすことや、他者に関心を抱いたり嫌われないようにしたりすることを義務としないで生きられるのである。こうした生き方ができるというのは、自由に生きられる、息苦しい生き方をしなくてすむということにつながる。よって、アが適する。

問十一　虻《あぶ》には、血を吸う害虫というイメージがある。一方、光にはプラスのイメージがある。両者が合わさることで、良い影響《えいきょう》も悪い影響も与える「他者」を表現している。よって、エが適する。

問十二　「誰かの『風』や『虻』になる」というのは、「他者」と関わり、欠如を満たすということである。「愛」とは、賑やかな「孤独」を持つ者同士がひき合う力である。また、「『愛』は、無償であり、見返りを期待することがないもの」である。もし、「やせ我慢をして行動したときには～『欲望』が顔を出してくる」。そのため、聖人君子でない「私たち」が「愛」の存在になるためには、「まず自分をきちんと満たしてやる」必要がある。「人間は自分を満たしても、必ずいくらかは余るように出来てい」て、「この余った物を使ったときには『愛』の行為になる」。こうした点をふまえると、だれかと関わる際には、自分をきちんと満たして、やせ我慢や無理をせず、見返りを期待せずに行動するように注意する必要がある。

《2024　３次　算数　解説》

[1]　(1)　与式$=128+372+253+497-2-2\times10-2\times100=500+750-(2+20+200)=1250-222=$**1028**

(2)　与式$=23.1\div7-(2.4-1.8)\div0.5-(2-1.9)=3.3-0.6\div0.5-0.1=3.3-1.2-0.1=$**2**

(3)　与式より，$\frac{16}{10}-\frac{3}{10}+(\frac{23}{2}\times\frac{4}{5}-\square\times\frac{9}{4})\div\frac{17}{15}=2\frac{4}{5}$　　$(\frac{46}{5}-\square\times\frac{9}{4})\div\frac{17}{15}=2\frac{8}{10}-\frac{13}{10}$　　$(\frac{46}{5}-\square\times\frac{9}{4})\div\frac{17}{15}=1\frac{5}{10}$

$\frac{46}{5}-\square\times\frac{9}{4}=\frac{3}{2}\times\frac{17}{15}$　　$\square\times\frac{9}{4}=\frac{92}{10}-\frac{17}{10}$　　$\square=\frac{75}{10}\times\frac{4}{9}=\frac{10}{3}=$**$3\frac{1}{3}$**

[2]　(1)　**【解き方】（６の倍数の個数）＋（８の倍数の個数）－（６と８の公倍数の個数）で，６または８で割り切れる整数の個数が求められる。**

1から500までの整数のうち，6の倍数は，500÷6＝83余り2より83個，8の倍数は，500÷8＝62余り4より62個，24(6と8の最小公倍数)の倍数は，500÷24＝20余り20より20個ある。
よって，6または8で割り切れる整数の個数は，83＋62－20＝**125(個)**

(2)　【解き方】予定していた個数を買うのに足りなかったお金は，(120＋15)×3－45＝360(円)である。
足りなかったお金は1個あたり15円なので，予定していた個数は，360÷15＝24(個)
よって，持って行ったお金は，120×24＝**2880(円)**

(3)　【解き方】斜線部分の面積は，(おうぎ形ＣＡ′Ａの面積)＋(三角形Ａ′Ｂ′Ｃの面積)－(三角形ＡＢＣの面積)－(おうぎ形ＣＢ′Ｂの面積)＝(おうぎ形ＣＡ′Ａの面積)－(おうぎ形ＣＢ′Ｂの面積)で求められる。

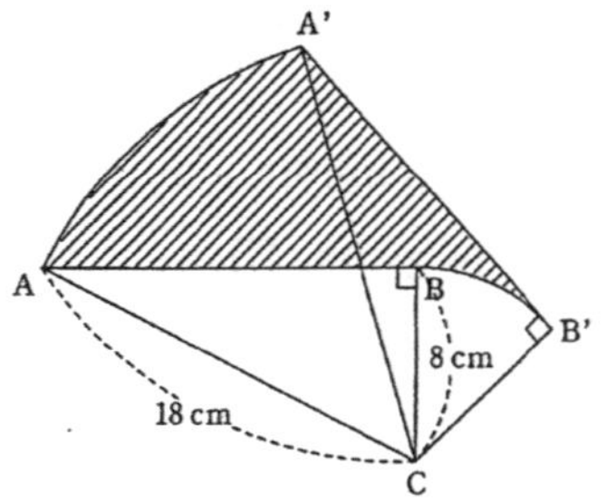

$18\times18\times3.14\times\frac{45°}{360°}-8\times8\times3.14\times\frac{45°}{360°}=(324-64)\times\frac{1}{8}\times3.14=$
$\frac{65}{2}\times3.14=$**102.05(㎠)**

(4)　【解き方】部屋Ａに太郎君と次郎君が入る場合と，部屋Ｂに太郎君と次郎君が入る場合とで，入り方の数は等しい。
太郎君と次郎君以外の子どもを㋐，㋑，㋒，㋓とする。
部屋Ａに太郎君と次郎君が入る場合，部屋Ａにさらに2人が入るとすると，その2人は㋐㋑，㋐㋒，㋐㋓，㋑㋒，㋑㋓，㋒㋓の6通りある(4人から2人選ぶ組み合わせだから，$\frac{4\times3}{2\times1}$＝6と求めることもできる)。
部屋Ａにさらに1人が入るとすると，その1人は㋐～㋓の4通りある。
部屋Ａには太郎君と次郎君だけとすると，入り方は1通りになる。
したがって，部屋Ａに太郎君と次郎君が入る場合の入り方は，6＋4＋1＝11(通り)あるから，入り方は全部で，11×2＝**22(通り)**

(5)　【解き方】1円玉10枚を10円玉1枚にとりかえると，合計枚数は10－1＝9(枚)減ることから，まず1円玉の枚数を求める。
1円玉10枚から10円玉1枚へのとりかえは，(220－94)÷9＝14(回)行えるから，1円玉は，10×14＝140(枚)あり，その合計金額は140円である。したがって，最初の5円玉と10円玉の枚数の合計は220－140＝80(枚)，金額の合計は，800－140＝660(円)である。80枚全部が10円玉だとすると，合計金額が10×80－660＝140(円)多くなるから，5円玉の枚数は，140÷(10－5)＝**28(枚)**

(6)　【解き方】面ＣＤＨＧについて右のように作図し，ＧＫの長さを求める。

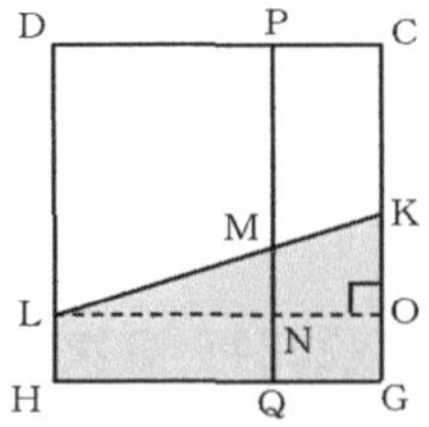

三角形ＬＭＮと三角形ＬＫＯは同じ形だから，ＭＮ：ＫＯ＝ＬＮ：ＬＯ＝2：3
したがって，ＫＯ＝ＭＮ×$\frac{3}{2}$＝(24－12)×$\frac{3}{2}$＝18(cm)だから，ＧＫ＝12＋18＝30(cm)
ＬＫとＩＪは平行であり，ＧＫはＨＬよりも18cm長いから，
ＦＪ＝ＥＩ＋18＝20＋18＝38(cm)
容器内の水の形を立体としてとらえ，この立体を鏡に映した立体を1つ用意して
水面どうしが重なるように2つの水の立体を合わせると，底面が面ＥＦＧＨで高さが12＋38＝20＋30＝50(cm)の直方体ができる。水の体積はこの直方体の体積の$\frac{1}{2}$だから，$\frac{60\times60\times50}{2}$＝**90000(㎤)**

3　(1)　使われている黒のタイルの枚数は，Ａ(1)が1枚，Ａ(2)が1＋2＝3(枚)，Ａ(3)が1＋2＋3＝6(枚)である。つまり，Ａ(n)では，1からnまでの連続する整数の和と等しい枚数の黒のタイルが並ぶ。よって，Ａ(5)では，1＋2＋3＋4＋5＝**15(枚)**

⑵　**【解き方】A⑸にA⑵～A⑸を重ねるとき，重ねる模様の一番上の▲を置ける位置が何通りあるか数えればよい。**

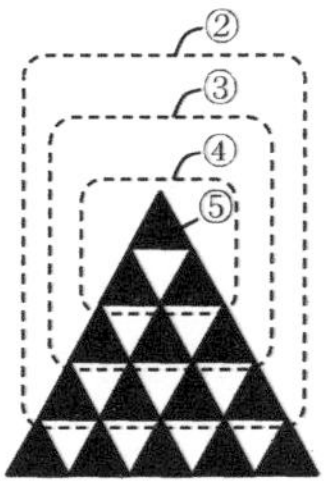

右図はA⑸の模様である。A⑴は15通り重ねられる。A⑵は一番上の▲を②のわくの中の▲に重ねられるので，10通り重ねられる。同様に，A⑶は③の中の6通り，A⑷は④の中の3通り，A⑸は⑤の1通りに重ねられる。

よって，求める個数は，15＋10＋6＋3＋1＝**35(個)**

⑶　**【解き方】⑵をふまえ，20825個より何個増えるか考える。**

A⑸でA⑴～A⑸がふくまれる個数は，A⑴～A⑸それぞれの▲の個数の和に等しかった。

A⑵でA⑴～A⑵がふくまれる個数は，A⑴の▲の個数とA⑵の▲の個数の和に等しい。

A⑶でA⑴～A⑶がふくまれる個数は，A⑴～A⑶それぞれの▲の個数の和に等しい。

A⑷でA⑴～A⑷がふくまれる個数は，A⑴～A⑷それぞれの▲の個数の和に等しい。

したがって，A(50)でA⑴～A(50)がふくまれる個数は，A⑴～A(49)それぞれの▲の個数の和と，A(50)の▲の個数を足した値に等しい。下線部の個数が20825個である。

A(50)の▲の個数は，⑴より，$\frac{(1+50)\times 50}{2}$＝1275(個)だから，求める個数は，20825＋1275＝**22100(個)**

4　⑴　1周目では5分走って3分歩いた後に，12－5－3＝4(分)走った。したがって，2周目では5－4＝1(分)走った後に，3分歩いて5分走って3分歩き，さらに13分24秒－1－3－5－3＝1分24秒走った。

よって，2周目に走った時間の合計は，1分＋5分＋1分24秒＝**7分24秒**

⑵　**【解き方】1周目と2周目を比べて，走った時間と歩いた時間のそれぞれの差に注目する。**

⑴より，1周目は走った時間が5＋4＝9(分)，歩いた時間が3分であり，2周目は走った時間が7分24秒，歩いた時間が3＋3＝6(分)である。したがって，1周目は2周目と比べて，7分24秒で走った距離は同じであり，9分－7分24秒＝1分36秒で走れる距離だけ走った距離が多かった。また，3分で歩いた距離は同じであり，6－3＝3(分)で歩ける距離だけ歩いた距離が少なかった。つまり，1分36秒＝$1\frac{36}{60}$分＝$\frac{8}{5}$分で走る距離と3分で歩く距離が等しい。速さの比は，かかる時間の比の逆比となるから，走る速さと歩く速さの比は，$\frac{8}{5}$：3＝8：15の逆比の**15：8**である。

⑶　**【解き方】走る速さを分速⑮，歩く速さを分速⑧とすると，1周の距離は，⑮×9＋⑧×3＝$\textcircled{159}$である。**

3周目は，まず5分－1分24秒＝3分36秒＝$3\frac{36}{60}$分＝$\frac{18}{5}$分走り，⑮×$\frac{18}{5}$＝$\textcircled{54}$進んだ。次に3分歩いて⑧×3＝㉔進んだ。次に5分走って⑮×5＝$\textcircled{75}$進んだ。ここまでで進んだ道のりは，$\textcircled{54}$＋㉔＋$\textcircled{75}$＝$\textcircled{153}$である。残りの$\textcircled{159}$－$\textcircled{153}$＝⑥は3分以内で歩ける。よって，走った距離と歩いた距離の比は，($\textcircled{54}$＋$\textcircled{75}$)：(㉔＋⑥)＝**43：10**

5　⑴　Aの一の位は2回かけると一の位が5になる数だから，5である。

よって，<A×A>＝5となるAは，15，25，35，45の**4個**ある。

⑵　**【解き方】①，②より，<A>＋<A>＋<A>＝<3×A×A>だから，<A>×3＝<3×A×A>である。**

<3×A×A>は1けたの整数であり，<A>×3が1けたの整数となるようなAの一の位は0，1，2，3である。

Aの一の位が0のとき，<A>×3＝0×3＝0で，3×0×0＝0より<3×A×A>＝0だから，成り立つ。

Aの一の位が1のとき，<A>×3＝1×3＝3で，3×1×1＝3より<3×A×A>＝3だから，成り立つ。

Aの一の位が2のとき，<A>×3＝2×3＝6で，3×2×2＝12より<3×A×A>＝2だから，成り立たない。

Aの一の位が3のとき，<A>×3＝3×3＝9で，3×3×3＝27より<3×A×A>＝7だから，成り立たない。

よって，①と②が成り立つAの値は一の位が0か1だから，10，11，20，21，30，31，40，41，50の**9個**ある。

⑶　**【解き方】＜Ｂ×Ｂ＞はＢの一の位を２回かけた数の一の位であり，＜Ｃ×Ｃ×Ｃ×Ｃ＞はＣの一の位を４回かけた数の一の位である。一の位が０～９の数それぞれを，２回または４回かけた数の一の位は右表のようになる。**

元の数の一の位	２回かけた数の一の位	４回かけた数の一の位
0	0	0
1	1	1
2	4	6
3	9	1
4	6	6
5	5	5
6	6	6
7	9	1
8	4	6
9	1	1

＜Ｂ×Ｂ＞＝０となるＢの一の位は０，＜Ｃ×Ｃ×Ｃ×Ｃ＞＝０となるＣの一の位は０である。この場合，Ｂは10，20の２通りで，Ｃは1□0の□に０～９が入るときと200を合わせて11通りある。したがって，この場合のＢ，Ｃの組み合わせは全部で，２×11＝22(通り)

＜Ｂ×Ｂ＞＝１となるＢの一の位は１，９，＜Ｃ×Ｃ×Ｃ×Ｃ＞＝１となるＣの一の位は１，３，７，９である。この場合，Ｂは11，19の２通りで，Ｃは1□■の■に１，３，７，９が入り，□に０～９が入るときの４×10＝40(通り)ある。したがって，この場合のＢ，Ｃの組み合わせは全部で，２×40＝80(通り)

＜Ｂ×Ｂ＞＝６となるＢの一の位は４，６，＜Ｃ×Ｃ×Ｃ×Ｃ＞＝６となるＣの一の位は２，４，６，８である。この場合のＢ，Ｃの組み合わせは＜Ｂ×Ｂ＞＝＜Ｃ×Ｃ×Ｃ×Ｃ＞＝１のときと同様に80通りある。

＜Ｂ×Ｂ＞＝５となるＢの一の位は５，＜Ｃ×Ｃ×Ｃ×Ｃ＞＝５となるＣの一の位は５である。この場合，Ｂは15の１通りで，Ｃは1□5の□に０～９が入るときの10通りある。したがって，この場合のＢ，Ｃの組み合わせは全部で，１×10＝10(通り)

＜Ｂ×Ｂ＞＝４，９となることはあるが，＜Ｃ×Ｃ×Ｃ×Ｃ＞＝４，９となることはない。

以上より，求めるＢとＣの組み合わせの数は，22＋80＋80＋10＝**192(通り)**

《2024　３次　理科　解説》

【１】

⑴⑵⑷　葉緑体に光が当たると，水とＡ(二酸化炭素)をもとにデンプンとＢ(酸素)をつくるはたらきⅠ(光合成)を行う。なお，はたらきⅡ(呼吸)ではＢ(酸素)を使ってデンプンを分解することで，エネルギーを取り出している。このときに水とＡ(二酸化炭素)が発生する。

⑶　気こうは酸素や二酸化炭素の出入り口になっている以外に，水蒸気の出口にもなっている。また，気こうから水蒸気が出ていくことを蒸散という。

⑸　光合成でつくられたデンプンは，水にとけやすい糖に変わり，師管を通ってからだ全体へ運ばれ，成長のために使われたり，再びデンプンに変わってたねやくき(ジャガイモなど)，根(サツマイモなど)にたくわえられる。

⑹　はたらきⅡ(呼吸)は，日光が当たるかどうかに関係なく，常に行われる。

⑺①　光(太陽光)によって水があたためられるので，最も水温が高くなる時期は光の量が最も多い時期より少しおそくなる。よって，Ｐが光の量，Ｑが水温の変化を表している。　②　春に急増した植物プランクトンが栄養分を消費し，栄養分が減少するため，植物プランクトンが減少すると考えられる。　③　栄養分が増加するため，植物プランクトンは増加するが，その後，光の量が少なくなり，水温が低くなると減少する。

【２】

⑴①　図ｉ参照。凸《とつ》レンズの中心としょう点を通る直線を光軸《こうじく》といい，物体から出た光で，光軸に平行な光(ⓐ)は，凸レンズで折れ曲がった後，しょう点を通り直進する。また，物体から出た光で，凸レンズの中心を通る光(ⓑ)は折れ曲がることなく

図ｉ

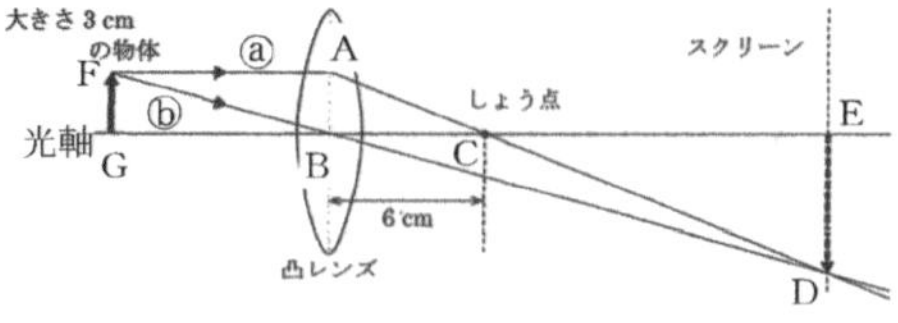

直進する。したがって，図ｉの三角形ＡＢＣと三角形ＤＥＣは同じ形で，ＡＢ＝ＦＧ＝３㎝だから，ＢＣ：ＥＣ＝ＡＢ：ＤＥ＝１：３である。よって，凸レンズの中心からスクリーンまでの距離《きょり》は，ＢＥ＝ＢＣ×$\frac{1+3}{1}$＝24(㎝)である。　② 図ｉの三角形ＦＧＢと三角形ＤＥＢは同じ形だから，ＧＢ：ＥＢ＝ＦＧ：ＤＥ＝１：３である。よって，物体から凸レンズの中心までの距離は，ＧＢ＝ＥＢ×$\frac{1}{3}$＝８(㎝)である。

(2)① (1)解説と同様に考える。物体と像１の大きさの比は，物体や像１と対物レンズの中心までの距離の比に等しいから 1.5：18 である。よって，像１の大きさは物体の大きさの 18÷1.5＝12(倍)に見える。　② 像１と像２の大きさの比は，像１や像２と接眼レンズの中心までの距離の比に等しいから２：(２＋18＋５)＝２：25 である。よって，像２の大きさは像１の大きさの 25÷２＝12.5(倍)に見える。　③ 像１は物体の 12 倍，像２は像１の 12.5 倍に見えるから，像２の大きさは物体の大きさの 12×12.5＝150(倍)に見える。

【３】

(1) ア×…水(液体)がその表面から水蒸気(気体)になることを蒸発という。　イ×…水がふっとうしているときに出てくる大きなあわは，水が気体になった水蒸気である。なお，水がふっとうする前に出てくる小さなあわは水にとけていた空気である。　ウ×…水の温度が低くても蒸発は起こる。　オ×…空気の温度と水がふっとうする温度に関係はない。なお，水がふっとうする温度は気圧によって変化する。

(3)① 氷がとけて水になるとき，熱を加えても温度は変化しない。よって，水と氷が混ざっているようすが見られたのは，27－３＝24(分間)である。　② 実験において，一定の熱を加えて温めたから，加えた熱量と加熱した時間は比例する。図１より，氷 50ｇを 20℃上げるのに３分かかり，水 50ｇを 20℃上げるのに６分かかったとわかる。同じ重さの氷や水を同じ温度だけ温めるとき，氷を温めるのに必要な熱量は，水を温めるのに必要な熱量の$\frac{3}{6}$＝$\frac{1}{2}$(倍)である。よって，氷１ｇの温度を１℃上げるのに必要な熱量は，水１ｇの温度を１℃上げるのに必要な熱量(１cal)の$\frac{1}{2}$倍の 0.5calである。　③ 図１より，０℃の氷50ｇを０℃の水50ｇにするとき24分かかったから，０℃の氷 15ｇを０℃の水 15ｇにするのにかかる時間は 24×$\frac{15}{50}$＝7.2(分)である。また，水 50ｇを 20℃上げるのに６分かかるから，50ｇの水の温度は 20×$\frac{7.2}{6}$＝24(℃)上げることができる。

(4) 対流は場所によって温度が異なる液体や気体が移動して熱が運ばれる現象，伝導は温度が異なるものが接して高温の部分から低温の部分に熱が伝わる現象，放射はエネルギーが光や赤外線によって運ばれ物体の温度が上がる現象である。

【４】

(1) 熱の伝わりやすい金属を使うことで，容器内の水温と容器表面付近の空気の温度がほぼ同じになる。

(2) 容器がくもり始めたときの水温でのほう和水蒸気量が，その気温でのほう和水蒸気量だから，実験を行ったときの空気１㎥中の水蒸気量は，気温 22℃のほう和水蒸気量に等しく 19.4ｇ/㎥である。また，気温 32℃のほう和水蒸気量は 33.8ｇ/㎥だから，湿度は$\frac{19.4}{33.8}$×100＝57.3…→57％である。

(3) 空気１㎥中の水蒸気量が少ないほど，容器がくもり始める水温は低くなる。ア～ウでの空気１㎥中の水蒸気量は，アが 24.4×0.8＝19.52(ｇ/㎥)，イが 27.2×0.9＝24.48(ｇ/㎥)，ウが 30.4×0.5＝15.2(ｇ/㎥)だから，容器がくもり始める水温は低い順にウ＜ア＜イである。

(4) ア，イ×…気温が同じ場合，湿度が高いほど空気１㎥中の水蒸気量が多いから，くもり始める水温は高い。ウ×，エ○…湿度が同じ場合，気温が高いほど空気１㎥中の水蒸気量が多いから，くもり始める水温は高い。

(5)① 気温 30℃のほう和水蒸気量は 30.4ｇ/㎥だから，湿度が 80％のとき，空気１㎥中の水蒸気量は 30.4×0.8＝24.32(ｇ)である。この部屋の中の空気の体積は 2.5×４×３＝30(㎥)だから，水蒸気は 24.32×30＝729.6→730ｇ

である。　② 気温15℃のほう和水蒸気量は12.8 g/m^3だから，湿度を40%にすると，この部屋の水蒸気は12.8×0.4×30＝153.6(g)になる。よって，装置内に集められた水は729.6－153.6＝576(g)になる。

―《2024　3次　社会　解説》―

問1　1＝渡来人　2＝鑑真　3＝真言　4＝野口英世　　1．渡来人は，漢字や儒教のほか，土木工事や金属加工の技術，絹織物，須恵器の製法などを日本に伝えた。2．鑑真は，聖武天皇の要請を受けて，日本に正しい戒律を伝えるために，鑑真は来日した。3．平安時代初頭，唐から帰国した空海は高野山に金剛峯寺を建て，真言宗を開いた。また，最澄は比叡山に延暦寺を建て，天台宗を開いた。

問2　イ　　冬の降水量が多いことから，日本海側の気候のイと判断する。冬の日本海側は，北西季節風が日本海上空で大量の水分を含み，山地を越える手前で大雪を降らせる。

問3　ウ　　ほたて貝であれば青森県・北海道，真珠であれば長崎県・愛媛県・三重県，のり類であれば佐賀県・兵庫県・福岡県が上位にくる。

問4Ⅰ　三内丸山遺跡　　三内丸山遺跡は，「北海道・北東北の縄文遺跡群」の1つとして世界文化遺産に登録されている。　Ⅱ　白川郷　　岐阜県の白川郷と富山県の五箇山にある合掌造り集落は，「白川郷・五箇山の合掌造り集落」として世界文化遺産に登録されている。

問5Ⅰ　エ　　X．誤り。首都圏の1都7県には，関東地方の1都6県と中部地方の山梨県が含まれ，山梨県の人口密度は300人/km^2未満である。Y．誤り。香川県の人口密度は500人/km^2以上であるが，岡山県の人口密度は300人/km^2未満である。　Ⅱ　A．地名＝イ　農業の特徴＝キ　B．地名＝ア　農業の特徴＝ケ　　鹿児島県の笠野原には，水はけのよいシラス台地が広がっているため，稲作に向かず，茶の栽培や畜産業が盛んである。長野県の野辺山原は，冷涼な気候を利用して，キャベツやレタスを他県の出荷量が少なくなる夏に出荷している。

問6　ウ　　登呂遺跡は静岡県にある，おもに弥生時代の遺跡。野尻湖遺跡は長野県にある，おもに旧石器時代の遺跡。岩宿遺跡は群馬県にある旧石器時代の遺跡。

問7Ⅱ　ア　　さくらんぼであれば山形県・北海道，りんごであれば青森県・長野県，みかんであれば和歌山県・愛媛県・静岡県が上位にくる。　Ⅲ　水郷　　利根川下流の潮来《いたこ》や筑後川下流の柳川などが水郷地帯として知られている。

問8　蘇我馬子　　仏教を排除しようとする物部守屋との争いに勝利した蘇我馬子は飛鳥寺を建立した。

問9Ⅰ　イ　　4人のうち唐に渡ったことがあるのは阿倍仲麻呂と吉備真備の2人であり，阿倍仲麻呂は帰国できていないことから，吉備真備と判断する。　Ⅱ　イ　　防人の管理もしていた役所から，大宰府と判断する。
Ⅲ　調の内容＝地方の特産物，納税先＝都，納税方法＝農民が直接運び込む，の3つの内容を盛り込もう。

問10　さとうきび　　砂糖の原料はおもに，さとうきびとてんさいの2つがある。

問11　ア　　印旛沼は千葉県，八郎潟は秋田県，宍道湖は島根県にある。

問12　イ　　X．正しい。Y．誤り。『古今和歌集』は紀貫之らが編集した。藤原定家らによって編集された和歌集は，『新古今和歌集』である。

問13Ⅰ　杉田玄白　　杉田玄白は，前野良沢らとともに「ターヘル・アナトミア」を翻訳し『解体新書』として発行した。
Ⅱ　田沼意次　　田沼意次は，株仲間を奨励し，営業税を徴収して財政を立て直そうとした。　Ⅲ　ペリー　　1853年，4隻の軍艦を率いて浦賀に来航したペリーが，アメリカ大統領フィルモアの国書を幕府に渡し，開国を要求してきた。翌年，日米和親条約が結ばれ，下田と函館が開かれた。

問14Ⅰ　エ　　開国以降，主要な輸出品は生糸であり，群馬には富岡製糸場がある。　Ⅱ　ウ　　特権を奪われ，政府に不満を持つ士族たちが西郷隆盛をかつぎ上げて起こした反乱が西南戦争である。政府は，徴兵によって集められた兵士による新しい軍隊を出動させ，半年をかけて鎮圧した。　Ⅲ　a＝領事裁判権　b＝日本の法令を他国に適用することができなかった　　幕末に江戸幕府が欧米諸国と結んだ不平等条約によって，日本は相手国の領事裁判権を認め，関税自主権がなかった。

問15Ⅰ　イ→ア→ウ　　イ(1872年)→ア(1901年)→ウ(1910年)　　Ⅱ　田中正造　　田中正造は，足尾銅山鉱毒事件で活躍した衆議院議員である。

問16Ⅱ　A．工業地帯・工業地域…ア　都市…コ　B．工業地帯・工業地域…ウ　都市…キ

C．工業地帯・工業地域…イ　都市…カ　　３つの工業地帯・工業地域のうち，機械の割合が高いAを中京工業地帯，化学の割合が高いCを京葉工業地域と判断する。富士市は東海工業地域，堺市は阪神工業地帯にある。

Ⅲ　シリコンアイランド　　九州地方は，すべての県に空港があり，高速道路網も発達しているうえに，広大な工業用地を比較的安価で手に入れることができるため，ＩＣ工場の建設に適していた。同様の理由で東北自動車道に沿ってＩＣ工場が多いため，東北自動車道沿いをシリコンロードという。

問17Ⅰ　ウ　　持続可能な開発目標の略称である。NGOは非政府組織，ODAは政府開発援助，JICAは国際協力機構の略称。　Ⅱ　エ　　世界保健機関の略称である。IMFは国際通貨基金，UNICEFは国連児童基金，WTOは世界貿易機関の略称。

問18Ⅰ　A＝エ　B＝ア　　社会保障の４つの柱については右表を参照。

Ⅲ　臨時(国)会　　臨時(国)会は，内閣または，どちらかの議院の総議員の４分の１以上の要求があったときに開かれる。

Ⅳ　公共の福祉　　公共の福祉とは，社会全体の利益のことであり，公共の福祉は自由権を制限する場合がある。

社会保険	社会福祉	公衆衛生	公的扶助
医療保険 年金保険 雇用保険 労災保険 介護保険など	児童福祉 母子福祉 身体障がい者福祉 高齢者福祉など	感染症予防 予防接種 廃棄物処理 下水道 公害対策など	生活保護 （生活・住宅・ 教育・医療 などの扶助）
加入者や国・事業主が社会保険料を積み立て，必要なときに給付を受ける	働くことが困難で社会的に弱い立場の人々に対して生活の保障や支援のサービスをする	国民の健康増進をはかり，感染症などの予防をめざす	収入が少なく，最低限度の生活を営めない人に，生活費などを給付する

問19　資料１より，アフリカは一人当たりＧＤＰが低く，貧しいことが読み取れる。資料２より，アフリカはワクチン自給率が低く，ワクチンのほとんどを輸入に頼っていること，また，ワクチンの入手量が少なく人口が多いため，【Ａ】÷【Ｂ】の，一人あたりのワクチン接種が可能な平均回数も低いことが読み取れる。「ワクチンを生産できず，輸入に頼っている」「経済的に貧しく，十分なワクチンを買えない」「人口が多いため，十分に配分されない」ことを盛り込もう。

逗子開成中学校【2次】

《国　語》

【一】問一．①郵送　②解除　③拡大　④熟練　⑤在庫　⑥貴重　⑦帰省　⑧捕　⑨臨　⑩留
⑪あんい　⑫こうたく　⑬かんげい　⑭おが　⑮く　　問二．①エ　②ウ　　問三．①鼻　②肩　③腰

【二】問一．X．ウ　Y．イ　　問二．ア　　問三．エ　　問四．本当に言いたいことをわかってくれていない
問五．エ　　問六．a．聴く姿勢を察知　b．とことん話を聴く　c．ともに苦しい場所に居つづける
問七．言葉を交わすなかで、たがいの違いを思い知りながら、相手をもっと理解するために、時間と場所を共有し、話を徹底的に聴くこと。

【三】問一．Ⅰ．ウ　Ⅱ．ア　Ⅲ．オ　Ⅳ．イ　Ⅴ．エ　　問二．A．エ　B．ア　C．イ
問三．Ⅰ．客観的な事実で、開示されるべき　Ⅱ．計算をやらない理由に使った　　問四．エ
問五．和也に腹立たしさを感じたが、感情的になるのは合理的でないので、気持ちを落ち着かせ、どう対応するのがよいかを考えている。　　問六．努力と向上心が足りないだけで、勉強すれば成績は上がる。　　問七．ウ

《算　数》

1　(1)400　(2)8.76　(3)$\frac{23}{45}$

2　(1)26年後　(2)2023　(3)9通り　(4)Aくん／42.5　(5)55.5°　(6)$83\frac{1}{3}$cm²

3　(1)24日　(2)100日　(3)32日

4　(1)72 cm²　(2)50 cm²　(3)34 cm

5　(1)(イ)　(2)24：7　※(3)分速12.25m

※の途中の考え方は解説を参照してください。

《理　科》

【1】(1)食物連さ　(2)イ　(3)イ　(4)オ　(5)①SDGs　②5

【2】(1)①断層　②エ　③イ　④イ　(2)ア　(3)①5　②30

【3】(1)①A．キ　B．ア　C．イ　D．ク　E．ウ　F．エ
②B，E　(2)①7.5　②右グラフ　③83.3

【4】(1)1.5　(2)ア．6.0　ウ．2.0　(3)イ．(1，1)　エ．(1，2)
(4)4.5　(5)0.5　(6)12.7

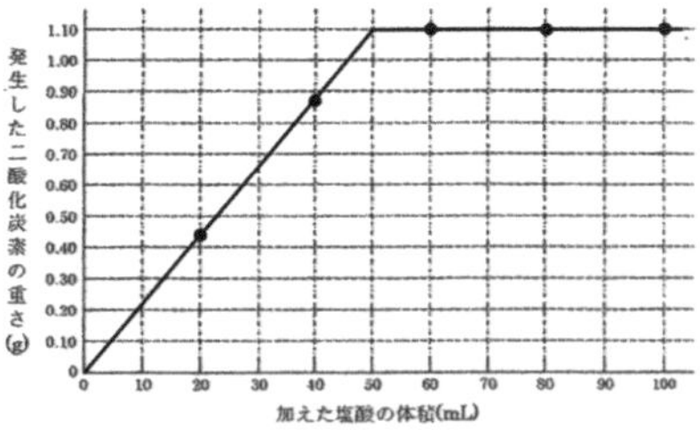

《社　会》

【1】問1．Ⅰ．減反　Ⅱ．ウ　　問2．ク　　問3．Ⅰ．伝統的工芸品　Ⅱ．ウ　　問4．イ

問5．河川A…最上　河川B…吉野　　問6．潮目〔別解〕潮境　　問7．X．ウ　Y．イ　　問8．山を切り開き，高級建売住宅が一帯に建てられてできた鎌倉逗子ハイランドに，多くの人が移り住んだから。

問9．環境アセスメント

【2】問1．ア　　問2．前方後円墳　　問3．Ⅰ．8　Ⅱ．大宰府　　問4．行基　　問5．ウ　　問6．壬申

問7．末法思想が広まり，各地で反乱や自然災害が起きて人々に不安が広がる中，阿弥陀仏にすがって死後に極楽浄土に生まれ変わることを願う浄土信仰が人々に受け入れられたから。　　問8．エ　　問9．エ

問10．御家人　　問11．記号…ア　正しく直したもの…フビライ＝ハン　　問12．Ⅰ．ウ　Ⅱ．イ

問13．豊臣秀吉　　問14．ほしか　　問15．イ→ウ→ア→エ　　問16．Ⅰ．盧溝橋　Ⅱ．ア　　問17．イ

【3】問1．1．最高法規　2．国権　3．公共の福祉　　問2．エ　　問3．違憲立法審査権　　問4．国民主権

問5．2　　問6．知る権利　　問7．ウ　　問8．ふるさと納税をする住民が多く，他の自治体の住民によるふるさと納税の寄付額が少ない自治体では，寄付額より住民税減収額が大きく上回り，公共サービスなどに使われる歳入が大きく減る自治体が出てきてしまう問題。

2023 解答例 令和5年度 逗子開成中学校【3次】

《国　語》

【一】問一. ①強引　②招待　③故郷　④風潮　⑤首脳　⑥往復　⑦包囲　⑧指揮　⑨納　⑩澄　⑪ひょうり　⑫れいたん　⑬うつわ　⑭さか　⑮ゆだ　　問二.［A／B］ ①［ウ／あ］ ②［オ／お］ ③［カ／う］ ④［ア／い］ ⑤［エ／か］

【二】問一. ア　　問二. a. エ　b. ウ　　問三. 私たちが見習うべき教訓　　問四. ウ　　問五. 一見とても変更しようのない絶対的敵対関係も、気持ちのもち方で友好的な関係に変えられるということ。　　問六. エ　問七. 長い時間をかけて友好的な関係を築く努力をし、うまくいかないことがあっても、敵意のないことを辛抱強く示し続けること。

【三】問一. x. ア　y. ウ　　問二. ア. 利益　イ. 生命　ウ. 生活　　問三. エ　　問四. 決して自分のためではなく、幕府のためを思って言っているはずだ　　問五. イ　　問六. ア　　問七. 与一が、獣への敬意と感謝を忘れない蝦夷の狩人のような、負けた者の思いや人生をも大切にする心の持ち主だとわかったから。

《算　数》

1　(1)26.73　(2)3　(3)$\frac{2}{3}$

2　(1)24　(2)4㎠　(3)30個　(4)264ページ　(5)2分8秒　(6)80°

3　(1)680個　(2)3000個　(3)7200個

4　(1)①正三角形　②正六角形　(2)23.365㎠　(3)17.19㎠

5　(1)420　(2)190, 280, 370, 460, 550, 640, 730, 820, 910　※(3)57個

※の途中の考え方は解説を参照してください。

《理　科》

【1】(1)ア　(2)じゅう毛　(3)エ　(4)ヒトA…ア　ヒトC…エ　(5)エ　(6)10

【2】(1)イ　(2)①エ　②水　(3)①地下水　②0.1　③10

【3】(1)①5　②420　(2)①再生可能エネルギー　②太陽の光を取りこむための天窓を設置し，天気がよい日はできるだけ照明を使わないようにする。／階段やろうかは人が通るときだけ照明がつくようにし，それ以外のときは消しておく。などから1つ　(3)①ア，ウ　②265

【4】(1)D. 黄　G. 青　(2)水酸化ナトリウム水溶液…66.7　残る固体の重さ…11.6　(3)0.12　(4)5.2　(5)8.8　(6)15

《社　会》

【1】問1．1．パラリンピック　2．万国博覧会　3．ギリシャ　　問2．ノーマライゼーション

問3．イタリア　　問4．Ⅰ．エリザベス2世　Ⅱ．ウ　　問5．本初子午線　　問6．ア

問7．フードロス（下線部は食品でもよい）　　問8．全国水平社　　問9．男女雇用機会均等法　　問10．直接税は税金を納める人と負担する人が同じで，間接税は税金を納める人と負担する人が異なる。　　問11．イ

問12．ウ　　問13．Ⅰ．エ　Ⅱ．レタス　　問14．ア　　問15．エ　　問16．オリンピックに関する記事の公平性や正確性が欠けてしまい，人々が形成する世論に影響が出る可能性があること。　　問17．団体交渉

問18．ＩＡＥＡ

【2】問1．1．環太平洋　2．出雲　3．熊野　4．相模　5．一向　6．刀狩　7．シーボルト　　問2．今治

問3．ナショナルトラスト　　問4．空海〔別解〕弘法大師　　問5．大和絵　　問6．ウ→イ→エ→ア

問7．Ⅰ．斜面に広がっていた桑畑が果樹園へとつくりかえられた。　Ⅱ．世界恐慌がおこってアメリカへの生糸の輸出が減り，養蚕業が打撃を受けて蚕のえさである桑が不要になったから。　　問8．エ

問9．セメント　　問10．Ⅰ．岩倉具視　Ⅱ．ウ　　問11．エ

【3】問1．沿岸漁船漁家平均年収は日本の平均年収より低く，年々減少しており，漁業就業者数も年々減少していること。　　問2．自然を相手にする漁業では経験が必要であり，収入も安定しないことから漁業離れが進んでいるが，ビッグデータを活用することで，経験がなくても漁を行いやすくなり，かつ効率的に行うことができるようになるため，漁業を始める人が増えることが期待できるから。

逗子開成中学校【２次】

《2023　２次　国語　解説》

【一】

問三①　「鼻であしらう」は、相手の言うことをとりあおうとせず、冷淡《れいたん》にあつかうこと。　②　「肩《かた》を落とす」は、がっかりしたり気力を失ったりする様子。　③　「重い腰《こし》を上げる」は、気が進まず行動に移していなかったことに、ようやく取りかかること。

【二】

問二　「押《お》しが相撲《すもう》の根本だ」ということを「押さば押せ、引かば押せ」と言っているのと同じパターン。「ともかく聴《き》いていることが根本」だということを言いたいので、アが適する。

問三　「同じものを見ていても感じることがこんなにも違《ちが》うのかというふうに、違いを思い知らされることが、ほんとうの意味での理解ではないかと思う」という筆者の考えを体現しているように思えた発言として取り上げている。――線部①のある段落の最後で「性《しょう》が合わなくてもいい、いやむしろ合わなくて当然なのだ」とまとめていることからも、エのような理由が読みとれる。

問四　（　　　）の直前に「むしろ」とあることに着目する。かんたんに共感されるような軽い話ではなく、言おうとしても説明しきれないような心の内を語ろうとしているときに、かるがるしく「わかる、わかる」などと言われると、そんなにかんたんにわかるわけがない、と反感を覚えるということ。

問六ａ　相手が自分の思いを話してみようという気持ちになるのは、どういうときか。〈文章Ⅰ〉の――線部④の直後に「聴き手の聴く姿勢を察知してはじめてひとは口を開く」とある。　ｂ　〈文章Ⅱ〉では、「根本は『聴く』ということです」「ともかく聴いていることが根本で、言われることをずっと聴いている」「徹底的《てっていてき》に聴いています」など、「とことん話を聴く」ということについて述べている。　ｃ　［ｃ］の直前に「一緒《いっしょ》になって考えたり、相手と同じ気持ちになろうとしたりするのではなくて」とあることに着目する。〈文章Ⅰ〉の後ろから２段落目で「他者の理解とは、他者と一つの考えを共有する～同じ気持ちになることではない～苦しい問題が発生しているまさにその場所にともに居合わせ、そこから逃《に》げないということだ」と述べていることをまとめる。

問七　――線部⑤の直前の「そこ」が指す内容を読みとる。それは「言葉を果てしなく交わすなかで～両者の差《さ》異《い》が～際立ってくる～細部において、ますます自分との違いを思い知る～それが他者を理解するということ～差異を思い知らされつつ、それでも相手をもっと理解しようとしてその場に居つづけること」。このような姿勢が、〈文章Ⅱ〉の「とことん話を聴く」ということと重なるのである。

【三】

問三Ⅰ　――線部①の直後の段落に「藤巻教授は～客観的な事実を尊重する。さらに、その事実はあまねく平等かつ正確に開示されるべきだと信じてもいる」とあることから。　Ⅱ　――線部①の直前の和也の言動から考える。「僕《ぼく》」に計算してもらおうとし、「僕」が「計算してみて」と命じると、「こういう計算とかって、コンピュータを使えば、一瞬《いっしゅん》でできちゃうんでしょ？～だったらわざわざ人間が時間かけてやらなくてもよくない？」と言った。つまり、「こないだ親父（藤巻教授）が言ってた」ことを、だから計算などやらなくていいだろう、という理由に使ったのである。

問四　「珍獣《ちんじゅう》」は、珍《めずら》しい獣《けもの》。計算などやりたくないと思っている和也が、計算を「コツをつかめば～楽しいもんだよ」と言った「僕」に、「楽しい？　計算が？」とおどろいて聞き返しているので、エが適する。

問五　「舌打ちしそうになった～腹立たしい」「僕は合理性を重んじる。感情的になってもろくなことはない」という心情であることをふまえて、――線部③の態度が意味することを考える。

問六　[C]のある段落で「おれは頭が悪いから、と和也はことあるごとに言う～でも、それは言い訳にすぎないと僕は思う。和也は頭が悪いわけじゃない～屁理屈《へりくつ》をこねてみせるのだって、それなりに頭の回転が速いからこそできることだろう～和也はきっと『やればできる』。努力と向上心が足りないだけだ。怠《なま》けずに勉強すれば、順当に成績は上がるに違いない」と述べていることからまとめる。

問七　アの「藤巻先生の息子なので何とか和也の成績をあげたいという『僕』の少しの焦《あせ》り」、イの「有頂天になった『僕』が、和也に対して普段《ふだん》よりも積極的に話しかけている」、エの「今後彼《かれ》が立派な科学者になれると感じている」は適さない。

《2023　2次　算数　解説》

[1] (1)　与式＝5＋5×(125＋5)－5×(1＋5×10)＝5＋5×130－5×51＝5×(1＋130－51)＝5×80＝**400**

(2)　与式＝12×0.1×1.9＋12×0.04×13－0.03×3×12＋1.32＝12×0.19＋12×0.52－12×0.09＋12×0.11＝12×(0.19＋0.52－0.09＋0.11)＝12×0.73＝**8.76**

(3)　与式より，$(\frac{3}{5}-\square)\div\frac{2}{9}+1\frac{4}{7}=2-\frac{1}{35}$　　$(\frac{3}{5}-\square)\div\frac{2}{9}=1\frac{34}{35}-1\frac{4}{7}$　　$(\frac{3}{5}-\square)\div\frac{2}{9}=\frac{14}{35}$

$\frac{3}{5}-\square=\frac{2}{5}\times\frac{2}{9}$　　$\square=\frac{3}{5}-\frac{4}{45}=\frac{27}{45}-\frac{4}{45}=\mathbf{\frac{23}{45}}$

[2] (1)　**【解き方】2人の子どもの年れいの合計と父の年れいは，1年ごとに1×2－1＝1(才)差がちぢまる。**

現在，2人の子どもの年れいの合計と父の年れいの差は，41－(9＋6)＝26(才)だから，等しくなるのは，26÷1＝**26(年後)**である。

(2)　**【解き方】ある2つの数の差は，その2つの数の最大公約数の倍数になる。**

289－119＝170だから，共通の素因数として17が見つかる。

119÷17＝7，289÷17＝17だから，119と289の最小公倍数は，7×17×17＝**2023**

(3)　ズーくん，シーくん，カイくん，セイくんが持ってきたプレゼントをそれぞれa，b，c，dとすると，ズーくんがbを受け取る場合，4人が受け取るプレゼントの組み合わせは，

(ズー，シー，カイ，セイ)＝(b，a，d，c)(b，c，d，a)(b，d，a，c)の3通りある。

ズーくんがc，dを受け取る場合も3通りずつあるから，交換方法は全部で，3×3＝**9(通り)**

(4)　**【解き方】AくんとBくんの速さの比は200：(200－25)＝8：7，BくんとCくんの速さの比は200：180＝10：9である。**

Aくんの速さはBくんの$\frac{8}{7}$倍，Cくんの速さはBくんの$\frac{9}{10}$倍だから，AくんとCくんの速さの比は，$\frac{8}{7}:\frac{9}{10}=$80：63である。よって，**Aくん**が先にゴールし，そのときCくんに，$200\times\frac{80-63}{80}=$**42.5**(m)差をつけている。

(5)　三角形ＥＢＣはＢＣ＝ＥＣの二等辺三角形で，角ＢＣＥ＝19°だから，

角ＣＢＥ＝(180°－19°)÷2＝80.5°　　角x＝80.5°－25°＝**55.5°**

(6)　**【解き方】右のように作図する。三角形ＢＣＥの面積は正方形ＡＢＣＤの面積の$\frac{1}{2}$だから，ＥＧ：ＥＢから三角形ＢＣＥの面積を求める。**

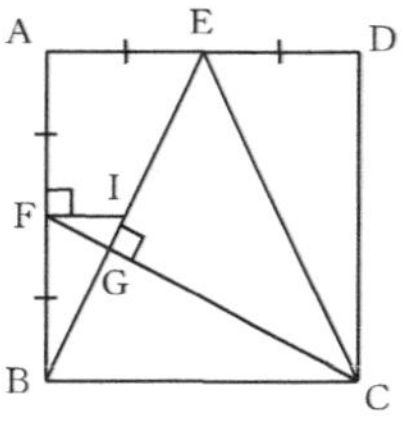

正方形の1辺の長さを1とすると，$AE=\frac{1}{2}$

三角形ＡＢＥと三角形ＦＢＩは同じ形で対応する辺の比がＡＢ：ＦＢ＝2：1だから，

$FI=AE\times\frac{1}{2}=\frac{1}{2}\times\frac{1}{2}=\frac{1}{4}$

三角形ＩＦＧと三角形ＢＣＧは同じ形だから，ＩＧ：ＢＧ＝ＦＩ：ＣＢ＝$\frac{1}{4}$：１＝１：４

ＥＩ＝ＩＢだから，ＥＩ：ＩＧ：ＧＢ＝(１＋４)：１：４＝５：１：４

したがって，ＥＧ：ＥＢ＝(５＋１)：(５＋１＋４)＝３：５

三角形ＣＥＧと三角形ＢＣＥの面積比はＥＧ：ＥＢ＝３：５だから，三角形ＢＣＥの面積は，$25\times\frac{5}{3}=\frac{125}{3}$(㎠)

よって，正方形ＡＢＣＤの面積は，$\frac{125}{3}\times2=\frac{250}{3}=$**$83\frac{1}{3}$(㎠)**

3 (1) **【解き方】Ｍさんが１日に①の仕事を行うとすると，仕事全体の量は$\textcircled{72}$である。**

ＧさんとＭさんが２人で仕事をすると，１日に$\textcircled{72}$÷18＝④行うから，Ｇさんは１日に④－①＝③行う。

よって，Ｇさん１人が休まずに仕事すると，$\textcircled{72}$÷③＝**24(日)**かかる。

(2) **【解き方】Ｍさんは５＋２＝７(日)ごとに①×５＝⑤の仕事を行う。**

$\textcircled{72}$÷⑤＝14余り②だから，７×14＝98(日)で残りが②となる。残りの②は２日で終わるから，求める日数は，98＋２＝**100(日)**

(3) **【解き方】Ｍさんの周期は７日，Ｇさんの周期は１＋１＝２(日)だから，７と２の最小公倍数の14日ごとに考える。**

14日間で２人が行う仕事量は，⑤×２＋③×$\frac{14}{2}$＝㉛である。

$\textcircled{72}$÷㉛＝２余り⑩だから，仕事を14×２＝28(日)行うと残りが⑩となる。残りの⑩は右表のようにあと４日で終わるから，求める日数は，28＋４＝**32(日)**

	１日目	２日目	３日目	４日目	…
Ｍ	①	①	①	①	…
Ｇ	③	休み	③	休み	…

4 (1) **【解き方】図１において斜線部分の一部は，右図のように面積を変えずに色がついている部分に移動できる。**

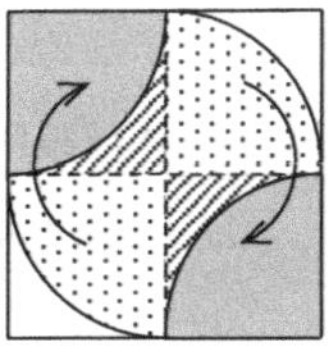

分銅Ａの面積は正方形Ａの面積の半分だから，２×２÷２＝２(㎠)

１辺が12㎝の正方形には正方形Ａを１辺に12÷２＝６(個)しきつめられるから，

正方形Ａが６×６＝36(個)しきつめられる。よって，求める面積は，２×36＝**72(㎠)**

(2) **【解き方】図２を見ると，１辺に正方形Ａを３個しきつめたとき，分銅Ｂは縦に２個，横に２個現れる。したがって，１辺に正方形Ａをｎ個しきつめたとき，分銅Ｂは，(ｎ－１)×(ｎ－１)(個)現れる。**

１辺が12㎝の正方形に正方形Ａをしきつめると，分銅Ｂは(６－１)×(６－１)＝25(個)現れる。

よって，求める面積は，２×25＝**50(㎠)**

(3) **【解き方】分銅Ａと分銅Ｂの面積の合計が初めて1000㎠より大きくなるのは，２種類の分銅の個数の合計が初めて1000÷２＝500(個)より多くなるときである。(2)をふまえる。**

正方形Ａを１辺にｎ個しきつめると，分銅Ａはｎ×ｎ(個)，分銅Ｂは(ｎ－１)×(ｎ－１)(個)となる。したがって，分銅Ａと分銅Ｂの個数の合計は，連続する平方数《へいほうすう》(整数を２つかけあわせてできる数)の和となる。連続する平方数の和が初めて500より大きくなるところを探す。

15×15＝225，16×16＝256，17×17＝289で，225＋256＝481，256＋289＝545だから，分銅が全部で16×16＋17×17＝545(個)となるときの正方形の１辺の長さを求める。

このとき，正方形Ａは１辺に17個しきつめられているから，正方形の１辺の長さは，２×17＝**34(㎝)**

5 (1) ズトシくんはＢからＣまで進む間に潮に流されて陸に近づくので，ＣはＢより陸に近いから，正しいものは(イ)，(ウ)，(エ)のいずれかである。潮の速さは一定だから，ズトシくんが陸に流される割合も一定なので，正しいものは**(イ)**である。

⑵　**【解き方】右のように作図する。ＢからＣまで 48－27－13＝８(分)かかったのだから，ＢＥの長さはズトシくんが潮の影響《えいきょう》を受けずに８分で泳ぐ道のり，ＥＣの長さは潮が８分で流れる道のりである。**

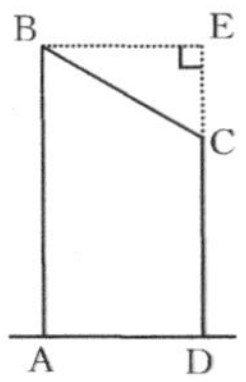

ズトシくんの泳ぐ速さを分速①m，潮の速さを分速$\boxed{1}$mとすると，

ＡＢ＝㉗－$\boxed{27}$，ＥＤ＝$\boxed{8}$＋(⑬＋$\boxed{13}$)＝⑬＋$\boxed{21}$と表せて，これらの道のりは等しい。

したがって，㉗－⑬＝⑭と$\boxed{27}$＋$\boxed{21}$＝$\boxed{48}$が等しいから，①は$\boxed{\frac{48}{14}}$＝$\boxed{\frac{24}{7}}$にあたる。

よって，ズトシくんの泳ぐ速さと潮の速さの比は，$\boxed{\frac{24}{7}}$：$\boxed{1}$＝**24：７**

⑶　**【解き方】⑵より，ＡＢ：ＣＤ＝{(24－７)×27}：{(24＋７)×13}＝459：403 だから，(ＡＢ＋ＣＤ)：ＥＣ＝(459＋403)：(459－403)＝431：28 である。**

ＡＢ＋ＣＤ＝1858.5－350＝1508.5(m)だから，ＥＣ＝1508.5×$\frac{28}{431}$＝98(m)である。

よって，潮は８分で 98m流れるから，潮の速さは，分速$\frac{98}{8}$m＝**分速 12.25m**

《2023　２次　理科　解説》

【１】

⑵　かく乱の規模が大きいときにはかく乱に強い種だけが存在し，かく乱の規模が小さいときには生物どうしの競争に強い種だけが存在する生態系になるので，グラフの両端《りょうたん》で生物の種類が少なくなるイが正答となる。

⑶　イ×…外来生物とは，もともとその場所にいなかったが人間の活動によって持ち込《こ》まれた生物のことである。森林を伐採《ばっさい》するのは人間だが，それにより生物が外部から持ち込まれることはない。

⑷　オ○…トンボ類の幼虫の個体数は，オオクチバスを除去《じょきょ》した直後から大きく増加しているから，オオクチバスにたくさん食べられていたと考えられる。ただし，オオクチバスの除去の約１年後からはトンボ類の幼虫の個体数が減少しているので，オオクチバスだけがトンボ類の幼虫の個体数を減らす要因でないと考えられる。

⑸②　日本の森林の面積は378000×0.65＝245700(km^2)である。日本の森林の面積が25年間で1300000km^2の割合で減少すると，日本の森林は25×$\frac{245700}{1300000}$＝4.725→５年間で全て失われる。

【２】

⑴②　図１のように，上盤《うわばん》(図１では断層の左側)が上にずれている断層は，地層を横から押《お》す力がはたらくとできる。　③　イ×…地震《じしん》のゆれによって地面の中の砂などの粒《つぶ》同士の結びつきが弱まり，すき間を満たしていた水に粒がういた状態になる。このような状態になると，重い建物や自動車は地面にしずむ。　④　ア×…津波《つなみ》の速さは海の深さによって変わるが，最も早くても時速800km程度で，地震のゆれの速さ(秒速数km)よりも遅《おそ》い。

ウ×…陸地に近づくほど水深が浅くなり，津波の速さは遅くなる。このため，後からきた津波が次々と追いついてきて，陸地に近づくほど津波の高さが高くなる。　エ×…海底にある火山の噴火や，火山の一部がくずれて海に流れ込んだことなどにより，津波が発生したことがある。

⑵　ア○…マグニチュードを電球の明るさに，震度を電球に照らされた周りの明るさに置きかえて考えている。明るい電球の方が，机のより明るく照らされている範囲《はんい》が広いことから，マグニチュードが大きくなると，同じ場所でも震度が大きくなると考えられる。

⑶①　35÷７＝５(秒後)　②　Ｂで緊急《きんきゅう》地震速報を受信するのは地震発生から５＋0.5＝5.5(秒後)である。また，ＢにＳ波が達するのは地震発生から142÷４＝35.5(秒後)である。よって，35.5－5.5＝30(秒後)が正答となる。

【3】

(1)①　実験1より，Cは酸素である。実験2より，Aは水に溶《と》けるとアルカリ性を示すからアンモニアである。実験3より，水溶液《すいようえき》にすることで亜鉛《あえん》を溶かすことができるEは塩化水素である(水溶液は塩酸)。また，このとき発生したFは水素である。実験4より，石灰水を白くにごらせるBは二酸化炭素である。また，残ったDはちっ素である。　②　BTB溶液は酸性で黄色，中性で緑色，アルカリ性で青色に変化する。よって，水に溶けると酸性を示すBとEを選べばよい。

(2)①　表1より，炭酸カルシウムが2.0g反応すると二酸化炭素が0.88g発生し，塩酸が100mL反応すると二酸化炭素が3.30g発生することがわかる。よって，二酸化炭素を3.30g発生させるのに必要な(塩酸100mLと過不足なく反応する)炭酸カルシウムの重さは$2.0\times\frac{3.30}{0.88}=7.5$(g)である。　②　加えた塩酸の体積が40mLと60mLのときの点を直接結ばず，発生した二酸化炭素の重さが1.10gになるまでは一定の割合で二酸化炭素の重さが増加していくことに注意しよう。　③　表2より，塩酸が20mL反応すると二酸化炭素が0.44g発生し，大理石3.0gに含《ふく》まれる炭酸カルシウムがすべて反応すると二酸化炭素が1.10g発生することがわかる。①解説より，炭酸カルシウムが2.0g反応すると二酸化炭素が0.88g発生するから，二酸化炭素を1.10g発生させるのに必要な炭酸カルシウムは$2.0\times\frac{1.10}{0.88}=2.5$(g)である。これが大理石3.0gに含まれる炭酸カルシウムの重さだから，$\frac{2.5}{3.0}\times100=83.33\cdots\to$83.3%が正答となる。

【4】

(1)　ばねののびはおもりの重さに比例する。Bを3つつるすと13.5cmのびたから，B1つでは13.5÷3=4.5(cm)のびる。A1つでは3.0cmのびるから，4.5÷3.0=1.5(倍)が正答となる。

(2)　ア．ばねを縦につなぐ数を増やした場合，つるしたおもりの重さはすべてのばねにかかるから，棒の下がった距離《きょり》は縦につないだばねの数に比例する。よって，3.0×2=6.0(cm)があてはまる。　ウ．表1より，縦につないだ数が同じであれば，横につないだ数と棒の下がった距離は反比例の関係にあることがわかる。(2，1)のときのアが6.0だから，(2，3)のときのウには6.0÷3=2.0(cm)があてはまる。

(3)　(2)解説と同様に考えると，イには6.0÷2=3.0(cm)，エには6.0÷4=1.5(cm)があてはまる。よって，表1より，イは(1，1)，エは(1，2)のときと同じである。また，棒の下がった距離が，縦につないだばねの数に比例し，横につないだばねの数に反比例することから，$\frac{(\text{縦につないだ数})}{(\text{横につないだ数})}$が等しければ，棒の下がった距離が同じになると考えられる。よって，表1にない組合わせでも，この値がイでは1，エでは$\frac{1}{2}$になっていればよい。

(4)　(3)解説より，Aが1つのときの棒が下がった距離は$3.0\times\frac{(\text{縦につないだ数})}{(\text{横につないだ数})}$で求めることができる。よって，$3.0\times\frac{3}{2}=4.5$(cm)が正答となる。

(5)　表2で，ばねの組合わせが(1，1)と(1，4)のときを比べればよい。よって，3.18÷6.36=0.5(倍)である。

(6)　表2より，$\frac{(\text{縦につないだ数})}{(\text{横につないだ数})}$が1のときの時間は6.36秒になると考えられる。よって，(4，4)のときの時間は6.36秒である。(5)より，(4，4)のときと比べ，横につなぐばねの数を$\frac{1}{4}$倍の(4，1)にしたときの時間は2倍になると考えられるので，6.36×2=12.72→12.7秒が正答となる。

《2023　2次　社会　解説》

【1】

問1 Ⅰ．減反　減反政策では，農地を田から畑に転用することが推奨された。　Ⅱ．ウ　アは茨城県，イは香川県，エは千葉県にある。

問２　ク　　石油危機は，第四次中東戦争を受けて，西アジアの産油国が石油の輸出を制限したり，値上げをしたりしたことで起きた経済的な混乱である。バブル崩壊は，1991 年から発生した。沿岸から 200 海里以内の排他的経済水域では，沿岸国に鉱産資源と海洋資源を優先的に開発する権利がある。

問３Ⅰ．伝統的工芸品　　神奈川県では他にも「小田原漆器」「箱根寄木細工」などが伝統的工芸品に指定されている。

問４　イ　　X．正しい。首都である東京には，新聞社・出版社の本社が多くあり，情報が集まりやすくなっている。　Y．誤り。京浜工業地帯の工業生産出荷額は，中京工業地帯より少ない。中京工業地帯は日本一の工業生産出荷額である。

問５　A＝最上　B＝吉野　　A．庄内平野を通ることから最上川と判断する。B．東西に連なる四国山地の北側を流れていることから吉野川と判断する。

問６　潮目〔潮境〕　寒流と暖流がぶつかる海水面を潮目，海中の境界面を潮境という。

問７　X＝ウ　Y＝イ　　季節によって吹く向きが変わる風を季節風といい，夏は海洋から大陸に向けて，冬は大陸から海洋に向けて吹く。そのため，日本では夏は南東から，冬は北西から季節風が吹いている。

問８　大阪や東京のニュータウンと同じ現象と考える。入居する人々は，働く世代の夫婦とその子どもが多く，人口は急激に伸びたことが予想される。

【２】

問１　ア　　イ．弥生時代の説明である。ウ．縄文時代の遺跡から，その地で採れない黒曜石やひすいが出土していることから，交易が行われていたことが予想される。エ．吉野ケ里遺跡や登呂遺跡は弥生時代の遺跡である。

問２　前方後円墳　　古墳は，大王の権力の大きさを示すものとして，次第に巨大化していった。古墳には，前方後円墳のほか，方墳・円墳などさまざまな形状がある。

問３Ⅰ．８　　大宝律令の制定は 701 年であり，701 年から 800 年までが８世紀にあたる。

Ⅱ．大宰府　　大宰府は，中大兄皇子が水城や大野城を建設したことや，菅原道真が左遷されたことで知られる。「太」ではなく「大」の字を使うのが適当である。

問４　行基　　大仏造立には多くの人手が必要だったため，聖武天皇は，当時庶民の信頼が厚かった行基に支援を要請した。

問５　ウ　　書院造は室町時代以降，寝殿造は平安時代以降，数寄屋造りは安土桃山時代以降の建物に見られる。

問６　壬申　　天智天皇の子である大友皇子と，天智天皇の弟である大海人皇子が争い，勝利した大海人皇子が天武天皇として即位した。

問７　末法思想…釈迦の死後から 2000 年が経つと，仏教の力が衰え，世の中が乱れるとする考え方。その始まりは 1052 年とされた。

問８　エ　　X．誤り。国司の立ち入りを拒否する権利は不入の権である。不輸の権は，租税を納めなくてもよい権利である。Y．誤り。荘園は，豊臣秀吉による太閤検地で完全に消滅した。

問９　エ　　前九年合戦は，源頼義と源義家が清原氏のたすけを得て，安倍氏を滅ぼした戦いである。前九年合戦と後三年合戦によって，源氏が東国武士団と主従関係を強め，武家の棟梁となっていった。

問10　御家人　　将軍と主従関係を結んだ武士を御家人とよび，御家人は将軍のために奉公し，将軍は功績のあった御家人に御恩として，新たな土地の地頭に任命したり，以前からもつ領地の保護をしたりした。

問11　ア／フビライ＝ハン　　チンギス＝ハンはモンゴル帝国の建国者であり，フビライ＝ハンの祖父である。

問12Ⅰ．ウ　　政所は一般政務，問注所は訴訟・裁判を担当した。公文所は政所の当初の呼び名である。

Ⅱ．イ　東大寺南大門にある阿形と吽形の２体が，運慶・快慶らによってつくられたと言われている。アとウは飛鳥時代，エは奈良時代につくられた。

問13　豊臣秀吉　1590年，豊臣秀吉は関東に勢力を保っていた北条氏を滅ぼし，東北の大名も従えることで，全国統一を果たした。直前に「1590年」とあるので，1582年の本能寺の変で自害した織田信長ではなく，その後に勢力をのばしていった豊臣秀吉とわかればよい。

問15　イ→ウ→ア→エ　イ(1624年)→ウ(1635年)→ア(1637年)→エ(1639年)　年号がわからなくても，キリスト教の禁止と貿易統制の流れは覚えておこう。

問16Ⅰ．盧溝橋　盧溝橋事件は，北京郊外で日本軍と中国軍が衝突した事件である。　Ⅱ．ア　X．正しい。警察予備隊は，1952年に保安隊，1954年に自衛隊となった。Y．正しい。ソ連は北朝鮮を，アメリカは韓国を支援したため，韓国と北朝鮮の間で対立が激化し，1950年，北朝鮮が韓国に突如侵攻して朝鮮戦争が始まった。朝鮮戦争は1953年に休戦したが，2023年３月現在，終戦に至っていない。

問17　イ　日露戦争において，東郷平八郎が率いる艦隊が日本海海戦でロシアのバルチック艦隊に勝利し，これを機に，アメリカの仲介によってポーツマス条約が結ばれた。

【３】

問２　エ　X．誤り。内閣総理大臣は国会議員の中から選ばれる。内閣総理大臣を指名する選挙は衆議院と参議院の両方で行われるが，参議院と衆議院の指名した人物が異なる場合，衆議院の優越により，衆議院が指名した人物が内閣総理大臣となる。また，これまでに参議院議員が総理大臣になった例はない。Y．誤り。内閣総理大臣の任命は天皇による国事行為の１つである。

問３　違憲立法審査権　違憲立法審査権は，すべての裁判所が持つ権限であり，特に最高裁判所は最終的な判断を下すことから，「憲法の番人」と呼ばれている。

問５　右表参照(◯で囲んだ数は議席の獲得を示す)。

	A党	B党	C党
得票数	3000	1800	1500
÷１	(3000)	(1800)	(1500)
÷２	(1500)	(900)	(750)
÷３	(1000)	600	500
÷４	(750)	450	375

問６　知る権利はプライバシーの権利や環境権などとともに，日本国憲法に規定されていない新しい人権に含まれる。

問７　憲法改正にあたっては，まず国会で各議院の総議員の３分の２以上の賛成を得た後に，国会が国民の審議を求めて憲法改正の発議を行う。そして，国民投票で有効投票の過半数の賛成を得られた場合，天皇がただちに国民の名で改正された憲法を公布するという流れになる。

問８　資料１からは，ふるさと納税をした人は，実質 2000 円の負担で，15000 円分の返礼品を他の自治体から受け取っていることがわかる。資料２からは，世田谷区では，ふるさと納税による寄付額が，区民税減収額を大きく下回っていること，資料３からは，税金が公共サービスに使われていることがわかる。そもそも，ふるさと納税は地方と都市部の税収格差を緩《かん》和《わ》する目的で制度化されたが，横浜市・名古屋市・大阪市・川崎市・東京都世田谷区などの都市部では，税金の減収額が大きく，一方で，肉・魚介・果物など，魅力的な特産品をふるさと納税の返礼品としてそろえている自治体では，返礼品を目的とした寄付が全国から多く集まり，大幅に増収となっている。

《2023　3次　国語　解説》

【一】

問二①　「波に乗る」は、勢いに乗ること。　②　「根に持つ」は、いつまでもうらんで忘れないこと。
③　「水を打ったよう」は、その場にいる大勢の人たちが静まりかえっている様子。　④　「油を売る」は、仕事の途中《とちゅう》でむだ話などをしてなまけること。　⑤　「煙《けむ》に巻く」は、相手の知らないようなことを大げさに言いたてて、圧倒《あっとう》したりごまかしたりすること。

【二】

問三　〈中略〉の直後の段落で「昔から寓話《ぐうわ》やファンタジーは、動物の姿を借りて人間社会の機微《きび》を描《えが》きだし、私たちが見習うべき教訓を語りかけてきた」と述べている。

問四　ここでの「心が折れそうになる」は、障害にぶつかってくじけそうになる、という意味。「食う食われるの関係にあるオオカミとヤギ」という、常識では仲良くなれない関係であり、「互《たが》いの動物の領域」にいる「仲間に説《と》き伏《ふ》せられ」て、仲良くするのを諦《あきら》めそうになったということ。よって、ウが適する。

問五　――線部③の直後の段落で「実は～一見常識に見える絶対的敵対関係を、人間は勝手につくり～勝手に解消してきた」と述べているとおり、絶対に変えられないと思うような関係も、実は絶対的なものではないというのが「意外な真実」である。そして、そのような関係性は変えることもできるのだというのが「可能性」である。〈中略〉の直後の段落で「『あらしのよる』から私たちは何を学ぶのか。それは、一見とても変更《へんこう》しようのない関係も、気持ちのもち方で変えられるということだ」と述べていることに着目する。『あらしのよるに』のオオカミとヤギのように、つまり、敵対関係が友好的な関係に変化するということがわかるようにまとめるとよい。

問六　ゴリラが「人間の身勝手な常識」で殺されたり食べられたり大切にされたりしてきたのと同じようなことだ、と言っている。つまり、人間は都合の良いように見方を変えるものだということ。――線部④は、戦意高揚《こうよう》のために、敵である米国人や英国人のことを「鬼畜《きちく》」だと教え、国民はそのように思い込《こ》まされていたのだということ。よって、エが適する。

問七　後ろから２段落目で「私は、ゴリラが人間の食料にされていた地域で、武器も餌《えさ》も使わずにゴリラと仲よくなろうと努力してきた。最初ゴリラたちは～逃《に》げ去り、追うと～攻撃《こうげき》してきた～敵意のないことを辛抱強《しんぼうづよ》く示し続ければ、ゴリラは態度を変えて人間を受け入れてくれる。十年近くかかったが～落ち着いて向かい合えるようになった」と述べていることから、筆者が言おうとしていることをまとめる。

【三】

問二　――線部①の５～６行後「都が富むために、いや、都にいるほんの一握《ひとにぎ》りの者たちが富むために、北の国々は常に収奪《しゅうだつ》され、多くの者の命や暮《くら》しが、踏《ふ》みにじられてきた」から読みとる。

問三　前書きに「大和朝廷軍の坂上田村麻呂と戦い、降伏《こうふく》した後に、大和朝廷にだまされて捕《と》らえられ、処刑《しょけい》された～アテルイ」とあり、――線部②の直前で「アテルイが斬《き》られるのを、田村麻呂は知らなかったろう。アテルイの言い分～都で聞き届けられると思っていたろう。ところがアテルイはだまし討ちにされた」、それと同じように、「西念《さいねん》という男は、信用できるのかもしれない。だが、幕府で力を振《ふ》るう者たちはどうか？（＝幕府の上の者たちは、お前（資盛《すけもり》）を殺すかもしれないだろう）」と述べていることから、エが適する。

問四　普段《ふだん》とちがって与一《よいち》が懇願《こんがん》しているので、重忠《しげただ》はよほどのことだと思い「助《たす》け舟《ぶね》を出した」のである。

「助け舟」とは、人が困っているときに助けるもの。幕府の二代将軍頼家《よりいえ》に、朝敵《ちょうてき》の女を妻にすることを認めさせるために言ったのだから、そのことが幕府にとって役に立つという内容(与一が言った「その女と契《ちぎ》りをなし～力強い男子をもうければ、幕府へのさらなる御奉公《ごほうこう》になる」ということ)を後押《あとお》ししたのだと考えられる。

問五　板額御前《はんがくごぜん》はこの時、敗者である自分を「本人の意志のいかんにかかわらず」妻にした与一に対して、「この男を殴《なぐ》り倒《たお》し、越後《えちご》まで走っても」自分は心が痛まないだろう、と思っていたのである。よって、イが適する。

問六　「つがい」とは、一組みの雄《おす》と雌《めす》、つまり、夫婦のこと。本文最後の「板額御前は、阿佐利《あさり》与一の妻になり、子宝《こだから》にめぐまれた」ということをほのめかす効果が感じられる。よって、アが適する。

問七　「わしの妻になりたくなければ、ならなくてよい～わしは～戦いながら、敵であるそなたに畏敬《うやまい》の念をもっておった」「ほとぼりが冷めたら――そなたが好きな国に行くがよい」と言うのを聞いて、与一の真意がわかり、板額御前は心を動かされたのだ。将軍の前でうそをついてまで、敗者である自分の命を救い、敬意を表し、尊重してくれた。このことは、板額御前が「蝦夷は、狩《か》りで倒した獣《けもの》を、神として崇《あが》め、感謝の念をいだきつつ喰《く》らう」と言っていた蝦夷の狩人《かりゅうど》の生き方に重なるものであり、「負けていった者たちにも……おのおのの思い、大切にしてきた暮し、生き方が、あったはず。それを忘れてもらっては困る」という板額御前の思いにかなうものだったのである。

《2023　３次　算数　解説》

1　(1)　与式$=0.673+(1+0.673)\times 2+(2+0.673)\times 3+(3+0.673)\times 4=$

$0.673+2+0.673\times 2+6+0.673\times 3+12+0.673\times 4=0.673\times(1+2+3+4)+20=6.73+20=\mathbf{26.73}$

(2)　与式$=\frac{11}{17}\times\frac{17}{2}+\frac{5}{12}-\frac{13}{4}\times\frac{33}{26}+1\frac{5}{24}=\frac{11}{2}+\frac{5}{12}-\frac{33}{8}+1\frac{5}{24}=5\frac{12}{24}+\frac{10}{24}+1\frac{5}{24}-4\frac{1}{8}=6\frac{9}{8}-4\frac{1}{8}=7\frac{1}{8}-4\frac{1}{8}=\mathbf{3}$

(3)　与式より，$\frac{4}{3}-(\frac{22}{15}-\square)\div 1\frac{1}{4}=1.04\div 1\frac{1}{2}$　　$\frac{4}{3}-(\frac{22}{15}-\square)\div\frac{5}{4}=\frac{26}{25}\times\frac{2}{3}$　　$(\frac{22}{15}-\square)\div\frac{5}{4}=\frac{4}{3}-\frac{52}{75}$

$(\frac{22}{15}-\square)\div\frac{5}{4}=\frac{100}{75}-\frac{52}{75}$　　$\frac{22}{15}-\square=\frac{48}{75}\times\frac{5}{4}$　　$\square=\frac{22}{15}-\frac{12}{15}=\frac{10}{15}=\mathbf{\frac{2}{3}}$

2　(1)　**【解き方】Aは153－９＝144と175－７＝168の公約数のうち９より大きい数である。**

144と168の最大公約数は24だから，Aのうち最も大きい数は**24**である。

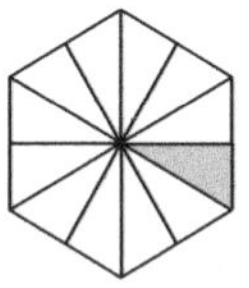

(2)　正六角形は右図のように合同な12個の三角形に分けることができる。斜線部分の面積は色をつけた三角形の面積と等しいから，48÷12＝**4(㎠)**

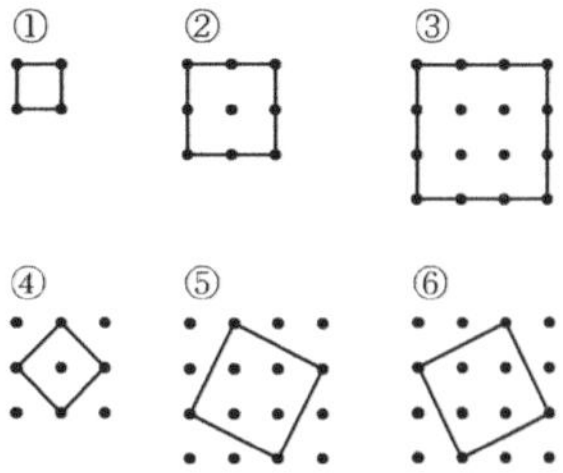

(3)　**【解き方】正方形は右図の①～⑥の６種類できる。**

①は12個，②は６個，③は２個，④は６個，⑤は２個，⑥は２個できるから，全部で，12＋６＋２＋６＋２＋２＝**30(個)**

(4)　２日目の残りは，$(60+2)\div(1-\frac{1}{2})=124$(ページ)

１日目の残りは，$(124+4)\div(1-\frac{1}{3})=192$(ページ)

よって，全部で，$(192+6)\div(1-\frac{1}{4})=$**264(ページ)**

(5)　**【解き方】(池１周の道のり)÷(AとBの速さの和)＝１分20秒＝80秒，(池１周の道のり)÷(AとBの速さの差)＝５分20秒＝320秒で，かかる時間の比は80：320＝１：４である。**

同じ道のりを進むとき，速さの比はかかる時間の比の逆比と等しいから，(AとBの速さの和)：(AとBの速さの差)＝４：１である。したがって，AとBの速さの比は，$\frac{4+1}{2}:\frac{4-1}{2}=5:3$である。

(Aの速さ)：(AとBの速さの和)＝５：(５＋３)＝５：８だから，かかる時間の比は８：５になるので，求める時間は，80秒$\times\frac{8}{5}=128$(秒)，つまり**２分８秒**である。

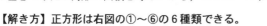

⑹　角ＢＥＣ＝180°－100°－20°＝60°より，角ＥＤＣ＝60°－30°＝30°

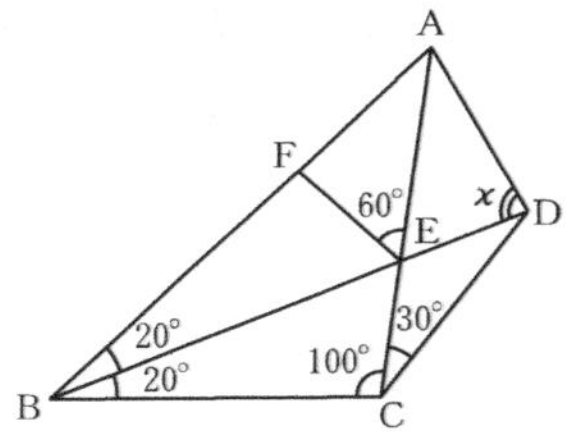

したがって，三角形ＥＣＤはＥＣ＝ＥＤの二等辺三角形である。

また，角ＢＥＦ＝180°－60°－60°＝60°だから，三角形ＢＣＥと三角形ＢＦＥは合同なので，ＥＣ＝ＥＦ　　よって，ＥＤ＝ＥＦ

角ＡＥＤ＝180°－60°－60°＝60°だから，角ＡＥＦ＝角ＡＥＤ

以上より，三角形ＡＥＦと三角形ＡＥＤは合同だから，

角x＝角ＡＦＥ＝20°＋60°＝**80°**

3　⑴　Ａさんが１日に減らした在庫の量は，1200÷15＝80(個)だから，Ａさんは毎日600＋80＝**680(個)**売った。

⑵　**【解き方】Ｂさんと Ｃさんが売った個数の差は，20－10＝10(日間)で仕入れされる個数だから，600×10＝6000(個)である。**

１日に売る個数を，Ｂさんが⑩個，Ｃさんが⑫個とすると，Ｂさんと Ｃさんが売った個数の差は，

⑩×20－⑫×10＝$\textcircled{80}$と表せる。これが6000個にあたるから，Ｂさんが１日に売る個数は，$6000\times\frac{\textcircled{10}}{\textcircled{80}}$＝750(個)である。よって，Ｂさんは１日に在庫を750－600＝150(個)減らせるから，商品Ｘの在庫は，150×20＝**3000(個)**あった。

⑶　**【解き方】つるかめ算を利用して，Ｃさんが売った日数を考える。**

⑵より，Ｃさんが１日に売る個数は，750×1.2＝900(個)だから，Ｃさんは１日に在庫を900－600＝300(個)減らせる。Ｂさんが12日間売ったとすると在庫は150×12＝1800(個)減り，実際より3000－1800＝1200(個)少ない。

１日をＢさんからＣさんに置きかえると，１日に減る個数が300－150＝150(個)増えるから，Ｃさんが売った日数は，1200÷150＝８(日間)である。よって，Ｃさんが売った個数は，900×８＝**7200(個)**

4　⑴①　断面は三角形ＩＪＫとなり，この三角形の１辺の長さはすべて１辺が１㎝の正方形の対角線の長さと等しいから，三角形ＩＪＫは**正三角形**である。

②　切り口は右図の②のように立方体の各辺の真ん中の点を通り，六角形となる。この六角形の１辺の長さはすべて１辺が１㎝の正方形の対角線の長さと等しいから，断面は**正六角形**である。

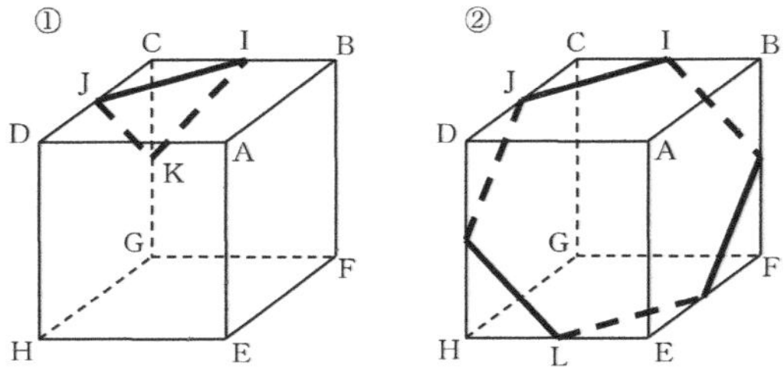

⑵　**【解き方】三角形ＢＤＥは正三角形で，その辺の長さは１辺が２㎝の正方形の対角線の長さと等しい。したがって，正三角形ＢＤＥと正三角形ＩＪＫの辺の比は２：１だから，面積比は(２×２)：(１×１)＝４：１である。**

三角形ＩＪＫの面積は，(三角形ＢＤＥの面積)×$\frac{1}{4}$＝3.46×$\frac{1}{4}$＝0.865(㎠)

もとの立方体の表面積は，２×２×６＝24(㎠)である。また，切り分けたあとにできるＣを含む立体の表面のうち三角形ＩＪＫを除く表面積は，(１×１÷２)×３＝1.5(㎠)である。したがって，Ａを含む立体の表面のうち三角形ＩＪＫを除く表面積は，24－1.5＝22.5(㎠)　　よって，求める表面積は，0.865＋22.5＝**23.365(㎠)**

⑶　**【解き方】断面の正六角形は，三角形ＩＪＫと合同な６つの正三角形に分けることができる。**

断面の正六角形の面積は，0.865×６＝5.19(㎠)

断面の正六角形は立方体の４本の対角線が交わる１点を通るから，立方体の体積を２等分する。切り分けられたあとの２つの立体は合同である。したがって，Ａを含む立体の表面のうち断面の正六角形を除く表面積は，立方体の表面積の$\frac{1}{2}$だから，24×$\frac{1}{2}$＝12(㎠)　　よって，求める表面積は，5.19＋12＝**17.19(㎠)**

5 ⑴　**【解き方】418 の前後の数を１つ１つ調べていく。**

418 の各位の数の和は 13 である。したがって，419 の各位の数の和は 14 で偶数になり，419 は奇数だから，ハーシャッド数ではない。同じ理由で 417 もハーシャッド数ではない。

420 の各位の数の和は６で，６は 420 の約数だから，420 はハーシャッド数である。

416 の各位の数の和は 11 で，11 は 416 の約数ではないから，416 はハーシャッド数ではない。

よって，求める数は **420** である。

⑵　**【解き方】１から 1000 までの整数のうち，各位の数の和が 10 である 10 の倍数を求めるから，一の位は０である。**

１けたの数と２けたの数で条件に合う数はない。３けたの数で条件に合う数は，百の位と十の位の数の和が 10 で一の位が０の数だから，**190，280，370，460，550，640，730，820，910** である。４けたの数で条件に合う数はない。

⑶　**【解き方】和が５になる整数の組み合わせを見つけてから，組み合わせごとに場合を分けて数える。また，条件に合う数は５の倍数だから一の位が０か５だが，一の位が５で条件に合う数は５だけである。２けた以上の数については一の位が０である。**

６けたの数で条件に合う数はないから，１けたから５けたまでの数を考える。和が５になる１つの数は[５]，和が５になる２つの数は[１，４]と[２，３]，和が５になる３つの数は[１，１，３]と[１，２，２]，和が５になる４つの数は[１，１，１，２]，和が５になる５つの数は[１，１，１，１，１]である。

①位の数に[５]をふくむ数は，５，50，500，5000，50000 の５個ある。

②位の数に[１，４]をふくむ数

３けたの数は 140，410 の２個，４けたの数は 1400，1040，4100，4010 の４個ある。

５けたの数は，万の位が１のとき千の位，百の位，十の位の４，０，０の並べ方が３通りあり，万の位が４のときも３通りあるから，３＋３＝６(個)ある。したがって，合わせて２＋４＋６＝12(個)ある。

③位の数に[２，３]をふくむ数は，[１，４]のときと同様に 12 個ある。

④位の数に[１，１，３]をふくむ数

４けたの数は 1130，1310，3110 の３個ある。５けたの数は，万の位が１のとき千の位，百の位，十の位の１，３，０の並べ方が６通りあり，万の位が３のときは１，１，０の並べ方が３通りあるから，６＋３＝９(個)ある。したがって，合わせて３＋９＝12(個)ある。

⑤位の数に[１，２，２]をふくむ数は，[１，１，３]のときと同様に 12 個ある。

⑥位の数に[１，１，１，２]をふくむ数は，11120，11210，12110，21110 の４個ある。

⑦位の数に[１，１，１，１，１]をふくむ数は存在しない。

①～⑦より，全部で，５＋12×４＋４＝**57(個)**

《2023　３次　理科　解説》

【１】

⑴　アはだ液やすい液に含《ふく》まれる消化こう素である。なお，イは胃液，ウはすい液に含まれる，タンパク質を分解する消化こう素である。エはすい液に含まれる，脂肪《しぼう》を分解する消化こう素である。

⑵　小腸の内側のひだに無数の突起《とっき》があることで，表面積が広くなり，栄養素を効率よく吸収できる。

⑶　エは液体の成分で，栄養分，二酸化炭素，二酸化炭素以外の不要物を運ぶはたらきがある。なお，アには酸素

を運ぶはたらき，イには体内に侵入《しんにゅう》した細菌《さいきん》などを分解するはたらき，ウには出血時に血液を固めるはたらきがある。

(4)　A．食事前(空腹時)の血液100mLに含まれるブドウ糖が100mgより多いので，エはあてはまらない。また，食事後にブドウ糖もインスリン分泌《ぶんぴつ》量も増加しているので，イとウはあてはまらない。　C．食事後にブドウ糖もインスリン分泌量も増加しているので，イとウはあてはまらない。また，食事の１時間後からブドウ糖が減少していく(インスリンが正常にはたらいている)ので，アはあてはまらない。

(5)　Bは(4)のイがあてはまる。よって，インスリンを注射したことで血糖値の変化の仕方に違《ちが》いが生じたとすれば，インスリンが正常にはたらいて，Cと同じように血糖値が減少していったことが考えられる。

(6)　３時間(180分間)で，血液100mLに含まれるブドウ糖の量が140－100＝40(mg)減少したから，血液4.5L→4500mLでは$40\times\frac{4500}{100}$＝1800(mg)である。よって，１分あたり1800÷180＝10(mg)のブドウ糖が消費されたことになる。

【２】

(1)　海と陸では，陸の方があたたまりやすく冷めやすい。よく晴れた昼間では，陸が先にあたためられて，陸で上昇《じょうしょう》気流が生じる。そこに海から空気が流れこんでくるので，地表付近では海から陸に向かって風が吹《ふ》く。これを海風という。

(2)　霧《きり》は，空気中の水蒸気が冷やされて水に変化することで，白くくもる現象である。よって，空気に水蒸気がたくさん含まれていて，その空気がよく冷やされるときほど霧ができやすい。

(3)②　陸への降水と陸からの蒸発との差である0.3－0.2＝0.1(兆トン)が，陸から海への水の移動量である。海からの蒸発と海への降水との差で考えても同様である。　③　１日あたりの陸と海への降水の合計は0.3＋1.1＝1.4(兆トン)だから，14÷1.4＝10(日分)である。

【３】

(1)①　1000W→１kW，10×30＝300(分)→５時間より，１×５＝５(kWh)となる。　②　この家庭の１日の電気使用量は2.1÷0.15＝14(kWh)だから，１カ月→30日間では14×30＝420(kWh)である。

(3)①　ア○…建てかえる前の電気使用量は全体で1600＋100＋270＋15＋15＝2000(kWh)だから，空調の割合は$\frac{1600}{2000}$×100＝80(％)である。　イ×…換気《かんき》は，建てかえた後が建てかえる前の70％だから，建てかえる前後で30％減る。ウ○…建てかえた後の電気使用量は全体で720＋70＋80＋15＋15＝900(kWh)である。これは建てかえる前の電気使用量の合計2000kWhの半分以下である。　エ×…建てかえた後の電気使用量の合計は小さくなっているが，給湯の電気使用量は変化していないので，給湯の割合は建てかえた後のほうが大きい。　②　①解説より，建てかえた後の１日あたりの電気使用量は全体で900kWhだから，１年→365日では900×365＝328500(kWh)である。よって，328500÷1241＝264.7…→265枚必要である。

【４】

(1)　酸性の塩酸とアルカリ性の水酸化ナトリウム水溶液《すいようえき》の中和では，食塩と水ができる。表１より，A～Fまでは水酸化ナトリウム水溶液の体積が５㎤増えるごとに残った固体の重さが0.87ｇずつ増え，F～Hまでは水酸化ナトリウム水溶液の体積が５㎤増えるごとに残った固体の重さが0.60ｇずつ増えているので，Fのときに塩酸と水酸化ナトリウム水溶液が過不足なく反応して中性の食塩水になっている。よって，Fよりも水酸化ナトリウム水溶液の体積が少ないDでは塩酸が余って酸性，Fよりも水酸化ナトリウム水溶液の体積が多いGでは水酸化ナトリウム水溶液が余ってアルカリ性になっている。BTB溶液は酸性で黄色，中性で緑色，アルカリ性で青色になる。

⑵　⑴解説より，実験１では，塩酸30㎤と水酸化ナトリウム水溶液25㎤が過不足なく反応し，4.35ｇの食塩が残る。よって，この塩酸80㎤と過不足なく反応する水酸化ナトリウム水溶液は$25\times\frac{80}{30}$＝66.66…→66.7(㎤)であり，残る食塩の重さは$4.35\times\frac{80}{30}$＝11.6(ｇ)である。

⑶　ＦとＧでは，中和によってできた食塩の重さが同じだから，Ｇで残った固体のうち4.95－4.35＝0.60(ｇ)が，反応せずに余った水酸化ナトリウム水溶液30－25＝５(㎤)に溶けていた水酸化ナトリウムである。よって，この水酸化ナトリウム水溶液１㎤には0.60÷５＝0.12(ｇ)の水酸化ナトリウムが溶《と》けていたことになる。

⑷　塩酸50㎤と水酸化ナトリウム水溶液30㎤では，水酸化ナトリウム水溶液30㎤が塩酸$30\times\frac{30}{25}$＝36(㎤)と反応し，塩酸が50－36＝14(㎤)余る。余った塩酸には固体が溶けていないから，ここでは水酸化ナトリウム水溶液30㎤が反応したときにできる食塩の重さを求めればよい。⑵解説より，水酸化ナトリウム水溶液25㎤が反応すると4.35ｇの食塩ができるから，$4.35\times\frac{30}{25}$＝5.22→5.2ｇが正答となる。

⑸　濃度《のうど》を２倍にした塩酸18㎤は元の塩酸18×２＝36(㎤)に，濃度を1.5倍にした水酸化ナトリウム水溶液40㎤は元の水酸化ナトリウム水溶液40×1.5＝60(㎤)に置きかえて考えることができる。元の濃度で考えたとき，塩酸36㎤と水酸化ナトリウム水溶液60㎤では，⑷解説と同様に，塩酸36㎤と水酸化ナトリウム水溶液30㎤が反応し，5.22ｇの食塩ができる。さらに，水酸化ナトリウム水溶液が60－30＝30(㎤)余るので，⑶より，水酸化ナトリウムが0.12×30＝3.6(ｇ)残る。よって，残る固体の重さは合計で5.22＋3.6＝8.82→8.8(ｇ)である。

⑹　表２より，水酸化ナトリウム水溶液が20㎤反応すると食塩が2.36ｇでき，余った水酸化ナトリウム水溶液20㎤に溶けている水酸化ナトリウムが1.60ｇである。また，塩酸100㎤がすべて反応するのは，水酸化ナトリウム水溶液の体積が60㎤から80㎤の間である。水酸化ナトリウム水溶液80㎤がすべて反応したとすると，残った固体の重さは7.08＋2.36＝9.44(ｇ)になるが，ここでは残った固体が9.25ｇで9.44－9.25＝0.19(ｇ)小さい。反応した水酸化ナトリウム水溶液の体積を20㎤小さくすると，残る固体の重さは2.36－1.60＝0.76(ｇ)小さくなるから，0.19ｇ小さくなるのは，反応した水酸化ナトリウム水溶液の体積を80㎤よりも$20\times\frac{0.19}{0.76}$＝５(㎤)小さくしたときである。つまり，実験２では，塩酸100㎤と水酸化ナトリウム水溶液80－５＝75(㎤)が過不足なく反応するから，塩酸20㎤と過不足なく反応する水酸化ナトリウム水溶液は$75\times\frac{20}{100}$＝15(㎤)である。

《2023　３次　社会　解説》

【１】

問２　ノーマライゼーション　　バリアフリーと間違えないようにしよう。バリアフリー…できるだけ障壁となるものを取りのぞこうとする考え方。

問４Ⅰ．エリザベス２世　Ⅱ．ウ　　オセアニア州とあるので，ニュージーランドを選ぶ。カナダは北アメリカ州，オーストリアはヨーロッパ州，インドはアジア州にある。イギリスの君主を国家元首とする国々は，コモンウェルス・レルムとよばれ，オーストラリア，カナダ，ニュージーランド，パプアニューギニアなどが含まれる。

問６　ア　　X．正しい。1941 年 12 月，海軍によるオアフ島の真珠湾攻撃と，陸軍によるイギリス領マレー半島上陸から太平洋戦争が始まった。Y．正しい。1945 年７月，アメリカ・イギリス・ソ連の３か国はドイツのポツダムで会談し，日本の無条件降伏や武装解除・民主主義の実現などを求める内容の文書を発表することで同意した。このとき，ソ連は日本と日ソ中立条約を結んでいたため，ポツダム宣言は，アメリカ・イギリス・中国の３か国の名前で発表された。

問７　フードロス　　日本のフードロスの量は，年間 522 万ｔほどであり，これは日本人１人あたりが毎日お茶碗

１杯分のご飯を捨てているのに近い量である。フードロスを減らす取り組みとして，販売期限の近い，商品だなの手前にある商品を積極的に選ぶ「てまえどり」や，安全に食べられるのに，包装の破そんや過剰在庫などの理由で流通に出すことができない食品を，必要としている人に無償で提供する「フードバンク」などがある。

問８　全国水平社　　全国水平社は1922年に西光万吉らによって結成された。京都で開かれた創立大会で「水平社宣言」が読み上げられた。

問９　男女雇用機会均等法　　男女雇用機会均等法は，性別を理由として，雇用・昇進などの面で男女間に差をつけることを禁じた法律である。1999年，男女双方の人権を尊重し，責任をともに分かちあうことを目的として制定された，男女共同参画社会基本法と間違えないようにしよう。

問10　税金の分類については右表参照。

	直接税	間接税
国税	所得税，法人税など	消費税，酒税，揮発油税，関税など
地方税	県市民税，固定資産税など	地方消費税，県・市たばこ税など

問11　イ　　郵便局は六個山の頂上から見ると，南東あたりの方角にある。

問12　ウ　　1990年以降，急激に排出量が増加し，2019年に最も多くなっているＡは中国，1990年に５か国中で最も排出量が多く，すでに2019年と同じ程度の排出量があるＢはアメリカ，残ったＣはインドと判断する。

問13Ⅰ．エ　　エは岐阜県についての説明。　Ⅱ．レタス　　長野県では，冷涼な気候を利用して，他県の出荷量が少なくなる夏にレタスを出荷する高冷地農業を行っている。

問15　エ　　さとうきびやとうもろこしなど，植物からつくられる燃料をバイオ燃料という。

問17　団体交渉　　団結権…労働者が雇用者と対等な立場で話し合うために，労働組合をつくる権利。団体交渉権…労働組合が，雇用者と労働条件の交渉をする権利。団体行動権…労働条件改善のために，ストライキなどのような，団体で抗議する権利。

問18　ＩＡＥＡ　　International Atomic Energy Agencyの略である。

【２】問１　１＝環太平洋　２＝出雲　３＝熊野　４＝相模　５＝一向　６＝刀狩　７＝シーボルト　　２．直後に「島根県」とあるので，現在の島根県東部にあった出雲と判断する。常陸・出雲・播磨・豊後・肥前の５か国の『風土記』が現存している。３．熊野古道は，熊野三山（熊野本宮大社・熊野速玉大社・熊野那智大社）への参詣道の総称である。『紀伊山地の霊場と参詣道』が2004年に世界文化遺産に登録された。５．加賀（現在の石川県南部）の一向一揆は1488年に起こった。６．刀狩は，方広寺の大仏をつくるための釘にするという名目のもと，豊臣秀吉が進めた。これによって，武士と農民の身分差がはっきりと区別されるようになり，兵農分離が進んだ。

７．鳴滝塾は，シーボルトが長崎郊外に設けた私塾であり，診療所も兼ねた。

問２　今治　　今治市のマスコットキャラクターである「バリィさん」は，タオル生地のハラマキをしている。

問４　空海〔別解〕弘法大師　　天台宗を開いた最澄と間違えないようにしよう。空海は他にも，香川県にあるため池である満濃池の改修なども行った。

問５　大和絵　　遣唐使が停止された頃から，唐の文化を日本の風土や生活に合わせてつくりかえた国風文化が栄えた。国風文化を代表するものとして大和絵，かな文字，寝殿造，十二単などがある。

問６　ウ→イ→エ→ア　　ウ（伝1213年）→イ（1221年　承久の乱後）→エ（1232年）→ア（1281年　元軍の２回目の襲来）　『金槐和歌集』は，鎌倉幕府３代将軍の源実朝によるものである。

問７Ⅰ．土地の勾配《こうばい》を緩《ゆる》やかになっており，桑畑（Y）が果樹園（ó）になっている。　Ⅱ．1929年，ニューヨークのウォール街で株価が大暴落したことから世界恐慌が始まった。日本国内では，多くの会社が倒産して町には失業者があふれ，アメリカへの生糸の輸出が激減したことなどを受け，農家の生活は苦しくなった（昭和恐慌）。

問８　エ　　ア．新井白石は徳川家宣（６代）・徳川家継（７代）に仕えた。イ．公事方御定書は裁判の基準を定めたものである。ウ．上知令は松平定信による寛政の改革ではなく，水野忠邦による天保の改革でだされた。

問９　セメント　　石灰岩でできた地形をカルスト地形という。秋吉台は山口県にある国内最大級のカルスト地形である。

問 10 Ⅰ．岩倉具視　　岩倉使節団の写真である。写真の左から，木戸孝允，山口尚芳，岩倉具視，伊藤博文，大久保利通。　Ⅱ．ウ　　アは板垣退助，イは小村寿太郎に関する説明である。エ．伊藤博文が初代内閣総理大臣に就任したのは，1885 年のことであり，帝国議会はそれよりあとの 1890 年に設置された。明治憲法下では議院内閣制がとられていなかったので，内閣総理大臣は国会から選ばれるのではない。

問 11　エ　　「景品表示法違反となる場合」より，消費者庁と判断する。消費者庁は，消費者に関する行政および消費生活に密接に関連する物資の品質表示に関する事務を行っている。

【３】問１　漁業では，農業や林業などの他の第一次産業と同様，後継者不足が課題となっている。

問２　資料に「漁師の経験，勘に頼っていた漁業」とあり，収入が安定しない（平均年収が低い）ことや，漁業を新たに始めづらいと思われることにつなげよう。

★逗子開成中学校【2次】

《国　語》

【一】問一. ①窓　②武将　③一刻　④不孝　⑤恋愛　⑥探査　⑦模様　⑧届　⑨貯蔵　⑩丈夫　⑪うやま　⑫おさな　⑬べに　⑭さ　⑮こちょう　　問二. ①○　②×　③×　④×　⑤○

【二】問一. イ→エ→ウ→ア　　問二. イ　　問三. 商品　　問四. Ⅰ. コロナ禍によって大学に通えなくなった　Ⅱ. 勉強以外の無駄なことが必要だ　　問五. ア　　問六. 大学は、「まだ存在しない知」を生み出すことに存在根拠があるのに、知識や能力を「コンテンツ」としてとらえる考え方に基づく改革が行われ、すでにある知識を学生に売ることに特化した場所へと変わってしまったから。

【三】問一. エ　　問二. イ　　問三. のどが渇き、石嶺のために残しておくべき水まで自分が飲んでしまったことに、良心の痛みを感じている。　　問四. 南に逃げる兵の列の最後尾から、動けなくなった者たちが少しずつだつ落していく様子。　　問五. 初め…石嶺を壕に　終わり…はしないか　　問六. ウ　　問七. ア

《算　数》

1　(1)6　　(2)$7\frac{1}{7}$　　(3)$\frac{7}{12}$

2　(1)74　　(2)92本　　(3)135　　(4)71点　　(5)14000円　　(6)5cm

3　(1)3°　　(2)80秒後，160秒後　　(3)60秒後，180秒後

4　(1)1.5時間　　(2)30.4km　　(3)42.4km

5　(1)8個　　(2)108個　　※(3)18，36，72，80

※の途中の考え方は解説を参照してください。

《理　科》

【1】(1)①ウ　②キ　③ア　　(2)右図

(3)①200　②支川の水が本川へ流れにくくなったから。

【2】(1)15　　(2)ウ　　(3)エ　　(4)ウ　　(5)12

【3】(1)蒸発〔別解〕気化　　(2)100　　(3)水が氷に変化して体積が大きくなると，ペットボトルがこわれるおそれがあるから。　　(4)ウ　　(5)①10500　②334　③0.4

【4】(1)たんのう　　(2)記号…d　酵素名…リパーゼ　　(3)胃液で酸性になったものを中和するため。　　(4)エ　(5)①イ，エ　②ウ

《社　会》

【1】問1．打製　問2．長野　問3．イ　問4．高床倉庫　問5．魏志倭人伝　問6．イ

問7．Ⅰ．ウ　Ⅱ．宋　Ⅲ．イ　問8．分国法　問9．ウ　問10．エ→ウ→イ→ア　問11．西廻／航路

問12．ウ　問13．エ　問14．ウ　問15．カラーテレビ

【2】問1．Ⅰ．政令指定都市　Ⅱ．ウ　問2．a　問3．資料1…カ　資料2…ア　問4．イ　問5．ウ

問6．Ⅰ．近郊農業　Ⅱ．群馬県・長野県は冷涼な気候，高知県・宮崎県は温暖な気候を利用して，抑制栽培や促成栽培を行っているから。　問7．イ　問8．ウ　問9．ハザードマップ

問10．Ⅰ．過密　Ⅱ．ドーナツ化

【3】問1．Ⅰ．経済活動　Ⅱ．a．イ　b．ウ　c．オ　問2．Ⅰ．イ　Ⅱ．一票／格差　Ⅲ．特別会

問3．Ⅰ．ウ　Ⅱ．ウ　Ⅲ．税金だけで国の財政がまかなえず，今までに多くの国債を発行してきたために，その借金の返済と利子の支払いに多くの費用がかかるから。

問4．Ⅰ．エ　Ⅱ．記号…d　正しい答え…ありません　問5．Ⅰ．ウ　Ⅱ．イ　Ⅲ．フードマイレージ

問6．1．オンライン診療やＡＩ診療によって，医師不足・ベッドの空き不足などを解消できる点。

2．ドローンによる荷物配送によって，交通渋滞にまきこまれず，指定した日時に配送できる点。

3．ＡＩを利用した無人タクシーによって，公共交通機関の少ない地域の人々に安定したサービスが行える点。

★逗子開成中学校【３次】

《国　語》

【一】問一．①冊子　②補修　③護衛　④洗脳　⑤相棒　⑥軽率　⑦腕白　⑧貿易　⑨蓄　⑩忙　⑪げし　⑫しろうと　⑬かんべん　⑭ひあ　⑮かつ　　問二．①自業自　②絶体絶　③右往／往　④海千／千　⑤適／適所

【二】問一．衆　　問二．D　　問三．ウ　　問四．色が派手で目立つものや、世間の評価が高いものだけを美しいと思いこむのではなく、他のものにも目を向けてよく観察することで、自分の感性を養い、自分なりに判断しなければならないということ。　　問五．ア．本物　イ．派手　ウ．地味　エ．外見　オ．自然　カ．人工　キ．色

【三】問一．A．オ　B．ア　C．エ　　問二．ア　　問三．潤沢な資金と具体的な目的　　問四．Ⅰ．若い頃の旅もまた、誰かの旅と同じコースを辿っていた　Ⅱ．自分の足跡を残す旅ではなく、誰かの足跡を辿る旅になっている　　問五．どんな旅でもいいので、まず一歩を踏み出して点線のルートを実線にすることと、好奇心を全開にしてその旅をいきいきと生きること。　　問六．エ

《算　数》

1　(1)262　　(2)$5\frac{1}{6}$　　(3)$1\frac{3}{10}$

2　(1)19ｇ　　(2)220人　　(3)26番目　　(4)12：13　　(5)30通り　　(6)毎時８km

3　(1)７　　(2)15　　(3)30672

4　(1)$\frac{1}{9}$倍　　(2)108人　　(3)126人

5　(1)13.14㎝　　(2)4.19㎝　　※(3)15.01㎝／右図

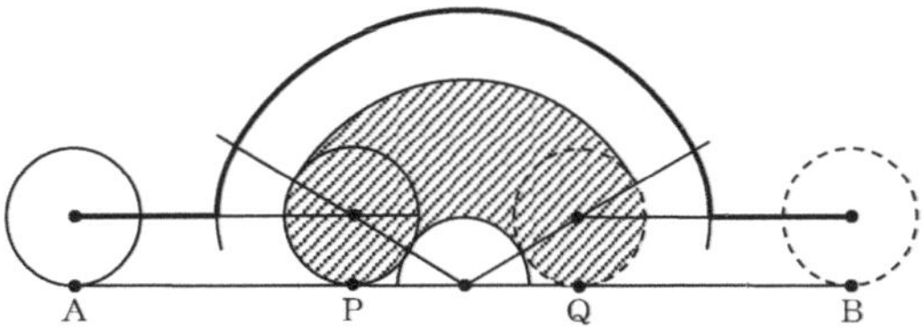

※の途中の考え方と計算式は解説を参照してください。

《理　科》

【１】(1)ア　　(2)イ，ウ，カ　　(3)X．子ぼう　Y．はいしゅ　　(4)①オ　②エ　③○

【２】(1)①イ　②酸素　③反応をうながすはたらき。　④8.5　　(2)①水素　②0.6　③0.54　④２：３

【３】(1)図１…C　図２…B　図３…A　　(2)ア．×　イ．○　ウ．○　　(3)キ
(4)右図　　(5)エ　　(6)300

【４】(1)ウ　　(2)①せん緑岩　②白っぽくなる。　　(3)①イ　②597　③カ

《社　会》

【1】問1．ウ　問2．イ　問3．リニア　問4．ウ　問5．Ⅰ．イ　Ⅱ．イ　Ⅲ．エ
問6．Ⅰ．ウ　Ⅱ．①イ　②エ　問7．Ⅰ．千島　Ⅱ．日本　問8．関東　問9．エ
問10．Ⅰ．鹿島臨海　Ⅱ．イ　Ⅲ．エ　問11．水郷　問12．埼玉　問13．ア　問14．有明海

【2】問1．1．徳川家康　2．浅間　3．桐生　4．足尾銅山　問2．Ⅰ．①風土記　②万葉集　③日本書紀
Ⅱ．古墳　問3．①国学　②本居宣長　問4．エ　問5．ア　問6．エ
問7．Ⅰ．①大日本帝国憲法　②日清　Ⅱ．(例文)日本による植民地支配や武力による介入を肯定するのではなく，過去のあやまちを認めたうえで，日本と韓国の両側からみた歴史を勉強するべきである。
問8．ア→ウ→エ→イ　問9．エ→ア→ウ→イ　問10．浮世絵

【3】問1．Ⅰ．①最高　②立法　Ⅱ．①常会　②内閣　③4，1　問2．Ⅰ．ア　Ⅱ．公聴会　問3．Ⅰ．優越
Ⅱ．ア　問4．考え方…山間部など上流部の集水域から，平野部で洪水に見舞われがちな氾濫域まで，流域に関わる関係者が協働して水害対策をおこなう考え方。　課題…地域住民の代表者が少なく，地方公共団体の関係者だけが協議会に参加していること。　解決方法…(例文)ハザードマップを作成し，地域住民の参加を促し，被害の軽減・復興のための保障や対策を話し合う場を協議会内に立ちあげること。

逗子開成中学校【２次】

←解答例は前のページにありますので，そちらをご覧ください。

《2022　２次　国語　解説》

【二】

問一　最初の段落では、政府が 90 年代以降、大学を大きく「改革」していったことを説明している。これを受けて、イでは「何が起きたか」と問いかけ、エではその答えを示し、ウではエについて具体例を挙げ、アでは、ウとエの内容を受けて「改革」は逆効果だったとまとめている。よって、イ→エ→ウ→アの順になる。

問二　「コンテンツ」という概念《がいねん》が生まれたことで、「書物と放送番組が同じく『コンテンツ』であると名指しされるように」なった。つまり、書物とテレビといった質的な違《ちが》いにかかわらず、創作物はひとまとめに「コンテンツ」と見なされるようになったのである。また、こうした「コンテンツ」は「デジタルデータのかたちで一括《いっかつ》して扱《あつか》われ、消費される傾向《けいこう》が進んで」いった。つまり、書物もまた「消費されるもの」へと変化したのである。よって、イが適する。

問三　ここでは、大学がどのような場へと変化させられたのかを説明している。４段落後に、「大学とは、知識を商品のように学生に売るところではありません」とある。この「知識を商品のように学生に売るところ」と、「『知』を Y のように取引するような場」は、同じようなことを言っている。

問四　同じ一文にある「そのこと」が指す内容は、「大学教育は『コンテンツをインストールする』こととは本質的に異な」るということである。これを、直後の段落のことばを使って言いかえると、大学教育の本質は「勉強以外の無駄《むだ》なこと」にあったということになる。つまり、コロナ禍《か》で「大学に通えなく」なった学生たちは、そのことによって、「勉強以外の無駄なこと」が大学教育の本質だったと気づいたのである。

問五　空欄《くうらん》には、前後に書かれていることに沿った内容が入る。２段落前に、「大学とは、知識を商品のように学生に売るところ」ではなく、「社会にとって必要な知を維持《いじ》し、そこから新しい知を生産するための場です」とある。また、次の段落に「コロナ禍を乗り越《こ》える知見はコンテンツとしては『まだ』存在していないのです。それは～『誰《だれ》か』がこれから生み出す『かもしれない』ものです。それを担うのが『知』の仕事であり、大学の仕事なのです」とある。つまり、社会が必要としている、コロナ禍のような難局を乗り越えるための「知」は、大学でこれから生み出される(かもしれない)ものであり、「コンテンツとしては『まだ』存在していない」のである。よって、アが適する。

問六　「大学とは、知識を商品のように学生に売るところでは」なく、「社会にとって必要な知を維持し、そこから新しい知を生産するための場」である。しかし、政府は、「知識や能力を『コンテンツ』としてとらえる考え方」に基づいて「大学『改革』」を行ってしまった。このため、大学の機能低下が起きたのである。

【三】

問一　２～３行前に「石嶺《いしみね》を壕《ごう》に置き去りにしたことを～恐《おそ》れる日が続いた」とあるように、徳正《とくしょう》は、石嶺を置き去りにしたことに後ろめたさを感じていた。そのため、石嶺の母が徳正の無事を喜んでくれる姿をまともに見ることができなかったのである。よって、エが適する。正視するとは、まっすぐに、あるいはまともに見ること。

問二　目の前を移動していく兵隊たちは、島の南部に逃《に》げていく兵隊だと考えられる。そして――線部①で徳正が聞いているのは、逃げる途中《とちゅう》で「置き去りにされ」た者や、動けなくなった者たちの声である。「ぼんやり聞いた」とあるので、徳正はそれらの声を無気力に聞いている。よって、イが適する。　ア．「すがるように聞いている」

が、「ぼんやり聞いた」と合わない。　ウ．このあと、徳正は森を駆《か》け抜《ぬ》けたり走ったりしているので、一人であればこの場から逃げることができる。したがって、動けなくなった兵たちと「同じ運命をたどるのであろう」と思っているとは考えにくい。　エ．「米軍が攻撃《こうげき》している」ことは、この部分からは読み取れない。

問三　「痛みを与《あた》えながら」とあるので、何かに対して痛みを感じていることがわかる。――線部⑤の２段落後の内容から、水筒《すいとう》はセツから渡《わた》されたものだとわかる。セツは徳正と石嶺の二人のために水筒を渡したと考えられる。徳正は、その水を一人で飲み干したことに良心の痛みや後ろめたさを感じている。

問四　直前に「倒《たお》れた兵が黒い貝のように見えた」とあるので、その向こうに見える「黒い蛇《へび》」は、移動する兵隊たちの列だとわかる。その尾《お》から「鱗《うろこ》が一枚一枚剥《は》がれ落ちていく」というのは、兵隊たちの列の後ろの方から、動けなくなった兵たちが脱落《だつらく》していく様子を表している。

問五　２～３行前に、徳正が、石嶺を置き去りにしたことを誰かに咎《とが》められはしないかと恐れていたことが書かれている。

問六　セツが自決していたことを知ったのは、祖母の四十九日の席でのことだった。２段落後に「悲しみとそれ以上の怒《いか》りが湧《わ》いてきて、セツを死に追いやった連中を打ち殺したかった。同時に、自分の中に、これで石嶺のことを知る者はいない、という安堵《あんど》の気持ちがあるのを認めずにはおれなかった」とある。徳正は、セツの自決を知って悲しむと同時に、自分が石嶺を置き去りにしたことを知る者がいないことに安心している。徳正はこのことが理由で「酒浸《さけびた》りに」なったことから、「安堵」した自分を嫌悪《けんお》し、酒の力で気を紛《まぎ》らそうとしていることがわかる。よって、ウが適する。

問七　――線部⑥の10行前に「五十年余ごまかしてきた記憶《きおく》と死ぬまで向かい合い続けねばならないことが恐《こわ》かった」とある。徳正は、長年罪悪感で苦しみ続け、それがこれからも続くことを恐《おそ》れていたのである。この直後、徳正は石嶺に「赦《ゆる》してとらせ」と謝った。その後、「この五十年の哀《あわ》れ、お前が分かるか」と怒りをぶつけているが、「石嶺は笑みを浮《う》かべて徳正を見つめるだけだった」。この後の、「小さくうなずいた」「深々と頭を下げた」「二度と徳正を見ようとはしなかった」といった、徳正を責める様子のない石嶺の行動や、「ありがとう。やっと渇《かわ》きがとれたよ」という言葉から、徳正は、自分の気持ちをくみ取ってもらえたように感じている。よって、アが適する。

《2022　２次　算数　解説》

1

(1)　与式$=\left[1+1\div\left\{1\div\left(1-\frac{1}{2}\right)\right\}\right]\times12\div(9-6\div2\times2)=\left\{1+1\div\left(1\div\frac{1}{2}\right)\right\}\times12\div\left(9-6\times\frac{1}{2}\times2\right)=$

$\{1+1\div(1\times2)\}\times12\div(9-6)=(1+1\div2)\times12\div3=\left(1+\frac{1}{2}\right)\times12\times\frac{1}{3}=\frac{3}{2}\times12\times\frac{1}{3}=6$

(2)　与式$=\left(\frac{3}{8}\times\frac{64}{9}-\frac{1}{6}\right)\div\frac{7}{6}\div\left(\frac{5}{10}-\frac{2}{10}\right)=\left(\frac{8}{3}-\frac{1}{6}\right)\times\frac{6}{7}\div\frac{3}{10}=\left(\frac{16}{6}-\frac{1}{6}\right)\times\frac{6}{7}\times\frac{10}{3}=\frac{15}{6}\times\frac{6}{7}\times\frac{10}{3}=\frac{50}{7}=7\frac{1}{7}$

(3)　与式より，$\left\{2\frac{3}{4}\times\frac{8}{5}-\left(\frac{41}{10}-\frac{43}{18}\right)\times\frac{3}{2}\right\}\div\left(\frac{1}{3}+\square\right)=2$　　$\left\{\frac{11}{4}\times\frac{8}{5}-\left(\frac{369}{90}-\frac{215}{90}\right)\times\frac{3}{2}\right\}\div\left(\frac{1}{3}+\square\right)=2$

$\left(\frac{22}{5}-\frac{154}{90}\times\frac{3}{2}\right)\div\left(\frac{1}{3}+\square\right)=2$　　$\left(\frac{132}{30}-\frac{77}{30}\right)\div\left(\frac{1}{3}+\square\right)=2$　　$\frac{55}{30}\div\left(\frac{1}{3}+\square\right)=2$　　$\frac{1}{3}+\square=\frac{11}{6}\div2$

$\square=\frac{11}{12}-\frac{1}{3}=\frac{11}{12}-\frac{4}{12}=\frac{7}{12}$

2

(1)　１番目の数は１で，数は１つ進むごとに２－１＝１，４－２＝２，５－４＝１，７－５＝２，…と大きくなる。50番目の数は１番目の数から50－１＝49進んだ数なので，49÷２＝24余り１より，求める数は，

１＋(１＋２)×24＋１＝74

(2)　**【解き方】49本目以上は１本85円になるので，１本目から85円で買った場合について考える。**

48本目までの代金は，2600＋100×(48－25＋１)＝5000(円)

１本85円で48本買った場合の代金は85×48＝4080(円)となり，実際より5000－4080＝920(円)安い。

よって，49本目以降は，「実際の代金」と「１本目から85円で買ったときの代金」の差は，常に920円となる。

「実際の代金」の１本あたりの平均の値段が95円となるとき，「１本目から85円で買ったときの代金」と比べると，１本あたりの平均の値段の差は95－85＝10(円)になる。よって，求める本数は，920÷10＝92(本)

(3)　【解き方】それぞれの数を素数の積で表して考える。

15＝３×５，270＝２×３×３×３×５，30＝２×３×５，90＝２×３×３×５

３つの数の最大公約数が15なので，Ａは15の倍数となるから，Ａ＝３×５×□と表せる。このとき，□は２と２×３の共通する約数である２の倍数にはならない。

また，３つの数の最小公倍数が270なので，下線部を除いて，２と２×３と□の最小公倍数は２×３×３になるとわかる。□は２の倍数ではないので，□＝３×３＝９になるとわかる。よって，Ａ＝３×５×９＝135

(4)　【解き方】一番点数の低い，Ｃ君の点数を基準に考える。

Ｄ君の点数は，Ｃ君の点数より４点高い。Ｂ君の点数は，Ｃ君の点数より14点高い。

Ａ君の点数は，Ｂ君の点数より９点低いから，Ｃ君の点数より14－９＝５(点)高い。

よって，４人の点数の合計は，Ｃ君の点数の４倍よりも４＋14＋５＝23(点)高いから，４人の平均点は，Ｃ君の点数よりも，23÷４＝5.75より，5.8点高い。したがって，Ｃ君の点数は71.8－5.8＝66(点)，Ａ君の点数は66＋５＝71(点)である。

(5)　【解き方】Ａ君の現在の貯金の残高を⑤円として，Ｂ君の１ヶ月前の貯金の残高を２通りの方法で表す。

Ｂ君の現在の貯金の残高は⑤×$\frac{4}{5}$＝④(円)だから，１ヶ月前のＢ君の貯金の残高は，(④－1000)円と表せる。

Ａ君の１ヶ月前の貯金の残高は(⑤＋3000)円だから，１ヶ月前のＢ君の貯金の残高は，(⑤＋3000)×$\frac{3}{5}$＝③＋1800(円)と表せる。よって，④－③＝①が1800＋1000＝2800(円)にあたるので，求める金額は，2800×５＝14000(円)

(6)　【解き方】底辺と高さの等しい三角形の面積は等しいことを利用する。

ＡＢとＥＦは平行だから，三角形ＢＪＥと三角形ＡＪＥの面積は等しい。

ＡＥとＪＨは平行だから，三角形ＡＪＥと三角形ＡＤＥの面積は等しい。

よって，三角形ＡＤＥの面積は10㎠であり，底辺をＡＤ＝４㎝とすると高さがＥＩとなるから，

ＥＩ＝10×２÷４＝５(㎝)

3　(1)　Ｐは２分＝120秒でＯを中心にＡから360°だけ反時計回りに移動するので，１秒後はＡから360°÷120＝３°だけ反時計回りに移動する。よって，角ＡＯＰ＝３°

(2)　【解き方】三角形ＡＰＱが正三角形となるのは，右図ⅰ，ⅱのように角ＡＯＰ＝角ＰＯＱ＝角ＱＯＡ＝360°÷３＝120°になるときである。ＰよりＱの方が進むのがおそく，ＰはＱの２倍の速さだから，Ｑが120°動けばＰは240°動いて図ⅰのようになり，Ｑが240°動けばＰは480°動いて図ⅱのようになるので，Ｑの点の位置に注目して考える。

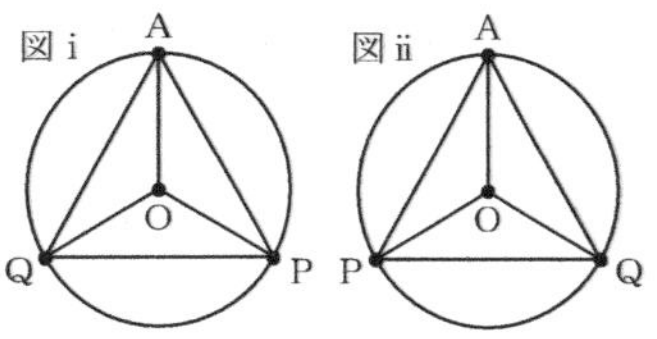

Ｑは４分＝240秒で１周するから，１秒後はＡから360°÷240＝1.5°だけ反時計回りに移動する。Ｑは３分で360°×$\frac{3}{4}$＝270°だけ反時計周りに移動するので，三角形ＡＰＱが正三角形になるのは，Ｑが120°回転移動したときと120°×２＝240°回転移動したときである。

よって，求める時間は，120°÷1.5°＝80(秒後)，240°÷1.5°＝160(秒後)

(3)　**【解き方】一辺がOを通るとき，その辺の両はしの点とOでできる角度は 180°になる。**

Rは１秒で 1.5°だけ時計回りに移動する。

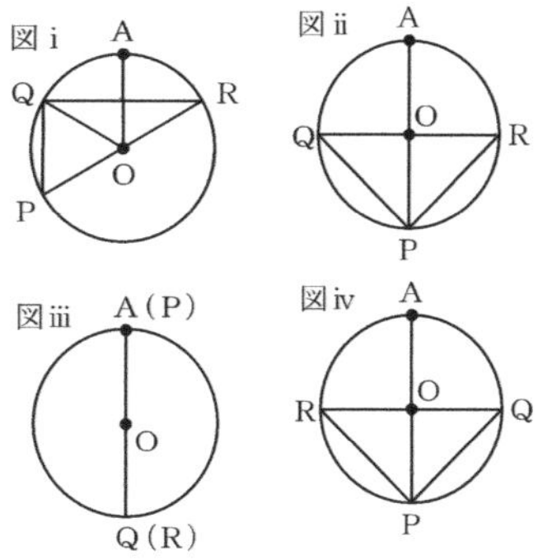

１回目に一辺がOを通るのは，図ⅰのように，角AOQ＝角AOR＝60°，角AOP＝120°で，角POR＝180°のときである。

これはあきらかに三角形PQRが二等辺三角形でないとわかる。

２回目に一辺がOを通るのは，図ⅱのように，角AOQ＝角AOR＝90°で，角QOR＝180°のときである。これは二等辺三角形である。

このようになるのは，90°÷1.5°＝60(秒後)である。

３回目に一辺がOを通るのは，図ⅲのように，Pが１周，QとRが半周して，角POQ＝180°のときである。これは三角形にならない。

４回目に一辺がOを通るのは，図ⅳのように，Pが１周半，QとRが(１周半)÷２＝$\frac{3}{4}$(周)動いて，角QOR＝180°のときである。これは図ⅱと同じ形で，二等辺三角形である。

このようになるのは，360°×$\frac{3}{4}$÷1.5°＝180(秒後)である。

以上より，条件に合う時間は，60 秒後と 180 秒後である。

4　(1)　Bグループの人が６km歩いた地点Sで出会ったので，求める時間は，６÷４＝1.5(時間)

(2)　**【解き方】同じ道のりを進むのにかかる時間の比は速さの比の逆比に等しいことを利用する。**

タクシーはBグループと出会うまでに，PS間とRS間を客を乗せている状態で移動し，さらにRS間をドライバーだけの状態で移動する。PS間は６kmなので，かかる時間は６÷42＝$\frac{1}{7}$(時間)

よって，RS間について，客を乗せている状態で移動した時間とドライバーだけの状態で移動した時間の合計は，1.5－$\frac{1}{7}$＝$\frac{19}{14}$(時間)となる。客を乗せている状態とドライバーだけの状態で移動するのにかかる時間の比は，速さの比の 42：48＝７：８の逆比の８：７に等しい。よって，RS間をドライバーだけの状態で走ると，$\frac{19}{14}\times\frac{7}{8+7}=\frac{19}{30}$(時間)かかるから，求める距離《きょり》は，48×$\frac{19}{30}$＝30.4(km)

(3)　**【解き方】２つのグループは同時に着いており，歩きの速さ，客を乗せているときのタクシーの速さは変わらないのだから，２つのグループの歩いた距離とタクシーに乗って移動した距離は同じである。**

Aグループが歩いた道のりはRQ間，Bグループが歩いた道のりはPS間なので，その距離はどちらも６kmである。

(2)より，RS間の道のりは 30.4 kmだから，PQ間の道のりは，６＋30.4＋６＝42.4(km)

5　(1)　求める数は，１から 500 までの整数のうち，12 と 15 の最小公倍数である 60 の倍数の数だから，500÷60＝８余り 20 より，８個ある。

(2)　**【解き方】右の図を利用して考える。**

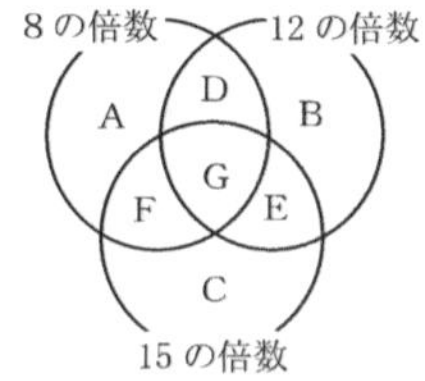

１から 50 までの整数のうち，８の倍数は 500÷８＝62 余り４より 62 個，12 の倍数は 500÷12＝41 余り８より 41 個，15 の倍数は 500÷15＝33 余り５より 33 個，８と 12 の最小公倍数である 24 の倍数は 500÷24＝20 余り 20 より 20 個，12 と 15 の最小公倍数である 60 の倍数は８個，15 と８の最小公倍数である 120 の倍数は 500÷120＝４余り 20 より４個ある。また，８と 12 と 15 の最小公倍数は 120 である。

よって，A＋D＋F＋G＝62…①　　B＋D＋E＋G＝41，D＋G＝20 より，B＋E＝41－20＝21…②

C＋E＋F＋G＝33，G＋F＝G＝４，E＋G＝８より，E＝８－４＝４だから，C＝33－４－４＝25…③

①，②，③より，求める個数は，62＋21＋25＝108(個)

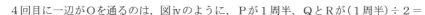

(3) **【解き方】8とAの最小公倍数をMとすると，1から500までの整数のうち，Mの倍数の個数は500÷Mで求められるので，500÷6＝83余り2，500÷7＝71余り3より，Mは72以上83以下だとわかる。**
Mは8の倍数だから，考えられるMの値は，72と80である。
M＝72となるとき，8＝2×2×2，72＝2×2×2×3×3だから，8との最小公倍数が72となるAは，3×3＝9，3×3×2＝18，3×3×2×2＝36，3×3×2×2×2＝72であり，このうち2桁となるのは18と36と72である。
M＝80となるとき，8＝2×2×2，80＝2×2×2×2×5だから，8との最小公倍数が80となるAは，2×2×2×2×5＝80であり，これは2桁である。
よって，求める数は，18，36，72，80である。

《2022　2次　理科　解説》

【1】

(1)②③　川の曲がっているところでは，外側で流れが最も速く，しん食作用が大きくなるため，川底や川岸が大きくけずられてがけになりやすい。また，内側で流れが最もおそく，たい積作用が大きくなるため，土砂が積もって川原ができやすい。

(2)　土地が隆起《りゅうき》すると，川のしん食作用によって低い位置に平地がつくられ，これがくり返されることで階段状の地形ができる。これを河岸段丘《かがんだんきゅう》という。

(3)①　1時間に30㎜の雨とは，水がしみこむことなくたまると1時間で30㎜の高さになる雨のことである。1時間→60分，30㎢→30000000㎡，30㎜→0.03mより，川に流れこむ雨水の量は，$30000000 \times 0.03 \times \frac{10}{60} \times \frac{1}{2} = 75000$(㎥)である。よって，プールで$\frac{75000}{25 \times 10 \times 1.5} = 200$(はい分)である。

【2】

(1)　図Ⅰより，ア＝180－75－90＝15(度)となる。

図Ⅰ
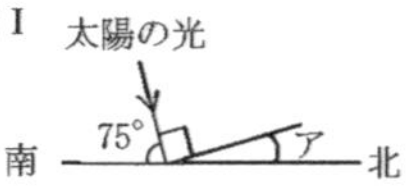

図Ⅱ
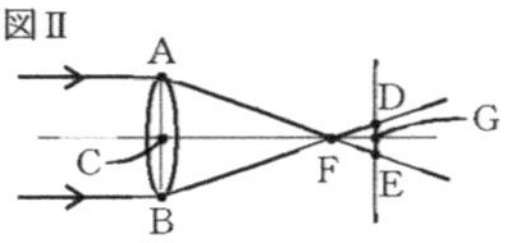

(2)(5)　図Ⅱのように，虫めがねを横から見たときの上端《じょうたん》と下端で折れ曲がる光を考える。これらの光が折れ曲がった後に交わる点Fがしょう点である。黒画用紙に集まる光の直径が2㎝になるのは，しょう点の内側と外側に1か所ずつあるため，調査1のときの黒画用紙の位置がしょう点の内側なのか外側なのか判断できないと，しょう点距離《きょり》を求めることができない。調査2で，「海」の字の影《かげ》が向きを変えてうつったことから，しょう点の外側だと判断できる。よって，図Ⅱで，AB＝8㎝，DE＝2㎝，CG＝15㎝であり，三角形ABFと三角形EFDは同じ形の三角形だから，AB：ED＝8：2＝4：1より，CF：GF＝4：1とわかる。しょう点距離はCFだから，$15 \times \frac{4}{4+1} = 12$(㎝)となる。

(4)　太陽の光はすべて虫めがねに対して90度で進んでくるので，黒い板でおおうと，その部分を通っていた光はさえぎられ，黒画用紙に集まらなくなる。図3のとき，黒画用紙には光が上下左右反対になって集まっているから，黒い板でレンズの上からおおっていくと，光の下の方から徐々《じょじょ》に消えていく。

【3】

(2)　1気圧のときに水が液体から気体に変化するときの温度だから100℃である。

(3)　物質はふつう，液体から固体に変化するときに体積が小さくなるが，水は例外で，液体から固体に変化するときに体積が大きくなる。

(4)　ア．氷が直接水蒸気に変化することで起こる(E)。この変化を昇華《しょうか》という。　イ．細いブレードにより氷にかかる圧力が大きくなることで，氷が水に変化する(D)。　ウ．地中から吸い上げられた水が冷やされて氷に変化する(A)。　エ．はく息にふくまれる水蒸気が冷やされて水に変化する(C)。

(5)①　水１ｇの温度を１℃上げるのに必要な熱量が4.2Ｊだから，水100ｇの温度を50－25＝25(℃)上げるのに必要な熱量は4.2×100×25＝10500(Ｊ)である。　②　０℃の水90ｇを30℃にするのに必要な熱量は4.2×90×30＝11340(Ｊ)だから，０℃の氷90ｇをとかすのに必要な熱量は41390－11340＝30050(Ｊ)であり，１ｇでは30050÷90＝333.8…→334Ｊである。　③　プロパンガスとメタンガスを燃焼したときに発生する二酸化炭素と熱量の関係に着目する。プロパンガスでは，３Ｌの二酸化炭素が発生するときに90000Ｊの熱量が発生するから，１Ｌの二酸化炭素が発生するときには30000Ｊの熱量が発生する。メタンガスでは，１Ｌの二酸化炭素が発生するときに36000Ｊの熱量が発生する。メタンガスだけを燃焼させたときに発生する二酸化炭素が1.95Ｌになるときを考えると，発生する熱量は36000×1.95＝70200(Ｊ)であり，これは③で発生した熱量4.2×1000×15＝63000(Ｊ)よりも70200－63000＝7200(Ｊ)大きい。発生する二酸化炭素１Ｌがメタンガスによるものからプロパンガスによるものに変わると，発生する熱量は36000－30000＝6000(Ｊ)小さくなるから，7200Ｊ小さくするには，プロパンガスから発生する二酸化炭素が，1.95Ｌのうち，$1\times\frac{7200}{6000}=1.2$(Ｌ)になればよい。プロパンガス１Ｌを燃焼すると，３Ｌの二酸化炭素が発生するから，1.2Ｌの二酸化炭素が発生するのはプロパンガスが$1\times\frac{1.2}{3}=0.4$(Ｌ)のときである。

【４】

(1)(2)　口→食道→Ａ(胃)→Ｂ(小腸)→Ｃ(大腸)→肛門という食べ物の通り道を消化管という。ＤとＥの２つの器官が関わる消化液ｃはたんじゅうだから，Ｄがたんじゅうをつくる肝臓，Ｅがたんじゅうを分泌《ぶんぴつ》するたんのうである。たんじゅうは消化酵素《こうそ》を含《ふく》まないが，脂肪《しぼう》の分解を助けるはたらきがある。たんじゅうによって分解されやすくなった脂肪は，ｄのすい液によって脂肪酸とモノグリセリドに分解される。すい液に含まれる脂肪を分解する消化酵素はリパーゼである。

(3)　小腸には胃液の主成分である塩酸が流れこんでくるため，アルカリ性の消化液で中和して粘膜《ねんまく》を保護している。

(4)　エは卵巣である。

(5)①　ＪとＫで気体が発生したから，アは誤りで，イは正しい。Ｈでは気体が発生せず，Ｉでは気体が発生したから，ウは誤りで，エは正しい。エが正しいから，オは誤りだと考えられる。　②　過酸化水素水と酵素Ｘの反応において，酵素Ｘは過酸化水素水が酸素と水に分解するのを促《うなが》すはたらきをしている(酵素Ｘ自体は変化しない)。よって，図３で，約５分後に発生した気体の量がそれ以上増えなくなったのは，過酸化水素水がすべて反応したためであり，それ以上の気体を発生させるには，過酸化水素水を加えるしかない。なお，この実験における酵素Ｘのように，他の物質の反応を促すはたらきをする物質を触媒《しょくばい》という。

―《2022　２次　社会　解説》―

【１】

問１　旧石器時代の打製石器が動物の骨で石を打ち砕いて作られたのに対し，新石器時代の磨製石器は，打製石器を磨いて作られた。

問３　イを選ぶ。ア(静岡県)は弥生時代，ウ(群馬県)は旧石器時代，エ(佐賀県)は弥生時代。

問４　高床倉庫は，ねずみの被害を防ぎ，風通しをよくするため，床が地面より高く作られた。

問５　「邪馬台国」「卑弥呼」から『魏志』倭人伝と判断できる。邪馬台国の女王である卑弥呼が魏に使いを送り，

「親魏倭王」の称号のほか，銅鏡を授かったことなども記されている。

問6　Ⅰは聖武天皇が建てた東大寺，Ⅱは聖徳太子が建てた法隆寺，Ⅲは藤原頼通が建てた平等院鳳凰堂，Ⅳは鑑真が建てた唐招提寺なので，イが正しい。

問7 Ⅰ　ウは江戸時代なので誤り。徳川吉宗の享保の改革で，青木昆陽が甘藷《かんしょ》(サツマイモ)の栽培を進めた。

Ⅱ　平安時代末期に平清盛が行った日宋貿易で大量に輸入された宋銭が，定期市で使われるようになった。

Ⅲ　イが誤り。吉田兼好(兼好法師)の『徒然草』と鴨長明の『方丈記』は鎌倉時代の随筆で，清少納言の『枕草子』(平安時代)と合わせて三代随筆と言われる。

問8　駿河・今川氏の『今川仮名目録』や，喧嘩両成敗を定めた甲斐・武田氏の『甲州法度之次第』が分国法として有名である。

問9　茶の湯を大成した千利休は堺の出身だから，ウを選ぶ。堺(大阪府)の刀鍛冶の職人によって鉄砲も生産された。

問10　エ．新井白石の正徳の治→ウ．８代将軍徳川吉宗の享保の改革→イ．老中松平定信の寛政の改革→ア．老中水野忠邦の天保の改革

問11　江戸時代に北前船を使い，下関から瀬戸内海を通る西廻り航路で，蝦夷地から京都・大阪まで昆布を運んだ。この道すじを「昆布ロード」と言う。

問12　ウが誤り。米騒動は大正７年(1918年)におこった。

問13　エが正しい。　ア．徴兵令では，満20歳以上の男子に兵役の義務を負わせた。　イ．地租改正では，課税の対象を収穫高から地価の３％に変更して現金で税を納めさせた。　ウ．殖産興業政策として，群馬県に官営の富岡製糸場がつくられた。

問14　ウを選ぶ。三・一独立運動は日本の植民地支配下の朝鮮で1919年に起こった民族独立運動である。アは1930年，イは1940年，エは1929年。

問15　３Ｃ(自動車・カラーテレビ・クーラー)の内，イは最も早く普及したことから，カラーテレビと判断する。アは自動車，ウはクーラー。

【2】

問1 Ⅱ　ウが誤り。九州地方にある政令指定都市は，福岡県の北九州市と福岡市，熊本県の熊本市である。

問2　三角州は川幅の広い河口付近に土砂が積もってできる三角形の地形だから，ａと判断する。

問3　資料１は南西諸島の気候で見られる台風対策だから，カと判断する。資料２は日本海側の気候で見られる豪雪地帯の工夫だから，アと判断する。

問4　イが誤り。長崎市は，江戸時代の鎖国政策下では出島が築かれて，城はなかった。

問5　人口の集中する東京都23区内で昼間に働いていたり学んだりする人が多いことから，ウと判断する。

問6 Ⅰ　千葉県・茨城県・神奈川県などで，大消費地に向けて農作物を出荷する近郊農業が盛んに行われている。

Ⅱ　促成栽培と抑制栽培は，ともに高い値段で商品を売るため，出荷量の少ない時期に出荷する栽培方法である。促成栽培では農産物の生長を早め，抑制栽培では生長を遅くして出荷時期をずらす。

問7　イが誤り。２つの資料を１つにまとめてみれば，鉄道が廃止されていないことがわかる。

問8　Ｘのみ誤りだからウを選ぶ。現在も光化学スモッグ注意報が発令されている。自動車・工場から排出された窒素酸化物や炭化水素が，紫外線によって化学変化をおこし，光化学スモッグの原因であるオキシダントを作る。

問9　ハザードマップは防災マップとも呼ばれる。

問10 Ⅰ　過密に対して，都市部に人口が流出し，地域社会の維持が困難になってしまう状態を過疎と言う。

Ⅱ　都心から周辺地域に人口が流出して都市部の人口が減少するのが「ドーナツ化現象」，逆に都心部の人口が回復するのが「アンパン化現象」である。

【3】

問１Ⅰ　経済活動の自由の他，精神の自由や身体の自由も憲法で保障されている基本的人権に含まれる。

Ⅱ(b)　ウ．保護者は，子どもに普通教育を受けさせる義務をもち，子どもは教育を受ける権利をもつ。(26 条)

(c)　オ．無償となっているのは，小学校６年間と中学校３年間の義務教育の期間中のみである。

問２Ⅰ　Ｙのみ誤りだからイを選ぶ。比例代表制は，衆議院議員選挙では政党名を，参議院議員選挙では政党名か候補者名を記入する。　Ⅱ　一票の価値に差ができると，憲法 14 条の平等権に反する。選挙区ごとの人口のかたよりからくる一票の価値の格差を小さくするため，島根と鳥取で１区，徳島と高知で１区とする合区制が採られている。　Ⅲ　右表参照

国会の種類	召集	主な議題
常会 (通常国会)	毎年１月中に召集され会期は 150 日間	翌年度の予算の議決
臨時会 (臨時国会)	内閣が必要と認めたとき，またはいずれかの議院の総議員の４分の１以上の要求があったとき	臨時の議題の議決
特別会 (特別国会)	衆議院の解散による衆議院議員総選挙が行われた日から 30 日以内	内閣総理大臣の指名
参議院の 緊急集会	衆議院の解散中に，緊急の必要がある場合	緊急を要する議題の議決

問３Ⅰ　ウが誤り。消費税は税金を納めるのは売り手だが負担するのは消費者なので，間接税に当てはまる。

Ⅱ　ウが誤り。火災保険は任意加入の民間保険(損害保険)である。　Ⅲ　少子高齢化が進行しているため，社会保険料を納める働く世代が減少する一方，年金や医療保険給付を受ける高齢者が増えている。そのため，社会保障関係費と国債の返済費用である国債費が増加している。2021 年度の予算案では，歳出において，国債費が約 23 兆円，社会保障関係費が約 36 兆円で，社会保障費の方が国債費よりも高かった。

問４Ⅰ　両方とも誤りだからエを選ぶ。条例は，都道府県や市区町村の議会が法律の範囲内で制定し，その地方公共団体にのみ適用される。　Ⅱ　ｄ．特別法や地方自治法に基づく住民投票に法的拘束力はあるが，住民投票条例に基づく住民投票に法的拘束力はない。

問５Ⅰ　バナナは暖かい気候で栽培される亜熱帯植物だから，ウと判断する。アはコーヒー豆，イはサケ，エは衣類。

Ⅱ　近年の野菜の自給率は 80%前後だから，イと判断する。アは米，ウは牛肉の自給率である。　Ⅲ　日本は，食料の大半を海外からの輸入に頼っているため，飛行機や船などによる二酸化炭素排出量が多く，フードマイレージが高い。そのため，地域で生産した農産品を地元の人々が消費する「地産地消」の取り組みが進められている。

問６　医療分野では，診療時の医師と患者の会話から，ＡＩ(人工知能)が体温，血圧，病名などに関する部分を抽出してカルテを作成することもできる。また，空いているベッド数を管理できるので，効率的な業務が可能となる。交通分野では，道路の混雑状況の情報を発信することで，交通量の分散化をはかることもできる。

2022 解説 令和4年度　逗子開成中学校【3次】

《2022　3次　国語　解説》

【二】

問一　「烏合《うごう》の衆」とは、統一感がなく、ただ集まっているだけの集団のこと。

問二　抜《ぬ》けている一文に「この目の存在に気附《きづ》きさえすれば」とある。［D］の前には、「恐《おそ》ろしいことは、肉体的両眼以外にも、それと匹敵《ひってき》し得る同格の目が、われわれには備わっているのを忘れていることである」とある。抜けている一文の「この目」が指すのは、「それと匹敵し得る同格の目」であり、抜けている一文は、［D］の前の一文を受けて、「備わっているのを忘れている」「この目の存在に気附きさえすれば」とつながっている。

問三　前の段落に「赤の方が灰色より美しいという理屈《りくつ》は絶対に成り立たないのである。目につきやすいものの方が、目立たないものより美しいということも絶対にないのである～赤の方が目立って美しく見えるのは、その人の目が病気にかかっているせいである」とある。ここでは、目立つものの方をよいものだと感じるのは健全ではないということを言っている。これを耳に当てはめて考えると、"大声で語られ、よく聞こえるものをよいものだと感じるのは健全ではない"ということになる。よって、下線部を説明したウが適する。

問四　文章Ⅰでは、「花や着物や雲ばかりが美しいわけではない」「目につきやすいものの方が、目立たないものより美しいということも絶対にない～赤の方が目立って美しく見えるのは、その人の目が病気にかかっているせいである」「桜の花が見事だからといって、富士山が神々《こうごう》しいからといって、なにもすぐに見事とも、神々しいとも思う必要はないのである」などと述べ、色が派手で目立つものだけを美しいと思うのは健全ではなく、世間や他人の評価が高いものをよいものだと思う必要もないと主張している。また、「私たちは～もっと他のものをも、桜を見るような目で、見る必要がある」「目を訓練し、健全にすることによって、日本の文化を向上させることも可能だと、私は信じている」とあり、目立つものや、世間で美しいとされているもの以外にも目を向け、感性を養うことの大切さをうったえている。その上で、「自分の目で物を見、自分の頭で考え」ることが必要だと述べている。

問五ア　文章Ⅱの最後の方に、「偽物《にせもの》を斥《しりぞ》けて、真物を選び、美しいものを身の周りに積み重ねる」とある。筆者は、「真物」や「美しい」ものを選び集めることが必要だと考えているので、「真物」つまり「本物」を見抜《みぬ》く目を養うことが大切だとわかる。　**イ**　直後に「注目しがち」とあるので、私たちはどのようなものに注目しがちなのかを読み取る。文章Ⅱに、「偽物は～妙《みょう》にきらびやかで、人目を惹《ひ》きやすく出来ている」とある。文章Ⅰにあるように、私たちは派手なものに心惹かれやすい。　**ウ**　文章Ⅱに「本物はあっさりしていて、つつましく、なるべく人目につかないようにしている」とある。　**エ**　文章Ⅱに、美しいものもきたないものも「ちょっと見ればみな同じような顔をしている」「美しい心も、きたない心も、同じ皮膚《ひふ》の下にかくされている」とある。つまり、外見は似たように見えるのである。　**オ**　文章Ⅱの最初に「どんなものが美しいかと言えば、それは真なるものである～それは自然のものである」とある。　**カ**　文章Ⅱに「人間が作ったものでも、例えば布地の染色など、染料を植物からとったものが美しい」とある。これは、人工物でも自然に由来しているものは美しいということ。
キ　文章Ⅱに「食物では、美味《うま》いことが美しいことである～目のある主婦は、いいものに手を出す。魚の色をすぐに見分ける」とある。

【三】

問三　同じ段落で、森本さんと筆者の旅には、資金や旅の期間、具体的な目的の有無といった違《ちが》いがあったと説明している。このうち、「あるかないかの違い」に合うものをまとめて書く。

問四　Ⅱの方を先に考えた方が解きやすい。筆者は、森本さんと対談したときから「去年の末」まで、「自分は足《あし》跡《あと》をつける旅をしなくなっている」「人は齢《とし》を取るにしたがって、自分の足跡をつける旅ではなく、自分の関心のある人の足跡を辿《たど》る旅をするようになるのかもしれない」と思い、「自分を納得させていた」。これが「現在の旅」についての「思い違い」の内容であり、下線部が空欄《くうらん》Ⅱに入る。空欄Ⅰについては、直後に「過ぎないのに」とあるので、「若い頃《ころ》」の旅が、実際にはどのような旅であったかが入る。 B の次の段落に「私は、『深夜特急』の旅では、まっさらな砂浜《すなはま》に足跡をつけるような旅をしていたと思っていた。ところが、私の眼の前には見えない点線のようなルートがあり、それを辿って行っていたと言えなくもなかったのだ」とある。つまり、『深夜特急』の旅という「若い頃」の旅もまた、「誰かの足跡を辿る」旅に過ぎなかったということ。

問五　 C の次の段落に「それがどんな旅であってもいい～大切なことは、一歩を踏み出すこと、そして点線のルートを実線にすることだ」とある。また、最後から２段落目で、「好奇心《こうきしん》を全開にして旅を生き切る」こと、「その人が旅をいきいきと生き」ることで、その旅は「忘れがたいものになるのだろう」と述べている。

問六　ア．本文では、「夢見た旅」について説明している。「余儀《よぎ》ない旅」についてはほとんど何も述べていないため、アに書かれていることは読み取れない。　イ．筆者は、鈴木芳雄氏の記事を読む前から、自分の「旅のコース選択《せんたく》」が、松田先生の「雑談」の影響《えいきょう》を受けていたことを「自分でも認識していた」。よって、「何からも影響されていない独自性のある旅だと筆者は思っていた」は誤り。　ウ．「サハラ砂漠《さばく》の厳しい環境《かんきょう》下で過酷《かこく》な経験をしたため」の部分が、本文からは読み取れない。　エ．最後から２～４段落目の内容と一致《いっち》する。

《2022　３次　算数　解説》

1

(1)　与式＝(252×32＋５×32－252×７＋５×18)÷25＝{252×(32－７)＋５×(32＋18)}÷25＝(252×25＋５×50)÷25＝252×25÷25＋５×50÷25＝252＋10＝262

(2)　与式$=\frac{10}{9}\times\{\frac{9}{10}+\frac{15}{8}\times(\frac{17}{6}-\frac{15}{4}\div\frac{9}{2})\}=\frac{10}{9}\times\{\frac{9}{10}+\frac{15}{8}\times(\frac{17}{6}-\frac{15}{4}\times\frac{2}{9})\}=\frac{10}{9}\times\{\frac{9}{10}+\frac{15}{8}\times(\frac{17}{6}-\frac{5}{6})\}=\frac{10}{9}\times(\frac{9}{10}+\frac{15}{8}\times\frac{12}{6})=\frac{10}{9}\times(\frac{9}{10}+\frac{15}{4})=\frac{10}{9}\times\frac{9}{10}+\frac{10}{9}\times\frac{15}{4}=1+\frac{25}{6}=1+4\frac{1}{6}=5\frac{1}{6}$

(3)　与式より，$\frac{13}{5}\div\frac{5}{13}-(\frac{12}{5}-\square)\times\frac{22}{5}=\frac{48}{25}$　$\frac{13}{5}\times\frac{13}{5}-(\frac{12}{5}-\square)\times\frac{22}{5}=\frac{48}{25}$　$\frac{169}{25}-(\frac{12}{5}-\square)\times\frac{22}{5}=\frac{48}{25}$　$(\frac{12}{5}-\square)\times\frac{22}{5}=\frac{169}{25}-\frac{48}{25}$　$\frac{12}{5}-\square=\frac{121}{25}\div\frac{22}{5}$　$\square=\frac{12}{5}-\frac{121}{25}\times\frac{5}{22}=\frac{12}{5}-\frac{11}{10}=\frac{24}{10}-\frac{11}{10}=\frac{13}{10}=1\frac{3}{10}$

2

(1)　ＡとＢの重さの合計はＡとＣの重さの合計よりも５×２＝10(ｇ)重い。よって，Ｂの重さはＣの重さより10ｇ重く，ＢとＣの重さの合計は14×２＝28(ｇ)だから，Ｂの重さの２倍は28＋10＝38(ｇ)，Ｂの重さは，38÷２＝19(ｇ)

(2)　**【解き方】昨年度の男子の10％より女子の10％の方が10人多いのだから，昨年度は男子より女子の方が$10\div\frac{10}{100}=100$(人)多い。**

昨年度の男子の数の２倍が500－100＝400(人)だから，昨年度の男子の数は，400÷２＝200(人)

よって，今年度の男子の数は，200×(１＋0.1)＝220(人)

(3)　この分数は，分母の数は３ずつ小さくなり，分子の数は５ずつ大きくなるので，分子と分母の数の差は３＋５＝８ずつ小さくなる。１番目の分数の分子と分母の差は200－１＝199だから，199÷８＝24余り７より，１番目から，24＋１＝25だけ進むと分子の数が分母の数より大きくなるから，はじめて１より大きくなる分数は，１＋25＝26(番目)の分数である。

(4)　**【解き方】同じ形の三角形を見つけ，ＥＦ：ＨＦ→ＥＧ：ＨＧ→ＥＧ：ＦＨ，の順で求める。**

三角形ＥＣＦと三角形ＨＤＦは同じ形の三角形で，相似比はＣＦ：ＤＦ＝３：１だから，ＥＦ：ＨＦ＝３：１

また，ＥＣ：ＨＤ＝３：１だから，ＨＤ＝ＥＣ×$\frac{1}{3}$

ＢＣ：ＥＣ＝(２＋１)：１＝３：１だから，ＢＣ＝ＥＣ×３　　よって，ＡＤ＝ＢＣ＝ＥＣ×３

三角形ＥＣＧと三角形ＨＡＧは同じ形の三角形で，相似比はＥＣ：ＨＡ＝ＥＣ：(ＡＤ＋ＨＤ)＝

ＥＣ：(ＥＣ×３＋ＥＣ×$\frac{1}{3}$)＝３：10だから，ＥＧ：ＨＧ＝３：10

これより，ＦＨ＝ＥＨ×$\frac{1}{3+1}$＝ＥＨ×$\frac{1}{4}$，ＥＧ＝ＥＨ×$\frac{3}{3+10}$＝ＥＨ×$\frac{3}{13}$となるので，

ＥＧ：ＦＨ＝(ＥＨ×$\frac{3}{13}$)：(ＥＨ×$\frac{1}{4}$)＝12：13

⑸　**【解き方】ある点への行き方の数は，その点の左側の点までの行き方の数と，その点の下側の点までの行き方の数とその点の上側の点までの行き方の数の和に等しくなる。**

各点について，行き方をまとめると，右図のようになる。

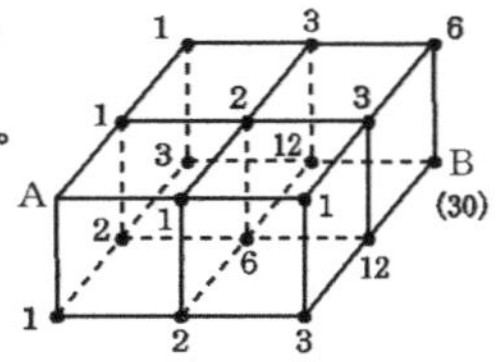

よって，ＡからＢへ行くには，30通りの方法がある。

⑹　**【解き方】速さの比は，同じ距離《きょり》を進むのにかかる時間の比の逆比に等しいこと，またその逆を利用する。**

Ａ君とＢ君の速さの比は，同じ距離を進むのにかかる時間の比である６：10＝３：５の逆比の５：３に等しい。

同様にして，Ｂ君とＣ君の速さの比は，12：(８＋12)＝３：５の逆比の５：３に等しい。

よって，Ａ君，Ｃ君の速さはそれぞれ，Ｂ君の速さの$\frac{5}{3}$倍，$\frac{3}{5}$倍だから，Ａ君とＣ君の速さの比は，$\frac{5}{3}$：$\frac{3}{5}$＝25：９

Ａ君とＣ君が６㎞進むのにかかる時間の比は，速さの比の逆比の９：25となるので，この比の数の差の25－９＝16が48分にあたる。よって，Ａ君は６㎞進むのに48×$\frac{9}{16}$＝27(分)かかるから，Ｂ君は６㎞進むのに27×$\frac{5}{3}$＝45(分)，つまり，$\frac{45}{60}$＝$\frac{3}{4}$(時間)かかる。よって，求める速さは，毎時(６÷$\frac{3}{4}$)㎞＝毎時８㎞

3　⑴　8748＝２×２×３×３×３×３×３×３×３だから，8748は３で７回割り切れる。よって，[8748，３]＝７

⑵　**【解き方】[1800，ａ]＝２，[4050，ａ]＝２となるとき，1800＝ａ×ａ×□，4050＝ａ×ａ×△と表せる。ａ×ａは，1800と4050の最大公約数の約数となる。**

1800＝２×２×２×３×３×５×５，4050＝２×３×３×３×３×５×５より，1800と4050の最大公約数は，２×３×３×５×５である。ａ×ａが最大となるのは，ａ×ａ＝(３×５)×(３×５)＝15×15になるときなので，求めるａの値は，15である。

⑶　**【解き方】[ｍ，２]＝４，[ｍ，３]＝３となるとき，ｍ＝２×２×２×２×□＝16×□，ｍ＝３×３×３×△＝27×△と表せる。よって，ｍは16と27の最小公倍数である16×27＝432の倍数であり，ｍ＝432×○で表したときの○が２でも３でも割り切れない数となる。**

30000÷432＝69余り192より，ｍ＝432×○と表したとき，ｍが30000に最も近くなるのは，○＝69のときである。69に近い数で，２でも３でも割り切れない数を探すと，67，71が見つかる。

432×67＝28944，432×71＝30672，30000－28944＝1056，30672－30000＝672より，30000に最も近いｍの値は，30672である。

4　⑴　条件①と②より，水泳は苦手だがマラソンが得意な生徒の人数は，水泳は得意だがマラソンは苦手な生徒の人数の$\frac{2}{15}$倍だから，生徒全員の人数の$\frac{5}{6}$×$\frac{2}{15}$＝$\frac{1}{9}$(倍)である。

⑵　**【解き方】両方とも得意な生徒と水泳は得意だがマラソンが苦手な生徒の人数の和が94人，両方とも得意な生徒と水泳は苦手だがマラソンが得意な生徒の人数の和が16人となる。つまり，水泳は得意だがマラソンが苦手な生徒と水泳は苦手だがマラソンが得意な生徒の人数の差が94－16＝78(人)ということがわかる。**

水泳は得意だがマラソンは苦手な生徒の人数は生徒全員の$\frac{5}{6}$倍，水泳は苦手だがマラソンが得意な生徒の人数は生徒全員の$\frac{1}{9}$倍で，この差が78人だから，生徒全員の人数は，78÷($\frac{5}{6}$－$\frac{1}{9}$)＝108(人)

(3)　**【解き方】水泳は得意だがマラソンは苦手な生徒，水泳は苦手だがマラソンが得意な生徒の人数はそれぞれ，全校生徒の人数の$\frac{5}{6}$倍，$\frac{1}{9}$倍なのだから，全校生徒の人数は，6と9の最小公倍数である18の倍数となる。**

全校生徒の人数を$\boxed{18}$人すると，$\boxed{18}\times\frac{5}{6}=\boxed{15}$，$\boxed{18}\times\frac{1}{9}=\boxed{2}$より，

		マラソン		合計
		得意	苦手	
水泳	得意	㋐	$\boxed{15}$	㋑
	苦手	$\boxed{2}$	㋒	
合計		16	㋓	$\boxed{18}$

右表のようにまとめることができる。㋑より㋓の方が大きいので，㋐より㋒の方が大きい。よって，㋒の値は2以上だから，㋐と㋒の和は1＋2＝3以上である。また，㋐と㋒の和は$\boxed{18}-\boxed{15}-\boxed{2}=\boxed{1}$だから，$\boxed{1}$は3以上である。$\boxed{1}$の値について考える。㋐は$\boxed{1}$より小さいことに注意する。

㋐＝16－$\boxed{2}$であり，$\boxed{1}$の値が3，4，5のときは㋐が$\boxed{1}$より大きくなるから，条件に合わない。

$\boxed{1}$＝6のとき，㋐＝16－6×2＝4，㋒＝$\boxed{1}$－4＝6－4＝2で，㋐＞㋒となるので，条件に合わない。

$\boxed{1}$＝7のとき，㋐＝16－7×2＝2，㋒＝$\boxed{1}$－2＝7－2＝5で，㋐＜㋒となるので，条件に合う。このときの全校生徒の人数は，7×18＝126(人)

$\boxed{1}$＝8のとき，㋐＝16－8×2＝0となり，㋐は1以上だから，条件に合わない。$\boxed{1}$の値が9以上のときも条件に合わないことがわかるので，全校生徒の人数は126人である。

5　(1)　**【解き方】円アの中心は，図ⅰの太線のように動く。直線部分と曲線部分に分けて考える。**

図ⅰ

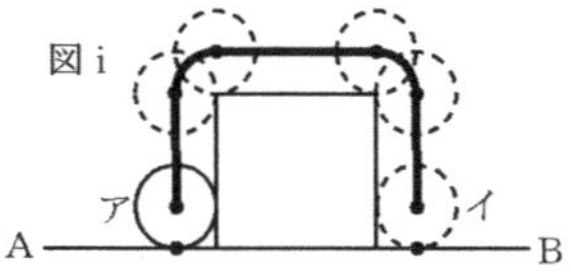

直線部分の長さの和は，(4－1)×2＋4＝10(cm)

曲線部分の長さの和は，半径が1cm，中心角が90°のおうぎ形の曲線部分の長さの2倍だから，1×2×3.14×$\frac{90^\circ}{360^\circ}$×2＝3.14(cm)

よって，求める長さは，10＋3.14＝13.14(cm)

(2)　**【解き方】円ウの中心は，図ⅱの太線のように動く。**

図ⅱ

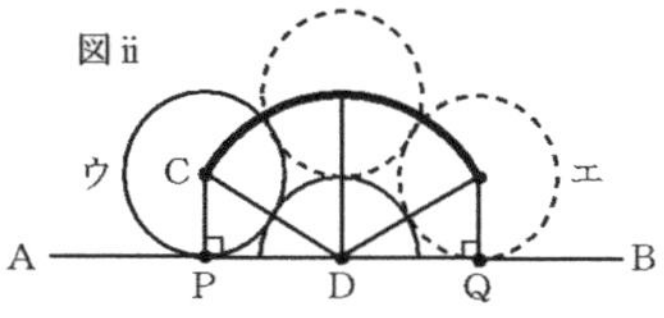

CP＝1cm，CD＝1×2＝2(cm)であり，三角形CDPを2つ合わせると正三角形ができるので，角CDP＝60°÷2＝30°だとわかる。

よって，求める長さは，半径が2cm，中心角が180°－30°×2＝120°のおうぎ形の曲線部分の長さなので，2×2×3.14×$\frac{120^\circ}{360^\circ}$＝4.186…より，4.19cmである。

(3)　**【解き方】円カの中心は，図ⅲの太線のように動く。直線部分と曲線部分に分けて考える。曲線EF，GHと，曲線FGでは，おうぎ形の半径が異なることに注意する。**

図ⅲ

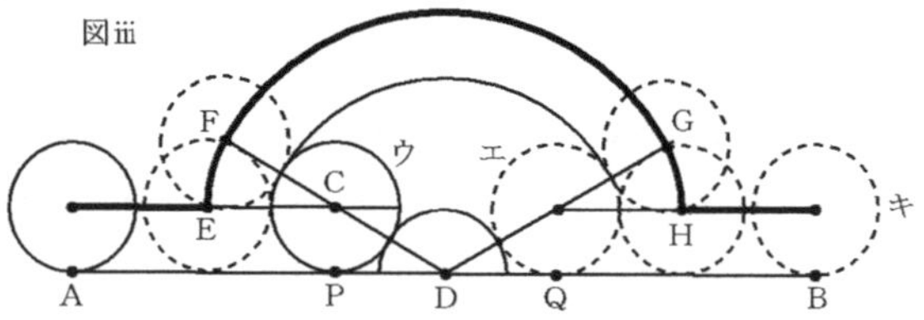

CE＝1×2＝2cm，PQ＝3.46cmだから，

直線部分の長さの和は，12－2×2－3.46＝4.54(cm)

曲線部分の長さの和は，半径がCE＝2cm，中心角が角FCE＝角CDP＝30°のおうぎ形の曲線部分の長さの2倍と，半径がDF＝1×4＝4(cm)，中心角が120°のおうぎ形の曲線部分の長さの和だから，

2×2×3.14×$\frac{30^\circ}{360^\circ}$×2＋4×2×3.14×$\frac{120^\circ}{360^\circ}$＝$\frac{10}{3}$×3.14＝10.466…より，10.47(cm)

したがって，求める長さは，4.54＋10.47＝15.01(cm)

《2022　3次　理科　解説》

【1】

(1)　イのような子葉が1枚の単子葉《たんしよう》類の種子は，養分を胚乳《はいにゅう》にたくわえている。これに対し，子葉が2枚の双《そう》子葉《しよう》類の種子は，養分を子葉にたくわえているものが多いが，双子葉類でもウやエのように胚乳がある種子もある。

(2)　発芽に必要な条件はふつう，イとウとカであるが，レタスやイチゴのように，エを必要とする種子もある。

(3)　この説明は，胚珠《はいしゅ》が子房《しぼう》の中にある被子《ひし》植物についてのものである。マツのように子房がなく胚珠がむき出しになっている裸子《らし》植物では，果実ができない。

(4)①　種子をつくることができたのはDだけだから，Dは性質1～3のすべてを持っていないとわかる。

②　Dの花粉には問題がないから，Dの花粉をつけても種子ができなかったのは，Eのめしべに問題があるためだと考えられる(性質2)。また，Dのめしべには問題がないから，Eの花粉をDにつけても種子ができなかったのは，Eの花粉に問題があるためだと考えられる(性質1)。　③　Dの花粉をつけても種子ができなかったのは，Bのめしべに問題があるためである(性質2)。よって，DのオとEのエ以外で性質2を持っているイがBの特徴《とくちょう》であり，Bの花粉には問題がないことがわかる。Aの特徴はアかウだから，Aのめしべには問題がないことがわかり，そこにBの花粉がつけば種子ができるはずである。

【2】

(1)①　A側に液体，B側に固体を入れることで，A側からB側に液体を流しこんだ後，反応を止めるときに，固体を出っ張っている部分に引っかけると，簡単に液体だけをA側にもどすことができる。　②③　二酸化マンガンによって，オキシドールの分解が促《うなが》される。オキシドールは酸素と水に分解される。　④　3.4％のオキシドール50gから0.8gの気体が発生するから，3.4％のオキシドール75gからは$0.8\times\frac{75}{50}=1.2$(g)の気体が発生する。オキシドールの質量が同じであれば，濃度《のうど》は発生する気体の質量に比例するから，$3.4\times\frac{3.0}{1.2}=8.5$(％)である。

(2)①　塩酸と金属が反応したときに発生する気体は水素である。　②　表より，アルミニウム0.1gが反応すると125mLの気体が発生し，X50mLが反応すると750mLの気体が発生することがわかる。よって，750mLの気体を発生させるのに必要な(X50mLとちょうど反応する)アルミニウムは$0.1\times\frac{750}{125}=0.6$(g)である。　③　②より，X80mLとちょうど反応するアルミニウムは$0.6\times\frac{80}{50}=0.96$(g)だから，反応せずに残るアルミニウムは$1.5-0.96=0.54$(g)である。　④　X70mLとちょうど反応するアルミニウムは$0.6\times\frac{70}{50}=0.84$(g)である。塩酸の体積が同じとき，濃度の比は反応するアルミニウムの質量の比と等しいから，X：Y＝0.84：1.26＝2：3である。

【3】

(1)　支点，力点，作用点の並び方を考えるときは，どの点が真ん中にあるかに着目するとよい。せんぬきは作用点，ペンチは支点，ピンセットは力点が真ん中にある。

(2)　ア×，イ○…〔(作用点にかかる力)×(作用点と支点の距離《きょり》)＝(力点に加える力)×(力点と支点の距離)〕が成り立つ。よって，作用点にかかる力が同じ場合，力点と支点の距離が近い方が力点に加える力は大きくなる。また，作用点にかかる力が同じ場合，力点と作用点の距離が近いほど，つまり，力点と支点の距離と，作用点と支点の距離の比が1：1に近いほど，力点に加える力は小さくなる。　ウ○…力点から支点までの距離が作用点から支点までの距離より必ず小さくなるので，作用点にかかる力は力点に加える力より必ず小さくなる。

(3)　紙を切るには作用点に一定の大きさの力がかかる必要がある。刃《は》が閉じるにつれて支点と作用点の距離が遠ざかるとき，(支点と力点の距離は変化しないので)力点に加える力を大きくしていかないと，作用点にかかる力が保たれず，紙が切れなくなる。

⑷　力の矢印が支点の右側，おもりが支点の左側にかかれていてもよい。

⑸⑹　時計回りと反時計回りに棒を回転させるはたらき〔おもさ(g)×支点からの距離(cm)〕が等しいとき，棒は水平になる。表２で支点の位置が10cmのとき，おもりが棒を時計回りに回転させるはたらきは120×(90－10)＝9600であり，ばねばかりが棒を反時計回りに回転させるはたらきは310×(70－10)＝18600だから，棒のおもさが棒を時計回りに回転させるはたらきは18600－9600＝9000である。同様に支点の位置が40cmのときについて考えるとおもりが棒を時計回りに回転させるはたらきは120×(90－40)＝6000であり，ばねばかりが棒を反時計回りに回転させるはたらきは200×(70－40)＝6000だから，棒のおもさは棒を回転させていないことがわかる。このようになるのは，棒のおもさが支点にかかっているときだから，棒のおもさがかかる位置は棒の左端《はし》から40cmのところである。また，支点の位置が10cmのときの棒のおもさが棒を時計回りに回転させるはたらきが9000であることから，棒のおもさは9000÷(40－10)＝300(g)と求められる。

【４】

⑴　ａにところどころ見られる大きな粒《つぶ》やｂに見られる大きな粒は，マグマが地下深くでゆっくり冷えて固まったものである。これに対し，マグマが地表付近で急に冷えて固まると大きな粒にはならない(ａの大きな粒以外の部分)ので，大きな粒だけからなるｂの方がゆっくり時間をかけてできた。なお，ａのつくりは火山岩に見られる斑《はん》状《じょう》組織，ｂのつくりは深成岩に見られる等粒状《とうりゅうじょう》組織である。

⑵①　黒っぽい粒と重なる格子点の数は７だから，色指数は$\frac{7}{25}\times100=28(\%)$である。よって，表より，色指数が28%の深成岩はせん緑岩だとわかる。　②　色指数の値が小さいほど黒っぽい粒が少ないから，全体の色は白っぽくなる。

⑶①　ア×…関東ローム層は，富士山や箱根山などのふん火による火山灰がたい積してできた地層である。
ウ×…火山灰に含《ふく》まれる粒は，流れる水のはたらきを受けていないので，角がとれることなく，角ばったものが多い。　エ×…火山灰が押《お》し固められてできた岩石は凝灰岩《ぎょうかいがん》である。石灰岩は，サンゴや貝がらなどの炭酸カルシウムを主成分とする生物の死がいが押し固められてできた岩石で，塩酸をかけると二酸化炭素が発生する。

②　図３より，Ｄ地点では火山灰(い)の層の上面の地面からの深さは３ｍである。図１より，Ｄ地点の地面の標高は600ｍだから，火山灰(い)の層の上面の標高は600－３＝597(ｍ)である。　③　地層はふつう，下にあるものほど古い時代にたい積したものである。ＤやＥの柱状図に着目すると，火山灰(い)の方が下にあるから，火山灰(い)が先にたい積したと考えられる。また，火口から同じ距離で，火口の西にあるＤと東にあるＥの火山灰の層の厚さに着目すると，火山灰(い)はＥの方が厚いから，このとき風は西から東へふいていた(→)と考えられる。これに対し，火山灰(あ)はＤの方が厚いから，このとき風は東から西へふいていた(←)と考えられる。

《2022　３次　社会　解説》

【１】

問１　地球上の海洋と陸地の割合は７：３だから，ウと判断する。

問２　Ｙのみ誤りだからイを選ぶ。氷河時代の海水面は，今よりも100ｍ以上低かったと考えられている。

問３　リニア中央新幹線のトンネルより標高の高い所で地下水位が低下したり，大井川の流量が減少したりする恐れがあるので，静岡県が着工を認めていない。

問４　ウが正しい。八郎潟はかつて琵琶湖に次ぐ大きさの湖であったが，米増産のために大規模な干拓が行われ，水田に変わった。　ア．宍道湖は陥没湖であり，火山のカルデラに水がたまってできるカルデラ湖ではない。

イ．日本で最も深い湖は田沢湖である。　エ．サロマ湖ではホタテ貝，浜名湖ではうなぎなどの養殖が盛んである。

問５Ⅰ　気仙沼は宮城県北東部にあるから，イと判断する。気仙沼は，2011 年の東日本大震災による津波被害があったため，水揚量が大幅に減った。　Ⅱ　イのリアス海岸が正しい。　ア．リアス海岸に入り込んだ津波は，波が一層高くなるので，被害を受けやすい。　ウ．大隅半島にリアス海岸は見られない。　エ．リアス海岸の湾内は漁港に向いている。　Ⅲ　エ．気仙沼は明石市よりも北東に位置することから，東経・北緯ともに明石市よりも大きくなる。東経は，イギリスの旧グリニッジ天文台を通る経度０度の本初子午線を基準にして東に 180 度まで分けられる。北緯は，緯度０度の赤道を基準にして北に 90 度まで分けられる。東京(東経 140 度，北緯 35 度)よりも北東に位置することも手がかりになる。

問６Ⅰ　ウが正しい。やませは夏の東北地方の太平洋側に吹く冷たく湿った風で，やませが吹くと，濃霧や雲が発生して日照時間が短くなり，気温が十分に上がらなくなることから，農作物の生長がさまたげられる冷害が発生しやすい。からっ風は関東地方に吹く冬の乾燥した北西風である。　Ⅱ　肉用牛は北海道が１位で，鹿児島県・宮崎県がそれに続く。乳用牛は北海道が１位で，栃木県・熊本県がそれに続く。豚は鹿児島県が１位・宮崎県が２位である。肉用若鶏(ブロイラー)は宮崎県が１位で，鹿児島県・岩手県がそれに続く。以上のことから，(①)は乳用牛(イ)，(②)は肉用若鶏(エ)と判断する。

問７　千島海流と日本海流がぶつかる潮目(潮境)は，プランクトンが豊富な好漁場となっている。

問８　関東平野を流れる利根川は日本最大の流域面積である。

問９　エが誤り。境港は日本海側にある。

問 10Ⅱ　イ．太平洋岸の鹿島砂丘を掘り込んでつくられた鹿島港を中心に，鹿島臨海工業地域が広がっている。

Ⅲ　エは噴火口(噴気口)の地図記号なので誤り。アは煙突，イは発電所，ウは風車。

問 11　利根川下流域から霞ヶ浦に広がる低湿地を水郷《すいごう》と呼ぶ。江戸時代には，農家がサッパ舟を使って米俵の運搬をしていたため，東北から江戸に運ぶ米の集積地として栄えていた。

問 13　アが正しい。千葉県市原市には石油化学コンビナートがあるので，化学工業の割合が高い。イの印刷業が最も盛んなのは東京都である。ウは中京工業地帯，エは東海工業地域。

問 14　筑後川は阿蘇山を水源とする九州地方最大の川で，九州地方北部を流れて有明海に注ぐ。

【２】

問１(1)　江戸幕府初代将軍徳川家康は，埋め立てや水路の整備を行い，河口に城下町をつくった。　(2)　浅間山は長野県と群馬県の県境にある。　(3)　桐生織は，群馬県桐生市の絹織物である。　(4)　足尾銅山鉱毒事件では，足尾銅山から出た鉱毒が渡良瀬川に流れこみ，流域で農業や漁業を営んでいた人々が大きな被害を受けた。衆議院議員であった田中正造は，帝国議会でこの事件を取り上げて明治政府の責任を追及し，議員を辞職した後も，鉱毒問題の解決に努めた。

問２Ⅰ(①)　『風土記』は，各国の地名の由来・産物・言い伝えなどを，国ごとにまとめて記述した地誌である。(②)　『万葉集』には，防人(北九州の警備についた兵士)に行く父親が置いてきた子どものことを思って詠んだ歌なども収められている。　(③)　『日本書紀』は舎人親王らによって編纂された。　Ⅱ　権力の象徴としての古墳は，その権力の大きさを舟で移動する人々に見せつけるため，沿岸部につくられることも多かった。

問３　本居宣長は，『古事記伝』を書き，国学(仏教や儒学が伝わる以前の日本人の考え方を探る学問)を大成した。

問４　エが誤り。生類憐みの令の発布は５代将軍徳川綱吉が行った。

問５　アが正しい。８代将軍徳川吉宗の享保の改革で，参勤交代の期間を短縮する代わりに，幕府に米を納めさせる上げ米の制を制定した。イは老中水野忠邦の天保の改革，エは老中松平定信の寛政の改革。ウは11代将軍徳川家斉が行った。

問６　エが正しい。老中田沼意次は，株仲間の結成を奨励してわいろが横行したことで知られる。　ア・イ．老中水野忠邦の天保の改革である。　ウ．田沼意次は天明の飢饉をきっかけに失脚した。

問７Ⅰ⑵　甲午農民戦争(東学党の乱)がきっかけとなり，1894年に日清戦争が始まった。　Ⅱ　韓国併合のとらえ方の変化(肯定→否定)に着目する。日本は，1910年の韓国併合で韓国を植民地支配した。なお，伊藤博文は，韓国統監に就任して韓国併合を進めたことで韓国の民衆の反感を買い，安重根《アンジュングン》に暗殺された。

問８　ア．ポツダム宣言受諾(1945年)→ウ．日本国憲法の施行(1947年)→エ．警察予備隊の創設(1950年)→イ．サンフランシスコ平和条約の締結(1951年)

問９　アは源実朝(鎌倉幕府３代将軍)から鎌倉時代前半，イは文禄の役(朝鮮出兵)から安土桃山時代，ウは南北朝の動乱から室町時代，エは奥州合戦から平安時代末から鎌倉時代初頭と判断できる。よって，エ→ア→ウ→イの順になる。

問10　江戸時代には，上方(京都・大阪)や江戸で町人による文化が生まれ，東洲斎写楽《とうしゅうさいしゃらく》の「三代目大谷鬼次《おおたにおにじ》の奴《やっこ》江戸兵衛《えどべえ》」など，役者の姿をえがいた浮世絵が版画でたくさん刷られて売り出された。

【３】

問１Ⅰ⑵　国会が「国の唯一の立法機関」であるとは，国会以外の機関が法律を制定することはできないという意味である。　Ⅱ　右表参照。

国会の種類	召集
常会 (通常国会)	毎年１月中に召集され会期は150日間
臨時会 (臨時国会)	内閣が必要と認めたとき，またはいずれかの議院の総議員の４分の１以上の要求があった時
特別会 (特別国会)	衆議院の解散による衆議院議員総選挙が行われた日から30日以内
参議院の 緊急集会	衆議院の解散中に，緊急の必要がある場合

問２Ⅰ　ア．衆議院の優越により，予算案は衆議院に先議権がある。　Ⅱ　公聴会は，国会での審議中に開かれる。

問３Ⅰ　参議院よりも任期が短く，解散のある衆議院は，主権者の意思をより反映しているといえるため，より強い権限が与えられている。　Ⅱ　アが誤り。「弾劾裁判」ではなく「両院協議会」である。弾劾裁判は，不適切だと考えられる裁判官をやめさせるかどうかを国会議員の中から選ばれた裁判員が裁判すること。

問４　流域治水の考え方は，〈資料１〉の一段落の「流域治水とは～」から読み取れる。課題は〈資料１〉の二段落の「地域住民の代表者が少なく～」から読み取れる。以上のことを踏まえて〈資料２〉を見ると，解決方法は，「地域住民の協力(参加)」によって，流域に関わる関係者の協働が果たされる水害対策を考えれば良いとわかる。

■ ご使用にあたってのお願い・ご注意

（1）問題文等の非掲載

著作権上の都合により，問題文や図表などの一部を掲載できない場合があります。

誠に申し訳ございませんが，ご了承くださいますようお願いいたします。

（2）過去問における時事性

過去問題集は，学習指導要領の改訂や社会状況の変化，新たな発見などにより，現在とは異なる表記や解説になっている場合があります。過去問の特性上，出題当時のままで出版していますので，あらかじめご了承ください。

（3）配点

学校等から配点が公表されている場合は，記載しています。公表されていない場合は，記載していません。

独自の予想配点は，出題者の意図と異なる場合があり，お客様が学習するうえで誤った判断をしてしまう恐れがあるため記載していません。

（4）無断複製等の禁止

購入された個人のお客様が，ご家庭でご自身またはご家族の学習のためにコピーをすることは可能ですが，それ以外の目的でコピー，スキャン，転載（ブログ，ＳＮＳなどでの公開を含みます）などをすることは法律により禁止されています。学校や学習塾などで，児童生徒のためにコピーをして使用することも法律により禁止されています。

ご不明な点や，違法な疑いのある行為を確認された場合は，弊社までご連絡ください。

（5）けがに注意

この問題集は針を外して使用します。針を外すときは，けがをしないように注意してください。また，表紙カバーや問題用紙の端で手指を傷つけないように十分注意してください。

（6）正誤

制作には万全を期しておりますが，万が一誤りなどがございましたら，弊社までご連絡ください。

なお，誤りが判明した場合は，弊社ウェブサイトの「ご購入者様のページ」に掲載しておりますので，そちらもご確認ください。

■ お問い合わせ

解答例，解説，印刷，製本など，問題集発行におけるすべての責任は弊社にあります。

ご不明な点がございましたら，弊社ウェブサイトの「お問い合わせ」フォームよりご連絡ください。迅速に対応いたしますが，営業日の都合で回答に数日を要する場合があります。

ご入力いただいたメールアドレス宛に自動返信メールをお送りしています。自動返信メールが届かない場合は，「よくある質問」の「メールの問い合わせに対し返信がありません。」の項目をご確認ください。

また弊社営業日（平日）は，午前９時から午後５時まで，電話でのお問い合わせも受け付けています。

2025春

株式会社教英出版

〒422-8054　静岡県静岡市駿河区南安倍３丁目12-28

TEL　054-288-2131　　FAX　054-288-2133

URL　https://kyoei-syuppan.net/

MAIL siteform@kyoei-syuppan.net

教英出版　2025年春受験用　中学入試問題集

学校別問題集

✿はカラー問題対応

北海道

①[市立]札幌開成中等教育学校
②藤女子中学校
③北嶺中学校
④北星学園女子中学校
⑤札幌大谷中学校
⑥札幌光星中学校
⑦立命館慶祥中学校
⑧函館ラ・サール中学校

青森県

①[県立]三本木高等学校附属中学校

岩手県

①[県立]一関第一高等学校附属中学校

宮城県

①[県立]宮城県古川黎明中学校
②[県立]宮城県仙台二華中学校
③[市立]仙台青陵中等教育学校
④東北学院中学校
⑤仙台白百合学園中学校
⑥聖ウルスラ学院英智中学校
⑦宮城学院中学校
⑧秀光中学校
⑨古川学園中学校

秋田県

①[県立]
- 大館国際情報学院中学校
- 秋田南高等学校中等部
- 横手清陵学院中学校

山形県

①[県立]
- 東桜学館中学校
- 致道館中学校

福島県

①[県立]
- 会津学鳳中学校
- ふたば未来学園中学校

茨城県

①[県立]
- 日立第一高等学校附属中学校
- 太田第一高等学校附属中学校
- 水戸第一高等学校附属中学校
- 鉾田第一高等学校附属中学校
- 鹿島高等学校附属中学校
- 土浦第一高等学校附属中学校
- 竜ヶ崎第一高等学校附属中学校
- 下館第一高等学校附属中学校
- 下妻第一高等学校附属中学校
- 水海道第一高等学校附属中学校
- 勝田中等教育学校
- 並木中等教育学校
- 古河中等教育学校

栃木県

①[県立]
- 宇都宮東高等学校附属中学校
- 佐野高等学校附属中学校
- 矢板東高等学校附属中学校

群馬県

①
- [県立]中央中等教育学校
- [市立]四ツ葉学園中等教育学校
- [市立]太田中学校

埼玉県

①[県立]伊奈学園中学校
②[市立]浦和中学校
③[市立]大宮国際中等教育学校
④[市立]川口市立高等学校附属中学校

千葉県

①[県立]
- 千葉中学校
- 東葛飾中学校

②[市立]稲毛国際中等教育学校

東京都

①[国立]筑波大学附属駒場中学校
②[都立]白鷗高等学校附属中学校
③[都立]桜修館中等教育学校
④[都立]小石川中等教育学校
⑤[都立]両国高等学校附属中学校
⑥[都立]立川国際中等教育学校
⑦[都立]武蔵高等学校附属中学校
⑧[都立]大泉高等学校附属中学校
⑨[都立]富士高等学校附属中学校
⑩[都立]三鷹中等教育学校
⑪[都立]南多摩中等教育学校
⑫[区立]九段中等教育学校
⑬開成中学校
⑭麻布中学校
⑮桜蔭中学校
⑯女子学院中学校
✿⑰豊島岡女子学園中学校
⑱東京都市大学等々力中学校
⑲世田谷学園中学校
✿⑳広尾学園中学校(第2回)
✿㉑広尾学園中学校(医進・サイエンス回)
㉒渋谷教育学園渋谷中学校(第1回)
㉓渋谷教育学園渋谷中学校(第2回)
㉔東京農業大学第一高等学校中等部
(2月1日 午後)
㉕東京農業大学第一高等学校中等部
(2月2日 午後)

神奈川県

① [県立]
- 相模原中等教育学校
- 平塚中等教育学校

② [市立]南高等学校附属中学校
③ [市立]横浜サイエンスフロンティア高等学校附属中学校
④ [市立]川崎高等学校附属中学校
✿⑤聖光学院中学校
✿⑥浅野中学校
⑦洗足学園中学校
⑧法政大学第二中学校
⑨逗子開成中学校(1次)
⑩逗子開成中学校(2·3次)
⑪神奈川大学附属中学校(第1回)
⑫神奈川大学附属中学校(第2·3回)
⑬栄光学園中学校
⑭フェリス女学院中学校

新潟県

① [県立]
- 村上中等教育学校
- 柏崎翔洋中等教育学校
- 燕中等教育学校
- 津南中等教育学校
- 直江津中等教育学校
- 佐渡中等教育学校

② [市立]高志中等教育学校
③新潟第一中学校
④新潟明訓中学校

石川県

① [県立]金沢錦丘中学校
②星稜中学校

福井県

① [県立]高志中学校

山梨県

①山梨英和中学校
②山梨学院中学校
③駿台甲府中学校

長野県

① [県立]
- 屋代高等学校附属中学校
- 諏訪清陵高等学校附属中学校

② [市立]長野中学校

岐阜県

①岐阜東中学校
②鶯谷中学校
③岐阜聖徳学園大学附属中学校

静岡県

① [国立]静岡大学教育学部附属中学校(静岡·島田·浜松)

②
- [県立]清水南高等学校中等部
- [県立]浜松西高等学校中等部
- [市立]沼津高等学校中等部

③不二聖心女子学院中学校
④日本大学三島中学校
⑤加藤学園暁秀中学校
⑥星陵中学校
⑦東海大学付属静岡翔洋高等学校中等部
⑧静岡サレジオ中学校
⑨静岡英和女学院中学校
⑩静岡雙葉中学校
⑪静岡聖光学院中学校
⑫静岡学園中学校
⑬静岡大成中学校
⑭城南静岡中学校
⑮静岡北中学校

⑯
- 常葉大学附属常葉中学校
- 常葉大学附属橘中学校
- 常葉大学附属菊川中学校

⑰藤枝明誠中学校
⑱浜松開誠館中学校
⑲静岡県西遠女子学園中学校
⑳浜松日体中学校
㉑浜松学芸中学校

愛知県

① [国立]愛知教育大学附属名古屋中学校
②愛知淑徳中学校

③
- 名古屋経済大学市邨中学校
- 名古屋経済大学高蔵中学校

④金城学院中学校
⑤椙山女学園中学校
⑥東海中学校
⑦南山中学校男子部
⑧南山中学校女子部
⑨聖霊中学校
⑩滝中学校
⑪名古屋中学校
⑫大成中学校
⑬愛知中学校
⑭星城中学校
⑮名古屋葵大学中学校
(名古屋女子大学中学校)
⑯愛知工業大学名電中学校
⑰海陽中等教育学校(特別給費生)
⑱海陽中等教育学校(I·II)
⑲中部大学春日丘中学校
新刊⑳名古屋国際中学校

三重県

① [国立]三重大学教育学部附属中学校
②暁中学校
③海星中学校
④四日市メリノール学院中学校
⑤高田中学校
⑥セントヨゼフ女子学園中学校
⑦三重中学校
⑧皇學館中学校
⑨鈴鹿中等教育学校
⑩津田学園中学校

滋賀県

① [国立]滋賀大学教育学部附属中学校

② [県立]
- 河瀬中学校
- 守山中学校
- 水口東中学校

京都府

① [国立]京都教育大学附属桃山中学校
② [府立]洛北高等学校附属中学校
③ [府立]園部高等学校附属中学校
④ [府立]福知山高等学校附属中学校
⑤ [府立]南陽高等学校附属中学校
⑥ [市立]西京高等学校附属中学校
⑦同志社中学校
⑧洛星中学校
⑨洛南高等学校附属中学校
⑩立命館中学校
⑪同志社国際中学校
⑫同志社女子中学校(前期日程)
⑬同志社女子中学校(後期日程)

大阪府

① [国立]大阪教育大学附属天王寺中学校
② [国立]大阪教育大学附属平野中学校
③ [国立]大阪教育大学附属池田中学校

④[府立]富田林中学校
⑤[府立]咲くやこの花中学校
⑥[府立]水都国際中学校
⑦清風中学校
⑧高槻中学校（A日程）
⑨高槻中学校（B日程）
⑩明星中学校
⑪大阪女学院中学校
⑫大谷中学校
⑬四天王寺中学校
⑭帝塚山学院中学校
⑮大阪国際中学校
⑯大阪桐蔭中学校
⑰開明中学校
⑱関西大学第一中学校
⑲近畿大学附属中学校
⑳金蘭千里中学校
㉑金光八尾中学校
㉒清風南海中学校
㉓帝塚山学院泉ヶ丘中学校
㉔同志社香里中学校
㉕初芝立命館中学校
㉖関西大学中等部
㉗大阪星光学院中学校

兵庫県

①[国立]神戸大学附属中等教育学校
②[県立]兵庫県立大学附属中学校
③雲雀丘学園中学校
④関西学院中学部
⑤神戸女学院中学部
⑥甲陽学院中学校
⑦甲南中学校
⑧甲南女子中学校
⑨灘中学校
⑩親和中学校
⑪神戸海星女子学院中学校
⑫滝川中学校
⑬啓明学院中学校
⑭三田学園中学校
⑮淳心学院中学校
⑯仁川学院中学校
⑰六甲学院中学校
⑱須磨学園中学校（第1回入試）
⑲須磨学園中学校（第2回入試）
⑳須磨学園中学校（第3回入試）
㉑白陵中学校
㉒夙川中学校

奈良県

①[国立]奈良女子大学附属中等教育学校
②[国立]奈良教育大学附属中学校
③[県立]
　国際中学校
　青翔中学校
④[市立]一条高等学校附属中学校
⑤帝塚山中学校
⑥東大寺学園中学校
⑦奈良学園中学校
⑧西大和学園中学校

和歌山県

①[県立]
　古佐田丘中学校
　向陽中学校
　桐蔭中学校
　日高高等学校附属中学校
　田辺中学校
②智辯学園和歌山中学校
③近畿大学附属和歌山中学校
④開智中学校

岡山県

①[県立]岡山操山中学校
②[県立]倉敷天城中学校
③[県立]岡山大安寺中等教育学校
④[県立]津山中学校
⑤岡山中学校
⑥清心中学校
⑦岡山白陵中学校
⑧金光学園中学校
⑨就実中学校
⑩岡山理科大学附属中学校
⑪山陽学園中学校

広島県

①[国立]広島大学附属中学校
②[国立]広島大学附属福山中学校
③[県立]広島中学校
④[県立]三次中学校
⑤[県立]広島叡智学園中学校
⑥[市立]広島中等教育学校
⑦[市立]福山中学校
⑧広島学院中学校
⑨広島女学院中学校
⑩修道中学校
⑪崇徳中学校
⑫比治山女子中学校
⑬福山暁の星女子中学校
⑭安田女子中学校
⑮広島なぎさ中学校
⑯広島城北中学校
⑰近畿大学附属広島中学校福山校
⑱盈進中学校
⑲如水館中学校
⑳ノートルダム清心中学校
㉑銀河学院中学校
㉒近畿大学附属広島中学校東広島校
㉓AICJ中学校
㉔広島国際学院中学校
㉕広島修道大学ひろしま協創中学校

山口県

①[県立]
　下関中等教育学校
　高森みどり中学校
②野田学園中学校

徳島県

①[県立]
　富岡東中学校
　川島中学校
　城ノ内中等教育学校
②徳島文理中学校

香川県

①大手前丸亀中学校
②香川誠陵中学校

愛媛県

①[県立]
　今治東中等教育学校
　松山西中等教育学校
②愛光中学校
③済美平成中等教育学校
④新田青雲中等教育学校

高知県

①[県立]
　安芸中学校
　高知国際中学校
　中村中学校

福岡県

① [国立] 福岡教育大学附属中学校（福岡・小倉・久留米）

② [県立]
- 育徳館中学校
- 門司学園中学校
- 宗像中学校
- 嘉穂高等学校附属中学校
- 輝翔館中等教育学校

③西南学院中学校
④上智福岡中学校
⑤福岡女学院中学校
⑥福岡雙葉中学校
⑦照曜館中学校
⑧筑紫女学園中学校
⑨敬愛中学校
⑩久留米大学附設中学校
⑪飯塚日新館中学校
⑫明治学園中学校
⑬小倉日新館中学校
⑭久留米信愛中学校
⑮中村学園女子中学校
⑯福岡大学附属大濠中学校
⑰筑陽学園中学校
⑱九州国際大学付属中学校
⑲博多女子中学校
⑳東福岡自彊館中学校
㉑八女学院中学校

佐賀県

① [県立]
- 香楠中学校
- 致遠館中学校
- 唐津東中学校
- 武雄青陵中学校

②弘学館中学校
③東明館中学校
④佐賀清和中学校
⑤成穎中学校
⑥早稲田佐賀中学校

長崎県

① [県立]
- 長崎東中学校
- 佐世保北中学校
- 諫早高等学校附属中学校

②青雲中学校
③長崎南山中学校
④長崎日本大学中学校
⑤海星中学校

熊本県

① [県立]
- 玉名高等学校附属中学校
- 宇土中学校
- 八代中学校

②真和中学校
③九州学院中学校
④ルーテル学院中学校
⑤熊本信愛女学院中学校
⑥熊本マリスト学園中学校
⑦熊本学園大学付属中学校

大分県

① [県立] 大分豊府中学校
②岩田中学校

宮崎県

① [県立] 五ヶ瀬中等教育学校

② [県立]
- 宮崎西高等学校附属中学校
- 都城泉ヶ丘高等学校附属中学校

③宮崎日本大学中学校
④日向学院中学校
⑤宮崎第一中学校

鹿児島県

① [県立] 楠隼中学校
② [市立] 鹿児島玉龍中学校
③鹿児島修学館中学校
④ラ・サール中学校
⑤志學館中等部

沖縄県

① [県立]
- 与勝緑が丘中学校
- 開邦中学校
- 球陽中学校
- 名護高等学校附属桜中学校

もっと過去問シリーズ

北海道

北嶺中学校
7年分（算数・理科・社会）

静岡県

静岡大学教育学部附属中学校
（静岡・島田・浜松）
10年分（算数）

愛知県

愛知淑徳中学校
7年分（算数・理科・社会）
東海中学校
7年分（算数・理科・社会）
南山中学校男子部
7年分（算数・理科・社会）
南山中学校女子部
7年分（算数・理科・社会）
滝中学校
7年分（算数・理科・社会）
名古屋中学校
7年分（算数・理科・社会）

岡山県

岡山白陵中学校
7年分（算数・理科）

広島県

広島大学附属中学校
7年分（算数・理科・社会）
広島大学附属福山中学校
7年分（算数・理科・社会）
広島学院中学校
7年分（算数・理科・社会）
広島女学院中学校
7年分（算数・理科・社会）
修道中学校
7年分（算数・理科・社会）
ノートルダム清心中学校
7年分（算数・理科・社会）

愛媛県

愛光中学校
7年分（算数・理科・社会）

福岡県

福岡教育大学附属中学校
（福岡・小倉・久留米）
7年分（算数・理科・社会）
西南学院中学校
7年分（算数・理科・社会）
久留米大学附設中学校
7年分（算数・理科・社会）
福岡大学附属大濠中学校
7年分（算数・理科・社会）

佐賀県

早稲田佐賀中学校
7年分（算数・理科・社会）

長崎県

青雲中学校
7年分（算数・理科・社会）

鹿児島県

ラ・サール中学校
7年分（算数・理科・社会）

※もっと過去問シリーズは
国語の収録はありません。

教英出版
〒422-8054
静岡県静岡市駿河区南安倍3丁目12−28
TEL 054-288-2131
FAX 054-288-2133
詳しくは教英出版で検索
教英出版　検索
URL https://kyoei-syuppan.net/

逗子開成中学校　２次

国語

注意

１、問題は【一】から【三】まで、ページ数は１ページから１４ページまであります。
２、試験時間は５０分です。
３、解答は解答用紙に記入し、解答用紙だけ提出しなさい。
４、字数制限のある問題では、句読点やかっこ、その他の記号も一字として数えます。
５、答えを直すときは、きれいに消してから新しい答えを書きなさい。
６、問題文には、設問の都合で、文字・送りがななど、表現を改めたり、省略したところがあります。

受験番号		氏名	

（２０２４－Ｊ２）

2024(R6) 逗子開成中　2次
教英出版

【一】　次の各問に答えなさい。

問一　次の①～⑮の各文の――線部のカタカナを漢字で書き、――線部の漢字の読み方をひらがなで書きなさい。

①　サンセイ意見が多い。
②　知識をキュウシュウする。
③　交通をキセイする。
④　相手のイコウを聞く。
⑤　ビンボウな暮らし。
⑥　ドキョウをつける。
⑦　彼の態度はリッパだ。
⑧　大役をウケタマワる。
⑨　美しくヨソオう。
⑩　火山が火をフく。
⑪　美の権化。
⑫　今年の抱負を語る。
⑬　沼地の植物。
⑭　楽器を奏でる。
⑮　赤く熟れたトマト。

問二　次の①～⑤の各文の――線部の故事成語やことわざ・慣用句の使い方が正しければ、（　）に当てはまる適切な漢字一字をそれぞれ答えなさい。ただし、――線部の使い方が正しくなければ×をつけて答えなさい。

①　今年もチームは最下位で、監督は交代するらしい。こんな時に監督を引き受けるなんて、火中の（　）を拾うようなものだ。
②　彼は事業に成功していまや飛ぶ鳥を落とす勢いだ。堂々としていていつ見ても肩で（　）を切って歩いているようだ。
③　大きな病気にかかってしまい、悩んだあげく手術を受けることにした。まな（　）の鯉になるのを決断したのだ。
④　学級委員のなり手がいない。話し合いの末、じゃんけんで負けたので、僕が漁夫の（　）を得て、やることになった。
⑤　先輩から態度が悪いと文句ばかり言われていたから、この間、あまりに（　）にすえかねて、思わず言い返してやった。

【二】　次の文章を読んで、後の各問に答えなさい。

南アフリカの先住民たちは、ヨーロッパからやってきた白人たちを「四角い家に住む人」と呼んだそうである。

諸部族の生活様式を保存公開している文化村に行ってみると、デザインや着彩はそれぞれちがうが、なるほどどの部族の家も形は正円形である。サバンナ地帯には柱になるような巨木が少ないから、石と土と雑木とで家を造ろうとすると、自然こうした円形になるのであろうと私は考えた。彼らの目から見れば、四隅に柱を建てた四角い家は、①さだめし奇怪であったろう。

このところ私の気ままな旅はアフリカ大陸を指向している。もともと暑さが苦手なので、体力のあるうちに暑いところを回っておこうと考えているのである。で、南アフリカの次には、北のモロッコとチュニジアを旅した。

チュニジアの地中海沿岸からサハラへと向かう途中に、先住民族であるベルベル人の集落があった。『スター・ウォーズ』のロケ地にもなった、あの赤茶けた岩山ばかりの土地である。なんでもベルベル人は、十二世紀から十三世紀にかけて侵攻してきたアラビアンに追われて、この山岳地帯に逃げこんだらしい。

何しろ大サハラの衝立《ついたて》のような岩山であるから草木もほとんどなく、平らかな場所もない。彼らはそこに横穴と*1竪穴《たてあな》を掘り、今も*2穴居《けっきょ》生活を続けているのである。

X

この家はすべてが円い。円い玄関に円い廊下に円い個室。そして中央には円形の中庭がある。

住人の説明によると、夏は涼しく冬は暖かいらしい。むろん、外敵から身を隠して住むという、本来の目的にも適《かな》っている。中庭の竪穴を深く掘って、二階建てとなっている家も多いそうだ。

ミントティーをごちそうになりながら、私はしばらくの間その中庭に座って、円い空を見上げていた。

ふと、②人間の住む家の基本は、円形なのではなかろうかと思った。山国の日本は建築資材は豊富なのに、稲作が普及して定住生活を始めてからも、人々は竪穴式の円い家に住み続けていた。

そもそも四角い家という発想は、家族がプライバシーを望んだ結果なのではなかろうか。つまり円い家に隔壁《かくへき》は造れないから、その壁に沿って家が四角くなったのではないのか。

さてそう思うと、事は重大である。

プライバシーの要求、隔壁の出現、四角い家、という住居の進化過程は、裏を返せば家族意識の退行を意味しているのではあるまいか。もしアフリカの先住民たちがそう考えているのなら、「四角い家に住む人」は進歩した人々ではなく、退行した哀れな人々ということになる。

われわれが進化と信ずる住環境は、ついに真四角の住居を三次元的に組み立てた集合体となり、その内部もまた③強固な壁で隔絶された小部屋となってしまった。

ご近所とも家族とも没交渉、これが「四角い家に住む人」の理想なのである。

私は建築史のことなど何も知らないが、小説家らしく理屈を［Ａ］と、「一家団欒《らん》」の「欒」の字は＊3栴檀《せんだん》の漢名である。広義にはザボンや白檀《びゃくだん》の木もこの文字に含まれる。いずれにせよ花が咲き、実がなり、香りもよい木で、中国では＊4四合院《しごういん》の中庭に好んでこの木を植えた。

四合院という中国の伝統建築は、「四角い家」ではあるが、家族の円居《まどい》の場である中庭を持つのが特徴である。すなわち「団欒」とは、四合院のそれぞれの棟に住む家族が、中庭の栴檀の木の下に集まって、和やかなひとときを過ごすことを指しているのであろう。ちなみに、四合院よりさらに古い＊5客家《はっか》の住居は中庭をめぐる正円形である。

家族の希望と都市生活の必然によって、家が円形から方形に変わらざるをえなくなっても、聡明な中国人はごく近年まで、家族の円居の場を残したとも考えられる。

しかしわが国の住宅事情には、中庭などという贅沢《ぜいたく》は許されない。かくて昔は「お茶の間」、今は「リビングルーム」という家族の共有空間が円居の場所となった。

ベルベル人の家では、竪穴の中庭に家族が寝転んで、円い夜空の星を読んだり、祖父母の昔語りに耳を傾けるのが夜ごとの習いだったのであろう。まさに理想の団欒である。思想も教養も道徳も、完全に正確に子孫へと享《う》け継がれたはずである。家族の絆というものは、愛情や信頼だけではなく、こうした長い円居のときによって形成されるものであろう。

それにしても、この中庭の進化形態であるはずのリビングルームは、今やその［B］を失ってしまった。私が子供のころには、家族をそこに集束させるだけの力を持った、テレビジョンなる神器があったのだが、この神様は次第に権威を失ってしまって、今や家族各自の部屋に置かれているのみならず、その密室の中においてさえ、パソコンや携帯電話にその神性を奪われてしまった。

かくしてリビングルームは伝統ある円居の場としての存在理由を失い、そのかわり見知らぬ疑似家族が夜な夜な集う、インターネット上の円居の場所が出現した。およそこうしたところが、④「四角い家に住む人」の現状である。思想も教養も道徳も、親から子に引き継がれるものは何もなくなり、そればかりか愛情も信頼も怪しくなった。昨今の奇怪な事件の多くが、この円居のひとときの喪失によって説明がついてしまうのだから、やはりこれは進化ではなく、退行と考えるべきであろう。

このごろ人の親として考えるのだが、子供を育てるにあたって、改まった教育などはさほど必要ないのではなかろうか。それよりも大切なことは、いかに長い時間を子供とともに過ごすかであろう。幸いなことに私は、長い間竪穴式住居のごとき家に住まい、常に子供のかたわらで売れもせぬ小説を書いていた。家にはリビングも書斎《しょさい》もなく、すべてが円居の中庭といえばその通りであった。おかげで子供は、ベルベル人のごとく大らかに育った。

彼らはわれわれの住む四角い家に、今も首をかしげているにちがいない。われわれが文明と信じている生活の中には、⑤実は多くの知的退行が潜んでいる。

（浅田次郎『つばさよつばさ』小学館）

注　＊1　竪穴……地面を掘り下げて造った住居。
　　＊2　穴居……ほら穴に住むこと。
　　＊3　栴檀の漢名……「栴檀」は木の名前。「漢名」とは中国での名称のこと。

＊４　四合院……中国の伝統住宅の様式。四つの辺に建物を置き、中央を庭園とする。
＊５　客家……漢民族の一つ。

問一　[A]・[B]に当てはまる言葉として最も適切なものを、次のそれぞれの選択肢ア～エから一つずつ選び、記号で答えなさい。

A……ア　こねる　イ　そらす　ウ　あてる　エ　まわす

B……ア　抑止力　イ　支配力　ウ　求心力　エ　決定力

問二　――線部①「さだめし奇怪であったろう」とあるが、その理由として最も適切なものを次の選択肢ア～エから一つ選び、記号で答えなさい。

ア　先住民には、ヨーロッパからわざわざサバンナにやって来た白人たちが不思議でならなかったから。
イ　先住民にとってみれば、家といえばそれは石と土と雑木とで造るのが以前からの習慣だったから。
ウ　正円形の家に住む先住民は、四本の柱を建てた四角い家を、家として認識することができなかったから。
エ　正円形の家に住む先住民には、四本の柱を使った四角い家が見慣れないものに感じられたと思われるから。

問三 [X] には次のア～オの各文が入るが、これらの文を正しい順序に並べかえて、ア～オの記号で答えなさい。

ア　その先には円形に巨大な竪穴を掘った露天の中庭がある。

イ　つまり家を建てるのではなく、石灰岩の岩山を縦横に掘って、明るく風通しのよい住居を*穿《うが》ち出しているのであった。

ウ　まず岩山の斜面に横穴を*掘削《くっさく》し、これが玄関と廊下である。

エ　*居室《きょしつ》は中庭をぐるりと囲むような横穴になっている。

オ　この住居というのが、実によくできている。

注　＊　穿ち……「穿つ」は穴をあけること。　＊　掘削……地盤を掘ったり削ったりすること。

＊　居室……家族が日常を過ごす部屋。居間や個室のこと。

問四　――線部②「人間の住む家の基本は、円形なのではなかろうか」とあるが、このように考える理由について説明した次の文の（　　）に当てはまる適切な言葉を、本文中から十二字で抜き出して答えなさい。

家というものは、本来、家族が（　　　　　　）場であるから。

問五　――線部③「強固な壁で隔絶された小部屋」とあるが、具体的にはどのような小部屋なのか。わかりやすく説明しなさい。

問六　――線部④「『四角い家に住む人』の現状」とあるが、これについて説明したものとして最も適切なものを次の選択肢ア～エから一つ選び、記号で答えなさい。

ア　テレビジョンから離れ、家族それぞれが自分の部屋でインターネットを楽しんでいる現状。

イ　他人同士がインターネットを通じて家族のようにつながり、お互いの親交を深めている現状。

ウ　リビングルーム内においても、パソコンや携帯電話を絶対的な道具としてもてはやしている現状。

エ　家族それぞれが各部屋に分かれてインターネットに夢中になり、家族の絆が失われている現状。

問七　――線部⑤「実は多くの知的退行が潜んでいる」とあるが、どういうことか。本文全体の内容を踏まえてわかりやすく説明しなさい。

【三】　次の文章を読んで、後の各問に答えなさい。

「僕」は北見眼科に勤めている。玉置遥香さんは普段からカラコン（色のついたコンタクトレンズ）を着けていた。ある日、彼女は目の不調を訴えて、北見眼科に勤める友人の丘本真衣さんと北見眼科を訪れ、院長である北見先生の診察を受ける。

「強く目をこすらないようにしてください」

先生は、厳しく注意した。角膜《かくまく》に傷が入っている今の状態で激しく目をこするのは、間違いなく＊1禁忌《きんき》だ。彼女はゆっくりと手を膝の上に戻した。また、彼女の目が細くなった。

北見先生の視線も鋭さを増した。優しさの裏側にある強い感情が、ただ瞳の中だけに怒りのように込みあげていた。先生は、①口を少しだけへの字に曲げて一呼吸置き、

「今の目の状態でカラーコンタクトを使用すれば、失明の危険があります。とても高いリスクを負ってまで使用しなければならない理由がありますか」

と、A訊《たず》ねた。相手を侮蔑《ぶべつ》しないように注意深く言葉を発していた。だが、声音《こわね》はさっきよりも遥《はる》かに厳しかった。先生は、自分の感情に耐えていた。丘本さんは狼狽《うろた》え、僕も込みあげるものを抑えていた。

「目が可愛く見えないから、私、カラコンを着けないと、人前に出られません」

玉置さんは、はっきりとそう言った。何を言っているんだ？　と反射的に、僕は思った。だが、瞳を覗《のぞ》き込んでみると、玉置さんもまた信じられないほど真剣だった。

「カラコンがあると気持ちが落ち着くんです。私は大丈夫って感じられます。着けていないと不安で人と目を合わすことも、まっすぐなにかを見ることもできません。どうにかならないのでしょうか」

そう言ったあと、彼女の目が輝き始めた。沈黙の重さと同じくらい鈍い光が強くなると、涙が零《こぼ》れた。それは傷ついた瞳が流す痛みのようだった。

彼女の問いに対して、僕らには打つ手がない。僕らは眼を治療することはできる。けれども、②誰かの心を治すことはできない。彼女は明らかにカラコンに依存《いそん》していた。カラコンを着けた瞳で世界に接することによって、自分自身のイメージを作り出し守っていた。

自己のイメージを作りあげて、なりたい自分になり、世界に向き合うことは、自然なことなのかも知れない。好きな服を着ることを誰も病気だとは言わないし、化粧をすることを病気だとは思わない。カラーコンタクトを使用することも、誰かに [B] 言われるようなものではないのかも知れない。実際に、玉置さんのカラコンの使い方に問題がなく、*2円錐角膜《えんすいかくまく》でなければ、これほど厳しく注意されることもなかっただろう。

彼女の立場に立てば、僕らの伝えていることは、*3不条理で不快なものだろう。

だが、彼女の目は、いま円錐角膜という病気にかかっていて、その上、深く傷ついている。病気になっている箇所に怪我《けが》が重なっている状態だ。その認識が彼女の中に生まれていないのだろうか？

傍《そば》に立っている③丘本さんの顔が青ざめていくのが分かった。玉置さんの表情は、僕らの沈黙に対して憤り、見る間に上気していった。僕らはきっとお互いに理解が足りなかったのだろう。一対の目を巡る僕らの架け橋となるものはなにもなかった。ただそこには失明の可能性という事実と玉置さんの抱える心の闇《やみ》があった。

どうすればいい？

その場にいた誰もがそう考えていたのに、言葉はなかった。ただお互いの距離を感じていただけだった。

北見先生が、諦めかけた口調で「では……」と口を開こうとしたとき、丘本さんが声を発した。

「遥香ちゃん！」

と、響くような声で言った。玉置さんが、丘本さんをまっすぐ見た。

「真衣ちゃん……」
と、玉置さんはなにかに気付いたように答えた。
「遥香ちゃん、目が見えなくなっちゃったら、もう一緒に同じ写真を見れなくなるよ。二人で一緒に作品を作れなくなるよ。今なら遥香ちゃんは、これからを選べるんだよ。今だけじゃなく未来を見て。見ないを選んじゃ駄目《だめ》だよ。どうしてそれが分からないの？　先生がこんなに厳しく言うなんて、すごく危ないってことなんだよ」
玉置さんはなにも答えなかった。彼女の瞳は、それでも現実に抗《あらが》っていた。彼女は僕らを見ながらも目を［X］とし続けていた。
玉置さんが光を失うか、それとも保持し続けるかという岐路が彼女の前に開かれているようでもあった。丘本さんは必死に言葉を継《つ》いだ。
「北見先生、彼女は私の友達です。だから私から［C］言って聞かせます。どうかよろしくお願いします」
と、頭を下げた。玉置さんはその様子を呆然《ぼうぜん》と眺めていた。
丘本さんの瞳は、言葉にならない感情で震え、溢《あふ》れ出てくる気持ちに耐えていた。北見先生は二人を眺めた後、小さく息を吐き、少しだけ瞳を閉じた。それから瞼《まぶた》をあげた。先生はさっきよりも穏やかに話し始めた。
「あなたは……、お若いからまだ分からないかも知れませんが、健康であるということは、目が、光が、当たり前のように見えるということは、奇跡のようなものです。あなたは、それを偶然生まれたときから与えられているから、その大切さに気付かないだけです。けれども、一度、失われれば、どんなにお金を積んでも、どんなに請《こ》い願っても、もう二度と与えられることはないものです。それが、失われてからその大切さに気付くよりも、いまここで、その大切さに気付いてくれれば、丘本さんも、私たちも、あなたを囲む周りの方々も、誰よりあなた自身も辛《つら》く哀しい思いをしなくて済むでしょう。私も、あなたが傷ついた姿でここに通ってくるのを見ずに済みます。私の言っていることは、分かりますか？」
玉置さんはうつむいて、涙を落としていた。

「カラコンはもう着けられないということですか」
と、玉置さんは震える声で言った。北見先生は首を振った。それから、
「あなたがカラーコンタクトを使用することを、止めることはできません。ただ、いまは少なくとも治療に専念すべきだと申しあげています」
と、はっきりと言った。玉置さんはしぶしぶ頷《うなず》いた。④頷かざるを得ない言葉を、呑《の》み下すようにうつむいていた。
僕は、玉置さんを見ていた。そして、北見先生を見ていた。⑤人が向かい合うことの意味をじっと見ていた。

（砥上裕將『7・5グラムの奇跡』講談社）

注　＊1　禁忌……してはいけないこと。　＊2　円錐角膜……目の角膜が前方に突出する病気。思春期に多い。
＊3　不条理……道理に合わないこと。

問一　A ・ B ・ C に当てはまる言葉として最も適切なものを次の選択肢ア～エからそれぞれ一つずつ選び、記号で答えなさい。ただし、同じ記号を二度以上用いてはならない。

ア　きちんと　　イ　しぶしぶ　　ウ　ゆっくりと　　エ　とやかく

問二　X には「直面する問題を見ないようにしよう」という意味になる言葉が入る。その言葉をひらがな五字以内で自分で考えて答えなさい。

問三　――線部①「口を少しだけへの字に曲げて」とあるが、この言葉の意味として最も適切なものを次の選択肢ア～エから一つ選び、記号で答えなさい。

ア　困り果てたとまどいの表情で
イ　がっかりした落胆の表情で
ウ　不愉快そうに顔をしかめて
エ　不安そうに顔をこわばらせて

問四　――線部②「誰かの心を治すことはできない」とあるが、この時の玉置さんの心の状態について説明した次の文の（Ⅰ）（Ⅱ）に当てはまる適切な言葉を、それぞれ自分の言葉で考えて、（Ⅰ）は十字以内、（Ⅱ）は二十字以内で答えなさい。

玉置さんは、（　Ⅰ　）と考えてカラコンを使用したが、やがて、それがあれば気持ちが落ち着くとか着けていないと何かを見ることもできなくなるというような依存している状態、つまり（　Ⅱ　）ような心の状態になった。

問五　――線部③「丘本さんの顔が青ざめていく」とあるが、その理由として最も適切なものを次の選択肢ア～エから一つ選び、記号で答えなさい。

ア　北見先生の言葉に反して、自分の目の状態を深刻なものと全く認識できていない玉置さんに不安を感じたから。
イ　北見先生の話も玉置さんの心の闇も理解できるので、自分ではどうすればよいかわからず放心状態にあるから。
ウ　深刻な問題とはいえ、玉置さんのつらい思いを無視して一方的に話をする北見先生の様子に怒りを感じたから。
エ　北見先生の厳しい言葉を聞き、玉置さんの目がとても深刻な状態にあることを理解して強い衝撃を受けたから。

問六 ———線部④「頷かざるを得ない言葉を、呑み下すようにうつむいていた」とあるが、この時の玉置さんの心情をわかりやすく説明しなさい。

問七 ———線部⑤「人が向かい合うことの意味」とあるが、次の会話文は「人が向かい合うことの意味」について、教師と生徒が話し合っているものである。この会話文を読んで後の〈ⅰ〉・〈ⅱ〉・〈ⅲ〉の各問に答えなさい。

生徒　初めは玉置さんを厳しく注意したり、彼女の様子を見ながら注意深く話したりしていた北見先生だけど、玉置さんがその言葉を聞き入れず、自分の都合ばかりで話をするので、いったんは話をするのを諦めかけていました。

教師　この時点では、「（　Ⅰ　）」とあるように、二人の言っていることは全くかみ合っていなかったんだ。

生徒　ところが、丘本さんの言葉をきっかけにして北見先生は心を動かし、玉置さんに穏やかに話をし始めます。

教師　北見先生は、目が見えるということは当たり前のようでいて実は奇跡的なことであり、玉置さんの傷ついた目について、（　Ⅱ　）と心から玉置さんに語った。この話に玉置さんは頷くんだ。北見先生の言葉を了解したんだね。

生徒　北見先生の言葉が玉置さんの心に届いたんですね。ということは「人が向かい合うことの意味」とは、（　Ⅲ　）ということだと思います。

教師　そのとおりだね。

〈ⅰ〉　（　Ⅰ　）に当てはまる言葉を本文中から十二字で抜き出して答えなさい。

〈ii〉（　Ⅱ　）に当てはまる適切な言葉を次の選択肢ア〜エから一つ選び、記号で答えなさい。

ア　このままでは必ず病気になってしまうのでとても心配だ
イ　どうか心配している周りの人たちを悲しませないでほしい
ウ　このままカラコンにこだわり続けるのは愚かなことだ
エ　大事なものであることに気づかない現状を改めてほしい

〈iii〉（　Ⅲ　）に当てはまる適切な言葉を、十五字以内の自分の言葉で答えなさい。

≪　問題は以上です　≫

逗子開成中学校　3次

国語

注意

1、問題は【一】から【二】まで、ページ数は1ページから15ページまであります。

2、試験時間は50分です。

3、解答は解答用紙に記入し、解答用紙だけ提出しなさい。

4、字数制限のある問題では、句読点やかっこ、その他の記号も一字として数えます。

5、答えを直すときは、きれいに消してから新しい答えを書きなさい。

6、問題文には、設問の都合で、文字・送りがななど、表現を改めたり、省略したところがあります。

受験番号	
氏名	

（2024―J3）

【一】 次の各問に答えなさい。

問一　次の①～⑮の各文の――線部のカタカナを漢字で書き、――線部の漢字の読み方をひらがなで書きなさい。

① ハイ色の空。
② 手が黒くソまる。
③ 黒い雨雲が低くタれる。
④ 窓口でザセキを指定する。
⑤ カタガミを用いて布を裁《た》つ。
⑥ 遊泳禁止クイキを守る。
⑦ ガイロ樹のきれいな通り。
⑧ 友達の顔をチョクシする。
⑨ あざやかなシキサイ。
⑩ 早く日が陰る。
⑪ 話し合いの機会を設ける。
⑫ 言葉を慎む。
⑬ ひと滴の涙。
⑭ 度重なる不幸。
⑮ 晩秋の山に登る。

問二　次の文章を読んで、後の（Ⅰ）・（Ⅱ）の各問に答えなさい。

> 田辺家の子どもは「　A　」姫「　B　」太郎である。子ども全員がＵＦＯキャッチャーを一人一度ずつ行い、ぬいぐるみを狙《ねら》ったら、全員が「　A　」石「　B　」鳥の結果となった。

（Ⅰ）「A」・「B」に入る漢数字一字をそれぞれ答えなさい。

（Ⅱ）子ども全員で手に入れたぬいぐるみは何個か。漢数字で答えなさい。

問三　次の条件にしたがって、後の（Ⅰ）・（Ⅱ）の各問に答えなさい。

・海［　　］山［　　］の鶴は、一年に一度の一声《ひとこえ》で百円を手に入れて生きている。
・亀はゆっくり歩みを進め、一年に十円を手に入れて生きている。
・鶴と亀の寿命は、鶴は［　　］年、亀は万年である。

（Ⅰ）［　］にはすべて慣用句に関連した同じ漢数字が入る。最も適切な漢数字一字を答えなさい。

（Ⅱ）「鶴」と「亀」が寿命を迎えたとき、「鶴」と「亀」が手に入れた金額はどうなっているか。最も適切なものを次の選択肢ア～ウから一つ選び、記号で答えなさい。

ア　鶴のほうが手に入れる金額が多い。
イ　亀のほうが手に入れる金額が多い。
ウ　鶴も亀も同じ金額になる。

【二】　次の〔文章〕と〔詩〕を読んで、後の各問に答えなさい。なお、〔文章〕は設問の都合で省略したところがある。

〔文章〕

それは、「孤独」ということについて本物の認識を持つ人間が、自分自身のたどってきた経験に基づいて「あなたが最後の暗闇と思い込んでいる『孤独』には、まだその先がある。そこには、暗闇ではなく、別の風景が広がっているのだ」と告げることなのです。

それでは、その先の「孤独」の風景とはどんなものでしょうか。それは、意外にもこんな風景です。

一人でいるのは　賑《にぎ》やかだ
賑やかな賑やかな　X　だよ
夢がぱちぱち　はぜてくる
よからぬ思いも　湧いてくる
＊1エーデルワイスも　毒の茸《きのこ》も

一人でいるのは　賑やかだ
賑やかな賑やかな海だよ
水平線もかたむいて
荒れに荒れっちまう夜もある
なぎの日生まれる馬鹿貝もある

①一人でいるのは賑やかだ
誓って負けおしみなんかじゃない

一人でいるとき淋《さび》しいやつが
二人寄ったら　Y
おおぜい寄ったなら
だ　だ　だ　だ　だっと　堕落だな

恋人よ
まだどこにいるのかもわからない　君
一人でいるとき　一番賑やかなヤツで
あってくれ

茨木のり子『おんなのことば』「一人は賑やか」より　童話屋

たいへん親しみやすい言葉で書かれた詩ですが、しかしとても大事なことが書かれていると思います。自分にはパートナーがいないとか、友達がいないとかそういうことで「孤独」を嘆いている人もいますが、そういう人たちは「孤独」が淋しいものだという固定観念を持っています。そして、自分が賑《にぎ》やかになるためには、誰か他の人が一緒にいてくれることが必要だと思い込んでいるわけです。

［ 1 ］、私たちは映画を見る時も、本を読むのも、物を食べることも、実は一人一人がやっている。どんなに大勢並んで同じ映画を見ていても、それぞれ一人で見ているのです。［ 2 ］、後で感想を言い合ったりすることはあるでしょうが、［ 3 ］一人で見て感じたことには変わりがない。［ 4 ］、一人としての充実をきちんと見つめないと何も始まらないし、誰かといなければ幸せになれないわけではないのです。

「依存関係」が「孤独」を解消してくれるように勘違いしている人もいますが、この詩で言われているように、「一人でいるとき淋しいやつが二人寄ったら［ Y ］」わけです。寄りかかり合い、もたれ合って、最初はそれも可愛いとか安心すると錯覚するにしても、ある時必ず、どちらかがウンザリして鬱陶《うっとう》しく思うようになってしまいます。

人間というものは、脚力と同じで、自分一人を支えるくらいの力しか持たされて生まれてきていませんから、他人の分まで背負うことはできない。ですから、夫婦・恋人・友達・親子といった親密な人間関係でも、また治療関係においても、それぞれが自分の足で立っていて、たまたま同じ方向に向かって、並んで歩いているに過ぎないことをわきまえる必要があるのです。

さて、先ほどの詩で「恋人よ」と呼びかけている最後の部分に目を向けてみましょう。「一人」について語っていたはずの詩に、ここで他者が登場します。それは「まだどこにいるのかもわからない　君」ですが、この未知なる「君」は、今は「どこにいるのかもわからない」けれども、将来必ず出会うはずの「恋人」なのです。

この「恋人」は、自分と同じように賑やかな「孤独」を持っている者であってくれ、と呼びかけられているのですが、当然、②そういう相手でなければ恋は成立しないでしょう。この恋は未知のものではありますが、しかし単なる願望や希望の産物というよりも、ここには③確信に満ちた他者の予感が感じ取れます。

さて、この他者の予感を生み出しているものは、いったい何でしょうか。

万有引力とは
ひき合う孤独の力である

宇宙はひずんでいる
それ故《ゆえ》みんなはもとめ合う

宇宙はどんどん膨《ふくら》んでゆく
それ故みんなは不安である

二十億光年の孤独に
僕は思わずくしゃみをした

谷川俊太郎『二十億光年の孤独』「二十億光年の孤独」より　北星堂書店

「孤独」は自然にひき合う「万有引力」を持ち、また「万有引力」があるからこそ、人は「孤独」でいられるのだという密接な関係を、谷川さんはこの詩で、さらりと言い当てています。彼が「万有引力」と言ったものは、茨木のり子さんの詩で未知の恋人を予感させたもの、すなわち「愛」のことなのです。

④「万有引力」は、「愛」のメタファー（隠喩）として、実にうってつけのものだと思います。宇宙の無限の闇の中に、星々は「孤独」に浮かんでいる。しかし、その星々は互いに「万有引力」によって結ばれている。「孤独」あるところには必ず「愛」が生じる。しかしまた「愛」は、それぞれが「孤独」であることを前提としている。「孤独」の世界は、この「愛」によって賑やかさが与えられている。だから「孤独」とは、決して冷たい死の闇ではないのです。「孤独」に足を置いた者の最低限の想像力によって、他者も自分と同じように「孤独」という状況を生きていることに気が付くこと。それが「愛」の出発点なのです。

しかし、ここで私たちは注意しなければなりません。この「愛」という言葉ほど、手垢《あか》にまみれ、誤って使われているものもないからです。「愛」という言葉は「孤独」という前提なしに用いられると、依存、支配、執着、性欲、虚栄心、強制、偽善などを偽装する偽りのレッテルと化します。常に「愛」を論じるときに起こる混乱は、「愛」の定義が曖昧《あいまい》であることから来ていると考えられます。

もっと詳しく言いますと、「愛」は、無償であり、見返りを期待することがないものです。一方の「欲望」は、たとえわずかであっても＊2give & take というか、駆け引き的要素が含まれている。そこには、相手を操作しようとする意図が込められており、コントロール志向であると言うことも出来るでしょう。また、「愛」が「心」由来であるのに対して、「欲望」は「頭」に由来するものだと言うことも出来ます。つまり「欲望」は、「偽の心」の産物なのです。

さて、この辺まで来ると「そうは言っても自分は聖人君子じゃないんだから、人に欲望を向けずに愛だけを向けるなんて出来そうにない」と思われる人もいるかもしれません。確かに、そこが最も肝心なところです。どうやったら私たちは「愛」の存在になれるのかということ。これはすごく難しい。うっかりすると、「愛」のつもりが「欲望」になってしまうわけですから。さて、いったいどうしたら「愛」そのものが可能になるのでしょうか。そこで、ある仏教の入門書にあった話をもとに私が考えた〈五本のバナナ〉というお話をご紹介しましょう。

バナナに目がない⑤日本人旅行者が、ある貧しい国で旅行をしています。

その国は大変な暑さで、道ばたには物乞《ものご》いがたくさんいます。中には飢えていて、実に哀れな様子の者もあります。そんなとき彼は、ある飢えた物乞いの姿を目の当たりにして、何か施《ほどこ》しをしようと考えました。

彼はちょうど大好物のバナナを五本持っていました。普段の彼は、三本食べると満腹になって満足します。さて、そこで彼は、自分で食べるのは二本で我慢することにして、残りの三本を気の毒な物乞いにあげたのでした。しかし、この物乞いはバナナが嫌いらしく、一言のお礼も言わず、目の前で「こんなものいらない」と、地べたにバナナを投げ捨てたのでした。

さて、バナナをあげた彼は、いったいどんな気持ちになったでしょうか。

きっと「何て恩知らずな奴だ。せっかく私が我慢して恵んでやったのに、感謝もなければ、それどころか捨てるなんて、ひど過ぎる！」と怒り心頭でしょう。

一方、「たまたま余ったので、捨てる代わりにご自由にお役立てください」という場合には、仏教で言うところの「喜捨《きしゃ》」、つまり喜んで捨てるという行為に相当するものになります。これが、「欲望」を捨てられないわれわれに出来る、嘘《うそ》偽りのない「愛」の行為なのです。もちろん、人間として成熟していって「欲望」の割合が小さくなればなるほど、「愛」に使える部分は大きくなってくるでしょう。一本で十分満足になれば、四本を喜捨できるわけです。しかし、本当は三本欲しいのにやせ我慢をして行動したときには、どこかでひょっこり「欲望」が顔を出してくる。これが偽善です。＊3マザー・テレサと同じ行動をまだその境地にない人がやっても、どこか質的に違うものになってしまいます。ですから、表面だけ善人のように整えてもダメで、等身大でなければ内実が不純なものに変わってしまうのです。

ですから、「愛」のために私たちに出来る第一歩は、逆説的ですが、まず自分をきちんと満たしてやることなのです。ところが面白いことに、人間は自分を満たしても、必ずいくらかは余るように出来ている。この余った物を使ったときには「愛」の行為になる。ここが大事なポイントだと思います。そういうわけで、バナナは五本であったのです。

生まれたての赤ん坊は五本食べなければならない。＊4フロムの言う「未熟な愛」です。しかし、その後の成長によって自分に必要な本数は少しずつ減っていくのです。生きているうちに何本にまで減らせるのか、それはその人にかかっているわけです。

（泉谷閑示『「普通がいい」という病』講談社現代新書）

注　＊1　エーデルワイス……ヨーロッパアルプスの名花として知られる白い花。
　　＊2　give & take……何かをしたらその分のお返しをしてもらうこと。
　　＊3　マザー・テレサ……貧困や病に苦しむ人々を救うために生きた人。　＊4　フロム……精神分析や哲学の研究者。

〔詩〕

1

生命は　　吉野弘

生命は
自分自身だけでは完結できないように
つくられているらしい
花も
めしべとおしべが揃《そろ》っているだけでは
不充分で
虫や風が訪れて
めしべとおしべを仲立ちする
生命は
その中に欠如《けつじょ》を抱き

それを他者から満たしてもらうのだ

2

世界は多分
他者の総和
しかし
互いに
欠如を満たすなどとは
知りもせず
知らされもせず
ばらまかれている者同士
無関心でいられる間柄
ときに
うとましく思うことさえも許されている間柄
そのように
世界がゆるやかに構成されているのは
なぜ？

3

花が咲いている
すぐ近くまで
⑥虻の姿をした他者が

光をまとって飛んできている

4

私も　あるとき

誰かのための虻だったろう

5

⑦あなたも　あるとき

私のための風だったかもしれない

（吉野弘『続・吉野弘詩集』思潮社）

問一　〰〰線部「一人でいるのは　賑やかだ」とあるが、「一人でいるのは」の後、意図的に一字分の空白をあけていることについて説明したものとして最も適切なものを、次の選択肢ア～エから一つ選び、記号で答えなさい。

ア　読むときに間ができ、「一人でいる」というイメージを読み手がふくらませる。そこに「一人でいる」の持つ一般的な淋しいイメージとは反対の意味の「賑やかだ」が用いられているため、読み手に強いインパクトを与えている。

イ　その前後が逆接の関係になることを読み手に思わせる。そこに「一人でいる」の持つ一般的な淋しいイメージとは反対の意味の「賑やかだ」が用いられているため、「賑やかだ」という言葉にプラスの内容があるかのように方向づけている。

ウ　なぜ「一人でいる」のかと読み手に疑問を抱かせる。そこに「一人でいる」の持つ一般的な淋しいイメージとは反対の意味の「賑やかだ」が用いられているため、表現される世界はどのようなものかを読み手に考えさせている。

エ　読み手は自然とひと息つくことになり、それまで抱いた詩のイメージを忘れていく。そこに「一人でいる」の持つ一般的な淋しいイメージとは反対の意味の「賑やかだ」が用いられているため、「賑やかだ」という言葉が強調される。

問二　X　に入る語として最も適切なものを次の選択肢ア～エから一つ選び、記号で答えなさい。

ア　村　　イ　葉　　ウ　森　　エ　町

問三　――線部①「一人でいるのは賑やかだ」とあるが、ここでの「賑やか」について説明したものとして最も適切なものを次の選択肢ア～エから一つ選び、記号で答えなさい。

ア　淋しい気持ちを隠して強がって表現したもの。
イ　良いことも悪いことも含めた豊かなもの。
ウ　やりたいことが思い通りにできる楽しいもの。
エ　次々に興味深い新しい何かが生まれるもの。

問四　Y　に入る言葉として最も適切なものを次の選択肢ア～エから一つ選び、記号で答えなさい。

ア　支え合う　　イ　急に淋しい　　ウ　なぐさめ合う　　エ　なお淋しい

問五　1　～　4　に入る語として最も適切なものを次の選択肢ア～オから一つずつ選び、記号で答えなさい。ただし、同じ記号を二度以上用いてはならない。

ア　もちろん　　イ　むしろ　　ウ　ですから　　エ　やはり　　オ　しかし

問六　――線部②「そういう相手でなければ恋は成立しない」とあるが、どうして「恋は成立」せず、続かないと考えられるのか。その理由を説明した次の文の（　Ⅰ　）（　Ⅱ　）に適切な言葉をそれぞれ自分で考えて、（　Ⅰ　）は十字以内、（　Ⅱ　）は漢字二字で答えなさい。

> 人間は、（　Ⅰ　）を持っておらず、二人とも精神的に（　Ⅱ　）した人でなければ、時間が経つとお互いに支えられなくなり、二人の仲が悪くなると考えられるから。

問七　――線部③「確信に満ちた他者の予感」とはどのようなことか。このことについて説明したものとして最も適切なものを次の選択肢ア～エから一つ選び、記号で答えなさい。

ア　今は誰かも分からない恋人になるであろう人は、前向きな人だと強く信じていること。

イ　未来は何が起こるか分からないが、必ず恋人ができると強く信じていること。

ウ　「孤独」な思いを抱えている恋人との再会は、もうすぐだと強く信じていること。

エ　将来の恋人は自分と同じような「孤独」を持っている人であると強く信じていること。

問八　――線部④「『万有引力』は、『愛』のメタファー（隠喩）として、実にうってつけのものだと思います」とあるが、ここでいう「愛」を持つことの具体例として最も適切なものを、次の選択肢ア～エから一つ選び、記号で答えなさい。

ア　単身赴任となった恋人が忙しく、なかなか会うことができなくなり、一人で考える時間が増えたことで、その恋人が自分にとって一番必要な人だということがわかり、結婚しようと決意すること。

イ　物語の本を読むことが好きで、毎日図書館に通って一人で本を読んでいたら、図書館の先生に話しかけられ、二人とも同じ作家が好きなことがわかり、それからはさらに図書館に通うことが楽しみになったこと。

ウ　カレーが好きで、多くの人にカレーの魅力を知ってもらいたいと思い、自分が食べてきたカレーをインターネットで毎日紹介していたら、知らない間に、世間からカレー評論家として認められるようになったこと。

エ　学校の授業は、さまざまな教科に分かれており、普段はそれぞれの教科を独立させて考えているが、理科の時間に算数で習った計算をするように各教科で何かしらのつながりがあると実感すること。

問九　――線部⑤「日本人旅行者」はなぜ怒ったのか。バナナを「物乞い」に譲《ゆず》った意図を踏まえて説明しなさい。

問十　次の会話文は、先生と生徒A、生徒Bが〔詩〕「生命は」の 2 について授業で話し合っている場面である。会話文中の［Z］・［W］に入るものとして最も適切なものを後の選択肢ア～エからそれぞれ一つずつ選び、記号で答えなさい。

先生　まず「世界」は「他者の総和」だとしていますが、「他者の総和」とはどのような人の集まりのことでしょうか。

生徒A　［　Z　］のことです。

先生　その通りです。それではそのような「世界」は具体的にどのようなものだと述べられていますか。

生徒B　それぞれの「生命」が、お互いに「欠如を満たす」ということを知ってもいないし、知らされてもいません。

生徒A　次のところでは、無関心でいられる間柄だし、うとまれても良いとされる間柄としています。「間柄」は「関係」という言葉にして考えてもいいかな。

先生　そうですね。二人の考え方で良さそうですね。それでは、「生命」がそのように存在するこの「世界」が「ゆるやかに構成されている」のはなぜでしょうか。

生徒A　[2]の最後の作者からの問いかけですよね。それが表現されていないんですよね。

先生　そうですね。「世界」がそのように構成されている「理由」については触れられていません。それでも「世界がゆるやかに構成されている」ことによる人間にとっての「プラスのこと」なら考えられませんか。

生徒B　なるほど。それなら考えられそうです。お互いが欠如を満たすことを「知りもせず」、「知らされもせず」、また、「無関心でいられ」、「うとましく思うこと」も「許される」ということは、他者の欠如を満たすことや誰かに関心を抱いたり嫌われないようにしたりすることを［　W　］ですね。

先生　素晴らしいです。AさんもBさんもこの〔詩〕の表現をもとに丁寧に考えることができていますね。

［　Z　］

ア　生まれた国と育った国がそれぞれ異なる人の集まり

イ　話す言語の違う、仲良しとは言えない人の集まり

ウ　思いやりを持つ人も持たない人も含めた様々な人の集まり

エ　誰とも決して協力して生きようとしない人の集まり

［　W　］

ア　義務としないことであり、それは息苦しい生き方をしないですむということ

イ　人のために行うことであり、それは多くの人の優しさが育まれるということ

ウ　お互いさまとすることであり、それはみんなが幸福感を得やすくなるということ

エ　追い求めないことであり、それは独り善がりの生き方をしないですむということ

問十一　――線部⑥「虻の姿をした他者が／光をまとって飛んできている」の解釈として最も適切なものを、次の選択肢ア〜エから一つ選び、記号で答えなさい。

ア　「虻」という負のイメージを持つ「他者」が、誰かのために生きようと必死になることで、周りからの評価がマイナスからプラスへと変化している様子を「光」を用いて表現している。

イ　「虻」という良くないイメージを持つものが近寄ってきても受け手である「花」は嬉しくないので、「光」というプラスの印象を「虻」に持たせることで、両者が友好に交じり合うことを表現している。

ウ　「虻」というマイナスのイメージを持つ「他者」が、周りの人々に悪影響ばかりを与える様子を読み手に強く印象づけるために、負の印象を与える「光」を加えて表現している。

エ　「虻」という一般的には良くないイメージも持つものが、「光」というプラスのイメージをもたらすものをまとうことで、悪いことにも良いことにも影響を与える他者を的確に表現している。

問十二　――線部⑦「あなたも　あるとき／私のための風だったかもしれない」とあるが、「あなた」が今後、誰かの「風」や「虻」になるとしたら、どのような点に注意する必要があるか。〔**文章**〕で述べられている「愛」の意味を踏まえて説明しなさい。

《　問題は以上です　》

2024(R6) 逗子開成中　２次
K 教英出版

算　数

注　　意

1．試験時間は50分です．

2．問題は1から5（1ページから9ページ）まであります．
試験開始後，抜け落ちているページがないか，印刷が不鮮明《ふせんめい》なページがないか確認してください．不備がある場合は監督者《かんとくしゃ》に申し出てください．

3．定規・コンパス・筆記用具以外の使用は認めません．

4．問題用紙や解答用紙を折ったり切ったりして，問題を解くためのヒントとなる形に変形することを禁止します．

5．解答用紙への記入上の注意
・考え方を書く指示がある問題以外は，答えだけを書いてください．
・答えに単位が必要な問題は，必ず単位をつけて答えてください．
・答えが分数になる場合は，それ以上約分できない一番簡単な分数で答えてください．また，仮分数は帯分数に直してください．
・図やグラフをかいて答える問題に対し，定規・コンパスを忘れた場合は手がきでていねいにかいてください．

受験番号		氏名	

(2024-J3)

2024(R6) 逗子開成中　3次
K 教英出版

1 次の □ にあてはまる数を求めなさい.

(1) $128-2+253-2\times10+372-2\times100+497=\square$

(2) $(0.1+23)\div7-(2+0.1\times4-1.8)\div0.5-(1\div0.5-0.38\div0.2)=\square$

(3) $1.6-\frac{3}{5}\div2+\left(11\frac{1}{2}\times0.8-\square\times2\frac{1}{4}\right)\div1\frac{2}{15}=2\frac{4}{5}$

2 次の各問いに答えなさい．

(1) 1 から 500 までの整数の中で，6 または 8 で割り切れる整数は全部で何個ありますか．

(2) 太郎君は 1 個 120 円のお菓子をある個数だけ買うために，過不足の出ないようにお金を持ってお店に行きました．ところが，お菓子の値段が 1 個 15 円値上がりしていたために，実際に買った数は予定の数より 3 個少なく，45 円あまりました．太郎君はお金をいくら持ってお店に行きましたか．

(3) 下の図のような直角三角形 ABC があります．この直角三角形を，頂点 C を中心にして時計回りに 45° 回転させたものが直角三角形 A′B′C です．このとき，斜線のついた部分の面積を求めなさい．ただし円周率は 3.14 とします．

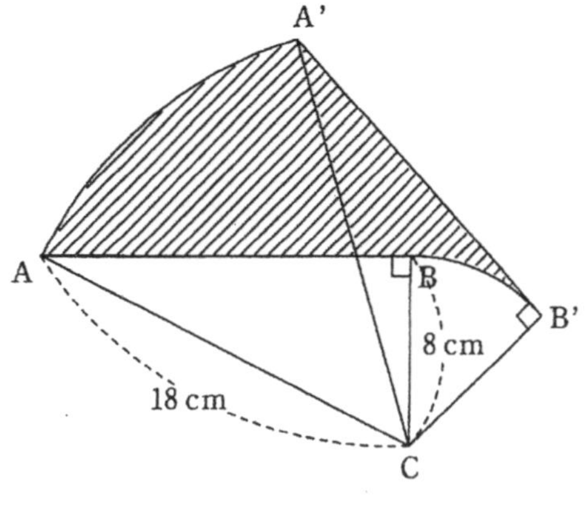

(4) 太郎君と次郎君をふくむ 6 人の子どもが，部屋 A と部屋 B の 2 つの部屋に入ります．どちらの部屋も 4 人まで入ることができます．このとき，太郎君と次郎君が同じ部屋になるような 6 人の子どもの部屋の入り方は，全部で何通りありますか．

(5) 花子さんが貯金箱を開けたところ，1 円玉，5 円玉，10 円玉の 3 種類の硬貨が合わせて 220 枚あり，合計金額はちょうど 800 円でした．いま，合計金額が変わらないように，1 円玉 10 枚を 10 円玉 1 枚にとりかえていくと，1 円玉はすべてなくなり，硬貨の枚数は全部で 94 枚になりました．この貯金箱には 5 円玉が全部で何枚入っていましたか．

(6) 一辺 60 cm の立方体 ABCD − EFGH の容器に水が入っています．この容器をかたむけたときの水面を四角形 IJKL とするとき，EI = 20 cm , HL = 12 cm になりました．また，辺 DC を 3 等分する点のうち，C に近い方を P，辺 HG を 3 等分する点のうち，G に近い点を Q とします．さらに KL と PQ が交わる点を M とすると，QM = 24 cm であることが分かりました．立方体に入っている水の体積を求めなさい．

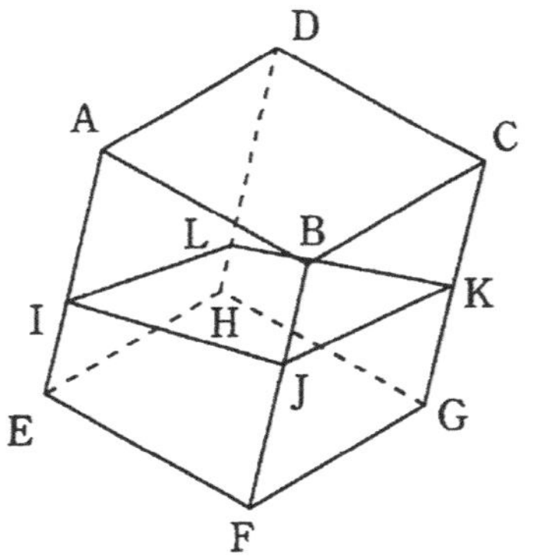

3 一辺の長さが 1 cm の正三角形の形をした黒色のタイルがたくさんあります．これらのタイルを使って，下の図のように一辺の長さが 1 cm , 2 cm , 3 cm , ・・・ , 50 cm となるように正三角形の形をした模様を作り，左から順に A(1) , A(2) , A(3) , ・・・ , A(50) と名前をつけました．このとき，次の各問いに答えなさい．

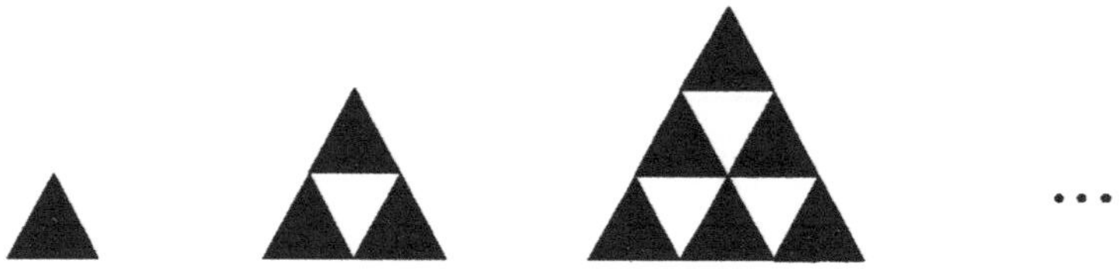

A(1)　　A(2)　　A(3)　　・・・

(1) A(5) に一辺の長さが 1 cm の正三角形の形をした黒色のタイルは何枚使われていますか．

(2) A(3) には A(1) を 6 通り，A(2) を 3 通り，A(3) を 1 通り重ねることができるため，「A(3) には A(1) ～A(3) が合計 10 個ふくまれる」と考えることができます．このとき，A(5) には A(1) ～A(5) が合計何個ふくまれますか．

(3) A(49) には A(1) ～A(49) が合計 20825 個ふくまれます．A(50) には A(1) ～A(50) が何個ふくまれますか．

社　会

注　意

1．問題は問１から問１９まであります。
　　（１ページから 12 ページまであります。）
2．試験時間は４０分です。
3．解答は解答用紙に記入し、解答用紙だけ提出しなさい。
4．解答は、**解答らん**におさまるように書くこと。

受験番号		氏名	

(2024－J3)

次の文章を読み、各問いに答えなさい。

今から1万数千年前から、縄文時代が始まりました。縄文人は①温暖な気候のもとで、森林資源の活用や、②海産物の獲得《かくとく》などによって生活していました。中には③クリの栽培《さいばい》をおこなう人々もおり、原始的な農業のようすもみられました。このころから、さまざまな病《やまい》に苦しめられていたことがわかっています。

中国や朝鮮半島で戦乱が続くと、多くの人々が④日本列島へ移動してきました。彼らが⑤稲作《いなさく》をもたらしたことで、⑥日本では定住化が進み、人口も増加しました。そして、集落どうしの交流が盛《さか》んになり、流行《はや》り病も同時に広がるようになりました。

日本と大陸は、さらに交流を深めていきます。大陸から日本に移り住んだ（　1　）と呼ばれる人々は、漢字や儒教など、大陸の進んだ技術や文化をもたらしました。6世紀の半ばには、朝鮮から日本に仏教が伝わっています。このころ、天然痘《てんねんとう》と思われる病が流行します。⑦『日本書紀』には、天然痘の流行が仏教導入をめぐる当時の政治的状況に影響《えいきょう》を与《あた》えているようすが書かれています。その後、⑧遣唐使や中国、朝鮮からの使節などが大陸から天然痘を持ち込んだと考えられる文献《ぶんけん》もみられ、国際交流が深まる中で、天然痘も繰《く》り返し流行するようになっていきました。

一方で、医学の知識や治療《ちりょう》法も日本に持ち込まれました。例えば、唐招提寺を建てた（　2　）は、匂《にお》いだけで薬を見わけることができる名医でもありました。そして、⑨彼が持参したと思われる薬は、正倉院におさめられ、時おり使用されました。また、唐で学び、日本に（　3　）宗を広めた⑩空海は、土木技術や医学の知識も日本へ持ち帰りました。

⑪平安時代になると、インフルエンザと思われる感染症の記録が出てきます。この感染症は、その後も流行したという記録がしばしばみられ、江戸時代には⑫「稲葉風《いなばかぜ》」、「谷風《たにかぜ》」、「アメリカ風《かぜ》」などと、名前がつけられました。

19世紀に入ると、⑬新たな感染症の広がりがみられた一方で、⑭明治時代になると、西洋医学が普及《ふきゅう》しました。その後、黄熱病研究で有名な（　4　）などの活躍《かつやく》がみられ、細菌《さいきん》学や公衆衛生などの新たな学問が発展しました。現在では、一部の感染症を制圧することに成功しています。

しかしその一方で、⑮産業の発達や気候変動、⑯グローバル化の進展は、新たな感染症を生み出す、もしくは広げる原因となっています。病原菌やウイルスも、新たな環境に適応するために進化を続けています。こうしたことから、⑰病原菌やウイルスとの共生に基づく社会の構築が目指されています。

歴史から学び、歴史をつくる。逗子開成で学ぶことによって、より成熟した社会を創造できる人になりましょう。

問１　文中の空らん（　１　）～（　４　）に当てはまる語を漢字で答えなさい。（　４　）は、姓名を答えなさい。

問２　下線部①に関連して、左の雨温図は、右の地図中のいずれかの都市のものです。適切なものを地図中のア～エの中から一つ選び、記号で答えなさい。

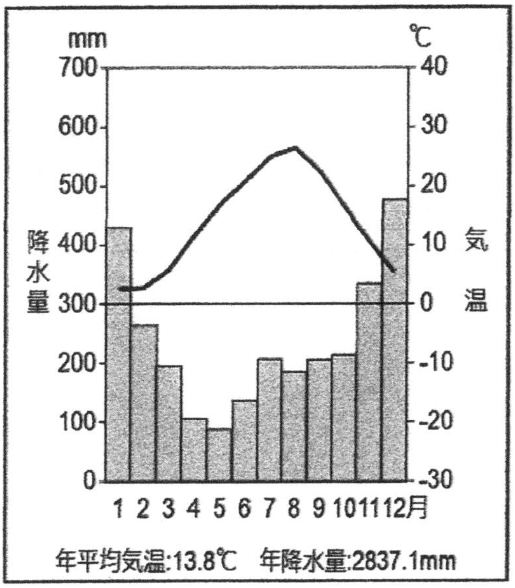

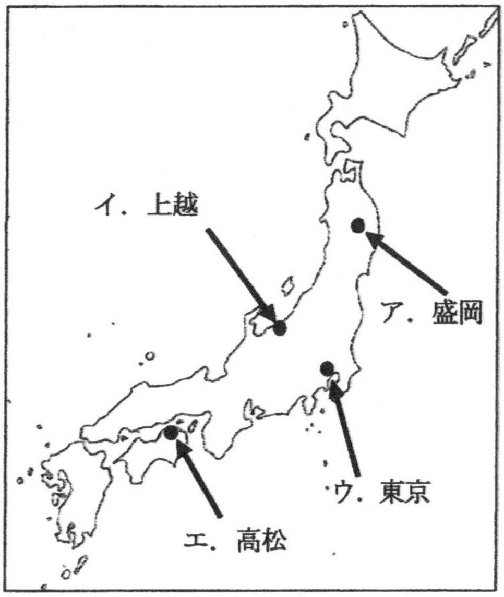

（雨温図作成サイト https://ktgis.net/service/uonzu/で作成）

問３　下線部②に関連して、次のグラフは、ある海産物の養殖《ようしょく》における都道府県別の収獲《しゅうかく》量の割合を示しています。この海産物は何ですか。適切なものを下のア～エの中から一つ選び、記号で答えなさい。

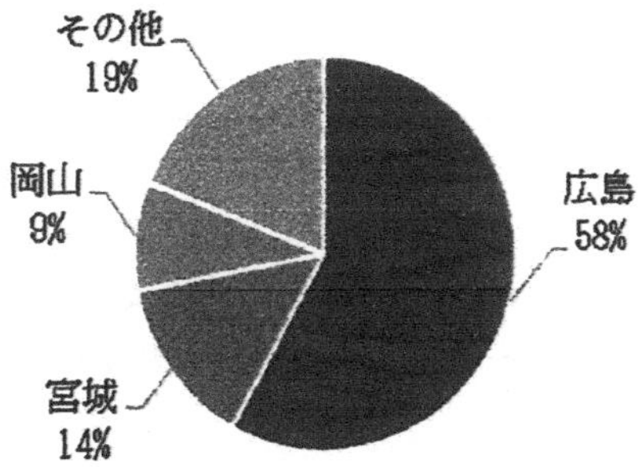

（『日本国勢図会 2023/24』より作成　データは2021年）

ア．ほたて貝　　イ．真珠《しんじゅ》　　ウ．かき類　　エ．のり類

問４　下線部③について、以下の各問いに答えなさい。

Ⅰ．食用としてクリを栽培していたことや、建築材としてクリの木を利用していたことが、青森県にある日本最大級の縄文時代集落跡《あと》からわかりました。この遺跡の名前を漢字で答えなさい。

Ⅱ．クリの木は、世界遺産に登録されている岐阜県にある合掌造《がっしょうづく》りの集落でも、建築材として使用されています。この集落の名前を漢字で答えなさい。

問５　下線部④に関連して、以下の各問いに答えなさい。

Ⅰ．次の地図は、日本の都道府県別の人口密度を示したものです。この地図から読み取れることについて述べたＸ・Ｙの正誤の組み合わせとして正しいものを、下のア～エの中から一つ選び、記号で答えなさい。

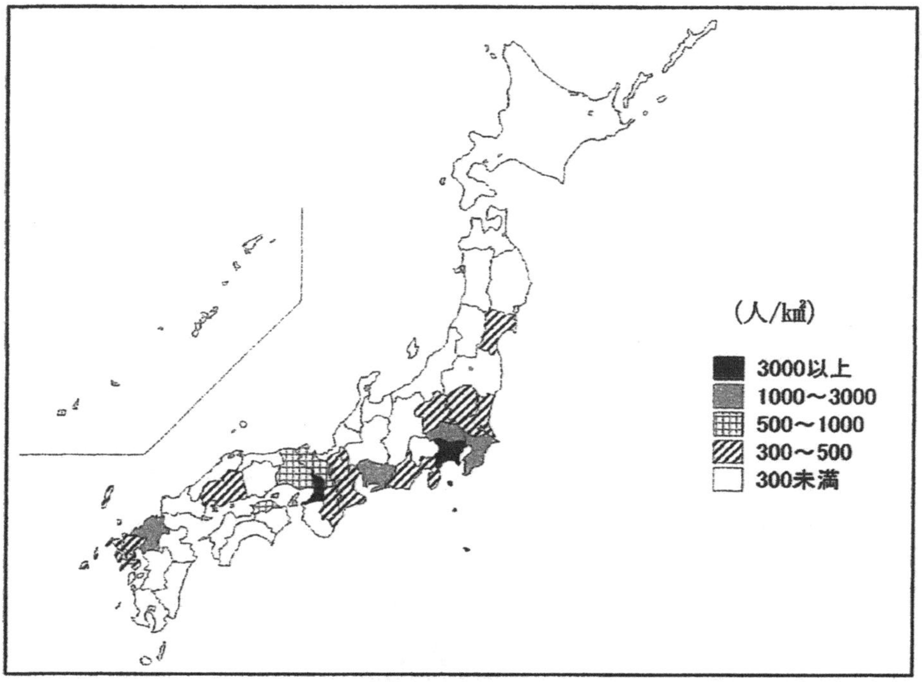

(2015年国勢調査より作成)

Ｘ：首都圏にふくまれる１都７県の人口密度はいずれも300人/㎢以上である。

Ｙ：瀬戸大橋の両端《りょうたん》にある香川県と岡山県の人口密度はどちらも500人/㎢以上である。

ア．Ｘ－正しい　Ｙ－正しい　　イ．Ｘ－正しい　Ｙ－誤り

ウ．Ｘ－誤り　　Ｙ－正しい　　エ．Ｘ－誤り　　Ｙ－誤り

Ⅱ. 次の地図中のA・Bの[地名]を下のア～エの中からそれぞれ一つずつ選び、記号で答えなさい。また、それぞれの[農業の特徴《とくちょう》]について、Aは下のカ・キ、Bは下のク・ケの中からそれぞれ一つずつ選び、記号で答えなさい。それぞれ完答で正解とします。

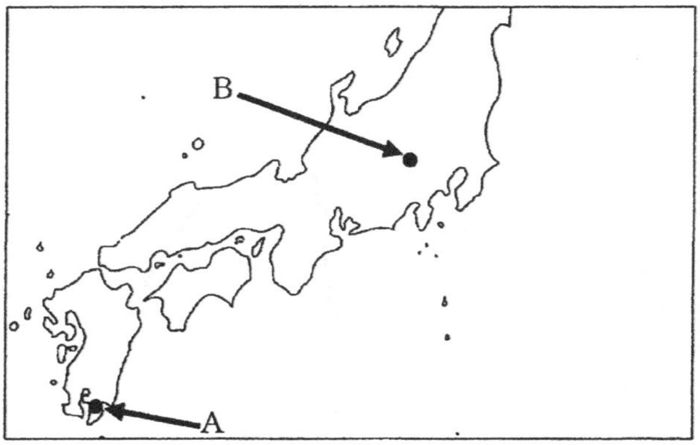

[地名]

ア. 野辺山原　　イ. 笠野原　　ウ. 牧ノ原（牧之原）　　エ. 秋吉台

[農業の特徴]

カ. たまねぎや花の栽培が盛んである。

キ. 茶の栽培や畜産業が盛んである。

ク. 促成栽培が盛んである。

ケ. 抑制栽培が盛んである。

問6　下線部⑤について、水田跡や稲作に使用する道具などが発見された、縄文時代末期から弥生時代初期にかけての福岡市の遺跡として正しいものを、次のア～エの中から一つ選び、記号で答えなさい。

ア. 登呂遺跡　　イ. 野尻湖遺跡　　ウ. 板付遺跡　　エ. 岩宿遺跡

問７　下線部⑥に関連して、人々が定住するようになった特定の地域では、風土病が発生しました。次の地図中のＡ～Ｃは、水田などに生息する貝を通じて感染する、ある風土病の主な発生地域の一部を示しています。これらのＡ～Ｃの地域に関して、以下の各問いに答えなさい。

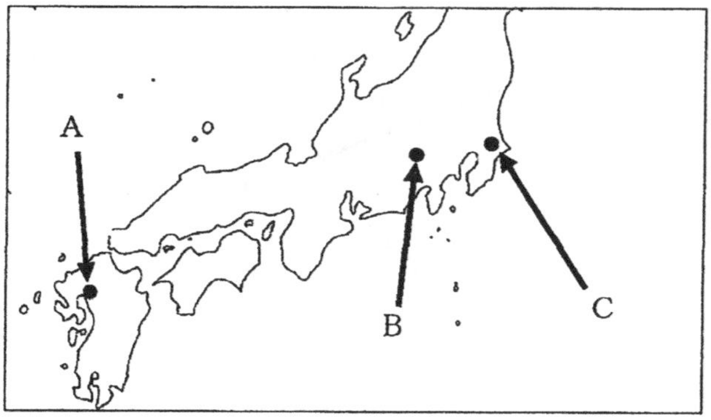

Ⅰ．地図中のＡは、筑後川流域にあります。ここには、貯水や用水、排水機能を持つ農業用の水路が張り巡《めぐ》らされています。こうした水路を何と呼びますか。カタカナで答えなさい。

Ⅱ．地図中のＢは、甲府盆地の中にあります。このＢをふくむ県ではある果実の生産が盛んです。次の表はその主産地をあらわしたものです。この果実は何ですか。下のア～エの中から一つ選び、記号で答えなさい。

＜ある果実の主産地＞

		収穫量(t)	全国に占める割合 (%)
1位	Ｂをふくむ県	40,600	24.6
2位	長野県	28,800	17.4
3位	岡山県	15,100	9.1
4位	山形県	14,600	8.8
5位	福岡県	6,910	4.2

(『日本国勢図会 2023/24』より作成　データは 2021 年)

ア．ぶどう　　イ．さくらんぼ　　ウ．りんご　　エ．みかん

Ⅲ．地図中のＣは、利根川下流域にあります。この地域には、河川や湖、沼が多い低湿地帯があり、このような場所では、人々が水と共に暮らしてきました。こうした水辺地域を何と呼びますか。漢字２字で答えなさい。

問８　下線部⑦に関連して、次の資料は『日本書紀』の一部をわかりやすくしたものです。聖徳太子とともに仏教中心の国づくりをおこなった、空らん（　a　）に当てはまる人物の姓名を漢字で答えなさい。

> 敏達《びだつ》天皇と物部守屋が急に天然痘に冒《おか》された。天然痘で死ぬ者が国に満ちた。老いも若きもひそかに語り合って、「これは仏像を焼いた罪だろう」といった。
> 夏、（　a　）が敏達天皇に「私の病気が重く、今も治りません。仏の力を借りなくては、治すことは難しいでしょう」と進言した。そこで敏達天皇は、（　a　）に「お前ひとりで仏法をおこないなさい。他の人にはさせてはならぬ」と天皇としての命令を出した。（　a　）はこれを受けて喜んだ。新しく寺院を作り、仏像を迎《むか》え入れ供養した。

問９　下線部⑧について、８世紀前半に天然痘とみられる病が流行しました。そのことに関して、次の各問いに答えなさい。

Ⅰ．遣唐使とともに、このころ帰ってきた人物として適切なものを次のア～エの中から一つ選び、記号で答えなさい。

ア．阿倍仲麻呂　　イ．吉備真備　　ウ．行基　　エ．中臣鎌足

Ⅱ．このころの流行は、中国や朝鮮との窓口であり、防人の管理もしていた役所の周辺で始まったと考えられています。この場所はどこですか。次の地図中のア～エの中から一つ選び、記号で答えなさい。

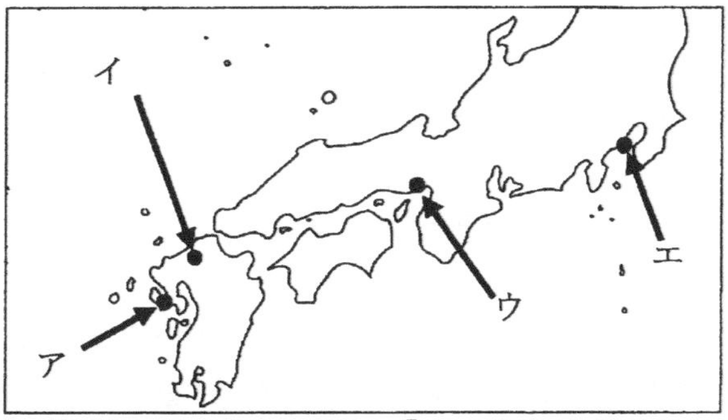

Ⅲ．天然痘の流行を受けて、天皇は「調」を納めさせることを１年間停止しました。これは、感染拡大防止の対策として効果があったと考えられます。「調」の一時的な停止が、感染拡大防止の対策となるのはなぜですか。「調」の内容と納税先、納税方法にふれて、説明しなさい。

問 10　下線部⑨について、正倉院には六十種類ほどの薬がおさめられていました。その中に、現在日本で栽培されている農産物からつくることができるものもあります。次の表は、その農産物の都道府県別の収穫量を示しています。この農産物の名前を答えなさい。

	収穫量（t）	全国に占める割合（%）
沖縄	815, 500	60. 0
鹿児島	543, 700	40. 0
全国	1, 359, 000	100. 0

（『日本国勢図会 2023/24』より作成　データは 2021 年）

問 11　下線部⑩について、讃岐平野には、農業用水の確保のために空海によって改修された人工の貯水場があります。この貯水場を次のア～エの中から一つ選び、記号で答えなさい。

ア．満濃池《まんのういけ》　イ．印旛沼《いんばぬま》　ウ．八郎潟《はちろうがた》　エ．宍道湖《しんじこ》

問 12　下線部⑪について、平安時代の文化に関して述べたＸ・Ｙの正誤の組み合わせとして正しいものを、下のア～エの中から一つ選び、記号で答えなさい。

Ｘ：貴族は、寝殿造の邸宅《ていたく》に住んだ。
Ｙ：『古今和歌集』を藤原定家らが編集した。

ア．Ｘ－正しい　Ｙ－正しい　　イ．Ｘ－正しい　Ｙ－誤り
ウ．Ｘ－誤り　Ｙ－正しい　　エ．Ｘ－誤り　Ｙ－誤り

問 13　下線部⑫について、以下の各問いに答えなさい。

Ⅰ．「稲葉風」の流行のようすは、前野良沢とともに『解体新書』を出版した人物が記録しています。この人物の姓名を漢字で答えなさい。

Ⅱ．「谷風」は 1784 年に流行し、天明の飢饉《ききん》と重なった影響で、多くの死者を出しました。当時、各地で百姓一揆や打ちこわしも発生し、社会不安が大きくなっていました。こうした状況から、1786 年に老中を辞職した人物の姓名を漢字で答えなさい。

Ⅲ．「アメリカ風」は 1854 年に流行し、これはある人物が再び浦賀に来航した年であることから名づけられました。ある人物の名前を答えなさい。

2024(R6) 逗子開成中　３次
K 教英出版

国語解答用紙

（2024 J3）

受験番号
氏　　名

※150点満点
（配点非公表）

↓ここにシールを貼ってください↓

240310

【一】

問一

①

② まる

③ れる

④

⑤

⑥

⑦

⑧

⑨

⑩ る

⑪ ける

⑫ む

⑬

⑭ なる

⑮

問二

I

A

B

II

個

問三

I

II

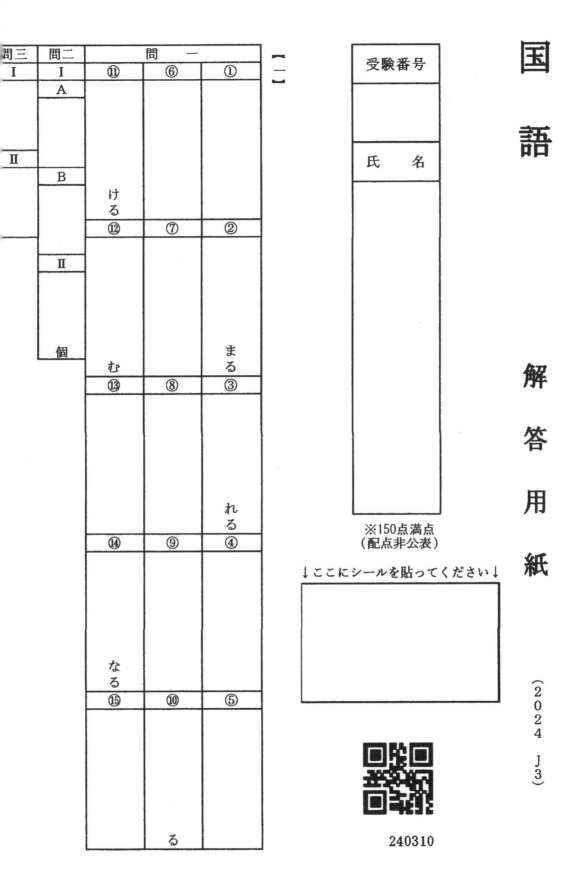

5	(3)	

↓ここにシールを貼ってください↓

240320

※150点満点
（配点非公表）

受験番号	
氏　　名	

【3】

(1)			
(2)			
(3)①	(3)②	(3)③ ℃	(4)

【4】

(1)		
(2) %	(3)	(4)
(5)① g	(5)② g	

受験番号	
氏　　名	

↓ここにシールを貼ってください↓

※100点満点
（配点非公表）

240340

問16	Ⅱ	C	工業地帯・地域		都市					
	Ⅲ									
問17	Ⅰ		Ⅱ							
問18	Ⅰ	A		B		Ⅱ			Ⅲ	
	Ⅳ									
問19										

240330

↓ここにシールを貼ってください↓

※100点満点
（配点非公表）

受験番号	
氏　　名	

社会　解答用紙　(2024−J3)

問1	1		2		3					
	4									
問2		問3		問4	Ⅰ	遺跡	Ⅱ			
問5	Ⅰ									
	Ⅱ	A	地名		農業の特徴		B	地名		農業の特徴
問6		問7	Ⅰ		Ⅱ		Ⅲ			
問8										
問9	Ⅰ		Ⅱ							
	Ⅲ									
問10		問11		問12						
問13	Ⅰ		Ⅱ		Ⅲ					
問14	Ⅰ		Ⅱ							
	Ⅲ	a		b						
問15	Ⅰ	→ →	Ⅱ							

【解答

理科　解答用紙　(2024 - J3)

【1】

(1)	(2)	
(3)	(4)	
(5)	(6)	(7)①

(7)②

←15字

(7)③

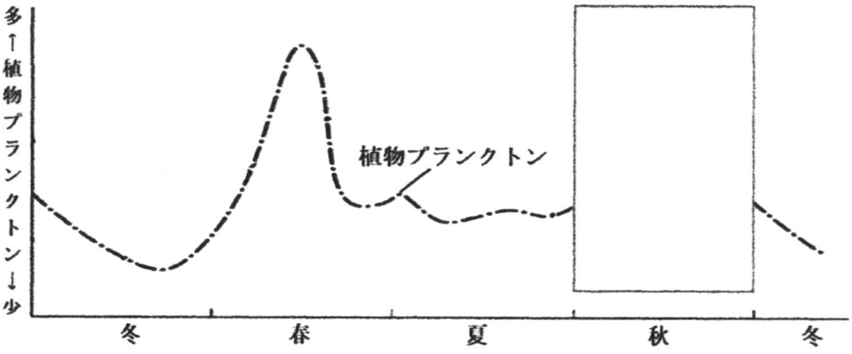

(7)④

【2】

(1)①　　cm	(1)②　　cm

(2)①　　倍	(2)②　　倍	(2)③　　倍

教英出版

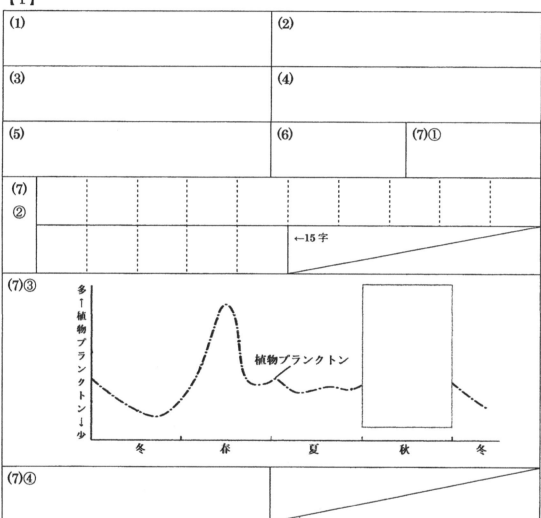

2024年度　3次入試　算数　解答用紙

1	(1)		(2)		(3)	

2	(1)		(2)		(3)	
	(4)		(5)		(6)	

3	(1)		(2)		(3)	

4	(1)		(2)		(3)	

	(1)		(2)	

問一

問二

問三

問四

問五

1

2

3

4

問六

I

II

問七

問八

問九

問十

Z

W

問十一

問十二

問 14　下線部⑬に関連して、1877 年、新たな感染症であるコレラの感染拡大がありました。このことに関する以下の各問いに答えなさい。

Ⅰ．横浜から長野、山梨、群馬へとコレラの感染拡大がみられました。この原因は、ある商品をあつかう業者が感染していたからだと考えられています。当時、これら三つの県で生産され、主要な日本の輸出品となっていたある商品とは何ですか。次のア～エの中から一つ選び、記号で答えなさい。

ア．茶　　イ．毛織物　　ウ．綿織物　　エ．生糸

Ⅱ．この年に起こった戦争のため、徴兵により全国から集められた兵士たちも、コレラの感染を拡大させてしまったといわれています。この戦争として適切なものを、次のア～エの中から一つ選び、記号で答えなさい。

ア．日清戦争　　イ．戊辰戦争　　ウ．西南戦争　　エ．南北戦争

Ⅲ．明治政府は、コレラの感染拡大予防のための法整備を急ぎましたが、1879 年にヘスペリア号事件が発生します。次の資料は、その事件の概要《がいよう》です。なぜ、下線部のようなことが起こったのかを、当時の日本と欧米列強との関係性をふまえ、レポートにまとめました。以下のレポートの（　a　）には語句を、（　b　）には前後につながるように説明文を入れなさい。

【資料】

1879 年、九州地方から近畿地方にコレラの感染拡大がみられました。政府はこの防止策として、東京湾に来航する船を神奈川県の横須賀市で一定期間停船させ検査する法令を出しました。同年 7 月 11 日、ドイツ船ヘスペリア号がコレラ流行地である神戸から来航したので、日本は自国の法令に基づき検疫《けんえき》*場へ誘導《ゆうどう》しました。しかし、ドイツ側は日本の検疫規則には従えないと主張し、決められた停船日数を守らずに横浜へ入港しました。これに対し、日本はドイツに抗議《こうぎ》をしました。

＊検疫：感染症の広がりを防ぐため、人や物の出入りを検査し、必要な処置をとること。

【レポート】

日本はドイツをふくむ欧米列強に対して（　a　）を認めていたため、（　b　）から。

問 15　下線部⑭に関連して、以下の各問いに答えなさい。

Ⅰ．明治時代に起こったできごとについて述べた次の文ア～ウを古いものから並べかえ、記号で答えなさい。

ア．八幡製鉄所が建設された。

イ．新橋・横浜間に鉄道が開通した。

ウ．大逆事件が起きた。

Ⅱ．1890 年ころから、銅を取り出す際に出る有毒物質の混じった水が渡良瀬川を汚染し、住民を苦しめる事件が起こりました。生涯《しょうがい》をかけて、この問題の解決に取り組んだ人物の姓名を漢字で答えなさい。

問 16　下線部⑮に関連して、以下の各問いに答えなさい。

Ⅰ．高度経済成長期における社会の変化に関して述べたＸ・Ｙの正誤の組み合わせとして正しいものを、下のア～エの中から一つ選び、記号で答えなさい。

Ｘ：電気洗濯《せんたく》機などの電化製品の普及で家事労働の負担が減った。

Ｙ：農村部では、若者が労働者として都市へ移動したため、過疎化が進んだ。

ア．Ｘ－正しい　Ｙ－正しい　　イ．Ｘ－正しい　Ｙ－誤り

ウ．Ｘ－誤り　Ｙ－正しい　　エ．Ｘ－誤り　Ｙ－誤り

Ⅱ．次の資料中のＡ～Ｃは、日本の工業地帯・工業地域の製造品出荷額等の割合を示したものです。Ａ～Ｃにあてはまる工業地帯・工業地域を下の[工業地帯・工業地域]のア～ウの中から一つずつ選びなさい。また、それらの工業地帯・工業地域との関係が深い都市を[都市]のカ～コの中から一つずつ選び、記号で答えなさい。それぞれ完答で正解とします。

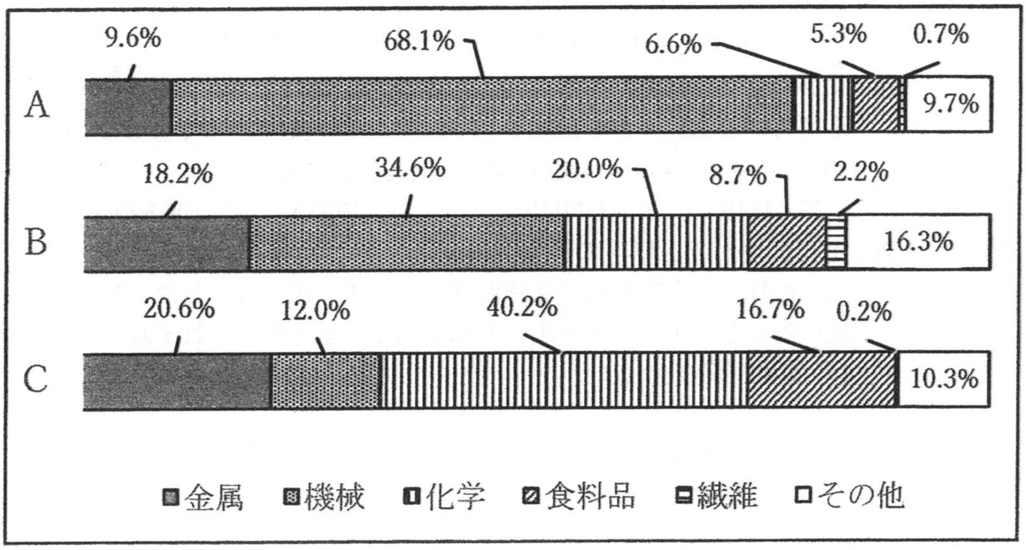

（『日本国勢図会 2023/24』より作成　データは 2020 年）

[工業地帯・工業地域]

ア．中京工業地帯　　イ．京葉工業地域　　ウ．瀬戸内工業地域

[都市]

カ．市原市　　キ．倉敷市　　ク．富士市　　ケ．堺市　　コ．豊田市

Ⅲ．1970 年代から、九州には集積回路（IC）工場が多くつくられ、電子産業が盛んになりました。このことから、九州は何と呼ばれていますか。カタカナで答えなさい。

問 17　下線部⑯に関連して、以下の各問いに答えなさい。

Ⅰ．国際連合は、人類が直面しているグローバルな問題の解決のために、誰《だれ》一人取り残すことなく持続可能な社会で暮らせるように、2030 年までに達成すべき具体的な 17 の目標を立てました。この目標を何といいますか。次のア～エの中から一つ選び、記号で答えなさい。

ア．NGO　　イ．ODA　　ウ．SDGs　　エ．JICA

Ⅱ．世界の人々が健康な生活を送ることができるよう、感染症の撲滅《ぼくめつ》などを進めている国際連合の機関があります。その機関として適切なものを次のア～エの中から一つ選び、記号で答えなさい。

ア．IMF　　イ．UNICEF　　ウ．WTO　　エ．WHO

問 18　下線部⑰に関連して、以下の各問いに答えなさい。

Ⅰ．人々の暮らしを守る社会保障制度について、次のA、Bは、社会保障制度の内容を示す下のア～エのどれにあたりますか。それぞれ一つずつ選び、記号で答えなさい。

A：乳幼児に予防接種を提供する。
B：高齢者に年金を支給する。

ア．社会保険　　イ．社会福祉　　ウ．公的扶助　　エ．公衆衛生

Ⅱ．感染症への対応について、2020 年３月 10 日に参議院予算委員会の中で専門家や学者の意見を聞く会が開かれました。このような会を何と呼びますか。漢字３字で答えなさい。

Ⅲ．2021 年７月 16 日に野党は感染症対策のための国会召集を求めました。このとき開催《かいさい》を要求した国会の種類を漢字で答えなさい。

Ⅳ．感染症の患者《かんじゃ》の隔離《かくり》は、基本的人権の制限にあたる可能性があります。次の文は、これに関係している日本国憲法第 22 条の条文です。空らん（　a　）に入る適切な語を５字で書きなさい。

何人も、（　a　）に反しない限り、居住、移転及び職業選択の自由を有する。

問 19　新型コロナウイルスのワクチン接種が始まったころ、先進国と発展途上国の間に接種率の差がありました。特にアフリカの接種率は低い水準にあり、その理由は多方面にわたります。アフリカの接種率が低い理由として考えられることを次の【資料１】、【資料２】をふまえて述べなさい。

【資料１】：地域別の一人当たりＧＤＰ*

地域	一人当たりGDP（米ドル）
北アメリカ	67,455
オセアニア	46,088
ヨーロッパ	31,875
アジア	7,989
南アメリカ	7,652
アフリカ	1,959
世界	12,229

(UN, National Accounts-AMA より作成　データは 2021 年)

＊ＧＤＰ：経済的な豊かさを示すものさし。

＊一人当たりＧＤＰ：ＧＤＰを人口で割ったもので、ここでは、その地域の経済力をあらわしているものとして考えてよい。

【資料２】：地域別のワクチン自給率と人口

地域	【A】入手したワクチンの総数（100万回分）	ワクチンの自給量（100万回分）	ワクチン自給率（%）	【B】人口（100万人）	【A】÷【B】
ヨーロッパ	1794	1503	84	747	2.40
アジア	9811	6538	67	4601	2.13
北アメリカ	1295	734	57	367	3.53
オセアニア	83	15	18	42	1.98
南アメリカ	1200	180	15	648	1.85
アフリカ	971	15	2	1308	0.74

（ワクチンのデータは世界貿易機関 HP より作成　2022 年 5 月 31 日までの総量
人口は国連 HP より作成　データは 2019 年）

問題は以上です。

2024(R6) 逗子開成中　3次
教英出版

2024(R6) 逗子開成中　3次
K 教英出版

理　科

注　意

1．問題は【1】～【4】（1～8ページ）まであります。
2．試験時間は40分です。
3．解答は解答用紙に記入し，解答用紙だけ提出しなさい。
4．答えを直すときは，きれいに消してから新しい答えをかきなさい。
5．図やグラフをかく場合は，ていねいにはっきりとかきなさい。
　必要ならば定規を使ってもかまいません。

受験番号		氏名	

【１】下の問いに答えなさい。

下の式は，植物の葉が行う２つのはたらきについて，まとめたものです。

はたらきⅠ	水	＋	気体Ａ	⟶	デンプン	＋	気体Ｂ
はたらきⅡ	デンプン	＋	気体Ｂ	⟶	水	＋	気体Ａ

（１）葉の細胞《さいぼう》の中にある緑色の粒《つぶ》を何というか答えなさい。

（２）(1)の粒が関係するはたらきはⅠ，Ⅱのどちらか答えなさい。

（３）上の式に書かれている気体Ａ，Ｂの出入り口となっているのは，葉の何という部分か答えなさい。

（４）気体Ａの名前を答えなさい。

（５）はたらきⅠでつくられたデンプンは，その後どのようになりますか。次のア～エからすべて選び，記号で答えなさい。

ア．道管を通ってからだ全体へ運ばれる。
イ．糖に変わり，成長のための養分として使われる。
ウ．水にとけやすい物質に変えられる。
エ．たねやくき，根にたくわえられる。

（６）葉に日光が当たっているときのはたらきⅡについて，正しく述べたものを次のア～エから１つ選び，記号で答えなさい。

ア．葉に日光が当たっているとき，はたらきⅡは行われない。
イ．葉に強い日光が当たっていると，はたらきⅡは盛んに行われるようになる。
ウ．葉に弱い日光が当たっていると，はたらきⅡは盛んに行われるようになる。
エ．葉に強い日光が当たっていても，弱い日光が当たっていても，はたらきⅡは変わらない。

（7）図は，湖や池の上層（水面付近）における植物プランクトンの1年間の数の変化とその変化にえいきょうをあたえる栄養分，水温，光の量の変化を示したものです。

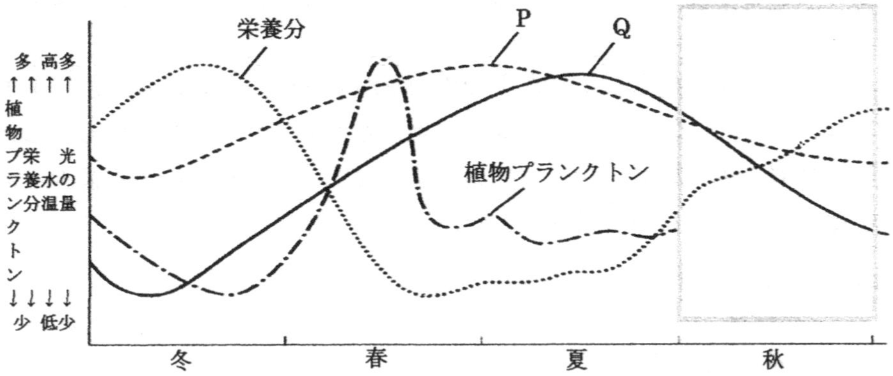

① 図で光の量の変化を表しているのはPとQのどちらか記号で答えなさい。

② 春に急増した植物プランクトンの数が春から夏にかけて減少けいこうになる理由をグラフから読み取り，15字以内で答えなさい。

③ 秋になると，植物プランクトンの数はどのように変化すると考えられますか。解答らんの　　　　にかきなさい。

④ 海水中に生活はい水などが流れこむことによって植物プランクトンが異常に増しょくした結果，海面が赤茶色に変わることがあります。この現象を何というか答えなさい。

【２】凸《とつ》レンズは中央にふくらみのあるレンズで，そこに入った光を集める性質があります。凸レンズを使って光が集まる点をしょう点といいます。なお，図は模式図であり，距離《きょり》や大きさは実際のものを正確に表してはいません。下の問いに答えなさい。

（１）レンズの中心からしょう点までの距離が 6 cm の凸レンズがあります。図１のように，この凸レンズの右側に像を写すためのスクリーンを用意しました。スクリーンの位置は固定して，凸レンズの左側に大きさ 3 cm の物体を置き，スクリーン上の像のでき方について調べました。

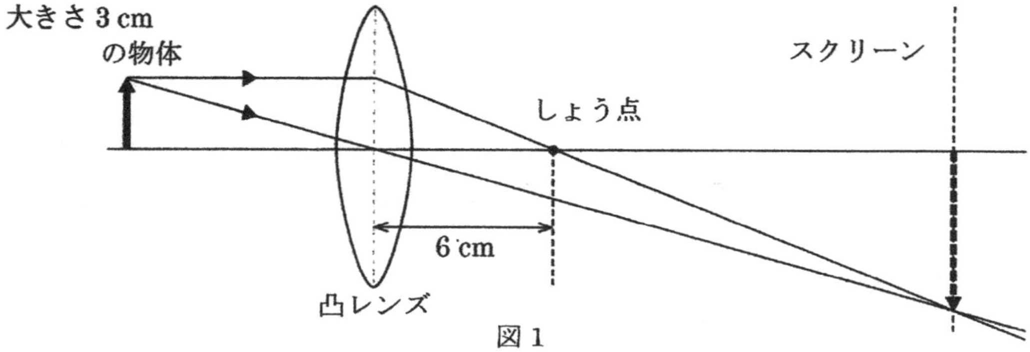

図１

① ある位置にこの物体を置いたところ，スクリーン上に大きさ 9 cm の像がはっきりと写りました。このとき，凸レンズの中心からスクリーンまでの距離は何 cm ですか。

② ①のとき，物体から凸レンズの中心までの距離は何 cm ですか。

（２）図２は，２枚の凸レンズを組み合わせて作られた顕微鏡《けんびきょう》の仕組みを表したものです。物体に近いレンズを対物レンズ，眼に近いレンズを接眼レンズといいます。顕微鏡内では，まず対物レンズによって像１ができます。さらに接眼レンズによって像１を拡大した像（像２）を見ることができるのです。

図２の(ア)は２枚の凸レンズを組み合わせて像２が見えるまでの仕組みを全体図としてまとめています。また，(イ)は像１が作られるまでの仕組みを，(ウ)はその像１が像２として見えるまでの仕組みをそれぞれ作図したものです。なお，T は対物レンズのしょう点を，S は接眼レンズのしょう点をそれぞれ表しています。

図２をもとにして，次の問いに答えなさい。ただし，答えが割り切れないときは，小数第２位を四捨五入して小数第１位まで答えなさい。

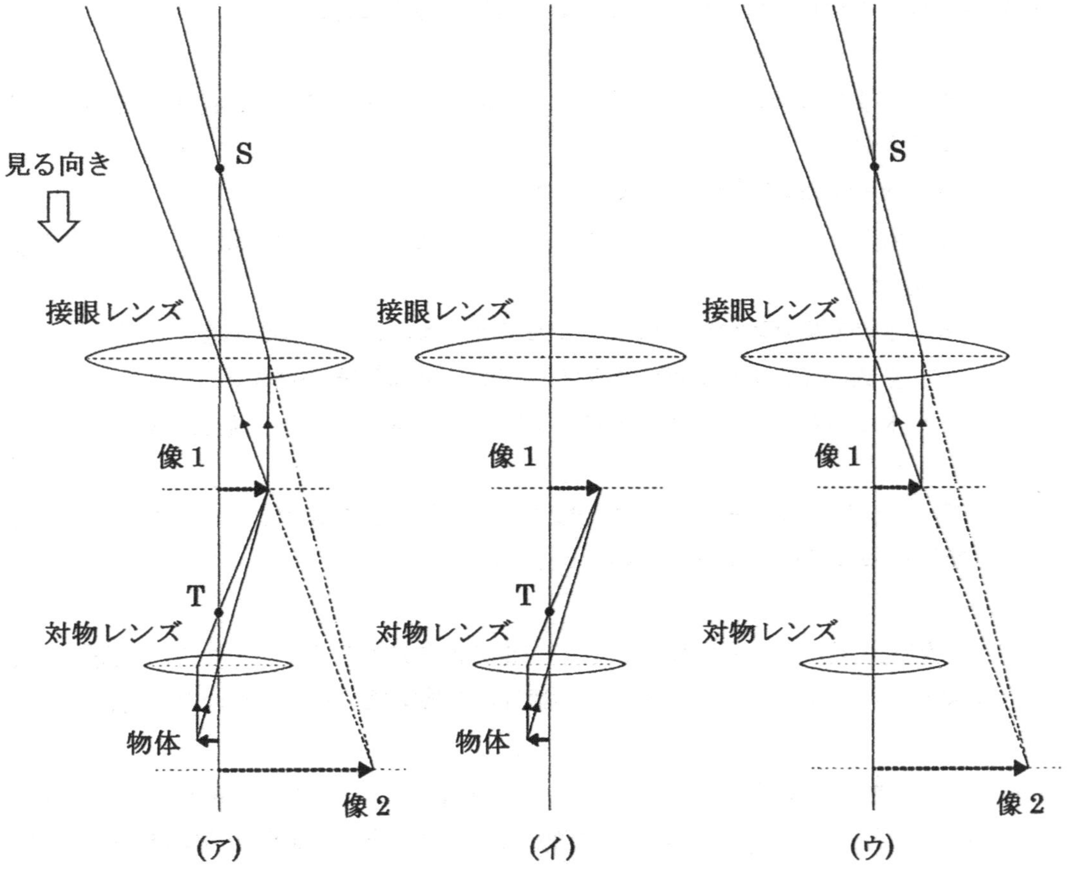

図 2

① 物体から対物レンズの中心までの距離を 1.5 cm としたとき，対物レンズの中心から 18 cm の位置に像 1 ができました。このとき，像 1 の大きさは物体の大きさの何倍に見えますか。

② 接眼レンズの中心から像 1 までの距離が 2 cm，像 1 から対物レンズの中心までの距離が①と同じ 18 cm であるとき，対物レンズの中心から像 2 までの距離が 5 cm になることがわかりました。像 2 の大きさは像 1 の大きさの何倍に見えますか。ただし，接眼レンズの中心と，像 1 および像 2 を表す矢印の先端は一直線上にあります。

③ ②のとき，像 2 の大きさは物体の大きさの何倍に見えますか。

【３】水の性質と温度の関係について，下の問いに答えなさい。

（１）水の性質の説明について，正しく述べたものを次のア～オから１つ選び，記号で答えなさい。

ア．水を加熱して湯気が出ることを蒸発という。

イ．水がふっとうしているときに出てくる大きなあわは，水にとけていた空気である。

ウ．水の温度がまわりの空気の温度以上でなければ，蒸発は起こらない。

エ．空気にふれている面積が大きい方が，水は蒸発しやすい。

オ．水にふれている空気の温度が高い方が，ふっとうする温度は高い。

（２）冷とう庫などでできた氷を手で取り出すとき，手に氷がくっつくことがあります。これはなぜですか。簡単に説明しなさい。

（３）－20℃の氷 50 g を容器に入れて一定の熱を加えて温めたところ，時間とともに温度が図１のように変化しました。図１の実験結果をもとにして次の問いに答えなさい。

なお，熱の量を表す単位の一つとして「cal（カロリー）」があります。1 cal は水 1 g の温度を 1℃上げるのに必要な熱量とします。また，加えた熱は容器や空気には伝わらず，水や氷だけに伝わるものとします。

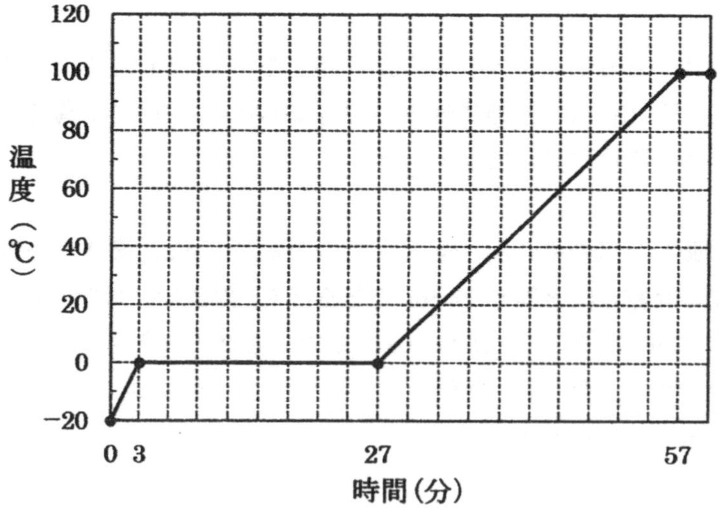

図１

① この実験で，水と氷が混ざっているようすが見られたのは何分間ですか。次のア～カから1つ選び，記号で答えなさい。

ア．3分間　　イ．24分間　　ウ．27分間
エ．30分間　　オ．54分間　　カ．57分間

② 実験の結果から，氷1gの温度を1℃上げるのに必要な熱量は何calになりますか。次のア～コから1つ選び，記号で答えなさい。

ア．0.1 cal　　イ．0.5 cal　　ウ．0.8 cal　　エ．1 cal　　オ．2 cal
カ．8 cal　　キ．10 cal　　ク．25 cal　　ケ．80 cal　　コ．500 cal

③ 0℃の氷を15gとかすことのできる熱量で，50gの水の温度を何℃上げることができますか。答えが割り切れないときは，小数第1位を四捨五入して整数で答えなさい。

（4）近年，ペットボトルごみによる海の汚染《おせん》が問題になっています。逗子開成ではペットボトルごみの削減《さくげん》を目指して，創立120周年の記念品として「保温できる水とう」を作りました。この水とうにお湯を入れて保温しました。次の文中の空らん①～③にあてはまる用語の組合せとして正しいものを下のア～カから1つ選び，記号で答えなさい。

保温できる水とうは，図2のように内びんと外びんの二重の構造になっており，その間は空気がほとんどない状態（真空）になっています。このため，空気が動くことによる熱の（　①　）が起こらず，内びんから外びんへの空気による熱の（　②　）を防いでいます。また，内びんの外側は金属のうすい膜《まく》でおおわれて鏡のような状態になっているため，熱の（　③　）も防いでいます。

	①	②	③
ア	伝導	対流	放射
イ	伝導	放射	対流
ウ	対流	伝導	放射
エ	対流	放射	伝導
オ	放射	伝導	対流
カ	放射	対流	伝導

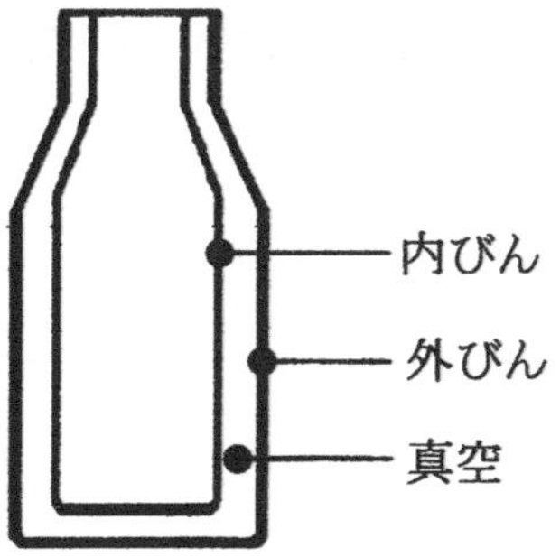

図2

【４】空気中にふくまれる水蒸気の量を調べました。下の問いに答えなさい。

［実験］

図１のように，金属製の容器にくみ置きの水と温度計を入れておきます。ゆっくりかき混ぜながら容器の中に少しずつ氷水を加えていくと容器の表面がくもり始めました。このときの水温を測定しました。

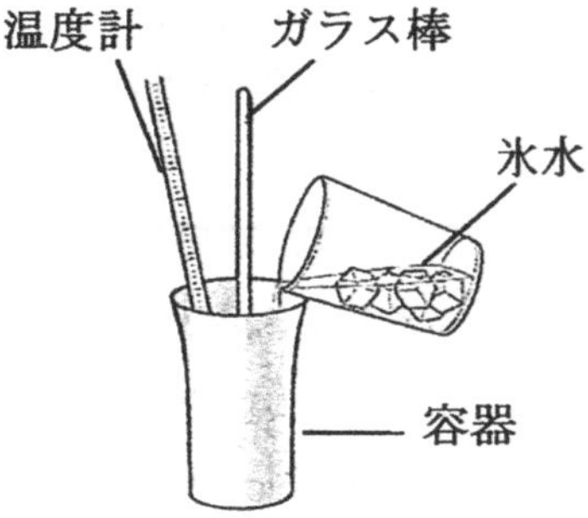

図１

湿度《しつど》は，次の式で求めることができます。

$$湿度(\%) = \frac{空気\,1\,m^3中の水蒸気量(g)}{その気温でのほう和水蒸気量(g)} \times 100$$

ほう和水蒸気量とは，空気 $1\,m^3$ にふくむことのできる水蒸気量(g)のことで，気温が高くなるほど大きくなります。気温とほう和水蒸気量の関係を次の表に示しました。

気温 (℃)	ほう和水蒸気量 (g/m³)	気温 (℃)	ほう和水蒸気量 (g/m³)	気温 (℃)	ほう和水蒸気量 (g/m³)
0	4.9	18	15.4	28	27.2
5	6.8	20	17.3	30	30.4
10	9.4	22	19.4	32	33.8
15	12.8	24	21.8	34	37.6
16	13.6	26	24.4	35	39.6

（１）容器の材質として金属を使った最も大きな理由は何ですか。

（２）実験を気温 32℃で行うと水温が 22℃になったとき，容器がくもり始めました。湿度は何％ですか。答えは小数第１位を四捨五入して整数で答えなさい。

（3）実験を異なる条件で行った場合，容器の表面がくもり始めるときの水温が2番目に低いものを次のア～ウから選び，記号で答えなさい。図2は前のページの表をグラフにしたものです。必要があればグラフを使ってもかまいません。

	気温(℃)	湿度(%)
ア	26	80
イ	28	90
ウ	30	50

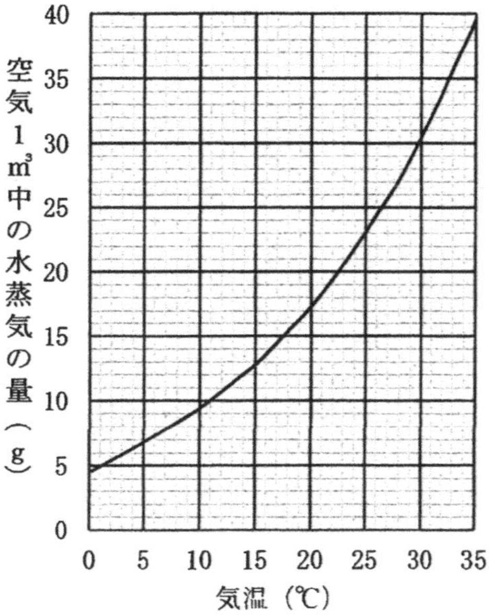

図2

（4）いろいろな気温・湿度のもとで，実験を行った場合，容器の表面がくもり始める水温について正しく述べたものを次のア～エから1つ選び，記号で答えなさい。

ア．気温が同じ場合，湿度に関係なく，くもり始める水温は同じである。

イ．気温が同じ場合，湿度が低いほど，くもり始める水温は高い。

ウ．湿度が同じ場合，気温に関係なく，くもり始める水温は同じである。

エ．湿度が同じ場合，気温が高いほど，くもり始める水温は高い。

（5）実験を行った部屋は縦2.5 m，横4 m，高さ3 mの大きさの直方体で，気温を調節したり，空気中の水蒸気を集めて水にすることができる装置がついています。また，部屋の空気は均一であり，水蒸気はすべて空気中にふくまれているとします。

① ある夏の日，部屋は気温30℃，湿度80%でした。この部屋の水蒸気は何gになりますか。答えは小数第1位を四捨五入して整数で答えなさい。

② 装置を使って，気温15℃，湿度40%にすると，装置内に集められた水は何gになりますか。答えは小数第1位を四捨五入して整数で答えなさい。

2024(R6) 逗子開成中　3次
K 教英出版

2024(R6) 逗子開成中　3次
K 教英出版

《計算余白》

4 太郎君は長距離走の練習のために，ある池の回りを 5 分走っては 3 分歩くことをくり返し，休まずに 3 周しました．太郎君がスタート地点から走り始めたとき，1 周目はちょうど 12 分，2 周目は 13 分 24 秒かかりました．また，太郎君の走るときの速さと歩くときの速さはそれぞれ一定であるとします．このとき，次の各問いに答えなさい．

(1) 太郎君が 2 周目に走った時間の合計を求めなさい．

(2) 太郎君の走るときの速さと歩くときの速さの比を，最も簡単な整数比で答えなさい．

(3) 太郎君が 3 周目に走った距離と歩いた距離の比を，最も簡単な整数比で答えなさい．

《計算余白》

5 記号＜＞は，＜＞内の整数の一の位の数を表すものとします．
たとえば，＜10＞＝0，＜10×2＋8＞＝＜28＞＝8 になります．
A は 10 以上 50 以下の整数，B は 10 以上 20 以下の整数，C を 100 以上 200 以下の整数としたとき，次の各問いに答えなさい．

(1) ＜A×A＞＝5 となるような A は全部で何個ありますか．

(2) ＜A＋A＋A＞＝＜A＞＋＜A＞＋＜A＞… ①
＜A＋A＋A＞＝＜3×A×A＞… ②
について，①と②の式がどちらも成り立つような A は全部で何個ありますか．

(3) ＜B×B＞＝＜C×C×C×C＞ となるような B と C の組み合わせは，全部で何通りありますか．ただし，答えだけではなく，途中の考え方も書きなさい．

《計算余白》

社　会

注　意

1．問題は**【１】**から**【３】**まであります。
　　　（１ページから 12 ページまであります。）
2．試験時間は４０分です。
3．解答は解答用紙に記入し、解答用紙だけ提出しなさい。
4．解答は、**解答らん**におさまるように書くこと。

受験番号		氏名	

(2024－J2)

逗子開成中学校・高等学校は、昨年 2023 年 4 月 18 日に創立 120 周年を迎《むか》えました。今日はこの“**120**”を手がかりに歴史や地理について考えてもらいましょう。

【１】次の文章をよく読み、以下の設問に答えなさい。

逗子開成の前身「私立第二開成中学校」は 1903 年に創立されました。学校の場所として逗子の地が選ばれたのは、自然環境にめぐまれており、教育環境としては最適だという理由からでした。逗子が、海軍関係者の集まる横須賀に近かったことも学校設立の背景となりました。

① 逗子 は、② 武家の古都・鎌倉 に隣接《りんせつ》しており、1889 年には横須賀線が開通し、逗子は海水浴場、別荘《べっそう》地として発展していくことになります。本校創立の ③ 1903 年 の翌年には日露戦争が始まります。④ 日清戦争、日露戦争 という２度の戦争を経て、⑤ 日本は朝鮮半島、中国へ進出していく、そんな時代に逗子開成の歴史は始まったのでした。戦後の新たな学校制度のもとで中学校、高等学校となり、1986 年に中高一貫《いっかん》教育をかかげた逗子開成中学校が発足し、施設《しせつ》の改善や、海洋教育、国際教育などを取り入れた学校改革が進み現在の逗子開成に至ります。

問１　下線部①に関連して、逗子市とそれに隣接する葉山町の境界線上に、長柄桜山《ながえさくらやま》古墳群があります。右の図はその１号墳を表したものです。

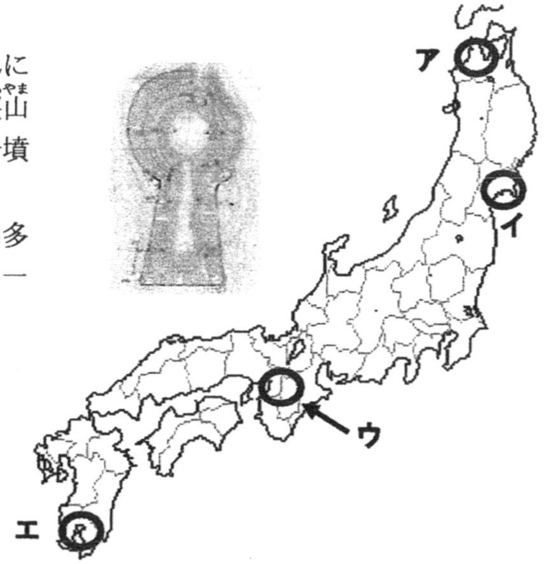

Ⅰ．右の１号墳と同じ形の古墳が多い地域を地図中のア～エから一つ選び、記号で答えなさい。

Ⅱ．古墳時代前後について述べた次の文章 **a** ～ **c** を古いものから順に正しく並べた組み合わせを下のア～カから一つ選び、記号で答えなさい。

a．邪馬台国の女王卑弥呼が中国に使いを送り、中国（魏）の皇帝から金印や鏡を与《あた》えられた。

b．埼玉県・熊本県から鉄剣・鉄刀が出土していることから、大和朝廷（政権）の支配が九州や関東地方まで及《およ》んでいたことがわかる。

c．倭の奴《な》国の王が中国に使いを送り、中国（後漢）の皇帝から金印を与えられた。

ア．**a → b → c**　　イ．**a → c → b**　　ウ．**b → a → c**

エ．**b → c → a**　　オ．**c → a → b**　　カ．**c → b → a**

問２　下線部②に関連する以下の設問に答えなさい。

Ⅰ．武士の台頭に関するできごとを古いものから順に正しく並べた組み合わせを下のア～カから一つ選び、記号で答えなさい。

ａ．保元の乱が起こり、源氏と平氏の武士団もそれぞれが一族を二分して戦い、後白河天皇側が勝利した。

ｂ．平将門の乱が起こったが、朝廷の力ではこれをおさえられず、武士の力を借りることでようやくおさえることができた。

ｃ．前九年合戦と後三年合戦を清原氏が制した。清原氏は藤原氏を名乗り、平泉に拠点《きょてん》をかまえ、後の繁栄《はんえい》の基礎《きそ》を固めた。

ア．**ａ→ｂ→ｃ**　　イ．**ａ→ｃ→ｂ**　　ウ．**ｂ→ａ→ｃ**

エ．**ｂ→ｃ→ａ**　　オ．**ｃ→ａ→ｂ**　　カ．**ｃ→ｂ→ａ**

Ⅱ．鎌倉幕府に関する次の説明文中のア～エのうち一カ所は誤りです。**誤っているもの**はどれか記号で答え、かつ、正しい語句を漢字で答えなさい。完答で正解とします。

源頼朝は、1185 年、全国に **ア** 守護・地頭 を置くことを朝廷に認めさせた。これにより頼朝の支配権は全国に拡大した。1192 年、頼朝は朝廷から征夷大将軍に任じられた。鎌倉には、御家人をまとめる侍所、政治や財政の仕事を受け持つ政所（はじめは公文所）、裁判の仕事をおこなう **イ** 問注所 などが置かれた。承久の乱の後、京都には **ウ** 六波羅探題 を設け朝廷や西国の御家人を監視した。1232 年、3 代執権・北条泰時《やすとき》は裁判の基準として **エ** 武家諸法度 を定めた。51 カ条からなり、公正な裁判をおこなうために武家社会の慣習や頼朝以来の裁判の先例などが記されており、長く武家法の基本とされた。

問３　下線部③について以下の設問に答えなさい。

Ⅰ．逗子開成創立の前年の 1902 年に、日本では小学校の就学率が 90％を上回りました。小学校のことについて述べた次の文の空らん（ **ａ** ）にふさわしい語句を漢字で答えなさい。

1872 年、政府は（　**ａ**　）を発布し、小学校から大学校までの学校制度を定め、満 6 歳《さい》以上の男女を小学校に通わせることを義務とした。しかし、親は授業料や学校建設費を負担しなければならず、また、子どもは働き手という考えなどから就学率は低かった。

Ⅱ．逗子開成の創立 1903 年を基準にした下の年表について述べた次の文の空らん（ **a** ）～（ **e** ）にふさわしい語句を答えなさい。なお、（ **a** ）～（ **d** ）は漢字で答えなさい。

120 年前	1783 年…	**A**
100 年前	1803 年…	**B**
50 年前	1853 年…	**C**
創立	**1903 年**	
50 周年	1953 年…	**D**
100 周年	2003 年…	**E**
120 周年	2023 年	

Aの年には、7 月に浅間山が噴火《ふんか》し、各地に火山灰を降らせ、前年から続く飢饉《ききん》が深刻化した。これを「（ **a** ）の大飢饉」といい、数年にわたって関東・東北地方で多くの餓死《がし》者を出した。

Bの前後は 11 代将軍・徳川家斉《いえなり》の治世で、イギリス船やロシア船が日本近海にひんぱんに現れて鎖国政策がゆらいでいた。そこで幕府は 1825 年に（ **b** ）を出し、外国船が来ても厳しく撃退《げきたい》することで鎖国体制の維持《いじ》に努めようとしていた。こうした中で、**C**の年の 7 月 8 日にペリーが（ **c** ）沖に現れ停泊《ていはく》した。幕府は対応に追われ、ペリー一行の久里浜《くりはま》上陸を許し、アメリカ大統領の国書を受理した。

Dの年には 1950 年から始まっていた（ **d** ）戦争の休戦協定が結ばれた。また、**D**の年は「電化元年」と呼ばれ、このころから家庭用電化製品が人々の生活の中へ急速に普及《ふきゅう》していった。

Eの年には（ **e** ）戦争が始まった。この戦争は、（ **e** ）が大量破壊《はかい》兵器を隠《かく》し持ち、国際テロ組織と関係しているとして、アメリカ軍などが（ **e** ）を攻撃《こうげき》して始まったが、その後、大量破壊兵器の存在は確認されなかった。

問４　下線部④について、日清戦争、日露戦争の前後のできごとに関する以下の設問に答えなさい。

Ⅰ．次の説明文のうち、日清戦争が終わった後のできごとを次のア～エから二つ選び、記号で答えなさい。完答で正解とします。

ア．朝鮮で、日本などの外国勢力の排除《はいじょ》を求め、甲午農民戦争が起こった。

イ．ロシア・ドイツ・フランスが、遼東半島を清に返すよう日本に求めた。

ウ．伊藤博文がヨーロッパで各国の憲法を調査し憲法草案を作成した。

エ．外国勢力を追い出そうと、北京にある外国の公使館を取り囲んだ義和団が、日本、ロシアなどの連合軍にしずめられた。

Ⅱ．ポーツマス条約の内容として**誤っているもの**を次のア～エから一つ選び、記号で答えなさい。

ア．日本は賠償《ばいしょう》金約 3 億 1000 万円を得た。
イ．日本は北緯 50 度以南の樺太《からふと》（サハリン）の領有権を得た。
ウ．日本は遼東半島南部（旅順・大連）の租借《そしゃく》権を得た。
エ．日本は長春以南の鉄道（南満州鉄道）の利権を得た。

Ⅲ．日清戦争と日露戦争の間に起こったできごととしてふさわしいものを次のア～エから一つ選び、記号で答えなさい。

ア．岩倉使節団を欧米《おうべい》に派遣《はけん》した。
イ．八幡製鉄所が操業をはじめた。
ウ．ノルマントン号事件が起こった。
エ．シベリア出兵がおこなわれた。

問５　下線部⑤について、次のａ～ｃの三つのできごとは右の年表の**ア**～**オ**のどの時期に起こったか、それぞれ記号で答えなさい。

ａ．三・一独立運動
ｂ．満州国の建国
ｃ．朝鮮総督府《ちょうせんそうとくふ》の設置

1904 年　日露戦争が始まる
↕ **ア**
1914 年　第一次世界大戦が起こる
↕ **イ**
1920 年　国際連盟が発足する
↕ **ウ**
1931 年　柳条湖事件が起こる
↕ **エ**
1937 年　日中戦争が始まる
↕ **オ**
1941 年　太平洋戦争が始まる

（問題は次のページに続きます）

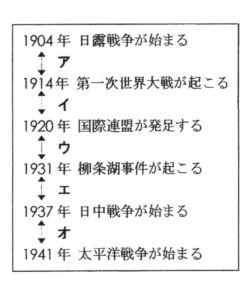

【２】地理に関する以下の設問に答えなさい。

問１　地図上に、逗子市を中心とする半径 **120km** の円を描《か》いてみました。円周は、７つの県を通り、南の方は伊豆諸島を通ります。この円の中には人口が集中する首都圏《けん》があり、広大な関東平野や房総《ぼうそう》半島の台地などの農業地帯があり、いくつかの工業地帯も含《ふく》まれています。また、大きな貿易港や、海外への玄関《げんかん》口となる巨大な空港もあります。以下の設問に答えなさい。

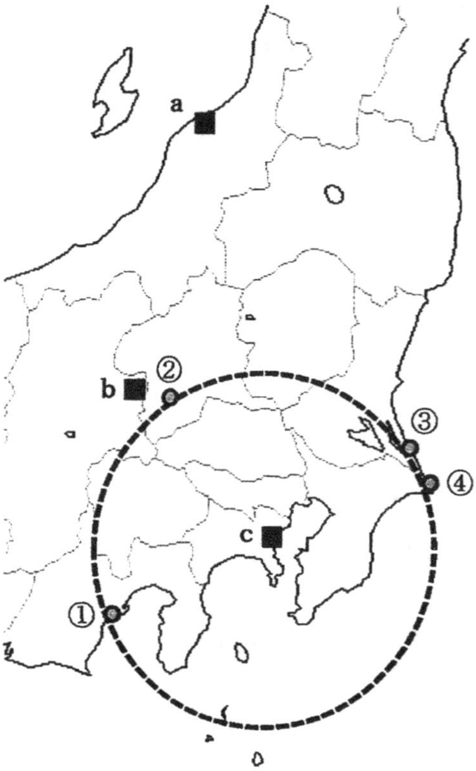

Ⅰ．円に隣接している ◎ 地点①～④についての説明文ア～エのうち、**誤っているもの**を一つ選び、記号で答えなさい。

ア．①は県庁所在地であり、もとは徳川家康の城下町だった。

イ．②には、明治時代に官営模範《もはん》工場として建設された富岡製糸場がある。

ウ．③には、掘《ほ》り込《こ》み式の人工港があり、豊富な水と森林資源を背景に製紙業が盛《さか》んである。

エ．④には、日本有数の水揚《あ》げ高を誇《ほこ》る漁港がある。

Ⅱ．下の図は、地図中のａ-新潟、ｂ-軽井沢、ｃ-横浜のいずれかの雨温図です。このうち、軽井沢の雨温図を次のア～ウから選び、記号で答えなさい。

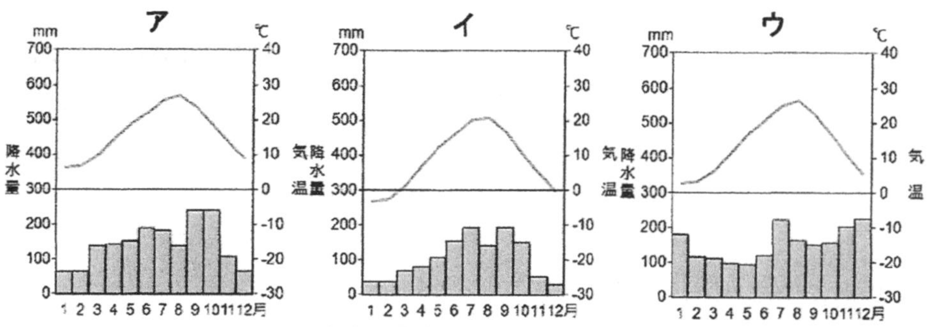

（雨温図作成サイト https://ktgis.net/service/uonzu/ で作成）

Ⅲ. 次のア～オの文は、東海・北陸・京葉・関東内陸・瀬戸内の各工業地域の特色を説明したものです。このうち、**a**. 京葉工業地域、**b**. 関東内陸工業地域にふさわしいものを選び、それぞれ記号で答えなさい。

ア. 海上輸送路にめぐまれ、塩田や軍用地のあと地などを工業用地として利用できたことから発達し、機械工業、金属工業、化学工業が盛んだ。

イ. 冬の副業として発達した伝統工業が盛んで、漆器《しっき》、刃物《はもの》、洋食器、眼鏡フレームの生産、製薬業などが知られる。

ウ. 埋《う》め立てにより工業地域が発達した。製鉄所や石油化学コンビナートが形成され、重化学工業が発達している。他の工業地帯・地域と比べると、製造品出荷額等に占《し》める化学工業の割合が高い。

エ. 大きな工業地帯の間にあるので、市場や労働力、陸上交通にめぐまれており、機械工業、製紙・パルプ工業、食料品工業などが発達している。

オ. かつては広大な養蚕地帯を背景に製糸業や絹織物業が盛んだったが衰退《すいたい》し、1970年代に高速道路が整備されるとともに工業地域として発達した。食料品や機械工業の割合が高く、特に自動車・電気機器などの製造が盛んだ。

Ⅳ. 関東地方の農業について述べた次の文章の空らん（ **a** ）にふさわしい語句を漢字で答えなさい。また空らん《 **b** 》にはふさわしい説明文を15字以内で答えなさい。

関東地方の農業は、広大な関東平野がその舞台《ぶたい》だ。

利根川その他の河川がもたらす豊かな水を用いて稲作が盛んにおこなわれ、房総半島の台地や三浦半島などでは畑作も盛んで、日常に消費する野菜の生産を中心に（ **a** ）農業がおこなわれている。

右の表に見られるように、「生乳生産量」は北海道が群を抜《ぬ》いて多いのに対し、「飲用牛乳等生産量」では、神奈川、茨城、栃木、千葉が上位を占めている。4県の割合を合計すると北海道の割合よりも高く、生産量が全国的に見ても多いのは、これらの県が《 **b** 》からだ。

順位	生乳生産量（2021年／単位 t）		割合 %
1位	北海道	4,265,600	56.2
2位	栃木	347,879	4.6
3位	熊本	267,173	3.5
4位	岩手	211,532	2.8
5位	群馬	208,496	2.7
	全国	7,592,061	100

順位	飲用牛乳等生産量（2021年／単位 kL）		割合 %
1位	北海道	560,252	15.7
2位	神奈川	279,341	7.8
3位	茨城	193,660	5.4
4位	栃木	178,183	5.0
5位	千葉	175,734	4.9
	全国	3,575,929	100

（『データでみる県勢2023』より作成）

問２　右のグラフは、東京中央卸売《おろしうり》市場に入荷したカボチャの月別取扱《とりあつかい》量を示したものです。北海道産のカボチャは夏から秋にかけて入荷しますが、外国産のカボチャも取り扱《あつか》っているので、消費者は一年を通じてカボチャを買うことができます。ニュージーランド産を３月、４月に多く取り扱っているのはなぜか、理由として考えられることをニュージーランドの位置についてふれた上で説明しなさい。

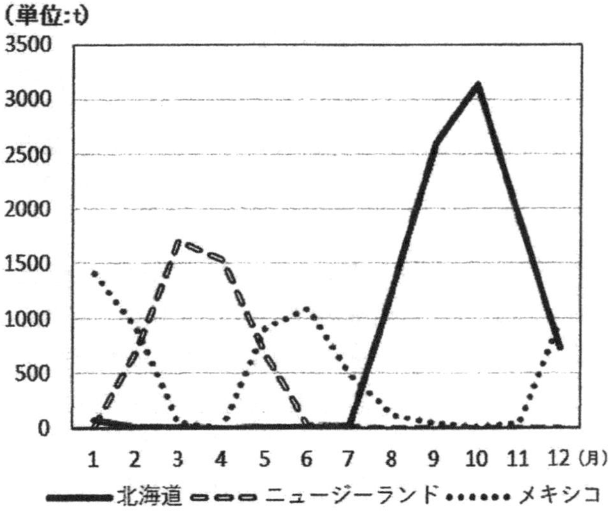

＊数値は 2022 年、都内全市場合計
(「東京中央卸売市場・市場統計情報」より作成)

問３　右の自動車生産台数のグラフは、アメリカ合衆国、ドイツ、日本、韓国、中国、インドの６カ国の生産台数の推移を示したものです。ａ．日本、ｂ．中国にあてはまるものを、グラフ中のア～カからそれぞれ選び、記号で答えなさい。

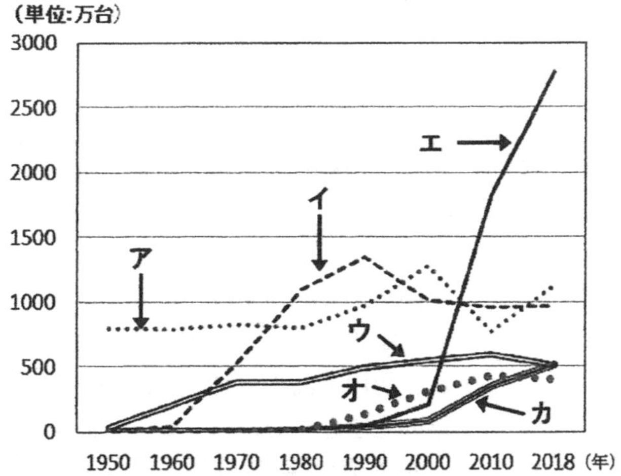

(『数字でみる日本の 100 年』改訂第７版より作成)

国語　解答用紙

（2024　J2）

受験番号

氏　　名

※150点満点
（配点非公表）

↓ここにシールを貼ってください↓

240210

【一】

問一

①	②	③	④	⑤

⑥	⑦	⑧	⑨	⑩
		る	う	く

⑪	⑫	⑬	⑭	⑮
			でる	れた

問二

①	②	③	④	⑤

【二】

問一

A	B

問二

問三

5	(3)	

↓ここにシールを貼ってください↓

240220

※150点満点
（配点非公表）

受験番号	
氏　　名	

【3】

(1)	(2)
(3)	(4) m
(5)	
(6) km	

【4】

(1)①	(2)③
(1)②	
(2)①	
(2)② g	
(2)④ L	
(2)⑤ g	

(2)③

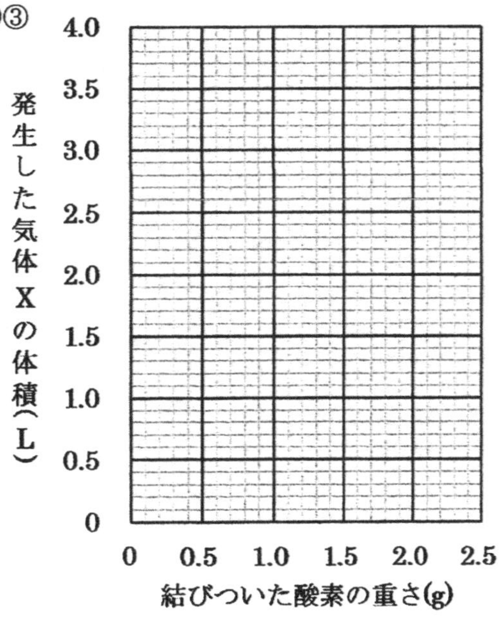

↓ここにシールを貼ってください↓

240240

※100点満点
（配点非公表）

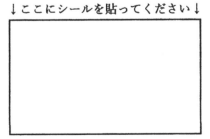

【3】

問1	Ⅰ		Ⅱ				
問2	Ⅰ		Ⅱ		Ⅲ		
問3	Ⅰ		Ⅱ				
問4							
問5	Ⅰ		Ⅱ				
問6	a		b				
	c		d				

240230

↓ここにシールを貼ってください↓

※100点満点
（配点非公表）

受験番号	
氏　名	

社　会　　解 答 用 紙

(2024−J2)

【1】

問１	Ⅰ		Ⅱ								
問２	Ⅰ		Ⅱ	記号		正しい語句					
問３	Ⅰ										
	Ⅱ	a		b							
		c		d		e					
問４	Ⅰ			Ⅱ		Ⅲ					
問５	a		b		c						

【2】

問１	Ⅰ		Ⅱ		Ⅲ	a		b									
	Ⅳ	a															
		b															
問２																	
問３	a		b														
	Ⅰ																

【解答

理科　　解　答　用　紙　　(2024 - J 2)

【1】

(1)	(2)
(3)　　→　　→　　→　　→	(4)
(5) 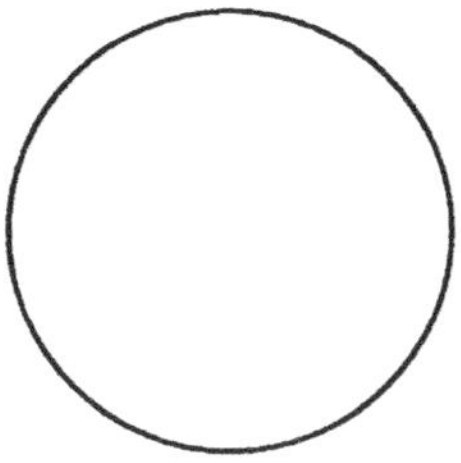	(6) ① 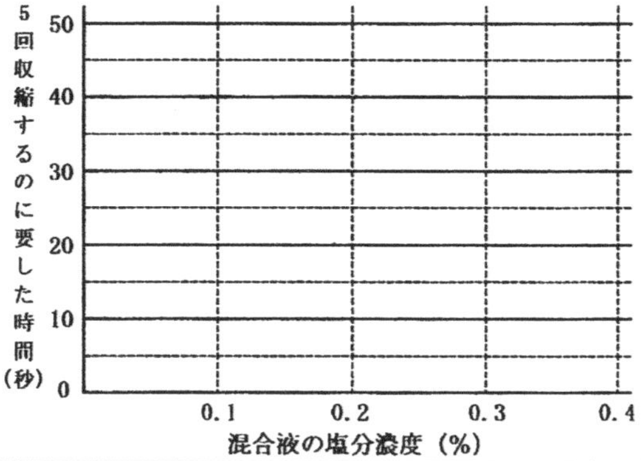
(6)②	

【2】

(1)	(2)
(3)	
(4)①　　g/cm³	(4)②　　g

受験番号	
氏　　名	

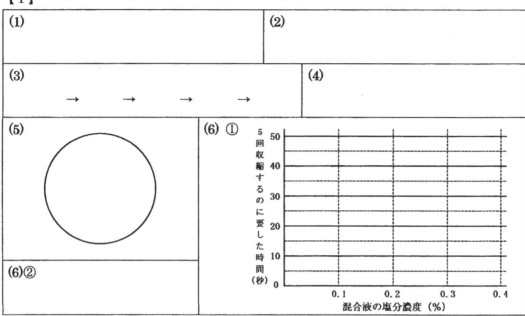

2024年度　2次入試　算数　解答用紙

1	(1)		(2)		(3)	

2	(1)		(2)		(3)	
	(4)		(5)		(6)	

3	(1)		(2)		(3)	

4	(1)	X	Y	(2)	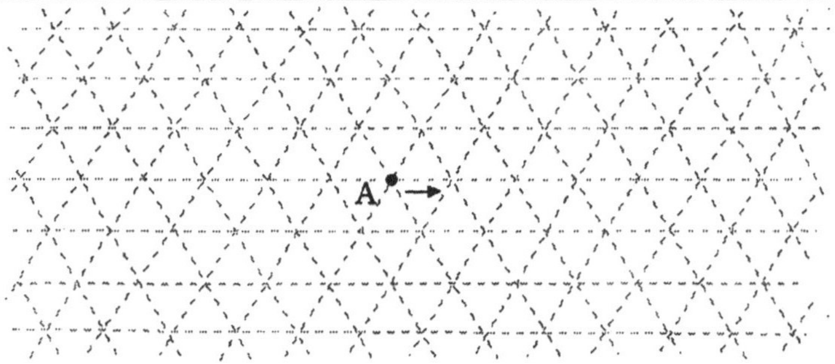	
	(3)					

	(1)		(2)	

【解答

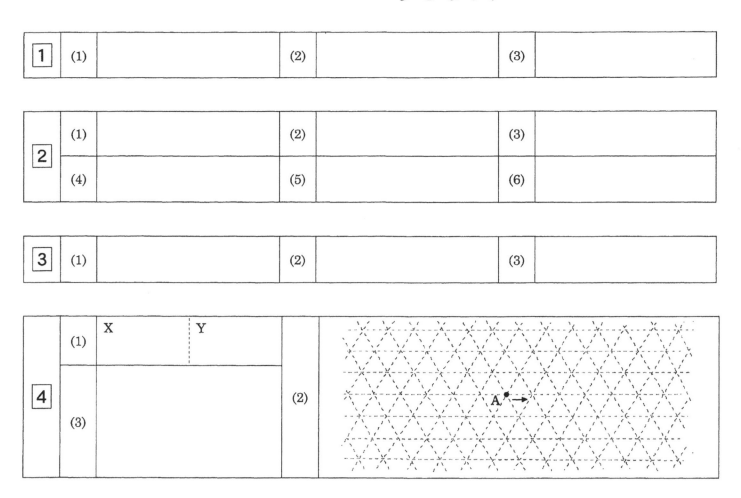

問五

問六

問七

【三】

問一
A
B
C

問二

問三

問四
I
II

問五

問六

問七
i
ii
iii

問４　次の文章をよく読み、以下の設問に答えなさい。

世界全体ではおよそ 100 年の間に年平均気温が 0.74℃上昇《じょうしょう》しています。日本の年平均気温は過去 100 年で 1.3℃上がっています。このように長い時間の中で起こる気温などの変化を気候変動と言います。今後も気温の上昇は続くと予想され、気候変動対策が求められています。気候変動対策には「**緩和《かんわ》**」と「**適応**」の二本柱があります。

気候変動の「**緩和**」とは、温室効果ガスの排出量を減らして地球温暖化を抑制《よくせい》することです。緩和策の例としては、省エネ、再生可能エネルギーの普及、森林などの吸収源の増加があげられます。一方、気候変動の「**適応**」とは、すでに起こっている気候変動の影響をできるだけ避《さ》けたり弱めたりすることです。適応策の例としては、沿岸地域での海面上昇に対応するための堤防《ていぼう》の設置、暑さ対策のためのクールビズなどがあげられます。

緩　和
（原因を少なくする）
節電／省エネ／エコカーの普及
再生可能エネルギーの活用
森林を増やすなど

適　応
（影響に備える）
熱中症予防／災害に備える
水利用の工夫／感染症の予防
農作物の品種改良など

（以上の内容は、国立研究開発法人国立環境研究所、気候変動適応情報プラットフォームより）

Ⅰ．気温の上昇や夏の強い日差しは、次のように畜産物にも影響を及ぼします。

夏の暑さ
→ 乳牛は適温が 5～20℃で、暑さに弱く牛乳の生産量が減少する。
→ 産卵用のにわとりは気温が 27℃を超《こ》えると産卵率が低下する。

暑さによって牛乳や卵の生産量が減らないようにするための「**適応**」策として、どのようなことをすれば良いか、具体的に説明しなさい。

Ⅱ．Ⅰであなたが考えた適応策には、気候変動の「**緩和**」策を進める上での問題点が含まれているかいないかをよく考え、問題点がある場合はどのような問題点があるか説明しなさい。問題点がない場合は、どうしてないと言えるのか説明しなさい。

【３】新聞記事や資料をよく読み、以下の設問に答えなさい。

問１　次の新聞記事をよく読み、以下の設問に答えなさい。

> **閉会、課題積み残し　政府提出案、５８本成立**
>
> （　a　）日間の通常国会が 21 日、閉会した。昨年の ① 臨時国会 から継続《けいぞく》審議《しんぎ》となった 1 本を除く、政府提出の法案全 60 本中、58 本が成立した。成立率は 96.7％と 3 年連続で 95％を超えた。国会は終始、政府・与党《よとう》のペースで進んだ一方、取り組まなかった課題も多い。（朝日新聞 2023 年 6 月 22 日）

Ⅰ．空らん（　a　）にふさわしい数字を答えなさい。

Ⅱ．下線部①が開かれるのは次のどの場合か、正しいものを次のア～エから二つ選び、記号で答えなさい。完答で正解とします。

ア．内閣が必要と認めた場合

イ．衆議院が解散中で、緊急《きんきゅう》の必要がある場合

ウ．衆議院が解散した後の総選挙の日から 30 日以内

エ．衆議院・参議院いずれかの議院の総議員の 4 分の 1 以上の要求があった場合

問２　次の新聞記事をよく読み、以下の設問に答えなさい。

> （　a　）省は、タクシーやバス、トラックの運転手が不足していることから、外国人労働者の受け入れを認める在留資格「特定技能」の対象に「自動車運送業」を今年度内に追加する方向で検討に入った。外国人労働者を活用することで、人手不足の改善をめざす。
>
> タクシー運転手はコロナ禍《か》で高齢《こうれい》ドライバーを中心に退職する人が相次ぎ、観光地や地方ではタクシーがつかまらないなど不足が目立っている。トラック運転手も、インターネット通販《つうはん》の増加で慢性《まんせい》的に足りない状況《じょうきょう》だ。
>
> 2024 年 4 月には残業時間の上限が年間 960 時間に規制され、人手不足で物流が滞《とどこお》る恐《おそ》れのある「2024 年問題」も抱《かか》えている。
>
> そのため業界団体からは、建設や造船など 12 分野に認められている特定技能の対象に、運転手を加えるよう求める声が出ていた。（　a　）省は、制度を所管する ① 出入国在留管理庁 と協議を進めている。…以下略
>
> （朝日新聞 2023 年 9 月 13 日）

Ⅰ．空らん（　a　）にふさわしい語句を漢字 4 字で答えなさい。

Ⅱ．下線部①はどの省に属するか、次のア～エから選び、記号で答えなさい。

ア．法務省　　イ．外務省　　ウ．厚生労働省　　エ．経済産業省

Ⅲ．記事中の波線部の「2024 年問題」とは、2018 年に改正されたある法律が、今年 4 月に施行《しこう》されることからこう呼ばれています。この法律は、労働時間や時間外労働、休日など、労働条件の基本原則を定めています。この法律の名を漢字で答えなさい。

問 3　次の山形県の県議会議員選挙に関する新聞記事をよく読み、以下の設問に答えなさい。

県議選　女性最多当選に「もっと増えて」知事

吉村《よしむら》知事は 12 日の定例記者会見で、9 日に投開票された県議選で女性当選者が過去最多の 6 人に上《のぼ》ったことに関し、「多いとは思わないが、過去最高になったのはよかった。民意を反映するという点で、もっともっと女性も増えてほしい」と述べた。

海外では、<u>議席や候補者の一定数を女性に割り当てる「クオータ制」</u>の導入が進んでいることを踏《ふ》まえ、吉村知事は「きちんと導入して取り組まないと、（女性進出が）一気に進むということにはならない」と指摘《してき》し、政府に取り組みを求めた。

（読売新聞 2023 年 4 月 13 日、山形面）

※ 注：現在、山形県議会の議員定数は 43 名。うち男性議員は 37 名、女性議員は 6 名。

Ⅰ．男女の人権が尊重され、男女が社会のあらゆる分野で対等に活動できる社会を実現するために、国、地方公共団体、国民が何をすべきかを示すことを目的として 1999 年に施行された法律の名を漢字で答えなさい。

Ⅱ．記事中の下線部にある「クオータ制」を導入した場合の効果や問題点について述べた次のＸ・Ｙの正誤の組み合わせとして正しいものを、下のア～エから一つ選び、記号で答えなさい。

Ｘ．議会にクオータ制が取り入れられると女性の政治への参加の度合いが高まり、男女が社会のあらゆる分野で対等に活動できる社会を実現していく上での効果が期待できる。

Ｙ．男女別の議席数があらかじめ決められると、仮に同じ得票数でも女性候補者は当選し男性候補者は落選する場合がありうる。

ア．Ｘ－正しい　Ｙ－正しい　　イ．Ｘ－正しい　Ｙ－誤り
ウ．Ｘ－誤り　　Ｙ－正しい　　エ．Ｘ－誤り　　Ｙ－誤り

問４　次のグラフは日本国内での新聞の発行部数の推移と、インターネット利用率（個人）の推移を表しています。このグラフからわかることについて述べた説明文Ｘ・Ｙの正誤の組み合わせとして正しいものを下のア～エから一つ選び、記号で答えなさい。

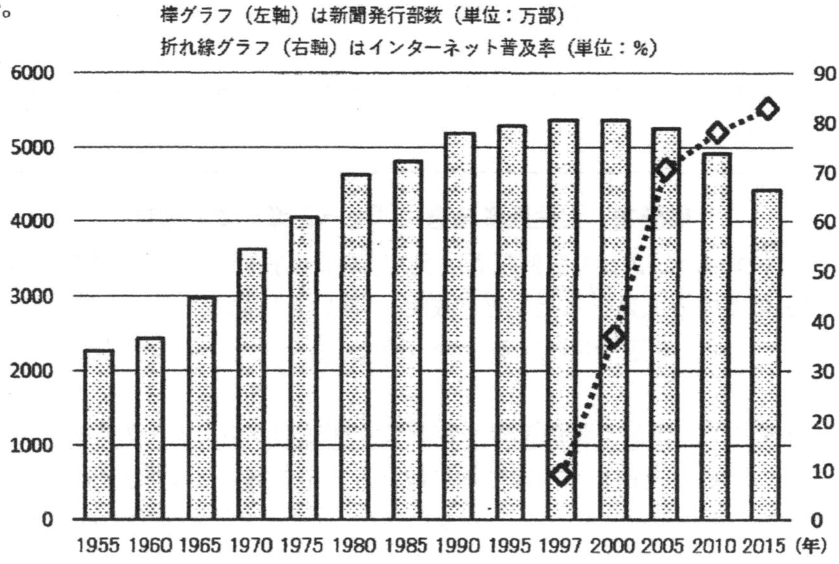

注：インターネット普及率は６歳以上の人口に占める利用者の割合
（『数字でみる日本の100年』改訂第７版より作成）

Ｘ．新聞の発行部数が増えている期間は高度経済成長の時代であり、高度経済成長期が終わるとともに、人々のニュースへの関心が薄《うす》れていったことがわかる。

Ｙ．インターネットの普及率が高まるとともに、新聞の発行部数は次第に減少するようになったことがわかる。

ア．Ｘ－正しい　Ｙ－正しい　　イ．Ｘ－正しい　Ｙ－誤り
ウ．Ｘ－誤り　　Ｙ－正しい　　エ．Ｘ－誤り　　Ｙ－誤り

問５　次の文章は、昨年８月６日に首相がおこなった「広島平和記念式典」でのあいさつからの抜粋《ばっすい》です。これについての以下の設問に答えなさい。

今から78年前の今日、一発の原子爆弾《ばくだん》により、十数万といわれる貴《とうと》い命が失われました。…中略…核兵器によってもたらされた広島、長崎の惨禍《さんか》は、決して繰り返してはなりません。我が国は、引き続き＿①　非核三原則＿を堅持《けんじ》しながら、唯一《ゆいいつ》の戦争被爆《ひばく》国として、「核兵器のない世界」の実現に向けた努力をたゆまず続けます。…中略…「核兵器のない世界」の実現に向けた確固たる歩みを進める上で原点となるのは、被爆の実相《じっそう》への正確な理解です。本年５月の＿②　Ｇ７広島サミット＿では、世界のリーダーたちに、被爆者の声を聞いていただき、被爆の実相や平和を願う人々の思いに直接触《ふ》れていただきました。…以下略…

Ⅰ．下線部①について、次の空らん（ **a** ）にふさわしい語句を答えなさい。

非核三原則とは「核兵器を、作らない、持たない、（ **a** ）」という三つの原則のことである。

Ⅱ．下線部②について、次の空らん（ **b** ）にふさわしい３カ国の組み合わせとして正しいものをア～エから一つ選び、記号で答えなさい。

Ｇ７には、（ **b** ）、イタリア、アメリカ合衆国、カナダ、日本の７カ国の大統領・首相と欧州《おうしゅう》理事会議長、欧州委員会委員長が出席し、今回は日本が議長国を務めた。

ア．インド、中国、イギリス
イ．インド、中国、ロシア
ウ．イギリス、フランス、ドイツ
エ．イギリス、フランス、ロシア

問６　裁判や裁判所の役割について述べた次の文章の空らん（ **a** ）～（ **d** ）にふさわしい語句を漢字で答えなさい。

法律に基づき、争いごとを解決することを司法といい、司法権は裁判所にある。裁判所は、罪を犯した疑いのある人を裁く刑事裁判や、人と人とのトラブルを解決する民事裁判をおこなうだけでなく、法律や条例などが憲法に違反《いはん》していないかどうかを判断する権限も持っており、これを（ **a** ）という。どの裁判所にもこの権限はあるが、判断の最終的な決定権を持っているのは「憲法の番人」とも呼ばれる（ **b** ）である。

一方、不適格だと考えられる裁判官を（ **c** ）裁判で裁くのは、国会の役割となっている。

2009年から刑事裁判に国民が参加する（ **d** ）制度が導入された。裁判の進め方やその内容に国民のいろいろな考えが反映されていくことで、裁判全体に対する国民の理解が深まることが期待されている。

問題は以上です。

2024(R6) 逗子開成中　２次
K 教英出版

理　科

注　意

1．問題は【１】～【４】(1～8ページ）まであります。
2．試験時間は40分です。
3．解答は解答用紙に記入し，解答用紙だけ提出しなさい。
4．答えを直すときは，きれいに消してから新しい答えをかきなさい。
5．図やグラフをかく場合は，ていねいにはっきりとかきなさい。
　必要ならば定規を使ってもかまいません。

受験番号		氏名	

(2024－J2)

【1】顕微鏡《けんびきょう》を用いて，水中の微生物を観察しました。下の問いに答えなさい。

（1）図１の顕微鏡のＸの部分の名前を答えなさい。

（2）顕微鏡に関する説明として誤っているものを次のア～カからすべて選び，記号で答えなさい。

ア．顕微鏡のレンズを取り付ける際には，先に接眼レンズを取り付け，その後に対物レンズを取り付ける。

イ．顕微鏡は，視野が明るくなるように直射日光が当たる水平な机の上に置く。

ウ．最初に，高倍率のレンズを使用して観察する。

エ．対物レンズをプレパラートから遠ざけるようにしてピントを合わせる。

オ．低倍率の対物レンズから高倍率のものに変えると，視野がせまくなる。

カ．低倍率の対物レンズから高倍率のものに変えると，視野が明るくなる。

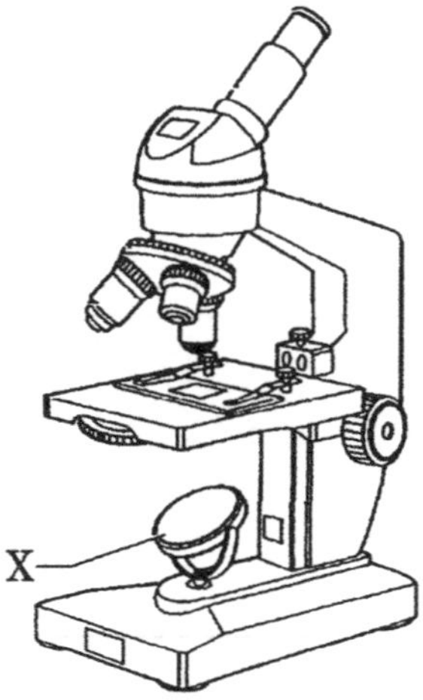

図１

（3）次のア～オは，顕微鏡を用いた観察手順を示しています。これらを，正しい順に並べなさい。

ア．プレパラートを動かし，観察したいものを中央に移動させる。

イ．プレパラートをステージの上にのせ，クリップで押さえる。

ウ．顕微鏡をのぞきながら（　Ｘ　）の角度を調節し，視野が明るくなるようにする。

エ．顕微鏡をのぞき，調節ねじを回しながらピントを合わせる。

オ．接眼レンズと対物レンズを取り付ける。

（4）図２は顕微鏡を用いて観察した，あるプランクトンＡの模式図です。
このプランクトンＡの名前を答えなさい。

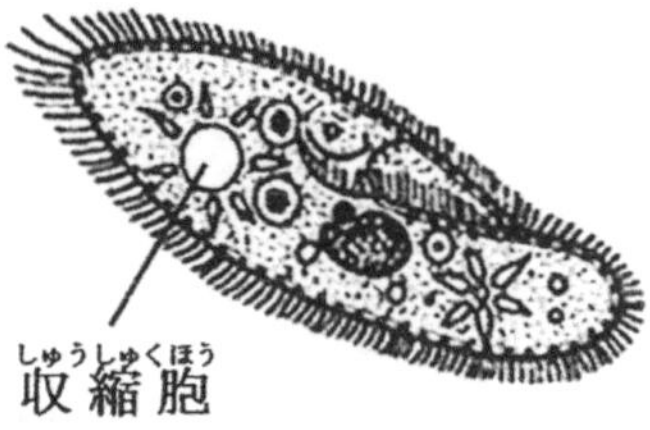

図２

（5）図3は顕微鏡を用いて観察したときの，プランクトンAの位置とそこからの移動の向きを表したものです。実際のプレパラート上では，プランクトンAはどこに位置し，どちらの向きに動きましたか。プランクトンAを白丸（○），進む向きを矢印（→）を用いて，図3を参考にして解答用紙に図示しなさい。

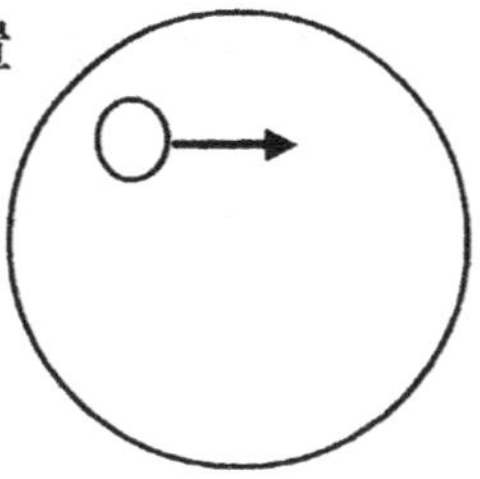

図3

（6）プランクトンAのからだには収縮胞という部分があります。収縮胞の主なはたらきは，周期的に収縮して水分をはい出し，体内の塩分《えんぶん》濃度《のうど》を一定に保つことです。そこで以下のような実験を行いました。

［実験］

蒸留水と，濃度が0.2%，0.4%，0.6%，0.8%の食塩水をそれぞれ10 mL準備しました。それらにプランクトンAの入った培養《ばいよう》液（稲わらを入れた水をふっとうさせて，冷ました液）をそれぞれ10 mLずつ合わせ，混合液を作りました。その後，スライドガラスにその混合液を1滴《てき》ずつとって顕微鏡で観察し，収縮胞が5回収縮するのに要した時間を測定しました。表はその結果を示したものです。

準備した食塩水の濃度(%)	5回収縮するのに要した時間(秒)
0(蒸留水)	10
0.2	15
0.4	20
0.6	35
0.8	45

① 下線部の混合液の塩分濃度（%）とプランクトンAの収縮胞が5回収縮するのに要した時間（秒）との関係を折れ線グラフで表しなさい。

② 食塩水の濃度を高くすると，一定の時間内に収縮胞が収縮する回数はどのようになりますか。この実験でわかることを次のア～ウから1つ選び，記号で答えなさい。

ア．増加する　　イ．減少する　　ウ．変化しない

【2】液体中に物を沈《しず》めると，液体が物を上向きに押し上げようとする力を加えます。この力を浮力《ふりょく》といいます。浮力の大きさは，物が押しのけた液体の重さで決まることがわかっています。例えば，1 cm³ あたり 1 g の重さをもつ水の中に，体積 10 cm³ の物を沈めたとき，物には 10 g の浮力が加わります。下の問いに答えなさい。

（1）液体中に沈めた物の重さをばねはかりではかると，空気中ではかったときに比べて，ばねはかりが示す目盛の大きさはどうなりますか。正しく述べたものを次のア～エから１つ選び，記号で答えなさい。

ア．物の上に液体がのる分だけ目盛は大きくなる。
イ．浮力を受ける分だけ目盛は大きくなる。
ウ．目盛は変わらない。
エ．浮力を受ける分だけ目盛は小さくなる。

（2）私たちの日常生活では，氷は水に浮《う》かびます。この現象について述べた文章として正しいものを次のア～キからすべて選び，記号で答えなさい。

ア．水がこおって氷になると体積が少し減る。
イ．水がこおって氷になると体積が少し増える。
ウ．水がこおって氷になると重さが少し減る。
エ．水がこおって氷になると重さが少し増える。
オ．水に浮かぶ氷がとけて水になると，水面の高さが高くなる。
カ．水に浮かぶ氷がとけて水になっても，水面の高さは変わらない。
キ．水に浮かぶ氷がとけて水になると，水面の高さは低くなる。

Z くんは，浮沈子《ふちんし》とよばれるおもちゃが入った装置を理科の授業で見せてもらいました。浮沈子を用いると，液体中の物にはたらく浮力を目で見ることができます。このときに見た浮沈子は，図 1 のような軽くてやわらかい容器におもりをつけた作りになっており，フタは外され，容器の口は開いていました。

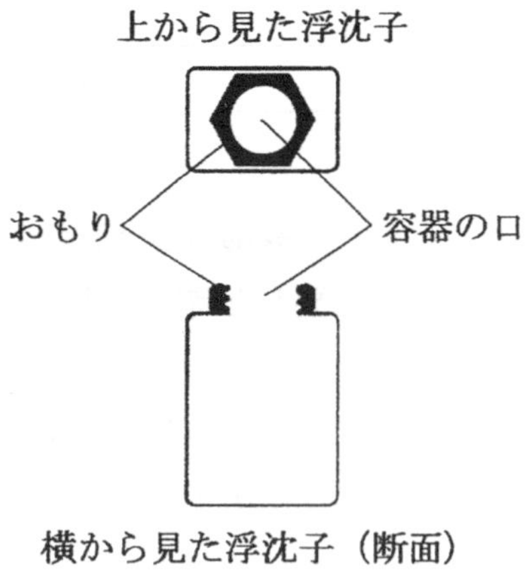

図 1

図2(ア)のように，この浮沈子が容器の口を下にして，水で満たされたペットボトル内に入っていました。はじめ浮沈子は浮かび上がったままでしたが，図2(イ)のように，ペットボトルをにぎりしめて次第に力を加えると，浮沈子がだんだんと沈みこみ，力をぬくと再び浮沈子は元の状態までもどるようすが確認できました。また，このときペットボトル内の浮沈子をよく観察すると，浮沈子内には常に空気と水が入っており，ペットボトルに力を加えたとき，浮沈子がわずかに変形し，浮沈子内の水面の高さが上がっていました。

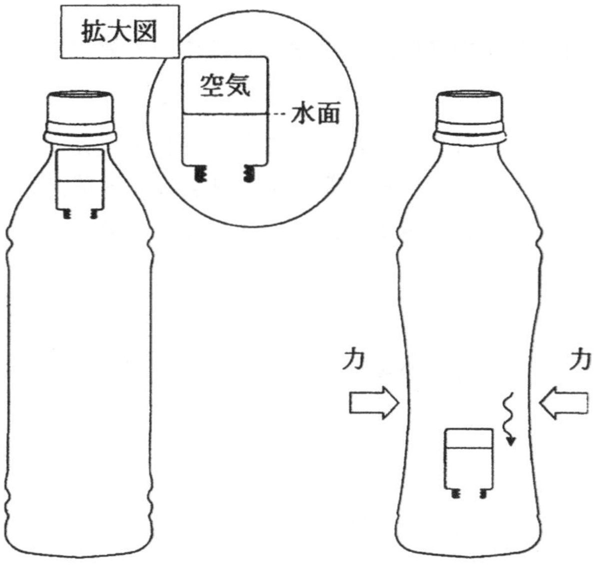

(ア)　(イ)

図2

Z くんはこのおもちゃを通して，液体中の物の重さと浮力に関する探究学習を行いました。ただし，空気の重さは考えないものとします。

（3）ペットボトルに力を加えると，浮沈子はなぜ沈むのでしょうか。「空気」「浮力」という2つの言葉を使って説明しなさい。

（4）教室にしばらく放置されていたこのおもちゃを再び観察したところ，ペットボトルに力を加えることなく，はじめから浮沈子が沈んでいました。このとき，ペットボトルのフタを開け，水に少しずつ食塩をとかしてよく混ぜると，浮沈子が再び浮き上がってきました。この現象を確認するために，480 g の水を入れたビーカーに体積 12 cm^3，重さ 13 g の物体を沈め，水に少しずつ食塩をとかしてこの物体を浮かせる実験を行いました。

① 物質 1 cm^3 あたりの重さのことを密度といい，単位は g/cm^3 で表されます。この物体の密度は何 g/cm^3 ですか。分数で答えなさい。

② この物体を浮かせるためには食塩を何 g より多く水にとかす必要がありますか。ただし，水は 1 cm^3 あたり 1 g の重さをもっており，水に食塩をとかしても液体の体積は変わらないものとします。

【3】次の文は，日食や月食について述べたものです。下の問いに答えなさい。

日食は太陽が月にかくされて見えなくなる現象，月食は月が地球の影《かげ》に入って見えなくなる現象です。日食は，地球，[A]，[B]の順に一直線上に並んだときに起きます。また，月食は，太陽，[C]，[D]の順に一直線上に並んだときに起きます。

（1）文中のA～Dにあてはまる天体の組合せとして正しいものを次のア～エから1つ選び，記号で答えなさい。

	A	B	C	D
ア	太陽	月	月	地球
イ	月	太陽	月	地球
ウ	太陽	月	地球	月
エ	月	太陽	地球	月

（2）ある日，日本のある地点で日食を観測することができました。このとき，地球にできた影のようすを模式的に表したものはどれですか。最も適当なものを次のア～エから選び，記号で答えなさい。ただし，黒い部分は影を表し，点Nは北極の位置を示しています。

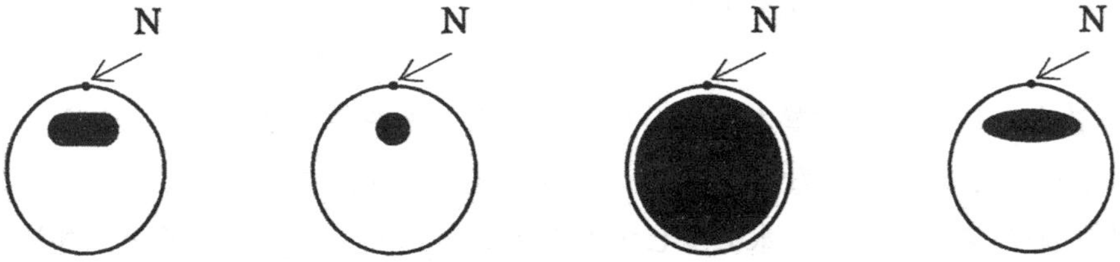

ア　イ　ウ　エ

（3）(2)の日食を観測した日からしばらくして月食が起こりました。月食を観測した日は日食からおよそ何日後でしたか。最も適当なものを次のア～エから選び，記号で答えなさい。

ア．7日後　イ．14日後　ウ．21日後　エ．28日後

（4）太陽と月は実際の大きさがかなり異なりますが，日食を観測したときに，ほぼ同じ大きさに見えることがわかりました。このことを，模型を使って確かめることにしました。まず，太陽の模型として直径 140 cm の球，月の模型として直径 3.5 mm の球を用意しました。これらの直径の比は，実際の太陽と月の直径の比とほぼ等しくなります。月の模型を自分から 38 cm はなれた位置に置いたとき，月の模型と同じ大きさに見えるようにするためには，太陽の模型を自分から何 m はなれた位置に置けばよいですか。答えが割り切れないときは，小数第 1 位を四捨五入して整数で答えなさい。

（5）日本で日食が起こる回数は平均で年間 2.2 回，月食が起こる回数は平均で年間 1.4 回といわれています。日食や月食が毎月のように起こらない(一直線上に並ばない)のはなぜか説明しなさい。

（6）月は地球の周りを回っている天体で衛星といいます。地球を回っているのは月だけでなく，人間の作り出した機械もあります。それを人工衛星といいます。ある人工衛星は地上から見ると常に静止しているように見えます。この人工衛星が赤道上空を高度（地球の地上からの距離）を一定に保って，秒速 3 km で飛行しています。地球を半径 6400 km の完全な球とし，自転周期（地球が 1 回自転するのにかかる時間）を 24 時間とすると，この人工衛星の高度は何 km になりますか。ただし，円周率は 3 とします。

【4】ものの燃え方について，下の問いに答えなさい。

（1）ろうそくの燃え方を観察したところ，ろうそくのほのおは右図のように3つの部分からできていることがわかりました。

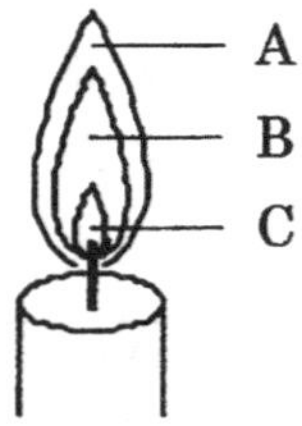

① 最も明るいのはどの部分ですか。A～Cの記号で答えなさい。

② ①の理由として正しく述べているものを次のア～エから1つ選び，記号で答えなさい。

ア．酸素に十分ふれているため，ろうがよく燃え，二酸化炭素が発生しているから。

イ．酸素に十分ふれているため，ろうがよく燃え，発生したすすが熱せられているから。

ウ．酸素に十分ふれていないため，まだ燃えていないろうの気体が多くあるから。

エ．酸素に十分ふれていないため，ろうが燃えきれないことで発生したすすが熱せられているから。

（2）金属も空気中で燃やすことができ，空気中の酸素と結びついて金属の「酸化物」という燃やす前とは別の物質になります。例えば，アルミニウムを燃やすとアルミニウムの酸化物ができます。アルミニウムに塩酸を加えると気体Xが発生しますが，アルミニウムの酸化物に塩酸を加えても気体Xは発生しません。そこで，実際にアルミニウムを燃やす前後で，物質の重さや性質がどのように変わるのかを調べる実験を行いました。

表は実験の結果をまとめたものです。1班は，アルミニウム3.6 gを加熱用の皿に入れて十分に燃やしたところ，燃やした後の物質の重さは6.8 gでした。この燃やした後の物質に塩酸を加えても気体Xは発生しませんでした。2班～4班は，アルミニウム2.7 gを燃やした時間を変え，1班と同様に燃やした後の物質の重さと，燃やした後の物質に塩酸を加えたときの気体Xの発生量を調べました。3班と4班の燃やした後の物質を観察すると，アルミニウムの一部が燃えずに残っていました。この結果をもとにして，次の問いに答えなさい。ただし，答えが割り切れないときは，小数第2位を四捨五入して小数第1位まで答えなさい。なお，この実験では塩酸は十分な量を加えており，発生した気体Xの体積はすべて同じ温度，同じ圧力ではかったものとします。

	1班	2班	3班	4班
アルミニウムの重さ(g)	3.6	2.7	2.7	2.7
燃やした後の物質の重さ(g)	6.8	5.1	4.3	3.5
発生した気体Xの体積(L)	0	0	1.2	2.4

① 気体Xの性質を正しく述べているものを次のア～オから1つ選び，記号で答えなさい。

ア．水にとけやすく空気よりも軽いため，上方置かん法で集める。

イ．水にとけ，赤色のリトマス紙を青色に変える。

ウ．雨にとけると強い酸性を示す酸性雨となる。

エ．空気中で火を近づけると音をたてて燃える。

オ．石灰水に通すと白くにごる。

② ある重さのアルミニウムを燃やしたところ，燃やした後の物質の重さは8.5 gでした。この燃やした後の物質に塩酸を加えても気体Xは発生しませんでした。燃やす前のアルミニウムの重さは何gですか。

③ アルミニウム2.7 gと結びついた酸素の重さ(g)と，発生した気体Xの体積(L)の関係をグラフに表しなさい。

④ アルミニウム2.7 gに十分な塩酸を加えたとき，発生する気体Xの体積は何Lですか。

⑤ アルミニウム5.1 gを燃やしたとき，燃やした後の物質に塩酸を加えたところ，気体Xが3.2 L発生しました。燃やした後の物質の重さは何gですか。

算　数

注　意

1．試験時間は50分です．

2．問題は1から5（1ページから9ページ）まであります．
試験開始後，抜け落ちているページがないか，印刷が不鮮明《ふせんめい》なページがないか確認してください．不備がある場合は監督者《かんとくしゃ》に申し出てください．

3．定規・コンパス・筆記用具以外の使用は認めません．

4．問題用紙や解答用紙を折ったり切ったりして，問題を解くためのヒントとなる形に変形することを禁止します．

5．解答用紙への記入上の注意
- 考え方を書く指示がある問題以外は，答えだけを書いてください．
- 答えに単位が必要な問題は，必ず単位をつけて答えてください．
- 答えが分数になる場合は，それ以上約分できない一番簡単な分数で答えてください．また，仮分数は帯分数に直してください．
- 図やグラフをかいて答える問題に対し，定規・コンパスを忘れた場合は手がきでていねいにかいてください．

受験番号		氏名	

(2024-J2)

1 次の □ にあてはまる数を求めなさい.

(1) $\frac{8}{15} \div \left(2 - 1\frac{5}{7}\right) \div \left(\frac{4}{5} + \frac{1}{4}\right) = \square$

(2) $(0.5 + 0.05) \times 5 - 4 \times 8 \div \left(\square - 23\right) = \frac{7}{4}$

(3) $(28 \times 14 + 26 \times 17) \div 238 + \left(\frac{1}{17} + \frac{3}{14}\right) \div \frac{1}{6} = \square$

2 次の各問いに答えなさい．

(1) あるジュースの容量は □ mL ですが，20 %増量すると 930 mL になります．

□ にあてはまる数を求めなさい．

(2) 西暦 2024 年の 4 月 9 日は火曜日です．この年の 7 月 20 日は何曜日ですか．

(3) 丸い池の周りに散歩コースがあります．A 君の歩く速さは分速 80 m で A 君が 11 分歩くと散歩コース全体の $\frac{1}{3}$ だけ進みます．A 君と B 君が同じ地点からそれぞれ反対方向に歩き始めると，2 人は 16 分後に出会いました．B 君の歩く速さを求めなさい．

(4) 右の図のようにいくつかのコインを正方形状にぎっしりと並べました．14 個余ったので，たてに 3 列，横に 2 列増やして長方形状にぎっしりと並べようとしたところ，37 個足りません．コインは全部で何個ありますか．

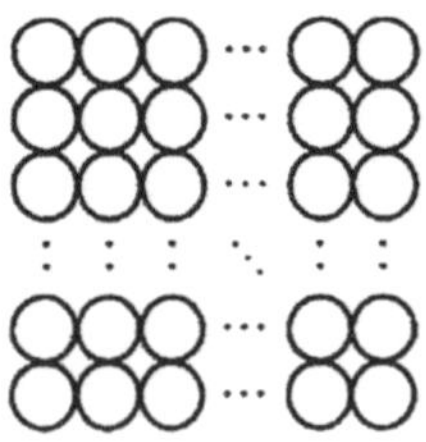

(5) 1つのサイコロを同じ目が2回続けて出るまでくり返し投げました．出た目の合計が7となる目の出方は全部で何通りですか．

(6) 下の図のような一辺の長さが6 cm の正方形ABCDにおいて，点Eは辺ABを3等分したうちのAに近い点とし，点Fは辺BCの真ん中の点とします．直線AFと直線DEの交わる点をG，直線AFと直線BDの交わる点をH，さらに直線CHと辺ABの交わる点をIとするとき，四角形EIHGの面積を求めなさい．

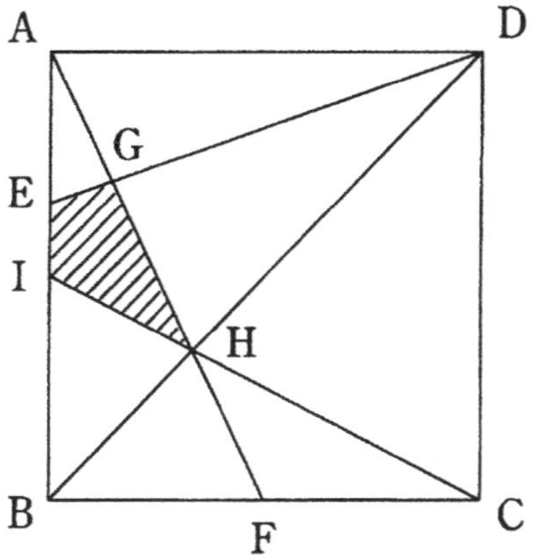

3 ある牧場では牛と羊をたくさん飼育しています．牛 1 頭は 1 日に 36 kg の牧草を食べ，この牧草の量は羊 1 頭が 3 日で食べる牧草の量よりも 9 kg 少ないです．この牧場に牛 100 頭と羊 120 頭を放牧するとちょうど 15 日で牧草がなくなります．また，牛 150 頭と羊 160 頭を放牧するとちょうど 10 日で牧草がなくなります．牧草は 1 日に一定の割合で伸びるものとして，次の各問いに答えなさい．

(1) 牛 1 頭と羊 1 頭が 1 日に食べる牧草の量の比を，もっとも簡単な整数の比で答えなさい．

(2) 放牧を行う前の牧草の量と，1 日に伸びる牧草の量の比をもっとも簡単な整数の比で答えなさい．

(3) 牛と羊を合わせて 164 頭だけ放牧したとき，ちょうど 15 日で牧草がなくなりました．牛は何頭放牧されていましたか．

《計算余白》

4 図1の円柱型の機器は三角形のアンテナがしめす方向へ前進しながら，底面の円の中心Oからインクを出します．これにより，地面に直線をかくことができます．機器は以下の3つのルール (進)，(回)，(く) にしたがって動き，このルールを組み合わせるといろいろな図形をかくことができます．これらのルールの組み合わせを「プログラム」といいます．

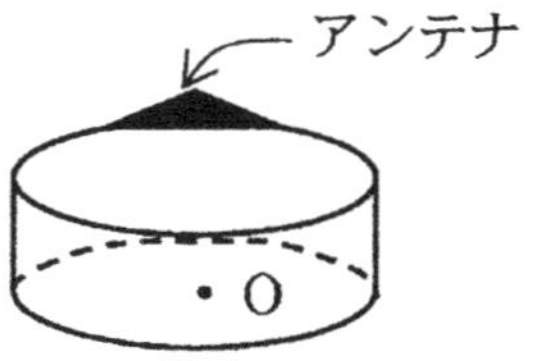

図1

(進)：A cm　・・・・アンテナがしめす方向へ A cm だけ進む

(回)：B 度　・・・・点Oを中心に左回りに B 度だけ回転する

(く)：C 回

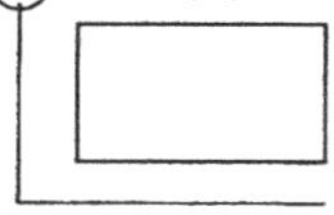

・・・・C 回だけ □ の中の命令をくり返す

次にプログラムⅠを見てください．プログラムⅠを動かすとスタート地点から三角形のアンテナの方向へ 5 cm 前進しながら直線をひき，次に左回りに 90° 回転します．これを 4 回くり返すことで，一辺が 5 cm の正方形をかくことができます．

(く)：4 回
　(進)：5 cm
　(回)：90 度

プログラムⅠ

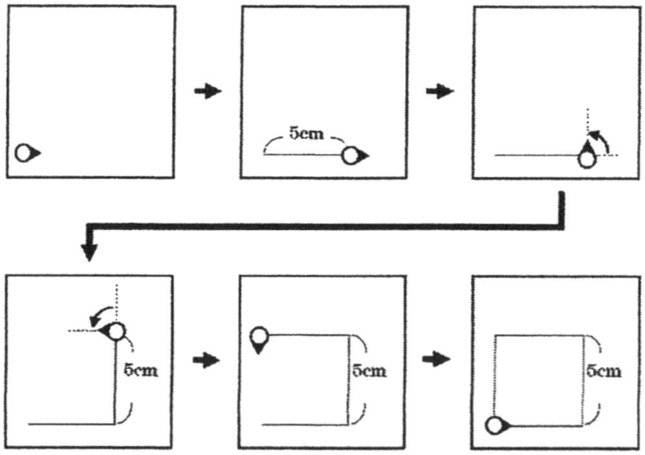

プログラムⅠが実行されている様子

このとき，次の各問いに答えなさい．

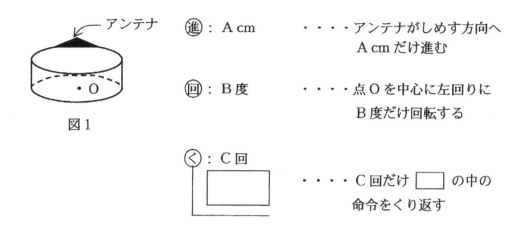

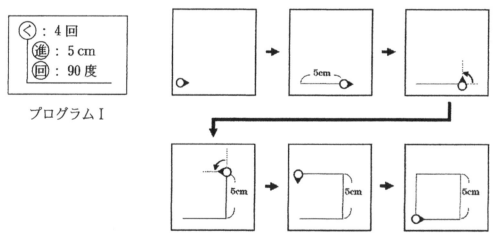

(1) プログラムⅡを実行したところ，円柱型の機器は点 A →点 B→点 C →点 D の順に移動し，下の図の実線をかくことができました．プログラムⅡの X, Y はいくつか答えなさい．ただし，最初に円柱型の機器は点 B の方向にアンテナが向いているものとします．

(進)：6 cm
(回)：120 度
(進)：6 cm
(回)：X 度
(進)：Y cm

プログラムⅡ

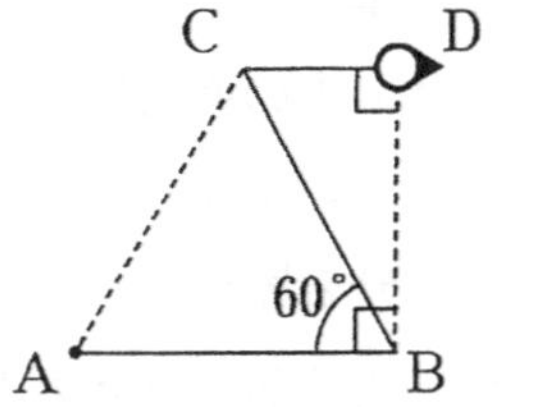

プログラムⅡの実行結果

(2) プログラムⅢを実行したときにかかれる図形を解答用紙にかきなさい.（解答用紙の点線は一辺が 1 cm の正三角形をしきつめたものです）ただし，点 A をスタート地点として，最初アンテナは図の矢印の向きに向いているものとします.

(く)：3 回
　(進)：1 cm
　(回)：60 度

(進)：3 cm
(回)：180 度

(く)：3 回
　(進)：1 cm
　(回)：300 度

プログラムⅢ

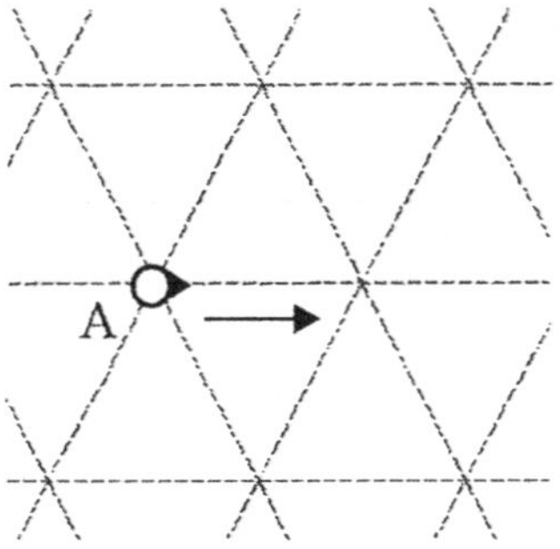

(3) 円周上に 9 個の点が等間かくに並んでいます． 1 点おきに点を直線で結ぶと右の図のようになります．この図をかくためのプログラムをつくりなさい. ただし，1 点おきに結ぶ辺の長さは 5 cm とし，最初に円柱型の機器は 2 つとなりの点の方向にアンテナが向いているものとします.

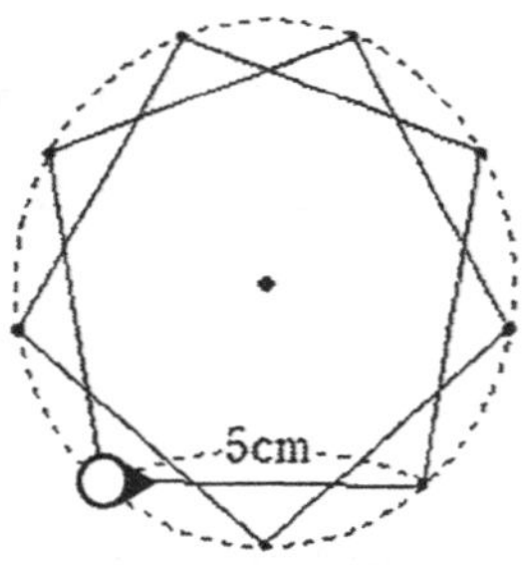

5　一辺の長さが 64 cm の立方体があり，各面および内部の色は白色です．以下の手順にしたがって，透明《とうめい》な机の上で「切り開く作業」をくり返し行います．

> 「切り開く作業」
>
> 手順 1　立体の上の面を図のように二等分するよう切り込みを入れ，立体の高さの半分だけ上から切る．さらに下の面に対して水平に切り込みを入れる．
>
> 手順 2　上半分を開く．
>
> 手順 3　切り開く前の立体の上の面が白色ならば，切り口をすべて黒く塗《ぬ》る．
> 切り開く前の立体の上の面が黒色ならば，切り口に色は塗らない．

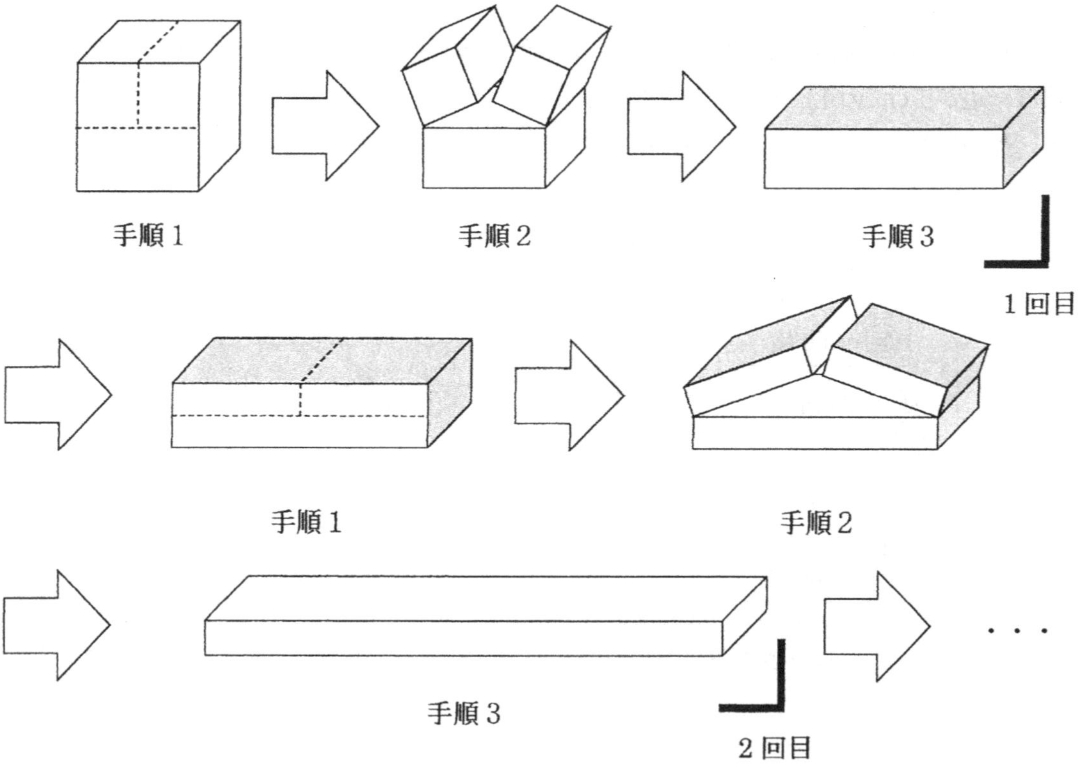

「切り開く作業」を 2 回くり返したときにできた立体の下の面を透明な机の下からながめると以下のように見える．

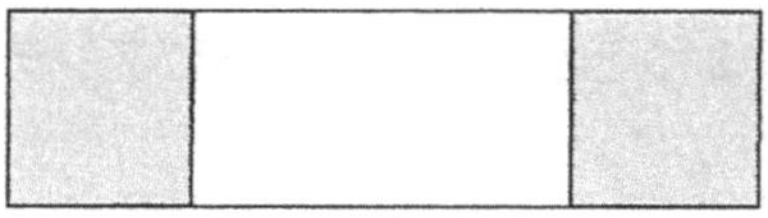

このとき，次の各問いに答えなさい．

(1) 「切り開く作業」を 2 回くり返したとき，下の面の面積を求めなさい．

(2) 「切り開く作業」を 3 回くり返したとき，立体の下の面の白い部分の面積と黒い部分の面積の比を最も簡単な整数の比で答えなさい．

(3) 「切り開く作業」を立体の高さが 1 cm になるまでくり返します．このとき，「切り開く作業」を何回行う必要がありますか．また，「切り開く作業」を最後まで行ったとき，立体の下の面の白い部分の面積と黒い部分の面積の比をもっとも簡単な整数の比で答えなさい．ただし，答えだけでなく考え方も書きなさい．

逗子開成中学校　2次

国語

注意

1、問題は【一】から【三】まで、ページ数は1ページから13ページまであります。

2、試験時間は50分です。

3、解答は解答用紙に記入し、解答用紙だけ提出しなさい。

4、字数制限のある問題では、句読点やかっこ、その他の記号も一字として数えます。

5、答えを直すときは、きれいに消してから新しい答えを書きなさい。

6、問題文には、設問の都合で、文字・送りがなど、表現を改めたり、はぶいたところがあります。

受験番号		氏名	

（2023－J2）

2023(R5) 逗子開成中　2次
教英出版

【一】 次の各問に答えなさい。

問一 次の①～⑮の各文の――線部のカタカナを漢字で書き、――線部の漢字の読み方をひらがなで書きなさい。

① ユウソウ料がかかる。　② 警報をカイジョする。　③ 文字をカクダイする。

④ ジュクレンした技。　⑤ 商品のザイコを調べる。　⑥ キチョウな体験をする。

⑦ 田舎にキセイする。　⑧ 犯人がツカまる。　⑨ 閉会式にノゾむ。

⑩ ボタンをトめる。　⑪ 安易な考え。　⑫ 光沢のある服。

⑬ 友の歓迎を受ける。　⑭ 両親を拝みたおす。　⑮ 木が朽ち果てる。

問二 次の①・②の各文の〰〰線部がかかる言葉をそれぞれ一つずつ抜き出し、記号で答えなさい。

① なかなか　ア話し合って　イ歩み寄れる　ウ状況には　エないと　オ思う。

② 何が　今　ア彼に　イとって　ウ必要なのかを、エ彼の　オ立場で　カ考える。

問三　次の①～③の各文の――線部は、体の一部分を使った慣用句である。それぞれの（　　）に当てはまる最も適切な漢字一字を答えなさい。

① 優勝チームに試合を申し込んだが、残念ながら（　　）であしらわれて試合を組んでもらえなかった。

② 彼がスピーチに失敗して（　　）を落としている様子は、見ていて本当に気の毒だった。

③ 面倒くさがりの父が、ようやく重い（　　）を上げて、海外旅行に必要なパスポートの申請に出かけた。

【二】　次の〈文章Ⅰ〉・〈文章Ⅱ〉を読んで、後の各問に答えなさい。

〈文章Ⅰ〉

言葉というのは不思議なもので、交わせば交わすほどたがいの違いが際立《きわだ》ってくる。たがいに理解しあうということ、相手のことをわかるということは、相手と同じ気持ちになることだと思っているひとが多い。［X］それは理解ではなく合唱みたいなものであって、同じものを見ていても感じることがこんなにも違うのかというふうに、違いを思い知らされることが、ほんとうの意味での理解ではないかと思う。

以前、友人の家族と会ったとき、母親が自分の息子を指さして、「この子とは性《しょう》が合いませんねん」と言った。①このお母さんは素敵だなと思った。ひとには言ってもわからないことがある。それを知ったうえでそれでもいっしょにいる。わからなくてもたがいの信頼が揺るがないことを肌で感じている……。性が合わなくてもいい、いやむしろ合わなくて当然なのだ。

「納得」という言葉がある。「納得」というのは不思議な心持ちで、「あなたの言うことはわかるけど、納得できない」と、わたしたちはしばしば口にする。逆に、「あなたの言っていることはわたしには＊1肯《うべな》うことはできないけれど、でも納得はできる」とか「事はそれで解決したわけではないけれど、納得はした」と口にすることもある。

このように、「納得」にはどうも、事態の理解、事態の解決には＊2尽きないものが含まれているようだ。だから、わかってもらいたいと願って口を開いたひとが、「わかる、わかる」と相手にすらすら言葉を返されると、「②そんなにかんたんにわかられてたまるか」と、逆に頑《かたく》なになるのだろう。

ある家庭裁判所の＊3調停員からおもしろい話を聞いたことがある。離婚の調停で、双方《そうほう》がそれぞれの言い分をぶつけ合った果てに「③万策《ばんさく》尽きた」「もうあきらめた」「いくら言ってももう無駄だ」と＊4観念《かんねん》したとき、そのぎりぎりの決裂のときにこそ、ほんとうの話しあいの途《みち》が微《かす》かに開けることがあるというのだ。訴え合いのプロセス、交渉のプロセスが尽くされてはじめて開けてくる途がある、と。

言葉のぶつけ合いの果てに、相手方のなかにその相手（つまり、このわたし）の心根《こころね》をうかがうような想像力もしくは関心がふと芽生えたことを察知したとき、 Y この＊5修羅場《しゅらば》から降りずに、果てしなく苦しいこの時間を共有してくれたことそのことにふと意識が及んだときに、「納得」ということが起こるというわけだろう。その意味では、「納得」は、事態の解決というより、その事態に自分とは違う立場からかかわるひととの関係のあり方をめぐって生まれる心持ちなのだろう。

④聴《き》くというのも、話を聴くというより、話そうとして話しきれないその疼《うず》きを聴くということだ。そして聴き手の聴く姿勢を察知してはじめてひとは口を開く。そのときはもう、聴いてもらえるだけでいいのであって、理解は起こらなくていい。妙にわかられたら逆に腹が立つというものだ。

こうして一つ、たしかなことが見えてくる。他者の理解とは、他者と一つの考えを共有する、あるいは他者と同じ気持ちになることではないということだ。むしろ、苦しい問題が発生しているまさにその場所にともに居合わせ、そこから逃げないということだ。

こういう交わりにおいて、言葉を果てしなく交わすなかで、同じ気持ちになるどころか、逆に両者の＊6差異《さい》がさまざまの微細《びさい》な点で際立ってくる。「ああ、このひとはこういうときこんなふうに感じ、こんなふうに惑うのか」と、細部において、ますます自分との違いを思い知ることになる。それが他者を理解するということなのである。そして差異を思い知らされつつ、それでも相手をもっと理解しようとしてその場に居つづけること、そこにはじめて⑤ほんとうのコミュニケーションが生まれるのではないかと思う。このことはもっと大きな社会的次元においても、つまり現代社会の多文化化《マルチカルチュラル》のなかで起こるさまざまな＊7葛藤《かっとう》や衝突《しょうとつ》のなかでも、同じように言えるはずだ。

（鷲田清一『わかりやすいはわかりにくい？』ちくま新書）

〈文章Ⅱ〉

今日の話の題目ですが、私は先ほども言いましたように「聴く」ことが私の本職と言っていいと思います。何をしているかというと、訪ねて来られた方の相談をするときに、根本は「聴く」ということです。相撲に「押さば押せ、引かば押せ」と、押しが相撲の根本だという言葉がありますが、私はカウンセラーの根本は「 Z 」だと思います。ともかく聴いていることが根本で、言われることをずっと聴いている。ときどき誤解され、カウンセラーなどというと、いろいろなことを教えてくれたり、指導したり助言したりすると思われますが、そういうことをすることはほとんどありません。ときどきしますが、まずないです。大半は聴いているわけです。

（中　略）

考えてみると、人間は話を聴いているようだけれど、とことん話を聴くということは本当にないのではないでしょうか。どこか途中で話を折ってしまう、やめてしまう。ところがわれわれは徹底的に聴いています。ただそのときに、職業として自分の体験をだんだん深めていきますとわかるのですが、やはり普通の人とは違う聴き方をしていると思います。

どんなふうに聴いているかというと、言われていることを必死になって聴いて、それについて必死になって考えてということはしません。そういう聴き方ではありません。

（河合隼雄・立花隆・谷川俊太郎『読む力・聴く力』岩波書店）

注
＊1　肯う……承知する。　＊2　尽きない……終わることがない。
＊3　調停員……対立する双方の間に入り、争いをやめさせる人。　＊4　観念……あきらめること。
＊5　修羅場……激しい争いの場。　＊6　差異……他のものと異なる点。　＊7　葛藤……互いに譲らず対立すること。

問一　X ・ Y に当てはまる最も適切な言葉を、次の選択肢ア～エからそれぞれ一つずつ選び、記号で答えなさい。ただし、同じ記号を二度以上用いてはならない。

ア　すなわち　　イ　そして　　ウ　しかし　　エ　たとえば

問二　Z に当てはまる最も適切な言葉を、次の選択肢ア～エから一つ選び、記号で答えなさい。

ア　話さば聴け、話さなくても聴け。
イ　話さば聴け、黙らば聴き出せ。
ウ　話さば黙れ、黙らば聴け。
エ　話さなくとも聴き出せ。

問三　――線部①「このお母さんは素敵だなと思った」とあるが、その理由として最も適切なものを、次の選択肢ア～エから一つ選び、記号で答えなさい。

ア　性が合わなくても、日頃から息子と何度も言葉を交わす中でその人柄の良さを認めているから。
イ　性が合わなくても構わないとでもいうような口ぶりに、親子の強い結びつきが感じられるから。
ウ　性が合わず息子との関係が悪くても、我慢しながら暮らしていこうとする忍耐力を感じたから。
エ　自分と自分以外の人とは、ものの見方や感じ方が違って当然だということを自覚しているから。

問四　――線部②「そんなにかんたんにわかられてたまるか」とあるが、そのように発言する理由を説明した次の（　　）に当てはまる適切な言葉を、二十字以内で答えなさい。

「わかる、わかる」とうわべだけの言葉で返されると、むしろ（　　　　）ように感じられるから。

問五　――線部③「万策尽きた」の言葉の意味として最も適切なものを、次の選択肢ア～エから一つ選び、記号で答えなさい。

ア　様々な方法がすべてだめだったが、それを認めたくない。
イ　すべての手段に効果がなく、別の手立てを考えている。
ウ　まだ考え得るすべての手段を使ったわけではない。
エ　すべての方法を使い果たし、どうしようもない状態だ。

問六　――線部④「聴くというのも、話を聴くというより、話そうとして話しきれないその疼きを聴くということだ」とあるが、この部分に関しての、次の対話文を読んで後のｉ・ⅱに答えなさい。

A君　――線部④では、「話そうとして話しきれないその疼きを聴く」とあるね。

B君　人には、いざ相手に話をしようとしても、なかなか話しきれない部分があると思うよ。やはり、相手に自分の気持ちの全てを伝えるのは難しいことだから、相手の［a］しないと、その人は話をすることもないかもしれない。

A君　なるほど。だから、「聴く」場合には、［b］ということが大切なんだね。

B君　そう。そしてそれは、相手の言っていることやその考えを一緒になって考えたり、相手と同じ気持ちになろうとしたりするのではなくて、相手と［c］ということなんだ。

A君　わかった。それが相手を理解するということなんだね。

ⅰ　［a］・［b］に当てはまる最も適切な言葉を、［a］は〈文章Ⅰ〉から七字、［b］は〈文章Ⅱ〉から八字で抜き出してそれぞれ答えなさい。

ⅱ　［c］に当てはまる適切な言葉を、〈文章Ⅰ〉の語句を使って十字以上十五字以内で答えなさい。

問七　――線部⑤「ほんとうのコミュニケーションが生まれる」とあるが、「ほんとうのコミュニケーション」とは、どのようなことを通して生まれるのか、〈文章Ⅰ〉・〈文章Ⅱ〉を踏まえて説明しなさい。

【三】　次の文章を読んで、後の各問に答えなさい。

「うちの親父もそう言ってる。教授と教え子って似てくるもんなの？」

そうだとしたら光栄だ。僕は藤巻教授を尊敬している。願わくは、将来は彼のような一流の研究者になりたい。

「あのさ先生、言っとくけどほめてないよ」

和也が僕の顔をのぞきこみ、あきれたように言い添えた。僕は気を取り直して、プリントを一枚渡した。

［　Ⅰ　］

つまらなそうに握った鉛筆を、和也はものの三分で放り出した。

［　Ⅱ　］

［　Ⅲ　］

［　Ⅳ　］

［　Ⅴ　］

僕は和也の鉛筆を拾って、いびつな七角形の内側に線を二本書き足してやった。

「ああ、そっか。それで？」

「あとは公式にあてはめればいい」

鉛筆を返し、「計算してみて」と命じる。危ないところだった。ごく自然な相槌《あいづち》につられて、つい自分で解いてしまいそうになった。

和也がうらめしげにため息をつく。

「ねえ、こういう計算とかって、コンピュータを使えば、一瞬でできちゃうんでしょ？　こないだ親父が言ってたよ。だったらわざわざ人間が時間かけてやらなくてもよくない？」

藤巻先生、と僕は胸の中でつぶやいた。①ご子息によけいなことを教えないで下さい。

藤巻教授は偉大な科学者であり、偉大な科学者の常として、客観的な事実を尊重する。さらに、その事実は＊1あまねく平等かつ正確に開示されるべきだと信じてもいる。しかし、事実をあえて指摘《してき》しないほうが円滑《えんかつ》に進むような局面も世の中には多々存在するというのもまた、＊2厳然《げんぜん》たる事実だ。

「コツをつかめば、A 楽しいもんだよ」

これも事実である。難問が解ければすっきりするし、無心で数字と向きあっている間は悩みも気がかりも忘れられる。僕がここのところ気に入っているのは、藤巻先生の講義で習った低気圧の理論計算だ。発達過程での波動や＊3擾乱《じょうらん》といった変数を考えあわせ、数式を組みたてていく。日頃なにげなく目のあたりにしている数々の気象現象は、おおむね数学的に表現できてしまうのだ。

「楽しい？　計算が？」

和也が②珍獣《ちんじゅう》を見るかのような目を僕に向ける。

「じゃあ、頭の訓練と思えばいい。脳みそは使わないと鈍るから、鍛《きた》えるにこしたことはない」

僕自身も、気乗りしない科目については、そう割りきって片づけたものだった。たとえば国語や社会科だ。さらに興味の持てない美術や体育に関しては、思考力より精神力を磨くつもりで乗りきった。

「いいよ別に、どうせおれの脳みそなんてたいしたもんじゃないし。先生や親父とは、B 出来が違うからさ」

おれは頭が悪いから、と和也はことあるごとに言う。返却されたテストの答案用紙を僕に見せるときも、問題が解けずに投げ出すときも、C ＊4卑屈《ひくつ》になるでもなく、あっけらかんと開き直ってみせる。でも、それは言い訳にすぎないと僕は思う。和也は頭が悪いわけじゃない。話していればわかる。こうして屁《へ》理屈をこねてみせるのだって、それなりに頭の回転が速いからこそできることだろう。大きな声では言えないが、他の家庭教師先には、もっとぼんやりした生徒も少なくない。さっき母親にも話したとおり、和也はきっと「やればできる」。努力と向上心が足りないだけだ。怠《なま》けずに勉強すれば、順当に成績は上がるに違いない。

だいたい、藤巻教授の血をひいた息子の頭が悪いわけがないじゃないか。

和也に計算の続きをさせておいて、僕は残りのプリントに目を通した。あと三週間で終わらせるには、いくらか急いだほうがよさそうだ。一問も手をつけられていない国語の宿題も発見してしまい、担当外《がい》ながら心配になってくる。

「できたかい？」

「まだ」

ほがらかに答えた和也の手もとをのぞいて、舌打ちしそうになった。中途半端にとぎれた数式のかわりに、高層ビルの絵が描かれている。珍しく真剣に手を動かしていると思ったらこれだ。なまじ巧《うま》いのがかえって腹立たしい。

③そっと息を吐き、天井へと視線をずらす。科学を志す者の端《はし》くれとして、僕は合理性を重んじる。感情的になってもろくなことはない。ことに、小生意気な中学生を相手にしている場合は。

（瀧羽麻子『博士の長靴』ポプラ社）

注　＊1　あまねく……広く。　＊2　厳然たる……動かしがたい。　＊3　擾乱……大気の小さな乱れ。
　　＊4　卑屈……いじけて、自分をいやしめること。

問一　[I]～[V]には次のいずれかの会話文が当てはまる。これらを正しい順序に並べ替えて記号で答えなさい。

ア　「だめだ。わかんない」

イ　「え、そうだっけ？」

ウ　「じゃあこれ、問三。解いてみて」

エ　「ほら、ここところに補助線をひいて」

オ　「どうして。先週やったのと同じだろ」

問二　A ～ C に入る言葉として最も適切なものを、次の選択肢ア～エからそれぞれ一つずつ選び、記号で答えなさい。
ただし、同じ記号を二度以上用いてはならない。

ア　そもそも　　イ　ことさら　　ウ　ますます　　エ　なかなか

問三　――線部①「ご子息によけいなことを教えないで下さい」とあるが、「僕」がそのように思う理由について説明した、次の（　Ⅰ　）・（　Ⅱ　）に当てはまる適切な言葉を、それぞれ十五字以内で答えなさい。

藤巻先生の話が（　Ⅰ　）ことであっても、それを和也は（　Ⅱ　）から。

問四　――線部②「珍獣を見るかのような」とあるが、「珍獣」とはどのような人をたとえているのか。次の選択肢ア～エから最も適切なものを一つ選び、記号で答えなさい。

ア　珍しいものに面白さを感じて興味を持つような、好奇心にあふれた人。
イ　やっかいな計算を頭の訓練として考えるような、切り替えのはやい人。
ウ　難しく思える計算もすんなりと解いてしまうような、計算が得意な人。
エ　誰もが嫌に思えるものに面白さを感じるような、普通とは変わった人。

問五　――線部③「そっと息を吐き、天井へと視線をずらす」とあるが、この時の「僕」の心情について説明しなさい。

問六　藤巻家の家庭教師である「僕」は、「和也」を学力的にはどのように評価しているのか、説明しなさい。

問七　本文の表現や内容についての説明として最も適切なものを、次の選択肢ア～エから一つ選び、記号で答えなさい。

ア　尊敬する藤巻先生の息子なので何とか和也の成績をあげたいという「僕」の少しの焦《あせ》りが、「舌打ちしそうになった」という言葉で表現されている。

イ　和也から「教授と教え子って似てくるもんなの？」と言われ有頂天になった「僕」が、和也に対して普段よりも積極的に話しかけている様子が描かれている。

ウ　和也に勉強を教える「僕」の視点で描かれ、学習に意欲的ではない和也に手こずり、苦労している「僕」の様子や心情が率直に表現されている。

エ　「藤巻教授の血をひいた息子の頭」という言葉から、「僕」が和也の将来に期待していて、今後彼が立派な科学者になれると感じていることが読み取れる。

《　問題は以上です　》

算　数

注　意

1．試験時間は50分です．

2．問題は1から5（1ページから9ページ）まであります．
試験開始後，抜け落ちているページがないか，印刷が不鮮明《ふせんめい》なページがないか確認してください．不備がある場合は監督者《かんとくしゃ》に申し出てください．

3．定規・コンパス・筆記用具以外の使用は認めません．

4．問題用紙や解答用紙を折ったり切ったりして，問題を解くためのヒントとなる形に変形することを禁止します．

5．解答用紙への記入上の注意
・考え方を書く指示がある問題以外は，答えだけを書いてください．
・答えに単位が必要な問題は，必ず単位をつけて答えてください．
・答えが分数になる場合は，それ以上約分できない一番簡単な分数で答えてください．また，仮分数は帯分数に直してください．
・図やグラフをかいて答える問題に対し，定規・コンパスを忘れた場合は手がきでていねいにかいてください．

受験番号		氏名	

(2023-J2)

2023(R5) 逗子開成中　2次
K 教英出版

1 次の $\square$ にあてはまる数を求めなさい.

(1) $5+5\times(5\times5\times5+5)-5\times\{5\div5+5\times(5+5)\}=\square$

(2) $1.2\times1.9+0.48\times13-0.03\times36+17.16\div13=\square$

(3) $2-\left\{\left(\frac{3}{5}-\square\right)\div\frac{2}{9}+1\frac{4}{7}\right\}=\frac{1}{35}$

2 次の各問いに答えなさい.

(1) 父は現在 41 さい, 2 人の子どもは 9 さいと 6 さいです.
2 人の子どもの年れいの合計が父の年れいと等しくなるのは何年後ですか.

(2) 119 と 289 の最小公倍数を求めなさい.

(3) ズーくん, シーくん, カイくん, セイくんの 4 人が 1 つずつプレゼントを持ち寄り交換することにしました. 4 人とも自分以外の子が持ってきたプレゼントを受け取りました. このような交換方法は全部で何通りありますか.

(4) A くん，B くん，C くんの 3 人が 2 人ずつ 200 m 走で勝負をしました．A くんがゴールしたとき，B くんはゴールの手前 25 m の位置にいました．次の勝負では C くんが 180 m 走ったときに，B くんはゴールしました．このとき，A くんと C くんが勝負したとき，どちらが何 m 差をつけて勝ちますか．ただし，3 人はいつも一定の速さで走ります．

(5) 右の図の三角形 ABC を，点 C を中心に時計回りに 19° 回転させた図形が三角形 DEC です．このとき，角 x の大きさを求めなさい．

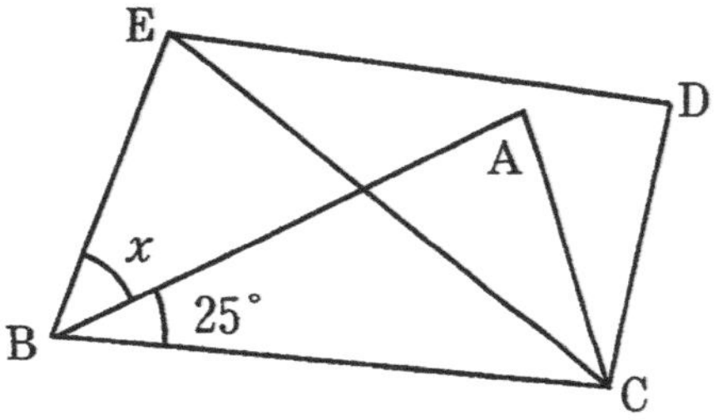

(6) 右の図の直角三角形 CEG の面積は $25\ \text{cm}^2$ です．点E は辺 AD の真ん中の点，点 F は辺 AB の真ん中の点です．このとき正方形 ABCD の面積を求めなさい．

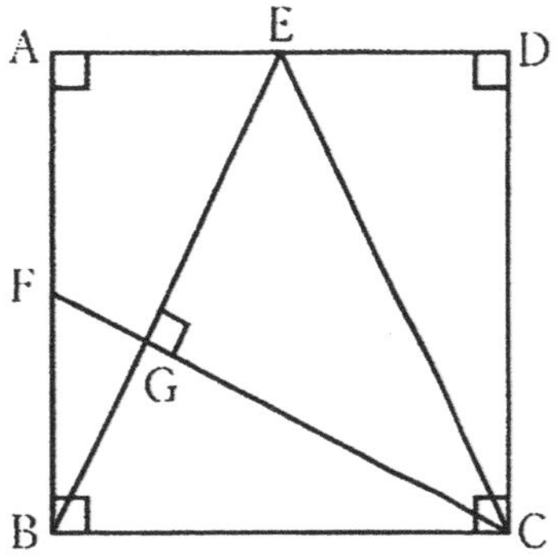

3 ZK 社で働いている社員 M さんが，1 人で毎日休まず働けば 72 日で終わる仕事があります．また同じ会社の社員 G さんと M さんが 2 人で毎日休まず働けば，この仕事は 18 日で終わります．このとき，次の各問いに答えなさい．

(1) 社員 G さんが 1 人で毎日休まず働くと，この仕事は何日で終わりますか．

実際には毎日休まず働くと大変なので，(2),(3)は次のルールで働くことにします．

・社員 M さんは，5 日連続で働き 2 日連続で休むことをくり返す

・社員 G さんは，1 日働き 1 日休むことをくり返す

(2) ルールにしたがって社員 M さんが 1 人でこの仕事を終わらせるには，始めてから何日かかりますか．

(3) ルールにしたがって社員 M さんと社員 G さんが協力してこの仕事を終わらせるには，2 人で始めてから何日かかりますか．

《計算余白》

4 図1のように，1辺が2 cmの正方形の中に半径1 cmの円の一部を組み合わせて模様を作り，囲まれた部分に斜線を引きました．この模様の付いた正方形を正方形A，正方形Aの斜線部分の図形を分銅Aと呼ぶことにします．次に，正方形Aを図2のように，いろいろな大きさの正方形になるようにしきつめていきます．このとき，次の各問いに答えなさい．ただし円周率は3.14とします．

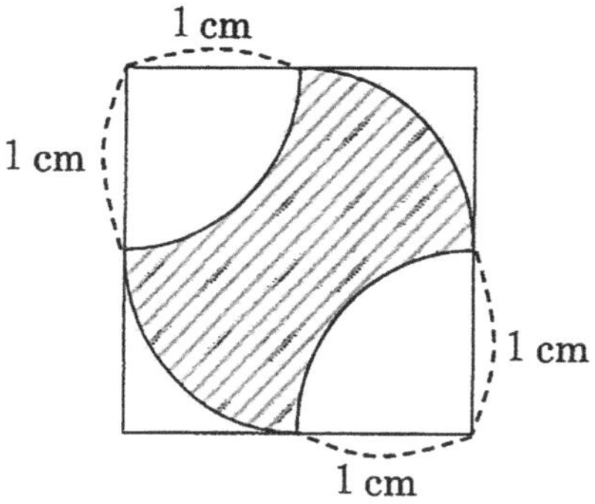

図1

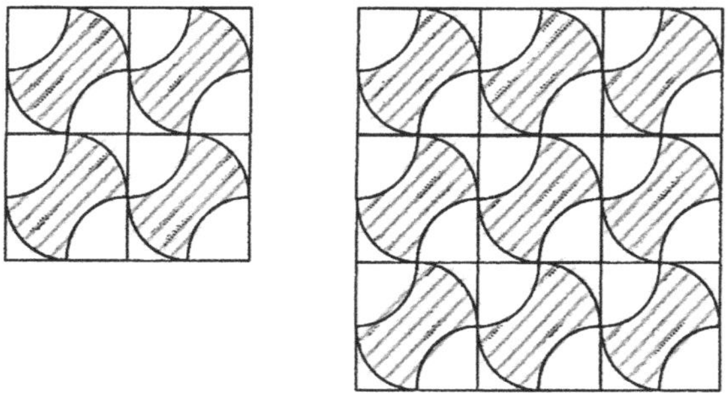

図2

(1) 正方形Aを1辺が12 cmの正方形になるようにしきつめたとき，分銅Aの面積の合計を求めなさい．

(2) 正方形Aをしきつめていくと，色の付いていない部分にも分銅Aと合同な図形が現れます．これを分銅Bと呼ぶことにします．1辺が12 cmの正方形になるようにしきつめたときに現れる分銅Bの面積の合計を求めなさい．

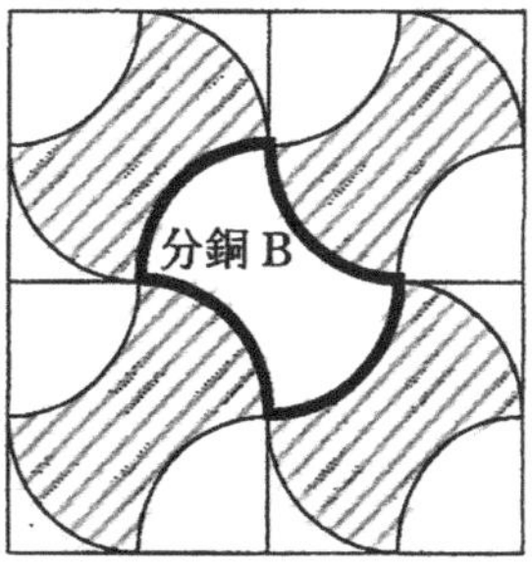

(3) 分銅Aと分銅Bの面積の合計が初めて1000 cm^2より大きくなるのは，1辺の長さが何cmの正方形に正方形Aをしきつめたときですか．

《計算余白》

5 ズトシくんはＺ湾で遠泳をしました．下の図はズトシくんが泳いだ経路の一部です．まず点Ａから，波打ち際の直線 n に直角の向きに泳ぎ始め，沖へ 27 分泳いで点Ｂに着きました．次に向きを変え，直線 n に平行の向きに泳ぎましたが，実際には潮があって点Ｃまで流されました．点Ｃから再び向きを変えＡＢと平行に 13 分泳ぎ点Ｄにたどり着きました．泳いだ時間は合計 48 分で泳いだ距離は合計 1858.5 m でした．
このとき，次の各問いに答えなさい．ただし，潮の速さ，潮が無いときのズトシくんの泳ぐ速さは常に一定とします．また，潮は海の沖から波打ち際の直線 n に向かって直角の向きに流れています．

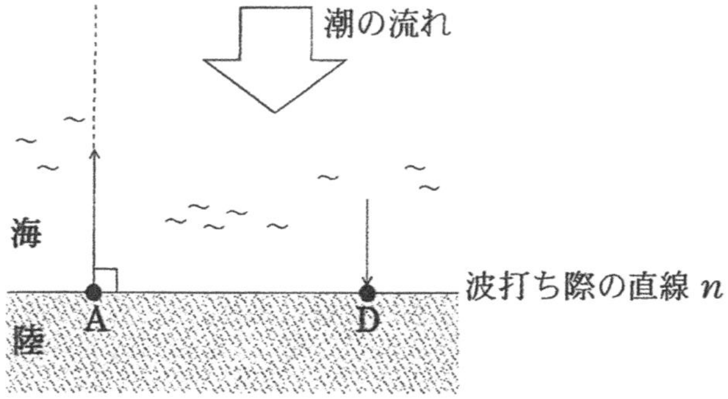

(1) ズトシくんが泳いだ A → B → C → D までの経路を次の (ア)〜(ク) から選びなさい．

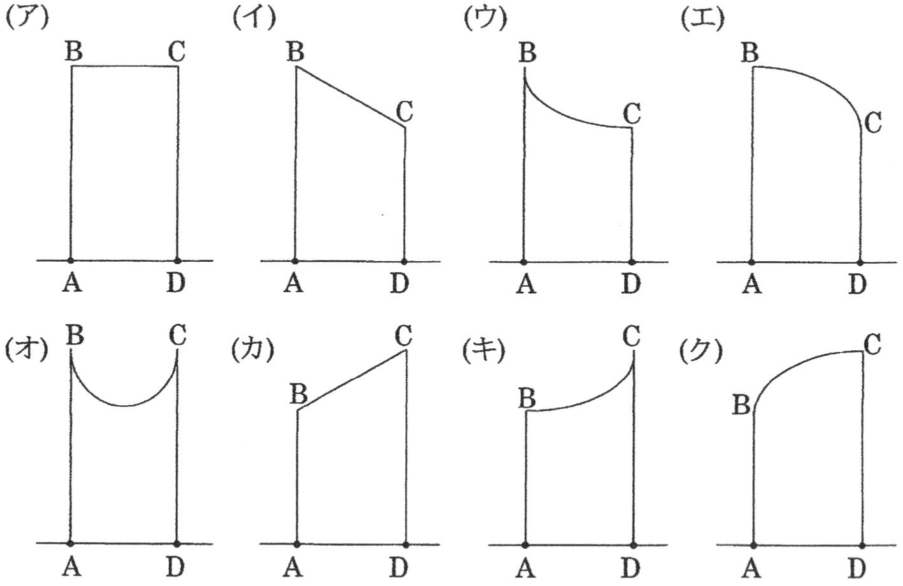

(2) 潮が無いときのズトシくんの泳ぐ速さと潮の速さの比を求めなさい．

(3) BC 間の距離は 350 m でした．潮の速さは分速何 m ですか．ただし，答えだけではなく，途中の考え方も書きなさい．

《計算余白》

2023(R5) 逗子開成中　2次
K 教英出版

理　科

注　意

1．問題は【１】～【４】（1～8ページ）まであります。

2．試験時間は40分です。

3．解答は解答用紙に記入し，解答用紙だけ提出しなさい。

4．答えを直すときは，きれいに消してから新しい答えを書きなさい。

5．図やグラフをかく場合は，ていねいにはっきりとかきなさい。必要ならば定規を使ってもかまいません。

受験番号		氏名	

(2023−J2)

【１】生態系について，下の問いに答えなさい。

地球上には多くの生物が生息しており，多くの a 生物がたがいに深く関わり合って生活をしています。生物と生活している自然環《かん》境をあわせて生態系といいます。

台風や山火事などによって自然状態が大きく変わり，その場所に生息する生物に影響《えいきょう》を与えることを「かく乱」といいます。b 大規模なかく乱が生じると生態系のバランスがくずれ，生物の種数に大きな変化が起こります。このような場合はかく乱に強い種だけが存在するような生態系になると考えられます。逆にかく乱がほとんど起こらなければ，生物どうしの競争に強い種だけが存在する生態系になると考えられます。

また，c 外来生物によってもかく乱が生じることがあります。池の水を抜くという内容のテレビ番組もありますが，この池の水をくみ出す作業を d「かいぼり」といい，外来生物を駆《く》除することで生態系を守ることや，水質浄《じょう》化などを目的としています。

（１）下線部 a について，生物が食べる食べられるという関係でつながっていることを何といいますか。

（２）下線部 b について，かく乱の規模と生物の種数の関係を表したグラフとして適したものを次のア～エから１つ選び，記号で答えなさい。

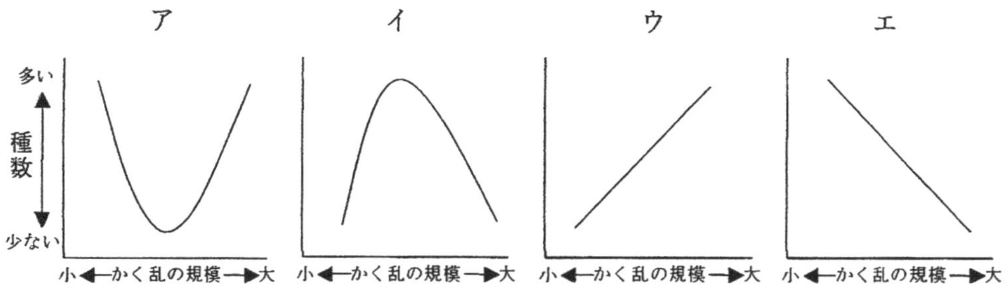

（３）下線部 c の具体例として，誤っているものを次のア～オから１つ選び，記号で答えなさい。

ア．セイヨウタンポポが繁殖《はんしょく》した結果，カントウタンポポの数が減ってしまった。

イ．森林を伐《ばつ》採したことで生物の住みかが減り，生物の種数が減ってしまった。

ウ．アメリカザリガニが水生こん虫や小さな魚類を捕《ほ》食してしまう。

エ．ペットショップで買った亀を近くの川に逃がしてしまう。

オ．日本のワカメがオーストラリアの沿岸で繁殖してしまった。

（4）下線部dについて，ある池でかいぼりを行い，外来生物であるオオクチバスを除去しました。図1，図2はオオクチバスの除去前と除去後のトンボ類の幼虫の個体数の変化，タナゴ類の個体数の変化をそれぞれ表しています。これらの図から読み取れることとして正しいものを次のア～オから1つ選び，記号で答えなさい。

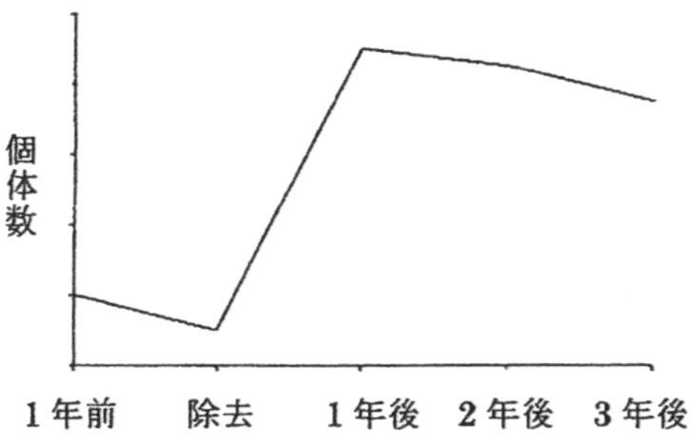

図1　トンボ類の幼虫の個体数変化

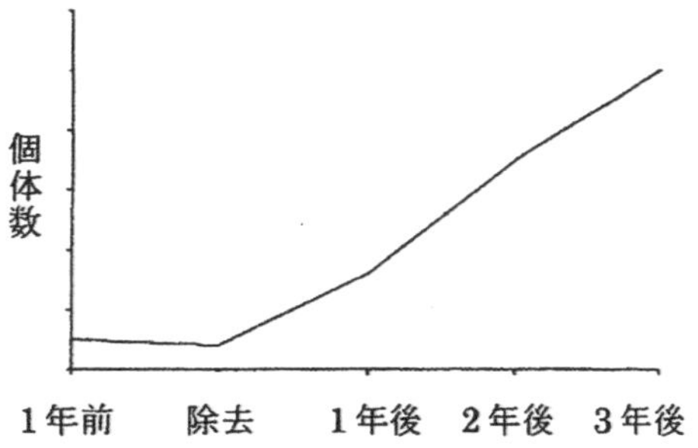

図2　タナゴ類の個体数変化

ア．オオクチバスはトンボ類の幼虫やタナゴ類に捕食されていた。
イ．オオクチバスはトンボ類の幼虫よりもタナゴ類を好み多く捕食する。
ウ．タナゴ類やトンボ類の幼虫の個体数の減少はオオクチバスとは無関係だった。
エ．タナゴ類はトンボ類の幼虫を捕食している。
オ．オオクチバス以外にもトンボ類の幼虫の個体数を減らす要因がある。

（5）2015年9月に国連サミットで「持続可能な開発目標」というより良い世界を目指すための国際目標が提示されました。全17の目標のうち，目標15は「陸の豊かさも守ろう」となっています。森林の減少を止め，陸の生態系を守るための取り組みを行うことを目標としています。

①　「持続可能な開発目標」をアルファベット4文字で表しなさい。

②　地球の森林の面積は，25年間で約1300000 km^2減少しています。これと同じだけの量が日本の森林で減少したとすると，日本の森林は何年間で全て失われますか。日本の国土面積を378000 km^2，日本の森林の面積は国土の65 %とし，小数第1位を四捨五入して整数で答えなさい。

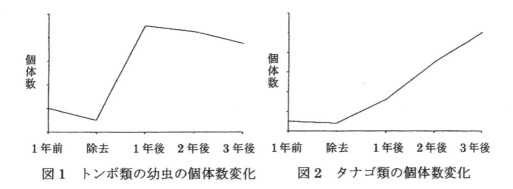

【2】日本は世界的に見ても地震《しん》が多い国です。それは，厚さ 100 km 程度のプレートと呼ばれる岩石の板が日本付近に 4 枚あり，となりあって動いているためです。地震について，下の問いに答えなさい。

（1）プレートがとなりあって動いているために，大地には大きな力が加わります。ある崖《がけ》を観察したところ，図 1 のように地層 a，b，c がずれていました。

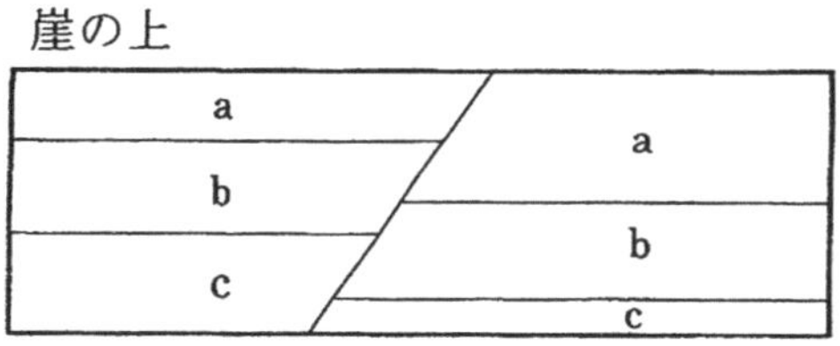

図 1

① 崖に見られた地層のずれを何といいますか。漢字 2 文字で答えなさい。

② この地層のずれは，どの方向から力が加わったためにできましたか。次のア～エから 1 つ選び，記号で答えなさい。

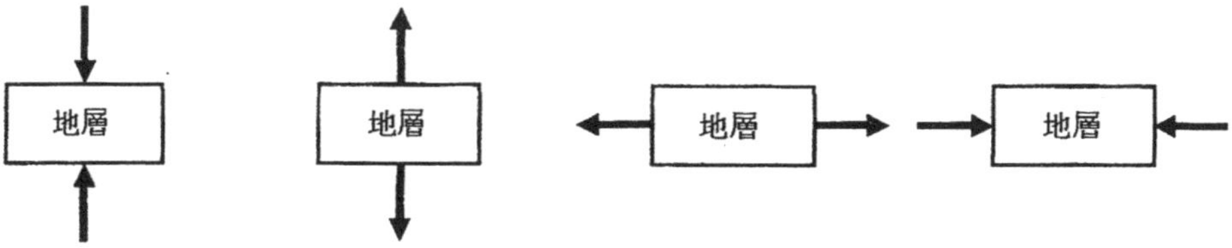

ア　　イ　　ウ　　エ

③ 地震が発生すると，液状化現象が起こるときがあります。液状化現象についての説明として誤っているものを次のア～エから 1 つ選び，記号で答えなさい。

ア．うめ立て地や三角州などで起こりやすい。

イ．重い建物がうき上がったりする。

ウ．地震のゆれで地中の土砂と水が分かれる。

エ．地面が液体のようになる。

④ 震源が海底にあると，津波が起こるときがあります。津波についての説明として正しいものを次のア～エから 1 つ選び，記号で答えなさい。

ア．地震のゆれの伝わる速さよりも津波の速さは速い。

イ．津波の速さは水深が深いところほど速い。

ウ．陸地に近づくほど津波の高さは低くなる。

エ．火山のふん火で津波が発生することはない。

（２）地震の大きさは，震度とマグニチュードで表します。震度は，ある場所での地震によるゆれの強さを表し，マグニチュードは地震そのものの大きさ(規模)を表します。これは，電球の明るさと電球に照らされた周りの明るさとの関係によく似ています。図２に示すように明るさの異なる２種類の電球で，同じ高さから机を照らしています。この実験からわかることを次のア～エから１つ選び，記号で答えなさい。

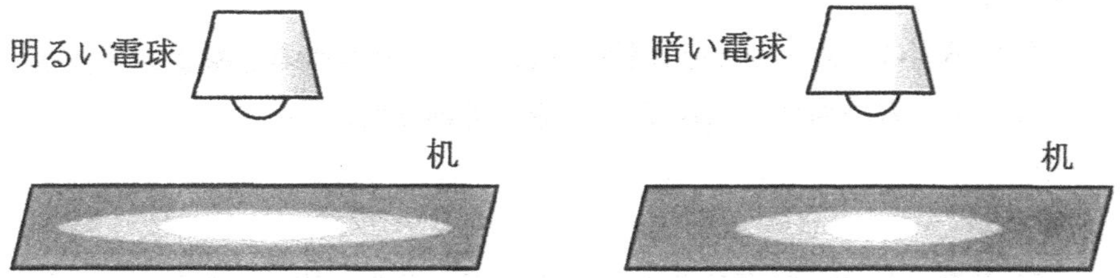

図２

ア．マグニチュードが大きくなると，同じ場所の震度は大きくなる。

イ．マグニチュードは震源に近い場所では大きく，遠い場所では小さくなる。

ウ．マグニチュードが大きいと，ゆれの範《はん》囲はせまくなる。

エ．マグニチュードの大きさに関係なく，震度はどこでも同じになる。

（３）地震のゆれは地震波によって起こります。地震が起こると，Ｐ波とＳ波という２種類の地震波が震源から同時に発生します。Ｐ波は伝わる速さが秒速７km くらいです。Ｓ波は伝わる速さが秒速４km くらいで強いゆれを起こします。

緊《きん》急地震速報は，先に伝わるＰ波を機械などで検知した段階で，Ｓ波が伝わってくる前に危険が迫《せま》っていることを知らせる仕組みです。

図３は，都市Ａ，都市Ｂのある地震の震源(震央)Ｘからの距離を模式的に示しています。

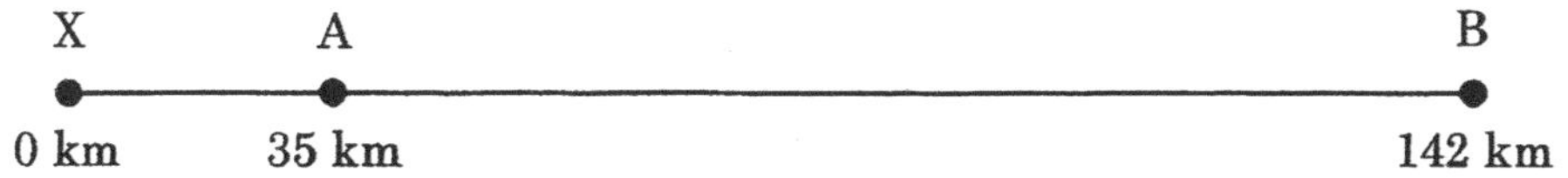

図３

① 都市ＡにＰ波が到《とう》着するのは，地震発生から何秒後ですか。

② 都市ＡにＰ波が到着してから，0.5 秒後に都市Ｂで緊急地震速報を受信しました。都市ＢにＳ波が達するのは，緊急地震速報を受信してから何秒後ですか。

【３】気体の性質について，下の問いに答えなさい。

（１）６種類の気体Ａ～Ｆは，水素，酸素，二酸化炭素，ちっ素，アンモニア，塩化水素のいずれかであることがわかっています。次のような実験を行いました。

［実験１］

気体Ｂ，Ｃ，Ｄをそれぞれ試験管にとり，火のついた線香を入れると気体ＢとＤではやがて火が消え，気体Ｃでは激しく燃えた。

［実験２］

気体Ａにしめった赤色リトマス紙を近づけると青色に変化した。

［実験３］

気体Ｅを水に溶《と》かし，さらに亜鉛《あえん》を加えると気体Ｆが発生した。

［実験４］

気体Ｂを石灰水に吹《ふ》き込《こ》むと，白くにごった。

① 気体Ａ～Ｆについて，気体の性質を正しく述べているものを次のア～クからそれぞれ選び，記号で答えなさい。

ア．地球温暖化の原因の一つとなっている。

イ．植物の光合成で発生する。

ウ．鼻をさすにおいがあり，空気よりも重い。

エ．においがなく，空気よりも非常に軽い。

オ．卵が腐《くさ》ったようなにおいがある。

カ．黄緑色をしており，殺菌《きん》作用がある。

キ．上方置換《かん》法でしか集められない。

ク．空気の約 80 ％を占《し》めている。

② 水に溶かすことができ，その水溶《よう》液に BTB 溶液を加えたときに黄色に変化する気体をＡ～Ｆからすべて選び，記号で答えなさい。

（2）チョークや大理石の主成分である炭酸カルシウムは，塩酸と反応して二酸化炭素を発生します。ある濃《のう》度の塩酸 100 mL に炭酸カルシウムを加える実験を行いました。このとき，反応した炭酸カルシウムの重さと発生した二酸化炭素の重さの関係を調べたところ，表 1 のような結果が得られました。

表 1　炭酸カルシウムの重さと発生した二酸化炭素の重さの関係

炭酸カルシウムの重さ(g)	2.0	4.0	6.0	8.0	10.0
発生した二酸化炭素の重さ(g)	0.88	1.76	2.64	3.30	3.30

①　この塩酸 100 mL とちょうど反応する炭酸カルシウムの重さは何 g ですか。答えが割り切れないときは，小数第 2 位を四捨五入しなさい。

次に，大理石 3.0 g に，異なる濃度の塩酸を加える実験を行いました。このとき，加えた塩酸の体積と発生した二酸化炭素の重さの関係を調べたところ，表 2 のような結果が得られました。ただし，大理石に含《ふく》まれる炭酸カルシウム以外の成分は，塩酸と反応しないものとします。

表 2　加えた塩酸の体積と発生した二酸化炭素の重さの関係

加えた塩酸の体積(mL)	20	40	60	80	100
発生した二酸化炭素の重さ(g)	0.44	0.88	1.10	1.10	1.10

②　この結果より，加えた塩酸の体積(mL)と発生した二酸化炭素の重さ(g)の関係をグラフに書きなさい。

③　用いた大理石 3.0 g には，炭酸カルシウムが何％含まれていますか。答えが割り切れないときは，小数第 2 位を四捨五入しなさい。

【4】ばねを使った［実験 1］～［実験 3］について，下の問いに答えなさい。ただし，ばねの重さは考えないものとします。

［実験 1］

図 1 のように，ばね 1 つにおもり A を 1 つつるすと，ばねが 3.0 cm のびたところでおもりは止まりました。

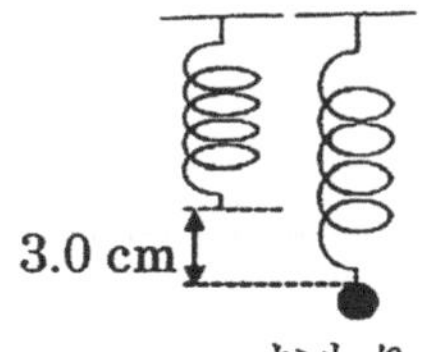

図 1

（1）このばねに，別のおもり B を 3 つつるすと，ばねは 13.5 cm のびました。おもり B の重さは，おもり A の重さの何倍ですか。

［実験 2］

図 2，図 3 のように，［実験 1］で使ったばねと同じ種類のばねを複数組合わせ，軽い棒につなぎました。このときばねはのびませんでした。そこに［実験 1］のおもり A を 1 つつるし，この棒が下がった距離《きょり》を調べたところ，結果は表 1 のようになりました。表 1 の「ばねの組合わせ」にある数字は(縦につないだ数，横につないだ数)を表します。図 2 のつなぎ方は(1,3)，図 3 は(3,2)になります。

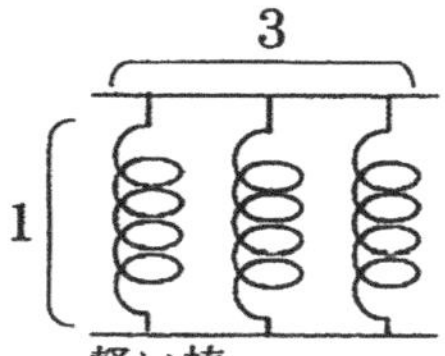

図 2 (1,3)

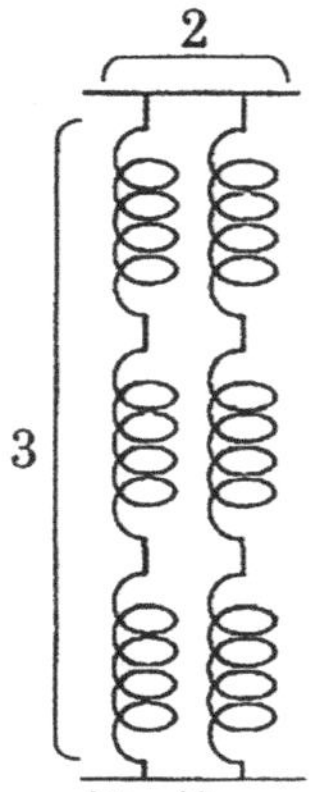

図 3 (3,2)

表 1　ばねの組合わせと棒が下がった距離の関係

ばねの組合わせ	(1,1)	(1,2)	(1,3)	(1,4)	(2,1)	(2,2)	(2,3)	(2,4)
棒が下がった距離 (cm)	3.0	1.5	1.0	0.75	ア	イ	ウ	エ

（2）表 1 のアとウにあてはまる数値をそれぞれ答えなさい。答えが割り切れないときは，小数第 2 位を四捨五入しなさい。

（3）棒が下がった距離が，表 1 のイ，エと同じになる組合せをそれぞれ 1 つずつ答えなさい。答えは表 1 にない組合せでもかまいません。

（4）ばねの組合わせが(3,2)のとき，おもりAを 1 つつるすと棒は何 cm 下がりますか。答えが割り切れないときは，小数第 2 位を四捨五入しなさい。

［実験 3］

［実験 2］のように，ばねを組合わせて軽い棒でつなぎ，図 4 のように［実験 1］と同じおもり A をつるしました。この状態から図 5 のようにおもりを下に引いてばねを引きのばして手をはなすと，軽い棒とおもりは上下の往復運動をくり返しました。この往復運動 5 回にかかる時間を，ばねの組合わせを変えながら調べたところ，結果は表 2 のようになりました。

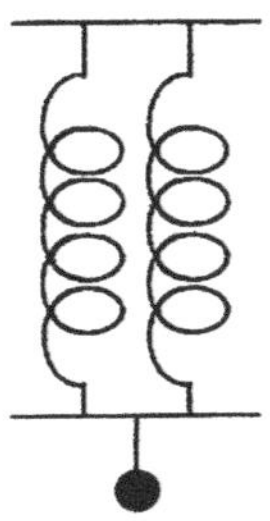

おもり A

図 4

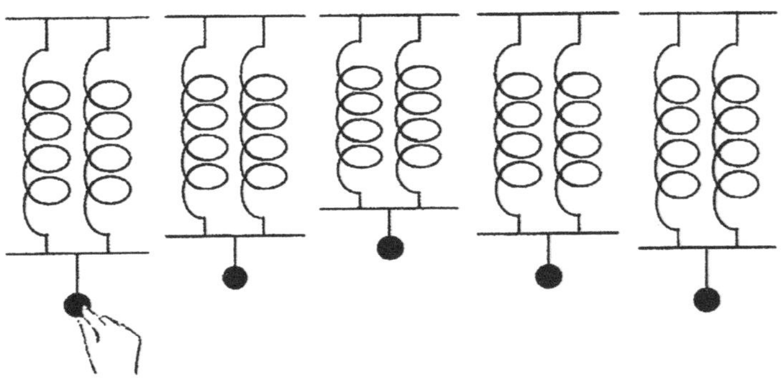

図 5　軽い棒とおもり A の往復運動 1 回の様子

表 2　ばねの組合わせと 5 往復にかかる時間の関係

ばねの組合わせ	(1,1)	(1,2)	(1,3)	(1,4)	(2,1)	(2,2)	(2,3)	(2,4)
時間(秒)	6.36	4.50	3.65	3.18	9.00	6.36	5.20	4.50

（5）表 2 の結果から，横につなぐばねの数が 4 倍になると 5 往復にかかる時間は何倍になりますか。

（6）ばねの組合わせが(4,1)のとき，5 往復にかかる時間は何秒ですか。表 1 と表 2 の結果を使い，小数第 1 位まで答えなさい。

2023(R5) 逗子開成中　２次
教英出版

2023(R5) 逗子開成中　2次
K 教英出版

社　会

注　意

1．問題は【1】から【3】まであります。
　　（1ページから11ページまであります。）
2．試験時間は40分です。
3．解答は解答用紙に記入し、解答用紙だけ提出しなさい。

受験番号		氏名	

(2023－J2)

【１】　次の文章を読み、以下の各問いに答えなさい。

①三浦半島は、東は東京湾、西は相模湾に面しており、起伏《きふく》にとんだ丘陵《きゅうりょう》が半島中央部から海岸近くまで連続しています。平坦地《へいたんち》は少ないものの、優良な②港湾に恵《めぐ》まれた地域です。

三浦半島北西部に位置する逗子市は面積 17.28 ㎢、北は③鎌倉市と横浜市、東は④横須賀市、南は三浦郡葉山町に隣接《りんせつ》しています。主に丘陵と平地からなり、その中をいくつかの⑤川が流れています。三浦半島の相模湾に面した地域は⑥日本海流の影響《えいきょう》で温暖湿潤な⑦気候で、とりわけ逗子の夏は涼《すず》しく、冬は暖かな気候のため古くから保養地として知られていました。鉄道や高速道路の整備によって、東京・横浜への交通の便が良くなると⑧大規模な開発がおこなわれ、逗子の姿は大きく変貌《へんぼう》しました。こうした開発は逗子に限らず、三浦半島の他の地域でもおこなわれ、多くの緑地が失われていきました。一方で、市民による⑨自然環境の保全・保存活動などがおこなわれるようになりました。

問１　下線部①に関連して、三浦半島の平地では 1960 年代まで稲作が盛《さか》んでした。稲作に関して述べた次の文章を読んで、以下の各問いに答えなさい。

> 主食である米の増産と安定した供給をはかるため、政府は 1942 年に定められた法律に基づいて米の生産を管理・統制しました。しかし、米の需要《じゅよう》は戦後の食生活の変化にともない縮小しました。1971 年より国が米の生産量を調整してきた（　X　）政策は 2018 年に廃止《はいし》され、農家は自らの判断で米の生産をおこなうことができるようになりました。

Ⅰ．文章中の空らん（　X　）に入る適切な語句を漢字で答えなさい。

Ⅱ．（　X　）政策がおこなわれた秋田県の湖沼《こしょう》を、次のア～エから一つ選び、記号で答えなさい。

ア．霞ヶ浦《かすみがうら》　イ．満濃池《まんのういけ》　ウ．八郎潟《はちろうがた》　エ．印旛沼《いんばぬま》問２　下線部②に関連して、三浦半島には、日本有数のマグロ水揚港《みずあげこう》である三崎港があります。三崎港は遠洋漁業の基地としても知られています。遠洋漁業について述べた次の文章中の空らん（　Ｘ　）～（　Ｚ　）に入る適切な語句の組み合わせとして正しいものを、以下のア～クから一つ選び、記号で答えなさい。

> 遠洋漁業の漁獲量は 1973 年から 1979 年までの６年間でおよそ半分にまで減少しています。その要因は 1973 年の（　Ｘ　）により、燃料価格が上がったことや、1970 年代後半から世界各国が（　Ｙ　）を設定し、自国の沿岸から（　Ｚ　）海里の水域内において、外国の漁船が魚を捕ることを制限するようになったためです。

ア．Ｘ－バブル崩壊　Ｙ－領海　Ｚ－12
イ．Ｘ－バブル崩壊　Ｙ－領海　Ｚ－200
ウ．Ｘ－バブル崩壊　Ｙ－排他的経済水域　Ｚ－12
エ．Ｘ－バブル崩壊　Ｙ－排他的経済水域　Ｚ－200
オ．Ｘ－石油危機　Ｙ－領海　Ｚ－12
カ．Ｘ－石油危機　Ｙ－領海　Ｚ－200
キ．Ｘ－石油危機　Ｙ－排他的経済水域　Ｚ－12
ク．Ｘ－石油危機　Ｙ－排他的経済水域　Ｚ－200

問３　下線部③に関連して、鎌倉彫《かまくらぼり》について述べた次の文章を読んで、以下の各問いに答えなさい。

> 鎌倉市およびその周辺の地域で生産されている鎌倉彫は、（　Ｘ　）に指定されています。（　Ｘ　）とは、「製造過程の主要部分が手づくりであること」や「一定の地域で産地を形成していること」などの要件を満たした製品のうち、法律に基づいて（　Ｙ　）大臣が指定したものです。

Ⅰ．文章中の空らん（　Ｘ　）に入る適切な語句を漢字６字で答えなさい。
Ⅱ．文章中の空らん（　Ｙ　）に入る適切な語句として正しいものを、次のア～エから一つ選び、記号で答えなさい。

ア．国土交通　イ．文部科学
ウ．経済産業　エ．農林水産

問４　下線部④に関連して、横須賀市は京浜工業地帯の一部です。現在の京浜工業地帯について述べた次の文Ｘ・Ｙの正誤の組み合わせとして正しいものを、以下のア～エから一つ選び、記号で答えなさい。

Ｘ：東京を中心に印刷業が盛んである。
Ｙ：京浜工業地帯の工業生産出荷額は中京工業地帯よりも多い。

ア．Ｘ－正しい　Ｙ－正しい　イ．Ｘ－正しい　Ｙ－誤り
ウ．Ｘ－誤り　Ｙ－正しい　エ．Ｘ－誤り　Ｙ－誤り

問５　下線部⑤に関連して、次の【資料１】【資料２】は日本のある川の航空写真です。各資料中の河川Ａ・Ｂの名称《めいしょう》をそれぞれ漢字で答えなさい。

【資料１】

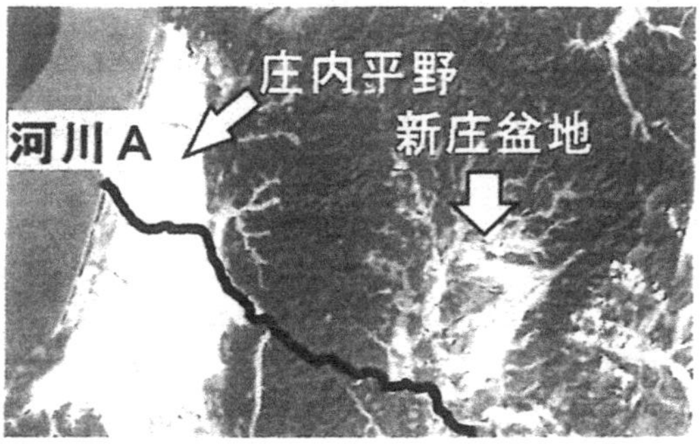

【資料２】

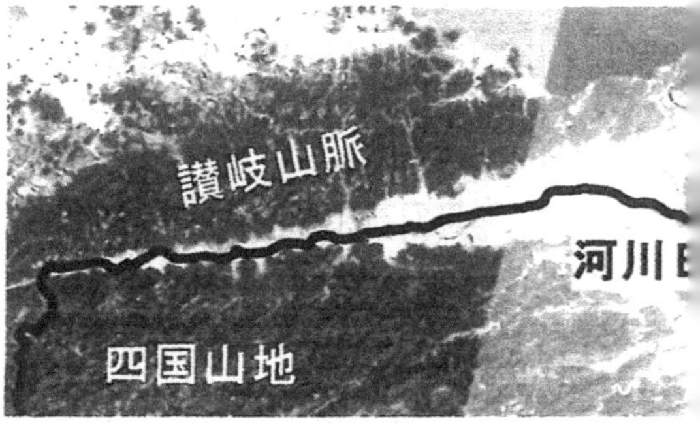

(『国土地理院地図』より作

問６　下線部⑥に関連して、寒流と暖流がぶつかるところを何といいますか。漢字２字で答えなさい。

問７　下線部⑦に関連して、本州では、太平洋側と日本海側で気候の違《ちが》いがみられます。要因の一つに季節風があげられます。次の文中の（　Ｘ　）・（　Ｙ　）にあてはまる方位として正しいものを、以下のア～エからそれぞれ一つ選び、記号で答えなさい。

> 太平洋側では夏に（　Ｘ　）の季節風などの影響で降水量が多く、日本海側では冬に（　Ｙ　）の季節風などの影響で降水量が多い。

ア．北東　　イ．北西　　ウ．南東　　エ．南西

問８　下線部⑧に関連して、1965 年から 1975 年にかけて逗子の人口は、約１万 4000 人増加しました。その要因として考えられることを、次のページの【地図１】・【地図２】と【資料】をふまえて答えなさい。

【地図1】1965年の逗子周辺

【地図2】1975年の逗子周辺

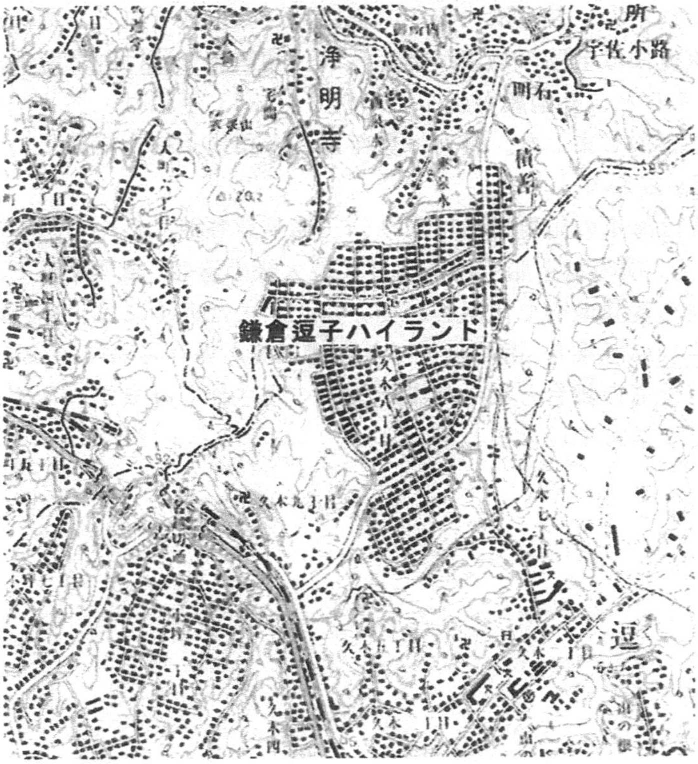

【資料】

(『朝日新聞』1970年7月15日)

(【地図1】・【地図2】ともに『国土地理院地図』より作成)

問９　下線部⑨に関連して、自然環境を大きく損《そこ》なうおそれのある開発をおこなう際、自然環境にどれほどの影響があるかを事前に調査・予測することを何といいますか。８字で答えなさい。

【２】　次の文章を読み、以下の各問いに答えなさい。

三浦半島では原始・古代の遺跡《いせき》が発見されており、中でも横須賀市にある①夏島《なつしま》貝塚や逗子市の池子《いけご》遺跡などからは当時の人々の生活の様子を知ることができます。そして、本校の屋上からは、４世紀後半につくられた②長柄桜山古墳群《ながえさくらやまこふんぐん》がみられます。

③大宝律令により全国は国・郡・里に分けられ、三浦半島は相模国に含《ふく》まれました。その後、聖武天皇の命令により、④（　Ａ　）が逗子に神武寺《じんむじ》を建て、現在も残っています。また東大寺⑤正倉院の史料には、相模国に⑥天武天皇の血をひく人物の土地が存在していたことが記されています。

⑦平安時代に⑧荘園が広がると、荘園を守るために武力が必要とされるようになり、武士が登場しました。⑨前九年合戦で源氏に従い、その恩賞として三浦の地を与えられた三浦氏が、三浦半島で有力になりました。

鎌倉幕府成立後、三浦氏は北条氏とともに幕府をささえる有力な⑩（　Ｂ　）となりました。のちに北条氏と対立を深め、⑪13 世紀半《なか》ばには力を失いました。しかし、⑫三浦氏が造営や造仏に関わった寺院は、この地に多く残されました。

1590 年、⑬（　Ｃ　）は、小田原の北条氏を滅《ほろ》ぼし、功労のあった徳川家康に北条氏の領地であった関東を与えました。これにともなって三浦半島も徳川氏の領地になりました。江戸に幕府が開かれると、江戸湾（現在の東京湾）の出入り口として三浦半島は重要な地域となり、浦賀には全国の物資が集められ、⑭廻船《かいせん》で運ばれた荷物が売買されました。19 世紀に入ると、外国船が盛んに来航し、1853 年には、ペリーの艦隊《かんたい》が浦賀沖に現れ、開国を要求しました。幕府は翌年に日米和親条約を締結《ていけつ》し、⑮200 年以上続いた鎖国政策が終わりました。

明治時代になると、横須賀は海軍の重要拠点《きょてん》になり、三浦半島各地に多くの⑯軍事施設がつくられました。中でも、横須賀造船所は当時日本最大級の造船・修理施設で、その一部は現在も在日米軍横須賀基地内で使用されています。また近くには、連合艦隊司令長官であった⑰東郷平八郎が乗り、指揮をとった戦艦三笠《せんかんみかさ》も保存されています。

このように三浦半島には、歴史の舞台《ぶたい》となった場所が多く残されています。みなさんも身近な地域を通して歴史を学んでいきましょう。

国語　解答用紙

（2023　J2）

受験番号

氏　名

※150点満点
（配点非公表）

↓ここにシールを貼ってください↓

230210

【一】

問一

①　②　③　④　⑤

⑥　⑦　⑧　まる　⑨　む　⑩　める

⑪　⑫　⑬　⑭　み　⑮　ち

問二

①　②

問三

①　②　③

【二】

問一

X　Y

問二

問三

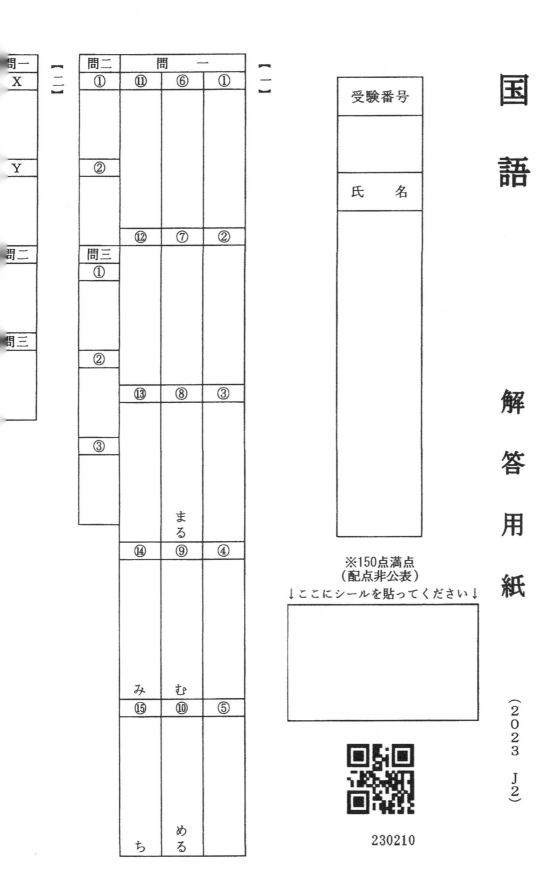

5

(3)

↓ここにシールを貼ってください↓

230220

2023(R5) 逗子開成中　2次

教英出版

※150点満点
（配点非公表）

受験番号	
氏　　名	

【3】

(1) ① A	(1) ① B	(1) ① C	(1) ① D
(1) ① E	(1) ① F	(1) ②	

(2) ① g	(2) ②
(2) ③ %	

(2) ②

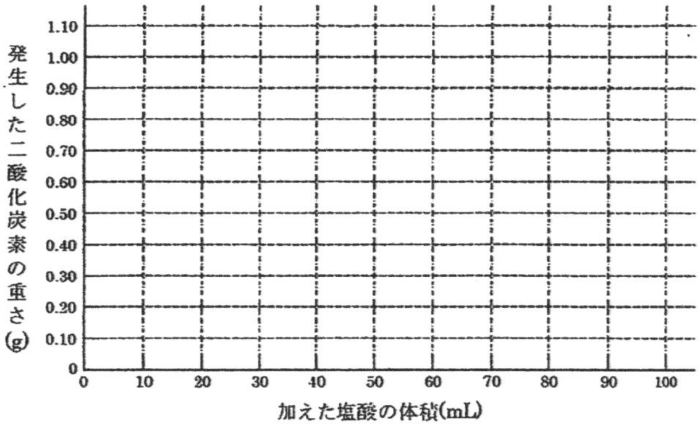

【4】

(1) 倍	(2) ア	(2) ウ
(3) イ (,)	(3) エ (,)	
(4) cm	(5) 倍	(6) 秒

↓ここにシールを貼ってください↓

※100点満点
（配点非公表）

230240

問16	Ⅰ	事件	Ⅱ		問17	

【3】

問１	１				２				３							
問２			問３								問４					
問５	議席		問６				問７									
問８																

↓ここにシールを貼ってください↓

※100点満点
（配点非公表）

受験番号	
氏　　名	

230230

2023(R5) 逗子開成中　２次

K 教英出版

社　会

解　答　用　紙

(2023−J2)

【1】

問1	Ⅰ		Ⅱ		問2			
問3	Ⅰ						Ⅱ		問4	
問5	河川A	川	河川B	川	問6			
問7	X		Y					
問8								
問9								

【2】

問1		問2		問3	Ⅰ	世紀	Ⅱ	
問4		問5		問6	の乱			
問7								
問8		問9		問10				

【解答

理科

解 答 用 紙

(2023 - J 2)

【1】

(1)	(2)
(3)	(4)
(5) ①	(5) ② 年

【2】

(1) ①	(1) ②
(1) ③	(1) ④
(2)	
(3) ① 秒後	(3) ② 秒後

受験番号	
氏　　名	

2023年度　2次入試　算数　解答用紙

1	(1)		(2)		(3)	

2	(1)		(2)		(3)	
	(4)	が　　　m 差を付けて勝つ	(5)		(6)	

3	(1)		(2)		(3)	

4	(1)		(2)		(3)	

	(1)		(2)	

【解答

問六
a
b
c

問七

【三】

問一
I
II
III
IV
V

問二
A
B
C

問三
I
II

問四

問五

問六

問七

問１　下線部①に関連して、夏島貝塚は縄文時代の遺跡です。縄文時代についての説明文として正しいものを、次のア～エから一つ選び、記号で答えなさい。

ア．死者の埋葬《まいそう》は、死体の手足を折り曲げる屈葬《くっそう》でおこなわれた。

イ．祈《いの》りやまじないがおこなわれ、祭祀《さいし》には銅鐸《どうたく》や銅矛《どうほこ》が用いられた。

ウ．各集落が自給的な生活をしており、交易はおこなわれなかった。

エ．代表的な遺跡は佐賀県の吉野ケ里遺跡や静岡県の登呂遺跡である。

問２　下線部②に関連して、この古墳は大阪府にある大仙古墳と同じ形をしています。右の図中の枠《わく》線内を参考にこの古墳の形状を漢字で答えなさい。

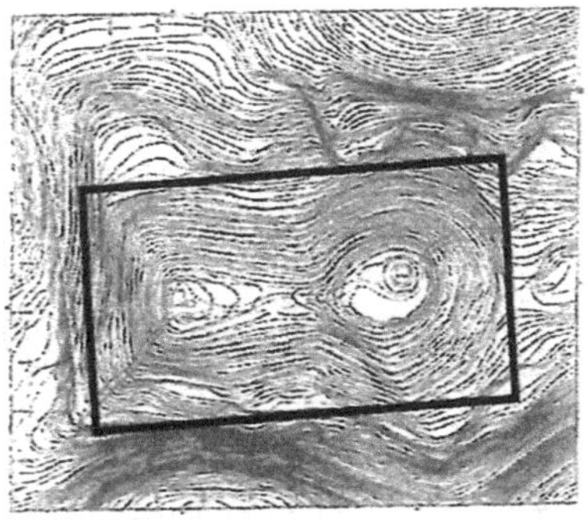

(『三浦半島考古学事典』より作成)

問３　下線部③について、以下の各問いに答えなさい。

Ⅰ．大宝律令が制定されたのは何世紀ですか。数字で答えなさい。

Ⅱ．大宝律令で定められた九州諸国の軍事・行政をまとめ、外交の窓口でもあった役所を何といいますか。漢字で答えなさい。

問４　下線部④について、空らん（　Ａ　）には、東大寺の大仏造立《ぞうりゅう》の際に僧侶《そうりょ》の最高位である大僧正《だいそうじょう》に任命され、物資や人手を集めた人物が入ります。その人物名を漢字で答えなさい。

問５　下線部⑤について、正倉院の建築様式として正しいものを、次のア～エから一つ選び、記号で答えなさい。

ア．書院造　　イ．寝殿造　　ウ．校倉造　　エ．数寄屋造り

問６　下線部⑥について、天武天皇は皇位をめぐる戦いに勝利して即位《そくい》しました。その戦いを何といいますか。解答らんに合うように漢字で答えなさい。

問７　下線部⑦に関連して、平安時代後期に入ると、浄土教《じょうどきょう》が貴族や庶民の間で流行しました。それにともなって、各地で盛んに阿弥陀如来像《あみだにょらいぞう》がつくられるようになりました。その理由について、当時の社会的な状況と浄土教の教えの内容に触れて、答えなさい。

問８　下線部⑧について、荘園について述べた次の文Ｘ・Ｙの正誤の組み合わせとして正しいものを、以下のア～エから一つ選び、記号で答えなさい。

Ｘ：荘園への国司の立ち入りを拒否《きょひ》する権利を不輸の権という。

Ｙ：荘園は、江戸時代初期まで存続した。

ア．Ｘ－正しい　Ｙ－正しい　　イ．Ｘ－正しい　Ｙ－誤り

ウ．Ｘ－誤り　Ｙ－正しい　　エ．Ｘ－誤り　Ｙ－誤り

問９　下線部⑨について、前九年合戦がおこった地域はどこですか。下の地図中のア～エから正しいものを一つ選び、記号で答えなさい。(地図中の境界線は現在の県境です。)

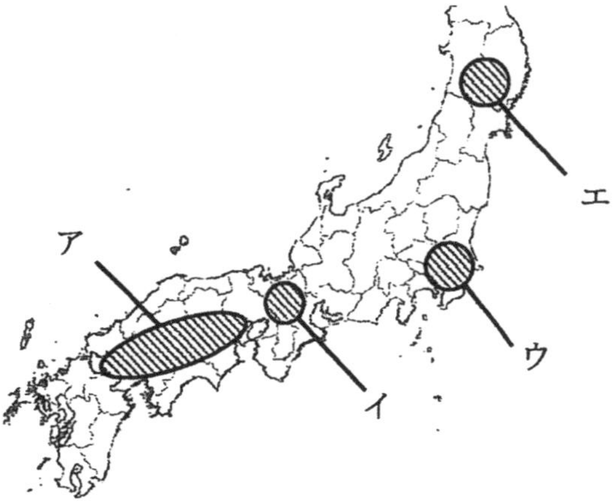

問 10　下線部⑩について、空らん（　Ｂ　）には、将軍と主従関係を結んだ武士を指す名称が入ります。漢字３字で答えなさい。

問 11　下線部⑪に関連して、13 世紀のできごとについて述べた次の文章中の波線部ア～エのうち、**誤っているもの**を一つ選び、記号で答えるとともに、正しく直したものを答えなさい。

> 13 世紀、モンゴル帝国が建国されました。ア．チンギス＝ハンは都をイ．大都において、国号をウ．元と定めました。朝鮮半島のエ．高麗はモンゴル帝国の属国となりました。

問 12　下線部⑫に関連して、次の文章を読んで以下の各問いに答えなさい。

> 右の写真は横須賀市の常楽寺《じょうらくじ》にある不動明王像《ふどうみょうおうぞう》です。これは、i．鎌倉幕府で配下の武士を統率した機関の長官に就いた三浦一族の和田義盛が、ii．運慶一門につくらせたものであるといわれています。

Ⅰ．文章中の下線部 i について、この機関として正しいものを、次のア～エから一つ選び、記号で答えなさい。

ア．公文所　　　イ．政所
ウ．侍所　　　エ．問注所

Ⅱ．文章中の下線部 ii について、この人物が制作にかかわった作品として正しいものを、次のア～エから一つ選び、記号で答えなさい。

ア．法隆寺釈迦三尊像《しゃかさんぞんぞう》　　イ．東大寺南大門金剛力士像《なんだいもんこんごうりきしぞう》
ウ．広隆寺弥勒菩薩像《みろくぼさつぞう》　　エ．東大寺盧舎那仏坐像《るしゃなぶつざぞう》

問 13　下線部⑬について、空らん（　Ｃ　）に入る人物の姓名を漢字で答えなさい。

問 14　下線部⑭に関連して、次の文章中の下線部の語句の読み方を３字で答えなさい。

　房総《ぼうそう》から常陸《ひたち》にかけての海域はいわしの漁場であり、いわしを加工した干鰯が江戸や浦賀に運ばれました。干鰯は粉末にして水や尿と混ぜて使われる、農業生産に欠かせない肥料でした。

問 15　下線部⑮について、江戸幕府による鎖国政策に関連するできごとについて述べた次のア～エを、古いものから順に並べ替えて、記号で答えなさい。

ア．島原・天草一揆がおこった。

イ．スペイン船の来航が禁止された。

ウ．日本人の海外渡航が禁止された。

エ．ポルトガル船の来航が禁止された。

問 16　下線部⑯に関連して、かつて逗子市にあった弾薬庫《だんやくこ》についての次の文章を読んで以下の各問いに答えなさい。

　ｉ．1937 年、海軍は逗子市の一部の土地を買い取り、翌年弾薬庫をつくりました。戦後、アメリカ軍に引き継《つ》がれ、ⅱ．朝鮮戦争やベトナム戦争ではここから弾薬が補給されました。弾薬庫だった場所は現在、米軍基地で働く人たちの住宅地となっています。

Ⅰ．文章中の下線部ｉについて、この年におきた、日中戦争開戦のきっかけとなった事件を漢字で答えなさい。

Ⅱ．文章中の下線部ⅱについて述べた次の文Ｘ・Ｙの正誤の組み合わせとして正しいものを、以下のア～エから一つ選び、記号で答えなさい。

Ｘ：朝鮮戦争がはじまると、ＧＨＱの指示により警察予備隊がつくられた。

Ｙ：朝鮮戦争は 1953 年に休戦し、現在も休戦状態が続いている。

ア．Ｘ－正しい　Ｙ－正しい　　イ．Ｘ－正しい　Ｙ－誤り

ウ．Ｘ－誤り　Ｙ－正しい　　エ．Ｘ－誤り　Ｙ－誤り

問 17　下線部⑰に関連して、東郷平八郎の率いる艦隊が活躍《かつやく》した日本海海戦がおこなわれた戦争を、次のア～エから一つ選び、記号で答えなさい。

ア．日清戦争　　イ．日露戦争　　ウ．西南戦争　　エ．太平洋戦争

問題は次のページに続きます。

【３】　次の文章を読み、以下の各問いに答えなさい。なお、憲法の条文は、現代かなづかいに改めています。

憲法は、国民の権利や①国会や内閣のあり方など「国のかたち」を定める基本的な決まりです。日本国憲法の98条には、「この憲法は、国の（　１　）であって、②その条規に反する法律、命令、詔勅及《しょうちょくおよ》び国務に関するその他の行為の全部又は一部は、その効力を有しない。」と定められています。

日本国憲法には、三つの原則があります。一つ目は、③国の政治のあり方を最終的に決定する権限が国民にあることです。憲法41条では「国会は、（　２　）の最高機関であって、国の唯一《ゆいいつ》の立法機関である。」と④選挙によって国民から選ばれた代表者で構成されている国会を政治の中心に位置づけています。

二つ目は、基本的人権の尊重です。憲法では人権を侵すことのできない永久の権利として保障し、憲法13条では「（　３　）に反しない限り、立法その他国政の上で、最大の尊重を必要とする。」と規定しています。そして憲法14条では、法の下の平等が定められています。このように憲法では、さまざまな人権を保障していますが、社会の変化にともなって憲法に直接規定されていない「⑤新しい人権」が主張されています。

三つ目は、平和主義です。二度と戦争がおこることのないように憲法９条では戦争放棄《ほうき》が定められています。近年、憲法９条の条文内容変更《へんこう》も含めた憲法改正の議論が高まっています。憲法は、国の（　１　）であり、法律よりも厳しい改正条件が設けられていて、改正には、最終的に国民投票で⑥【　Ａ　】の賛成が必要となります。

憲法には、国民の権利だけでなく、国民の義務についても規定されています。納税の義務は、国民全体の人権、特に社会権を守るために必要な政府の財源を確保するためには欠かせません。一方で、私たち納税者は納めた税金がどのように使われているのかを監視《かんし》するため、国会や地方議会の予算審議《しんぎ》に関心を持ち、⑦税制度が公平・公正かについて考えていく必要があります。

問１　文章中の空らん（　１　）～（　３　）に入る適切な語句を答えなさい。ただし、（　３　）は５字で、それ以外は漢字で答えなさい。

問２　下線部①について、国会と内閣との関係について述べた次の文Ｘ・Ｙの正誤の組み合わせとして正しいものを、以下のア～エから一つ選び、記号で答えなさい。

Ｘ：内閣総理大臣は必ず衆議院議員でなければならない。
Ｙ：国会が内閣総理大臣を任命する。

ア．Ｘ－正しい　Ｙ－正しい　　イ．Ｘ－正しい　Ｙ－誤り
ウ．Ｘ－誤り　　Ｙ－正しい　　エ．Ｘ－誤り　　Ｙ－誤り

問３　下線部②に関連して、法律・政令・条例などが憲法に違反《いはん》していないかどうかを判断する裁判所の権限を何といいますか。漢字７字で答えなさい。

問４　下線部③について、この考え方を何といいますか。漢字４字で答えなさい。

問５　下線部④に関連して、比例代表制ではドント式という方法で各政党の当選者数を決めています。ドント式とは、各政党の得票数を１、２、３…と順番に整数で割っていき、その商が大きい順に議席を配分し、定数分を振《ふ》り分ける方法です。

定数が８の選挙区で、Ａ～Ｃの３つの政党の得票数が下の表のようになった場合、ドント式で振り分けると**Ｂ党が獲得する議席数**はいくつになりますか、解答らんに合うように数字で答えなさい。

	Ａ党	Ｂ党	Ｃ党
得票数	3,000	1,800	1,500

問６　下線部⑤について、国や地方公共団体に情報公開を求める権利を何といいますか、答えなさい。

問７　下線部⑥について、空らん【　Ａ　】に入る語句として正しいものを、次のア～エから一つ選び、記号で答えなさい。

ア．４分の１以上　　　イ．３分の１以上

ウ．過半数　　　エ．３分の２以上

問題は次のページに続きます。

問８　下線部⑦に関連して、ふるさと納税という制度があります。この制度は、応援《おうえん》したい自治体に寄付をすると、その金額に応じて、現在住んでいる自治体に納める住民税や国に納める所得税が軽減される仕組みです。そして、多くの自治体から、さまざまな返礼品を受け取れることから、この制度を利用する人が増えています。一方で、この制度には、さまざまな問題が指摘されています。どのような問題が考えられますか。下の【資料１】～【資料３】をふまえて、説明しなさい。

【資料１】東京都世田谷区在住のふるさと納税をした人、しなかった人の例

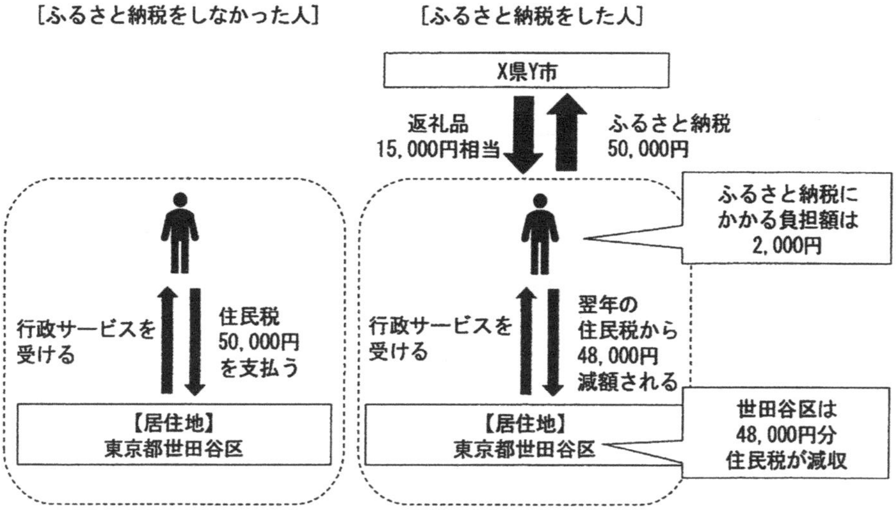

【資料２】世田谷区への寄付額とふるさと納税による区民税（住民税）の減収額

年度	2015	2016	2017	2018	2019	2020	2021
寄付額	0.2	1.3	0.8	1.1	1.0	4.1	1.5
区民税減収額	2.6	16.5	31	41	54	56	70

（単位：億円）

【資料３】世田谷区からのお知らせ（2021年10月発行）

（【資料１】～【資料３】は区のおしらせ「せたがや」より作成）

問題は以上です。

逗子開成中学校　3次

国語

注意

1、問題は【一】から【三】まで、ページ数は1ページから13ページまであります。

2、試験時間は50分です。

3、解答は解答用紙に記入し、解答用紙だけ提出しなさい。

4、字数制限のある問題では、句読点やかっこ、その他の記号も一字として数えます。

5、答えを直すときは、きれいに消してから新しい答えを書きなさい。

6、問題文には、設問の都合で、文字・送りがななど、表現を改めたり、省略したところがあります。

受験番号	
氏名	

（2023―J3）

【一】 次の各問に答えなさい。

問一 次の①～⑮の各文の——線部のカタカナを漢字で書き、——線部の漢字の読み方をひらがなで書きなさい。

① ゴウインな部員の勧誘は控えよう。
② 友人を家にショウタイする。
③ 生まれコキョウに帰る。
④ 経済重視のフウチョウを嘆く。
⑤ 世界各国のシュノウが集結する。
⑥ ランニングで海岸をオウフクする。
⑦ 犯人の家をホウイする。
⑧ 軍団をシキする大将。
⑨ 税金をオサめる。
⑩ 美しくスんだ川の水。
⑪ 善と悪は表裏一体だ。
⑫ 部下に冷淡な上司。
⑬ 人間としての器が大きい人だ。
⑭ 夏も盛りを迎えた。
⑮ 若者に日本の未来を委ねよう。

問二 次の①～⑤の各文の内容を表す慣用句に用いられる単語の組み合わせを、後の語群A・Bからそれぞれ一つずつ選び、記号で答えなさい。ただし、同じ記号を二度以上用いてはならない。

① 僕の在籍している野球部はここのところ試合のたびに連戦連勝。この勢いだと県大会優勝もいけそうだ。
② 親友の恥ずかしい秘密をうっかり他の人にしゃべってしまった。彼はいまだにそのことで僕に文句を言っている。
③ 修学旅行の夜、消灯後、部屋のみんなで盛り上がっていたが、先生が見回りに来た瞬間、静まりかえった。
④ あの人は係の仕事があるのに、それもしないで別の部屋で他の友達とおしゃべりをしている。
⑤ 大臣にインタビューを試みたが、肝心《かんじん》な政策については論点をはぐらかされてしまった。

A群 …… ア 油　イ 風　ウ 波　エ 煙　オ 根　カ 水　キ 雲

B群 …… あ 乗る　い 売る　う 打つ　え 立つ　お 持つ　か 巻く　き 差す

【二】　次の文章を読んで、後の各問に答えなさい。なお、設問の都合上、本文は省略されているところがある。

京都の南座で①『あらしのよるに』という新作歌舞伎《かぶき》を見たことがある。中村獅童《しどう》さんがオオカミのガブを、尾上松也《おのえまつや》さんがヤギのメイを演じる。獅童さんのだみ声と松也さんのすっとんきょうな声音がオオカミとヤギにぴったりで、見事なはまり役である。

ある嵐の晩に、小屋に逃げこんだガブとメイが、暗闇のなかでお互いの正体がわからないままに話をしながら仲のいい友達になる。翌日の昼に再会を約束して、顔を合わせてみたら、食う食われるの関係にあるオオカミとヤギだったというわけだ。二人は互いの動物の領域で＊1煩悶《はんもん》する。オオカミにとってヤギはごちそうだし、ヤギにとってオオカミは□敵だ。それぞれが仲間に説き伏《ふ》せられて②心が折れそうになる。しかし最後には、それまでの歴史的関係よりも、「あらしのよる」に友達になった気持ちを優先して、手をとり合って歩むという物語だ。

たわいもない＊2ファンタジーというなかれ。ここには③意外な真実と可能性が描かれている。ヤギはオオカミに食べられるものという常識はいったいだれが決めたのだろうか。オオカミはヤギを食べなければ本当に生きていけないのか。ヤギにとってオオカミは永遠に□敵なのだろうか。

実は、こうした一見常識に見える絶対的敵対関係を、人間は勝手につくり、そしてまた勝手に解消してきたのである。私が長らく研究してきたゴリラは、その人間の身勝手な常識に＊3翻弄《ほんろう》されてきた。十九世紀の半ばにアフリカで欧米人により「発見」されて以来、ゴリラは凶暴なジャングルの巨人として有名になった。人間を襲い、女性をさらっていくという話を真《ま》に受けて、多くのゴリラが殺された。（　a　）、中央アフリカの低地ではゴリラは肉資源として昔から狩猟の対象にされている。人間はゴリラにとってオオカミのような存在なのだ。しかし、ゴリラの平和な暮らしが明らかになると、その見方は一転し、今度は人間の大切な隣人として観光の目玉になった。低地でもゴリラはもはや食料とは見なされなくなりつつある。

人間どうしの関係でも同じことがいえる。江戸時代には、日本人にとって欧米人たちは人間を食う鬼と見られていた。④第二次世界大戦中、鬼畜米英《きちくべいえい》と呼んで抱いたおそれと憎しみはいったいなんだったのか。今だって、テロ集団やテロ国家は抹殺《まっさつ》せねばな

らない存在とされている。〈　中　略　〉

昔から寓話《ぐうわ》やファンタジーは、動物の姿を借りて人間社会の＊4機微を描きだし、私たちが見習うべき教訓を語りかけてきた。「あらしのよる」から私たちは何を学ぶのか。それは、一見とても変更しようのない関係も、気持ちのもち方で変えられるということだ。知能の高い人間だけに可能な話ではない。野生のチンパンジーも時折《ときおり》肉食をする。＊5タンザニアのマハレで五十年も研究を続けている日本人研究者によれば、近年獲物《えもの》の種類が変わってきたそうだ。昔はイノシシやカモシカの仲間を食べていたのに、今はほとんどサルしか食べない。これはチンパンジーの狩猟イメージが変わったためだという。

アフリカでは、人間を襲うライオンもいるが、人間に敬意を示して距離を置くライオンもいる。それは、ライオンと人間双方が長い時間をかけて友好的な関係を築いてきたからだ。私は、ゴリラが人間の食料にされていた地域で、武器も餌《えさ》も使わずにゴリラと仲よくなろうと努力してきた。最初ゴリラたちは私たちを見るなり逃げ去り、追うと恐ろしい声をあげて攻撃してきた。突進を受けて、私も頭と足に傷を負った。（　b　）、敵意のないことを辛抱《しんぼう》強く示し続ければ、ゴリラは態度を変えて人間を受け入れてくれる。十年近くかかったが、やっとゴリラと私たちは落ち着いて向かい合えるようになった。

このように友好的な関係になったのは、この地域ではたった一つの群れだけである。他の数万のゴリラたちはまだ人間に強い恐怖と敵意を抱いている。しかし、それがいつか変わる日が来ると私は確信している。それは人間社会にもいえることではないだろうか。⑤ぜひ「あらしのよる」を体験してほしいと思う。

（山極寿一『ゴリラからの警告「人間社会、ここがおかしい」』毎日新聞出版）

注　＊1煩悶……悩み苦しむこと。　＊2ファンタジー……空想の話。　＊3翻弄……相手をもてあそぶこと。

＊4機微……簡単には察することができない微妙な事情。　＊5タンザニア……東アフリカの一国。

問一　□　に、これを含む熟語が「捕食される側から見た殺す方の動物」という意味になるように、最も適切なものを次の選択肢ア～エから一つ選び、記号で答えなさい。

ア 天　イ 外　ウ 宿　エ 大

問二 （ a ）・（ b ）に入る言葉として最も適切なものを次の選択肢ア～エからそれぞれ一つずつ選び、記号で答えなさい。ただし、同じ記号を二度以上用いてはならない。

ア つまり　イ すると　ウ しかし　エ また

問三 ――線部①「『あらしのよるに』」という作品は、イソップ物語の『ありときりぎりす』などと同様に動物を主人公としたたとえ話だが、これらの作品はなにを伝えるために作られたものか。最も適切にまとめて言い表している言葉を本文中から十一字で抜き出して答えなさい。

問四 ――線部②「心が折れそうになる」とあるが、どういうことか。これについて説明したものとして最も適切なものを次の選択肢ア～エから一つ選び、記号で答えなさい。

ア 友達になりたいと思った気持ちが一変し、互いに憎しみの心が芽生えつつあること。
イ 友達になれると思っているが、予想外な周囲の反対にとまどいを感じていること。
ウ 友達になりたいけれど、それは所詮《しょせん》は無理なことではないかと諦《あきら》めかけていること。
エ 友達になりたい気持ちが薄れ、もうどうでもよいと投げやりになりつつあること。

問五　――線部③について。この話が人間に対して示している「意外な真実と可能性」とはどのようなことか。本文中の言葉を用いて説明しなさい。

問六　――線部④「第二次世界大戦中、鬼畜米英と呼んで抱いたおそれと憎しみはいったいなんだったのか」とあるが、筆者はここでどのようなことを訴えていると考えられるか。最も適切なものを次の選択肢ア～エから一つ選び、記号で答えなさい。

ア　日本人が欧米人に対して抱いた本能的な恐怖心は世代を超えて受け継がれ、憎しみにまで発展してしまったこと。

イ　自分の考えを強く主張することのない日本人は大勢《おおぜい》の意見にむやみに同調し、信じ込んでしまう危険があること。

ウ　閉鎖的な島国で生きてきた日本人には、異質な者に対しては精神が不安定になり、攻撃的になる傾向があること。

エ　当時の日本人の米・英国人への悪感情は、戦争に向かうために一方的に思い込まされたものにすぎなかったこと。

問七　――線部⑤「ぜひ『あらしのよる』を体験してほしいと思う」とあるが、筆者はこれはどのようなことによって可能になるのだと訴えているのか、説明しなさい。

【三】　次の文章を読んで、後の各問に答えなさい。なお、設問の都合上、本文は省略されているところがある。

時は鎌倉時代。平氏を倒した鎌倉幕府は、その後、越後《えちご》平氏を討つため越後に兵を送ることにした。しかし幕府軍の大将の佐々木西念《さいねん》と阿佐利与一《あさりよいち》は越後平氏を助けたいと思い、城主の城《じょう》資盛《すけもり》に使者を出し、言い分は聞くので戦わず降伏《こうふく》するよう勧《すす》めた。それを敵の罠《わな》ではないかと疑う資盛は叔母《おば》の板額御前《はんがくごぜん》を呼び、幕府側の申し出を信じて降伏するか、全滅を覚悟して戦うかについて話し合うことにした。

なお、板額御前はこの物語の主人公であり、まだ年は若いが男以上に屈強な無双《むそう》の女騎《じょき》（天下一の女騎馬武者）として有名だった。その昔、大和朝廷軍の坂上田村麻呂と戦い、降伏した後に、大和朝廷にだまされて捕らえられ、処刑された東北の豪族・蝦夷《えぞ》のアテルイの子孫である。

鎌倉幕府方　――　大将・佐々木西念、阿佐利与一

⇔

越後平氏方　――　城主・城資盛、板額御前

「叔母上《おばうえ》は、どう思われます？」

救いを求めるような目が板額御前にむいている。

無双の女騎はわずかに首をかしげ、

「……西念の言い条《じょう》が、本当なのか、嘘《うそ》なのか、あたしにはわからない。五分五分って処《ところ》だろう」

板額御前が石や骨をつらねた首飾りに指をそえる。板額御前の指は、白く繊細だった。とても大男を投げ飛ばしてしまう指に思えない。

「西念が心から、あたしらのことを考えていてくれたとする。だが、その上にいる……幕府はどうなんだ？」
「………」
「幕府の上の方にいる者たちは越後平氏を潰《つぶ》そうとしてくるんじゃないの？　資盛は、どう思う？」
女武者は＊１真摯《しんし》な面差《おもざ》しで、問いかけている。
「……そうかもしれません」
「あたしの中には蝦夷の血が流れている。お前の中にも、半分流れている」
板額御前の右手が、鍛え抜かれた左腕をつかむ。己《おのれ》の中で脈打つ血流の響きを掌《てのひら》を通して聴いていた。
「①西の者たちと違い、森を開かず、森の中で生き、獣《けもの》を狩り、その狩った獣を神として崇《あが》めながら生きる、誇り高き狩人《かりゅうど》だ。狩人は優秀な戦士でもあった」
　板額御前はつづける。
「ところが蝦夷は常に、朝廷や武士に敗退してまいった。だまされてまいった。
アテルイと田村麻呂の戦い。前九年の役。後三年の役。奥州藤原氏の討滅。
都が富むために、いや、都にいるほんの一握りの者たちが富むために、北の国々は常に収奪《しゅうだつ》され、多くの者の命や暮《くら》しが、踏みにじられてきた。左様《さよう》な怒りを背負ってあたしは武芸を磨いてきたのだ」
「………」
「アテルイが斬《き》られるのを、田村麻呂は知らなかったろう。アテルイの言い分のいくばくかは、都で聞き届けられると思っていたろう。ところがアテルイはだまし討ちにされた。西念という男は、信用できるのかもしれない。だが、幕府で力を振るう者たちはどうか？②西念が田村麻呂で、お前がアテルイになる恐れもあろう」
「最早《もはや》、戦う他ないと？」
「決めるのはお前だよ資盛。あたしやこの者どもは、お前の決定についてゆく。お前が戦わないならそれでいい。だが、一つ言っ

てお く と――あたしは戦うために、鳥坂にきた。矢を放つためにきた。……何のために戦うか」

哀《かな》しみの潤《うる》みがうつむき加減になった板額御前の＊2双眸《そうぼう》で光る。

「蝦夷は、狩りで倒した獣を、神として崇め、感謝の念をいだきつつ喰《く》らうだろう。そういう気持ちを今、天下の大権をにぎる者たちはもっているのか？　あたらしい天下人が世を治める。あたらしい時代が来る。大いに結構。だけど、負けていった者たちにも……おのおのの思い、大切にしてきた暮し、生き方が、あったはず。それを忘れてもらっては困る。そういう気持ちが籠《こも》った矢を、あたしは鎌倉方に射たかった。だから今、鳥坂《ここ》に、いる。」

「叔母上のお気持ちを聞き資盛の考えも固まりました。話し合いに望みを託《たく》しても、鎌倉で引っくり返されるでしょう……戦わずとも城一族は滅ぼされるでしょう」〈　中　略　〉鳥坂城で戦う。城資盛の意志は固まった。

> この後、越後平氏は源氏鎌倉幕府軍の圧倒的な兵力の前に敗れ、板額御前は足を負傷し捕らえられてしまう。そして御前は二代将軍　源《みなもとの》　頼家《よりいえ》の前に連行され、裁かれることになった。処刑するかどうか、頼家が周囲の者に問いかけた時、鎌倉幕府軍の大将だった阿佐利与一が頼家に対し、意見を述べた。

静かに歩んだその人は、板額御前の後ろにすっと腰を下ろすと、穏やかな声で、

「この女人《にょにん》、＊3それがしが引き取りたく思うのです」

「引き取っていかがいたす?」

頼家が＊4訝《いぶか》しむと、

「……はっ。＊5娶《めと》る所存《しょぞん》です」

＊6面貌《めんぼう》を険しくした板額御前はさっと顧《かえり》みた。〈　中　略　〉

「甲斐《かい》の住人、阿佐利与一じゃ」
与一が、言った。
なるほど、豪の者ではあるが、自分より武力は低い。その男が自分を妻にのぞみたいという。板額御前本人も頼家も、訝しむように与一を見つめた。頼家は、
「板額は……＊7比肩《ひけん》する者もない程の、＊8朝敵《ちょうてき》であるぞ。いかなる思惑《おもわく》か？」
「……それがしは妻を亡《な》くして大分《だいぶ》たちます。その女と契《ちぎ》りをなし、力強い男子をもうけたく思いました。それがしが力強い男子をもうければ、幕府へのさらなる御奉公《ごほうこう》になると思うのです」
「その女はたしかに、美しく、強力である。されど、その女の心の怖《こわ》さを、与一、そなたは考えぬのか？」
「心の強さにも惹《ひ》かれました。……何卒《なにとぞ》よろしくお願い致します」
与一は深く頭を下げている。
「③与一は西国や奥州《おうしゅう》の戦で活躍した＊9大功臣《だいこうしん》。されど、与一の方から何かお願いするのを、この重忠《しげただ》は初めて見た気がいたしまする」
畠山重忠が助け舟を出したため頼家も承諾《しょうだく》した。
板額御前は、本人の意志のいかんにかかわらず、阿佐利与一に下げ渡されると決《きま》った。
与一は、まだ満足に歩けない板額に手をかし、徒歩で自邸《じてい》にむかう。
板額は、越後で行方知れずになった資盛や、姉、資盛の妻の x 安否《あんぴ》をたしかめたく思っていた。傷がいえたら、この男を殴り倒し、越後まで走っても、④＊10痛痒《つうよう》を感じまいと思ったりしている。
与一が口を開く。
「越後から使いがあり、そなたの甥《おい》、資盛らしき武者の＊11骸《むくろ》が見つかったそうじゃ。また……しかるべき身分の、二人の女

人の＊12屍《しかばね》も見つかったと」

「………」

「辛《つら》かろう。……戦《いくさ》とは、そういうもの。わしの妻になりたくなければ、ならなくてよい。ただ、あのままではそなたに、厳しい罰が下されただろう。わしは鳥坂城で戦いながら、敵であるそなたに畏敬《うやまい》の念をもっておった」〈中略〉

板額御前は、初めて興味を覚《おぼ》えた。〈中略〉

「すぐにはまずい。されど、半年ほど置いてｙほとぼりが冷めたら——そなたが好きな国に行くがよい」

たしかな声で、言った。

＊13刹那《せつな》、両足を怪我《けが》した板額御前はよろけそうになった——。与一の細いが、屈強な腕が、無言のまましっかりとささえてくれた。あたたかくやわらかい＊14奔流《ほんりゅう》が胸の中で広がってゆく。⑤誰かの館の松で、つがいの鳥が幸せそうに囀《さえず》る。

「丈夫な子を産ませると申したのは、そなたを救う＊15方便《ほうべん》よ」

そう言うと与一は、やさしく微笑した。戦いの中に生きてきた女はじっと与一を見つめていた。感謝をつたえたかったが、どうしても言葉が出なかった。

⑥板額御前は、阿佐利与一の妻になり、子宝《こだから》にめぐまれたとつたわる。

（武内涼「越後の女傑《じょけつ》」『敗れども負けず』新潮文庫刊）

注　＊1　真摯な……まじめな。　＊2　双眸……両目。　＊3　それがし……私。　＊4　訝しむ……不審に思うこと。

＊5　娶る……妻にすること。　＊6　面貌……顔つき。　＊7　比肩する……同等であること。

＊8　朝敵……朝廷に反逆する敵。　＊9　大功臣……大きな手柄を立てた家臣。

＊10　痛痒を感じまい……心が痛まないだろうということ。　＊11　骸……死体。　＊12　屍……死体。

＊13　刹那……その瞬間。　＊14　奔流……激しい流れ。　＊15　方便……ここでは、うそのこと。

問一　――線部x「安否」・――線部y「ほとぼりが冷め（る）」の意味として、最も適切なものを次のそれぞれの選択肢ア～エから一つずつ選び、記号で答えなさい。

x　安否　…　ア　無事かどうか　イ　どこへ行ったのか　ウ　何をしているのか　エ　今の心境

y　ほとぼりが冷め（る）　…　ア　人々の評価が変わること。　イ　人々が思いやりを取り戻すこと。
ウ　人々の関心が薄まること。　エ　人々が心のゆとりをなくすこと。

問二　――線部①「西の者たち」とあるが、板額御前は「西の者たち」をどのような人々と考えているか。次の一文の（　ア　）～（　ウ　）に入る漢字二字を、それぞれ考えて答えなさい。

自分たちの（　ア　）のために、北国の人々の（　イ　）を奪い、森を開くなど（　ウ　）を破壊した人々。

問三　――線部②「西念が田村麻呂で、お前がアテルイになる」とはどういうことか。この説明として最も適切なものを次の選択肢ア～エから一つ選び、記号で答えなさい。

ア　西念と幕府が企《くわだ》てたわなにはまり、資盛が東国に追いやられてしまうこと。
イ　幕府の命令には逆らえない西念が、やむをえず資盛に兵を向けてくること。
ウ　西念という男を信用しすぎたために、戦に敗れるかもしれないということ。
エ　助けたいという西念の意向を幕府が聞き入れず、資盛が殺されてしまうこと。

問四　——線部③「与一は西国や奥州の戦で活躍した大功臣。されど、与一の方から何かお願いするのを、この重忠は初めて見た気がいたしまする」とあるが、この言葉により重忠はどのようなことを頼家に訴えているのか。次の（　　）に入る言葉を考えて答えなさい。

普段は無欲な与一がこのように言うということは、（　　　　）ということ。

問五　——線部④「痛痒を感じまいと思ったりしている」とあるが、このように思う理由として最も適切なものを次の選択肢ア～エから一つ選び、記号で答えなさい。

ア　敗れた以上は潔《いさぎよ》く命を捨てる覚悟でいたにも関わらず、助命されたのはむしろ迷惑であり、また与一の恩着《おんき》せがましい態度にも嫌悪《けんお》感を感じているから。

イ　命を助けてもらったものの、勝者の権利として勝手に嫁にしてしまうなど敗者に対し何の配慮もない者には、礼儀を尽くす必要などないと考えたから。

ウ　自分より武力で劣っているにも関わらず、勝者側にいることで思うまま妻にしようとする思い上がりを腹立たしく思い、身の程を知らせようと思ったから。

エ　命は助けられたが、戦においては敵の情けに心を動かされず非情に徹《てっ》するべきであり、たとえ好意を踏みにじったとしても理解を得られると思ったから。

問六　――線部⑤「誰かの館の松で、つがいの鳥が幸せそうに囀る」とあるが、この文が本文中で果たしている役割について述べているものとして最も適切なものを、次の選択肢ア～エから一つ選び、記号で答えなさい。

ア　仲むつまじい二羽の鳥の様子によって、板額御前と与一がこの後結ばれる結末を暗示している。
イ　仲の良い二羽の鳥の囀りをきっかけに重苦しい空気が一変し、緊張がゆるんだ様子を表現している。
ウ　松の木の二羽の幸福な姿が、非情と思われた源氏の人々の和《なこ》やかな暮らしぶりを象徴している。
エ　二羽の鳥の平和で心温まる様子を描くことで、戦に明け暮れる人の世の愚かさと対比している。

問七　――線部⑥「板額御前は、阿佐利与一の妻になり」とあるが、なぜ板額御前は心変わりし、与一の妻となったのか。その理由について、アテルイの子孫である彼女自身のこれまでの生き方も踏まえて説明しなさい。

≪　問題は以上です　≫

2023(R5) 逗子開成中　3次
K 教英出版

算　数

注　意

1．試験時間は50分です．

2．問題は[1]から[5]（1ページから9ページ）まであります．
試験開始後，抜け落ちているページがないか，印刷が不鮮明《ふせんめい》なページがないか確認してください．不備がある場合は監督者《かんとくしゃ》に申し出てください．

3．定規・コンパス・筆記用具以外の使用は認めません．

4．問題用紙や解答用紙を折ったり切ったりして，問題を解くためのヒントとなる形に変形することを禁止します．

5．解答用紙への記入上の注意

・考え方を書く指示がある問題以外は，答えだけを書いてください．

・答えに単位が必要な問題は，必ず単位をつけて答えてください．

・答えが分数になる場合は，それ以上約分できない一番簡単な分数で答えてください．また，仮分数は帯分数に直してください．

・図やグラフをかいて答える問題に対し，定規・コンパスを忘れた場合は手がきでていねいにかいてください．

受験番号		氏名	

(2023-J3)

1 次の $\square$ にあてはまる数を求めなさい.

(1) $0.673\times1+1.673\times2+2.673\times3+3.673\times4=\square$

(2) $\dfrac{11}{17}\times8\dfrac{1}{2}+\dfrac{5}{12}-3\dfrac{1}{4}\times1\dfrac{7}{26}+1\dfrac{5}{24}=\square$

(3) $\left\{\dfrac{4}{3}-\left(\dfrac{22}{15}-\square\right)\div1.25\right\}\times1\dfrac{1}{2}=1.04$

2 次の各問いに答えなさい．

(1) 153 を A で割ると 9 あまり，175 を A で割ると 7 あまります．このような整数 A のうち最も大きい数を求めなさい．

(2) 右の図のような正六角形 ABCDEF があります．辺EF の真ん中の点を M とします．正六角形 ABCDEF の面積が 48 cm^2 であるとき，斜線部分の面積を求めなさい．

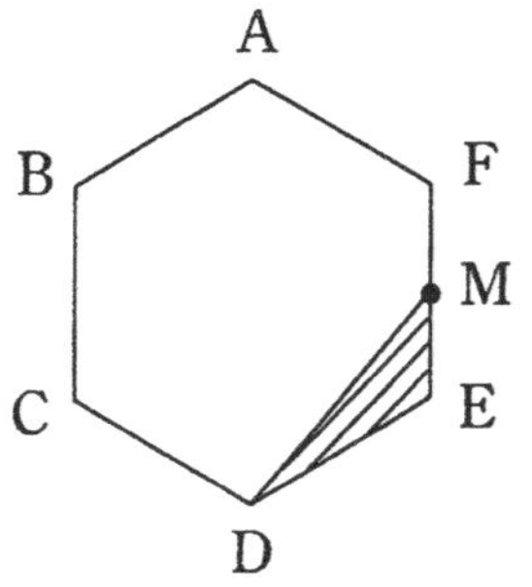

(3) 右の図のように，たてと横が等しい間かくで 20 個の点が並んでいます．このうち 4 点を選んでそれらを頂点とする正方形を作ります．このとき，正方形は全部で何個できますか．

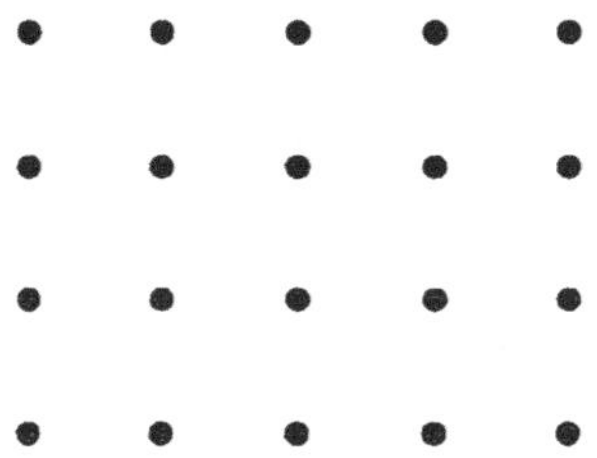

(4) ある本を読むのに，1 日目は全体の $\frac{1}{4}$ を読み，さらに 6 ページを読みました．2 日目は残りの $\frac{1}{3}$ を読み，さらに 4 ページを読みました．3 日目は残りの $\frac{1}{2}$ を読み，さらに 2 ページを読んだところ，残りは 60 ページになりました．この本は全部で何ページありますか．

(5) A 君と B 君が池のまわりを同じ地点から同時に出発します． 2 人がたがいに反対方向にまわると 1 分 20 秒後にはじめて出会い， 2 人が同じ方向にまわると 5 分 20 秒後にはじめて A 君が B 君を追い抜きます． A 君がこの池を 1 周するのにかかる時間は何分何秒ですか．

(6) 右の図のような四角形 ABCD があります．
対角線 AC と BD の交点を点 E とします．
このとき，角 x の大きさを求めなさい．

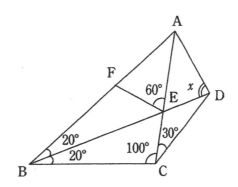

3 ある商店では，商品 X を毎日開店前に 600 個ずつ仕入れています．この商店には A さん，B さん，C さんの 3 人の店員が働いています．

(1) 閉店後，商品 X の在庫が 1200 個でした．次の日からA さんだけで毎日商品 X を一定数売り続けたら，15 日間ですべてを売り切ることができました．A さんは商品 X を毎日何個売りましたか．

商品 X の在庫が増えてきたため，閉店後に在庫の数を数えました．この在庫の数だと経験上，B さんだけで毎日商品 X を一定数売り続けると 20 日間で売り切ることができます．また，B さんよりも 1.2 倍の個数を売り続けることができる C さんだけで毎日商品 X を一定数売り続けると 10 日間で売り切ることができます．このとき，次の各問いに答えなさい．

(2) 商品 X の在庫は何個ありましたか．

(3) 次の日から B さんと C さんの 2 人が交代で商品 X を売ることにしました．最初は B さんだけで何日間か売り，残りの日を C さんだけで売ったところ，2 人あわせて 12 日間で売り切ることができました．C さんは商品 X を何個売りましたか．

《計算余白》

[4] 下の図のように，1 辺の長さが 2 cm である立方体 ABCD－EFGH があります．辺 BC , CD , CG , EH の真ん中の点をそれぞれ I , J , K , L とします．また，この立方体を 3 点B , D , E を通る平面で切り分けたときの断面の面積を 3.46 cm^2 とします．このとき，次の各問いに答えなさい．

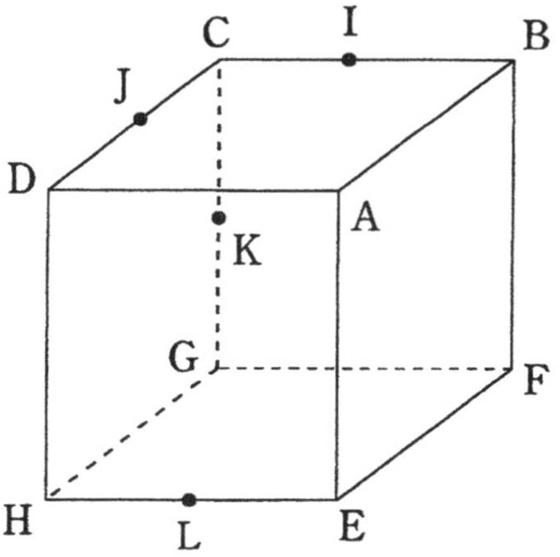

(1) この立方体を次の 3 点を通る平面で切り分けたとき，断面の形を答えなさい．

①3 点 I , J , K　　　②3 点 I , J , L

(2) この立方体を 3 点 I , J , K を通る平面で切り分けたとき，点 A を含む立体の表面積を求めなさい．

(3) この立方体を 3 点 I , J , L を通る平面で切り分けたとき，点 A を含む立体の表面積を求めなさい．

《計算余白》

5 整数 X について，X の各位の数の和が X の約数になっているとき，整数 X を「ハーシャッド数」と呼びます．例えば，整数 12 は，各位の数の和は 1＋2＝3 であり，3 は整数 12 の約数になっているため，12 はハーシャッド数です．整数 15 は，各位の数の和は 6 であり，6 は整数 15 の約数になっていないので，15 はハーシャッド数ではありません．このとき，次の各問いに答えなさい．

(1) 整数 418 に最も近いハーシャッド数を求めなさい．

(2) 1 から 1000 までの整数のうち，各位の数の和が 10 であり，かつハーシャッド数になる整数をすべて求めなさい．

(3) 1 から 100000 までの整数のうち，各位の数の和が 5 であり，かつハーシャッド数になる整数は全部で何個ありますか．ただし，答えだけでなく途中の考え方も書きなさい．

《計算余白》

理　科

注　　意

1．問題は【１】～【４】（1～8ページ）まであります。
2．試験時間は40分です。
3．解答は解答用紙に記入し，解答用紙だけ提出しなさい。
4．答えを直すときは，きれいに消してから新しい答えを書きなさい。
5．図やグラフをかく場合は，ていねいにはっきりとかきなさい。必要ならば定規を使ってもかまいません。

受験番号		氏名	

【１】血液に含《ふく》まれる糖について，下の問いに答えなさい。

私たちは炭水化物を食べると体内で消化し，ブドウ糖として吸収します。このブドウ糖は日々の活動するためのエネルギーとして使われます。このとき，血液中に含まれるブドウ糖の濃《のう》度を「血糖値」といい，通常，ブドウ糖は空腹時で血液 100 mL あたり 80～100 mg 含まれています。1 mg は 1 g の 1000 分の 1 です。食後は吸収したブドウ糖が血液に含まれるため，血糖値が高くなります。血糖値が高くなると，インスリンという物質が体内に分泌《ひつ》され，血液によって全身に運ばれます。このインスリンが細胞にはたらきかけるとブドウ糖の消費が促《そく》進されて血糖値を下げることができます。

（１）炭水化物を分解する消化こう素を次のア～エから１つ選び，記号で答えなさい。
　ア．アミラーゼ　　イ．ペプシン　　ウ．トリプシン　　エ．リパーゼ

（２）分解された栄養素は小腸にある突《とっ》起から吸収されます。この突起のことを何といいますか。

（３）吸収した栄養分は血液を使って全身に運ばれます。栄養分を運ぶはたらきがあるものを次のア～エから１つ選び，記号で答えなさい。
　ア．赤血球　　イ．白血球　　ウ．血小板　　エ．血しょう

血糖値が高い状態で維《い》持されてしまう病気を糖尿病《とうにょうびょう》といいます。

図１，図２はヒトＡ～Ｃ３名の食事前後の血糖値の変化，食事前後に分泌されるインスリンの量の変化をそれぞれ表しています。

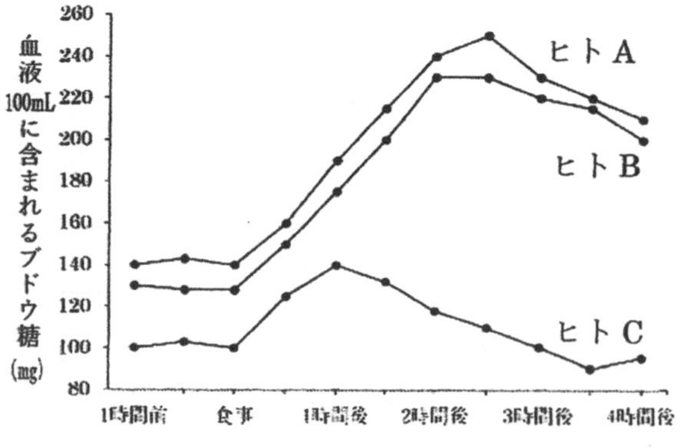

図１ ヒトＡ～Ｃの血糖値の変化

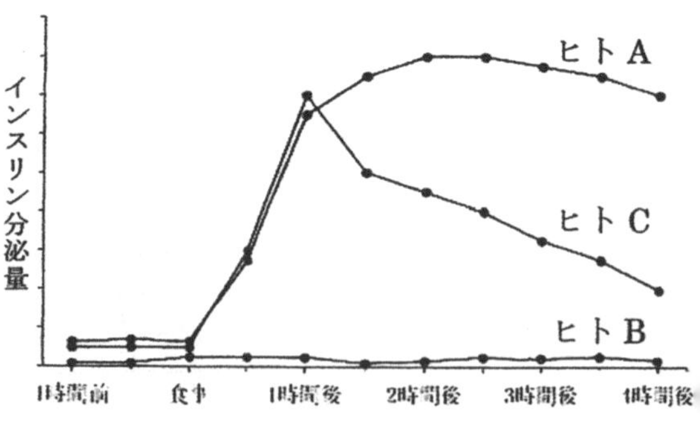

図２ ヒトＡ～Ｃのインスリン分泌量の変化

（4）ヒトA，Cについて正しく説明している文を次のア～エからそれぞれ１つずつ選び，記号で答えなさい。

ア．分泌したインスリンが体内で正常にはたらいていない。

イ．体内でインスリンが十分な量，分泌されていない。

ウ．食事により摂《せっ》取したデンプンをブドウ糖に分解することができない。

エ．血糖値の変化は正常の範《はん》囲内であり，健康な人である。

（5）ヒトＢの食後２時間後に十分な量のインスリンを注射したところ，注射しないときと比べると，血糖値の変化の仕方に違いが生じました。このときの血糖値の変化を表すグラフとして正しいものを下の図のア～エから１つ選び，記号で答えなさい。

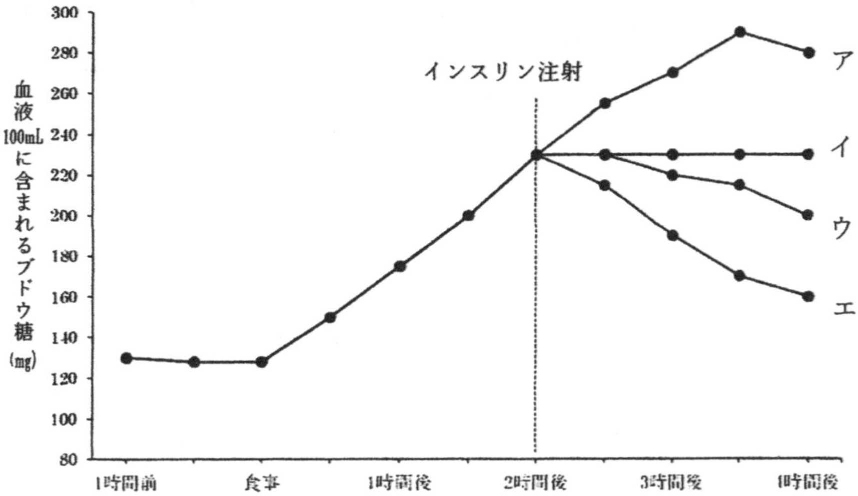

（6）図１よりヒトＣの血糖値は食事をした１時間後に140 mgまで上昇し，３時間後には100 mgまで減少したことがわかりました。このとき，１分あたり細胞で消費されたブドウ糖の量は何mgですか。ただし，減少したブドウ糖は全て細胞で消費されたと仮定し，ヒトＣの総血液量は4.5 Lとします。答えが割り切れないときは，小数第１位を四捨五入して整数で答えなさい。

【２】地球の海と陸と大気(地球を包む空気)は，たがいに影響《えいきょう》をおよぼしあって様々な現象を起こします。このことについて，下の問いに答えなさい。

（１）よく晴れた昼間に海岸付近では，海風が吹《ふ》きます。海風が吹いたときの空気の流れを示した矢印はどれですか。次のア～エから１つ選び，記号で答えなさい。

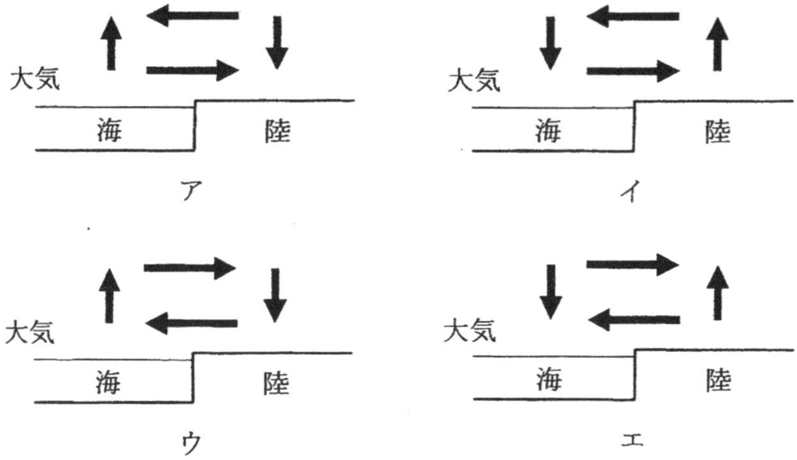

（２）海面上で発生する霧《きり》について，発生の仕組みを次のようにまとめました。

海で発生する霧は，（　あ　）海水と海面近くの暖かく（　い　）空気が接することで，空気中の水蒸気が（　う　）になるために発生する。日本付近では，北海道の海で発生することが多い。

① 文章中の空欄《らん》（　あ　），（　い　）にあてはまる言葉の組合せを次のア～エから１つ選び，記号で答えなさい。

	あ	い
ア	暖かい	乾《かわ》いた
イ	暖かい	湿《しめ》った
ウ	冷たい	乾いた
エ	冷たい	湿った

② 文章中の空欄（　う　）にあてはまる言葉を答えなさい。

（3）下の図は地球上の水の移動を示したものです。図中の矢印は水の移動の向きを，数値は1日あたりの水の移動量を示していて単位は兆トンです。降水とは，陸や海に降る雨や雪のことをいいます。

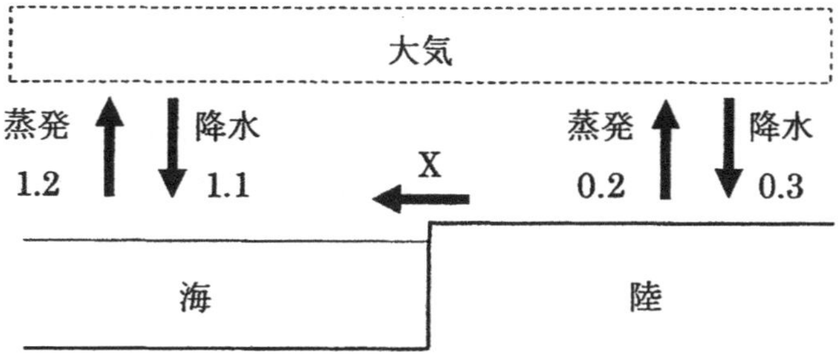

① 図の陸から海への水の移動 X は，川などによって運ばれます。川以外では，何によって運ばれますか。1つ答えなさい。

② 図の X の数値は何兆トンですか。

③ 大気には，約 14 兆トンの水が水蒸気や雲として存在しています。この水は約何日分の降水量になりますか。

【３】火力発電所で石油や石炭などから電気がつくられるとき，温室効果ガスである二酸化炭素が空気中に出されます。そのため，私たちが火力発電所でつくられた電気を使うことは空気中に二酸化炭素を出す原因になっています。私たちの電気使用量を知る方法，そして電気使用量を減らす方法について，下の問いに答えなさい。

（１）私たちが１カ月に使う電気使用量を求めてみましょう。家庭にある電化製品には必ず「800 W(ワット)」のようにワット数の表示があります。

1000 W は 1 kW(キロワット)で，1 kW の電化製品を１時間使用した場合，電気使用量は 1 kWh(キロワット時《じ》)です。

① 1000 W のそうじ機を毎日 10 分使用した場合，１カ月(30 日間)の電気使用量は何 kWh ですか。

② ある家庭で１日に使われる電気の使用量の 15 %が冷蔵庫によるものであり，その使用量は１日あたり 2.1 kWh でした。この家庭の１カ月(30 日間)の電気使用量は何 kWh ですか。

（２）学校やデパートなどの建物は，私たちが快適に過ごすために多くの電気を使用しています。これらの建物の電気使用量を減らす方法について考えてみましょう。発電所でつくられた電気の使用量は，「創エネルギー」と「省エネルギー」という２つの方法で減らすことができます。創エネルギーとは使う電気をその建物で発電することで，省エネルギーとは建物の電気使用量を減らすことです。

① 創エネルギーでは，太陽光や風力による発電がよく使われます。この２つに加え，水力，地熱，バイオマスなどによってつくられた，くり返し利用できるエネルギーのことを何といいますか。

② 省エネルギーの方法は建物が使う，空調・換《かん》気・照明・給湯・昇《しょう》降機の５つの項《こう》目に分けて考えることができます。表１を参考に，照明の省エネルギーの方法を１つ考え，簡単に書きなさい。

表 1

項目	省エネルギーの方法
空調	建物内の床下に水の通るパイプを通し，床の温度を調節することで，部屋全体ではなく，人のいる床に近い空間だけを中心に温めたり，冷やしたりする。
換気	建物の中を風の通り方を計算したつくりにし，換気扇《せん》をなるべく使わずに換気できるようにする。
給湯	蛇《じゃ》口からお湯を使うたびに加熱して温めるのではなく，つくったお湯を保温できるタンクにためておく。
昇降機	エスカレーターを人が近づいたときだけ動くようにし，それ以外のときは止めておく。

（3）ある建物を建てかえるときに，省エネルギーと創エネルギーを組合わせて，発電所でつくられた電気を使わないように設計しました。建てかえる前後で表 **2** のように電気使用量を減らし，また，太陽光発電の器具(太陽光パネル)を設置することにしました。

表 2　建てかえる前後の建物の 1 日あたりの電気使用量

	空調	換気	照明	給湯	昇降機
建てかえ前の電気使用量(kWh)	1600	100	270	15	15
建てかえ後の電気使用量(kWh)	720	70	80	15	15

①　表 **2** について説明した次のア～エの文のうち正しいものをすべて選び，記号で答えなさい。

ア．建てかえ前の電気使用量全体のうち，80 %は空調で使われている。

イ．換気の電気使用量は，建てかえる前後で 70 %減る。

ウ．電気使用量の合計は，建てかえる前後で半分以下に減る。

エ．電気使用量全体のうち，給湯の割合は建てかえた後のほうが小さい。

②　建てかえた後の建物が，発電所でつくられた電気を使わないようにするためには，1 年(365 日)で **1241 kWh** の電気をつくることができる太陽光パネルを少なくとも何枚設置する必要がありますか。

【4】酸性の水溶《よう》液とアルカリ性の水溶液が混ざり合い，たがいの性質を打ち消し合うことを中和といいます。中和について，塩酸と水酸化ナトリウム水溶液を混ぜ合わせる［実験 1］，［実験 2］を行いました。下の問いに答えなさい。

［実験 1］

A～H の 8 つのビーカーに塩酸 30 cm^3 ずつとり，そのうち 7 つのビーカーにそれぞれ量の異なる水酸化ナトリウム水溶液を加えて良くかき混ぜて新たな水溶液を作りました。それらの水溶液を十分に乾燥《かんそう》させ，残った固体の重さを調べたところ，表 1 のような結果が得られました。

表 1　加えた水酸化ナトリウム水溶液の体積と残った固体の重さの関係

	A	B	C	D	E	F	G	H
水酸化ナトリウム水溶液の体積(cm^3)	0	5	10	15	20	25	30	35
残った固体の重さ(g)	0	0.87	1.74	2.61	3.48	4.35	4.95	5.55

（1）水溶液 D と G にそれぞれ BTB 溶液を加えると水溶液の色は何色になりますか。

（2）この塩酸 80 cm^3 を中和するために必要な水酸化ナトリウム水溶液は何 cm^3 ですか。また，その水溶液を十分に乾燥させて残る固体の重さは何 g ですか。答えが割り切れないときは，小数第 2 位を四捨五入しなさい。

（3）この水酸化ナトリウム水溶液 1 cm^3 には，何 g の水酸化ナトリウムが溶《と》けていますか。答えが割り切れないときは，小数第 2 位を四捨五入しなさい。

（4）新たにこの塩酸 50 cm^3 をビーカーにとり，同じ水酸化ナトリウム水溶液 30 cm^3 を加えました。この水溶液を十分に乾燥させて残る固体の重さは何 g ですか。小数第 2 位を四捨五入して答えなさい。

（5）濃度を 2 倍にした塩酸 18 cm^3 をビーカーにとり，濃度を 1.5 倍にした水酸化ナトリウム水溶液 40 cm^3 を加えました。この水溶液を十分に乾燥させて残る固体の重さは何 g ですか。小数第 2 位を四捨五入して答えなさい。

[実験 2]

[実験 1] で用いたものとは濃度の異なる塩酸と水酸化ナトリウム水溶液を用意し，この塩酸 100 cm³ に対して同様の実験を行ったところ，表 2 のような結果が得られました。

表 2　加えた水酸化ナトリウム水溶液の体積と残った固体の重さの関係

水酸化ナトリウム水溶液の体積(cm³)	0	20	40	60	80	100	120
残った固体の重さ(g)	0	2.36	4.72	7.08	9.25	10.85	12.45

(6) この塩酸 20 cm³ を中和するために必要な水酸化ナトリウム水溶液は何 cm³ ですか。答えが割り切れないときは，小数第 2 位を四捨五入しなさい。

2023(R5) 逗子開成中　3次
K 教英出版

社　会

注　意

1．問題は【１】から【３】まであります。
（１ページから 10 ページまであります。）
2．試験時間は４０分です。
3．解答は解答用紙に記入し、解答用紙だけ提出しなさい。

受験番号		氏名	

(2023－J3)

【１】次の文章を読み、あとの問いに答えなさい。

2021年に夏季東京オリンピック・(　１　)、2022年に冬季北京オリンピック・(　１　)が開催《かいさい》されました。①障がい者を対象とする（　１　）は、1960年に②ローマで第一回が開催されました。(　１　)は、③イギリスの④ロンドン郊外《こうがい》の病院で⑤第二次世界大戦で負傷した兵士のリハビリとしてとりいれられたスポーツがはじまりとされています。

今回の東京大会と北京大会はコロナ禍《か》という状況《じょうきょう》で開催されましたが、選手たちの活躍は私たちに感動を与えてくれました。一方で、⑥さまざまな問題も見えてきました。

東京大会では、⑦いかなる種類の差別も受けないというオリンピックの精神に反した⑧女性を見下すような発言がありました。また建設された施設の多くが、将来赤字経営になるのではないかと言われています。赤字がでた場合は、⑨税金で補われることになるかもしれません。1964年に開催された東京大会の時は、国立競技場や体育館などの施設が、大会後も大いに活用されました。また、この開催をきっかけにつくられた東海道新幹線は、1970年に⑩大阪で（　２　）がおこなわれたので、東京大会との連続性もあり有益なものとなりました。

北京大会では、雪不足により人工雪が使われましたが、⑪地球の温暖化は、冬季オリンピックの開催を難しくさせます。⑫過去に冬季オリンピックを開催した都市で、2080年に開催可能なのは⑬札幌のみという調査結果もあります。特に冬季オリンピックは、スキー場建設のために⑭森林を伐採《ばっさい》するなど、夏季オリンピックより環境への負荷が大きいといわれます。

オリンピックそのものを見直すべきという意見もあります。近年のオリンピックは莫《ばく》大《だい》な経費がかかることから⑮オリンピックの商業化がすすんでいます。国際オリンピック委員会が放映権をメディアに売ることで収益を得たり、企業に※スポンサーになってもらうことでオリンピックが開催されるようになりました。東京大会で、みなし⑯公務員という立場にある組織委員の元理事が、企業から賄賂《わいろ》を受け取った疑いにより逮捕《たいほ》されましたが、これはオリンピックの商業化を利用した事件といえます。これらのことから、オリンピックの商業化に関わる問題点を見直し、⑰本来のオリンピック精神をとりもどすために、オリンピック発祥《はっしょう》の国（　３　）で常に開催することも検討《けんとう》されています。

※スポンサー…オリンピックなど催《もよお》し物の目的に賛同し、お金やサービスなどを提供する人や団体のこと

問１　文中の空らん（　１　）～（　３　）に最も適切な語句を答えなさい。（　２　）は漢字５字で答えなさい。

問２　下線部①について、障がいをもった人や高齢《こうれい》者などの社会的弱者に対して特別視せず、誰《だれ》もが社会の一員であると考えることを何といいますか、カタカナ10字で答えなさい。

問３　下線部②について、ローマはある国の首都です。その国名を答えなさい。

問４　下線部③について、各問いに答えなさい。

Ⅰ．2022年９月、在位70年にわたったイギリスの君主が亡くなられました。この君主を答えなさい。

Ⅱ．世界には、イギリス以外にもイギリスの君主を国家元首としている国があります。そのなかで、オセアニア州にある国を、次のア～エのうち一つ選び、記号で答えなさい。

ア．カナダ　　イ．オーストリア

ウ．ニュージーランド　　エ．インド

問５　下線部④について、ロンドン郊外にある旧グリニッジ天文台を通る経度０度の線を何といいますか、漢字５字で答えなさい。

問６　下線部⑤に関連して、太平洋戦争に関して述べたＸとＹの文の正誤の組み合わせとして正しいものを、次のア～エのうち一つ選び、記号で答えなさい。

Ｘ．東条英機内閣のときに日本は真珠湾攻撃をおこない、アメリカと戦争状態に入った。

Ｙ．日本の無条件降伏を要求するポツダム宣言が、アメリカ・イギリス・中国の名により発表された。

ア．Ｘ：正しい　Ｙ：正しい　　イ．Ｘ：正しい　Ｙ：誤り

ウ．Ｘ：誤り　Ｙ：正しい　　エ．Ｘ：誤り　Ｙ：誤り

問７　下線部⑥に関連して、東京大会でスタッフ向けのお弁当が大量に廃棄《はいき》されたことが問題となりました。このように、本来食べられるにもかかわらず捨てられてしまう食べ物を何といいますか、５字以内で答えなさい。

問８　下線部⑦に関連して、部落差別問題の解決を目指し、1922年に結成された組織の名称《めいしょう》を漢字で答えなさい。

問９　下線部⑧に関連して、採用や昇進《しょうしん》などの面で男女に平等な機会を与えるよう、企業に努力を求める1985年に制定された法律名を、漢字で答えなさい。

問10 下線部⑨について、直接税と間接税の違《ちが》いを、税を負担する人と税を納める人の関係をふまえて説明しなさい。

問題は次のページに続きます。

問 11　下線部⑩について、下の地形図は大阪府の箕面《みのお》とその周辺をあらわしています。この地形図の説明として**誤っているもの**を、次のア～エのうち一つ選び、記号で答えなさい。

（『国土地理院地図』より作成）

ア．箕面と如意谷《にょいだに》の２地域にそれぞれ交番がある。

イ．郵便局は、六個山《うっかやま》の頂上から見ると北西の方角にある。

ウ．六個山には、針葉樹と広葉樹の両方が植生している。

エ．温泉は、箕面駅からみて北の方向に位置している。

問 12 下線部⑪に関連して、下の表は、国別の温室効果ガス総排出《はいしゅつ》量をあらわしたものです。表のＡ～Ｃには、アメリカ合衆国・インド・中国いずれかの国があてはまります。Ａ～Ｃにあてはまる国名の組み合わせとして正しいものを、次のア～カのうち一つ選び、記号で答えなさい。

温室効果ガス総排出量（百万ｔ）

	1990年	2010年	2019年
A	2361	8485	10619
B	5112	5701	5246
C	602	1668	2422
ロシア	2685	2046	2209
日本	1064	1147	1071

（『日本国勢図会』2022/23 より作成。温室効果ガス総排出量は二酸化炭素換算のもの。）

ア．Ａ：アメリカ合衆国　Ｂ：中国　Ｃ：インド
イ．Ａ：アメリカ合衆国　Ｂ：インド　Ｃ：中国
ウ．Ａ：中国　Ｂ：アメリカ合衆国　Ｃ：インド
エ．Ａ：中国　Ｂ：インド　Ｃ：アメリカ合衆国
オ．Ａ：インド　Ｂ：中国　Ｃ：アメリカ合衆国
カ．Ａ：インド　Ｂ：アメリカ合衆国　Ｃ：中国

問 13 下線部⑫に関連して、過去に日本では長野で冬季オリンピックが開催されました。長野県に関する各問いに答えなさい。

Ⅰ．長野県の説明として**誤っているもの**を、次のア～エのうち一つ選び、記号で答えなさい。

ア．日本有数の避暑地《ひしょち》として知られる軽井沢がある。
イ．諏訪湖より流れ出る天竜川が県内を通過する。
ウ．噴火で大きな被害を出した御嶽山《おんたけさん》が他県との境にある。
エ．長良川では伝統的な鵜飼《うかい》がおこなわれている。

Ⅱ．下の表は、ある野菜の都道府県別 2020 年産の収穫《しゅうかく》量をあらわしています。野菜の名称を答えなさい。

	収穫量（単位ｔ）
長野	182, 200
茨城	91, 700
群馬	54, 800
長崎	35, 900
兵庫	29, 300

（『日本国勢図会』2022/23 より作成）

問 14 下線部⑬について、札幌より緯度が高い都市を、次のア～エのうち一つ選び、記号で答えなさい。

ア．旭川　　イ．函館　　ウ．苫小牧　　エ．室蘭

問 15 下線部⑭に関連して、ブラジルでは、熱帯林を切り開いて、バイオ燃料の原料となる植物を栽培しています。その植物のうち、多くを占めるものを、次のア～エのうち一つ選び、記号で答えなさい。

ア．コーヒー　　イ．アブラヤシ　　ウ．米　　エ．さとうきび

問 16 下線部⑮に関連して、今回の東京大会では、五大全国紙（読売新聞・朝日新聞・毎日新聞・産経新聞・日本経済新聞）がスポンサーになりました。これは過去のオリンピックでも例のないことでした。このように、複数の大手報道機関がスポンサーとなることで生じると考えられる問題を、メディアの役割をふまえてあなたの考えを述べなさい。

問 17 下線部⑯について、日本の公務員は民間企業の労働者に認められている労働基本権が制限されています。労働基本権の中で、日本国憲法第 28 条に規定されている労働三権は、団結権・団体行動権と、あともう一つは何ですか。漢字で答えなさい。

問 18 下線部⑰に関連して、北京大会が続《つづ》くなか、ロシアはウクライナ侵攻を継続《けいぞく》し、平和の祭典という精神に反する行動をとりました。その後ロシアがウクライナの原子力発電所を占拠《せんきょ》したので、安全性の調査のために国際原子力機関の職員が派遣《はけん》されました。国際原子力機関をアルファベット４字で答えなさい。

国語解答用紙

（2023 J3）

受験番号
氏　　名

※150点満点
（配点非公表）

↓ここにシールを貼ってください↓

230310

【一】

問一															問二									
①	②	③	④	⑤	⑥	⑦	⑧	⑨	⑩	⑪	⑫	⑬	⑭	⑮	① A	① B	② A	② B	③ A	③ B	④ A	④ B	⑤ A	⑤ B
								める	んだ				り	ね										

【二】

5	(3)	

↓ここにシールを貼ってください↓

230320

※150点満点
（配点非公表）

受験番号	
氏　　名	

2023(R5) 逗子開成中　3次
K 教英出版

【3】

(1) ① kWh	(1) ② kWh
(2) ①	
(2) ②	
(3) ①	(3) ② 枚

【4】

(1) D 色	(1) G 色	

(2) 水酸化ナトリウム水溶液 cm^3	残る固体の重さ g
(3) g	(4) g
(5) g	(6) cm^3

↓ここにシールを貼ってください↓

※100点満点
（配点非公表）

230340

問5				問6	→ → →				
問7	I								
	II								
問8		問9	工業	問10	I		II		
問11									

【3】

問1	
問2	

230330

↓ここにシールを貼ってください↓

※100点満点
（配点非公表）

受験番号	
氏　　名	

社会

解答用紙

(2023−J3)

【1】

問1	1		2		3			
問2		問3						
問4	Ⅰ		Ⅱ		問5			
問6		問7		問8				
問9								
問10								
問11		問12		問13	Ⅰ		Ⅱ	
問14		問15						
問16								
問17	権	問18						

【2】

	1		2		3	

理科　　解　答　用　紙

(2023 - J 3)

【1】

(1)		(2)
(3)	(4) ヒトA	(4) ヒトC
(5)		(6) mg

【2】

(1)	
(2) ①	(2) ②
(3) ①	
(3) ② 兆トン	(3) ③ 日分

受験番号	
氏　　名	

2023年度　3次入試　算数　解答用紙

1	(1)		(2)		(3)	

2	(1)		(2)		(3)	
	(4)		(5)		(6)	

3	(1)		(2)		(3)	

4	(1)	①	②	(2)		(3)	

	(1)		(2)	

問五

問六

問七

【三】

問一

x

y

問二

ア

イ

ウ

問三

問四

問五

問六

問七

【2】次の文章を読み、あとの問いに答えなさい。

日本は、新期造山帯の（　1　）造山帯に属する国で、火山が多く温泉も多いです。なかでも、①愛媛県の道後温泉、兵庫県の有馬温泉、②和歌山県の南紀白浜《なんきしらはま》温泉は、『古事記』や『日本書紀』にも記述がある古い温泉です。

はじめて温泉という単語が出てくるのは『（　2　）国風土記』で、効能《こうのう》や温泉の特徴などが記されています。『（　2　）国風土記』には、島根県にある玉造《たまつくり》温泉の記述があり、天皇や皇族だけでなく、一般庶民たちも温泉地に出かけ楽しんでいたことが記されています。

正倉院には、入浴をすすめる仏教の経典が残っています。また、仏教は山岳《さんがく》信仰と結びついたこともあり、③僧らによってさまざまな温泉が発見されました。

平安時代には、貴族たちが山の奥深くにある寺社にお参りするようになると、新しい温泉を知る機会となりました。日本で初めて世界遺産となった温泉は、和歌山県の（　3　）古道の道中にあります。（　3　）古道は（　3　）大社などをお参りする人たちが歩いた参詣道《さんけいみち》です。また、平安時代の物語文学の代表的な作品である④『源氏物語』にも、温泉が登場します。

⑤鎌倉時代になると、東日本の温泉地が広く知られるようになりました。代表的なものに箱根温泉や草津温泉があります。箱根温泉のなかでも、箱根湯本は（　4　）湾に近く、箱根の玄関口となるひらけた場所にあったことから、早くから温泉が利用されていました。

戦国時代には、北条早雲が（　4　）国の統治を進めるなかで、箱根の温泉を保護しました。草津温泉は、合戦で傷を負った兵が温泉を使用するため、⑥甲斐の武田信玄が、一般《いっぱん》の人々の入浴を禁止した期間もありました。加賀では、浄土真宗の信者による（　5　）一揆がおこり、以後100年近く自治がおこなわれました。この時期に、加賀の温泉の特徴《とくちょう》である惣湯《そうゆ》とよばれる共同浴場ができたとされています。その後、豊臣秀吉による百姓らの武器を取りあげる（　6　）をきっかけに、温泉の近くに住んで惣湯を管理し、宿を経営する人もあらわれました。

⑦江戸時代後期には、江戸の町人たちも富士山に行った後に箱根に宿泊するようになり、温泉が療養《りょうよう》だけでなく、遊び楽しむ場となっていきました。⑧山口県の湯田《ゆだ》温泉には、幕末から明治にかけて活躍した⑨木戸孝允、大久保利通、伊藤博文などが訪れました。また、⑩日本で最初に温泉を化学的に分析《ぶんせき》したのは、鳴滝塾を開設した（　7　）とその助手とされています。

問1　文中の空らん（　1　）～（　7　）に最も適切な語句を答えなさい。なお、（　7　）はカタカナで、それ以外は漢字で答えなさい。

問2　下線部①について、愛媛県には、タオルの生産で日本有数の都市があります。この都市名を、漢字で答えなさい。

問３　下線部②について、和歌山県の天神崎《てんじんざき》を別荘《べっそう》地として開発する計画が持ち上がったことをきっかけに、美しい自然や歴史的建造物を市民の寄付で買い取り、保存していく運動がおこりました。この運動を何といいますか、カタカナで答えなさい。

問４　下線部③について、真言宗を開いた僧で、日本各地に温泉の発見者として伝説が残る人物を、漢字で答えなさい。

問５　下線部④に関連して、下の絵は「源氏物語絵巻」の一部です。ここで描《えが》かれているような、日本の風物を柔《やわ》らかい線と美しい色どりで描いた手法を何といいますか、漢字３字で答えなさい。

問６　下線部⑤について、次のア～エの鎌倉時代のできごとを、古い順番に並《なら》べかえ、記号で答えなさい。

ア．弘安の役がおこった。

イ．六波羅探題が設置された。

ウ．『金槐《きんかい》和歌集』が編纂《へんさん》された。

エ．御成敗式目が制定された。

問７　下線部⑥に関連して、甲斐は現在の山梨県にあたります。下の２つの地図は山梨県の同じ地域をあらわしており、地図１は 1911 年、地図２は 1970 年のものです。この２つの地図を見て、各問いに答えなさい。

地図１

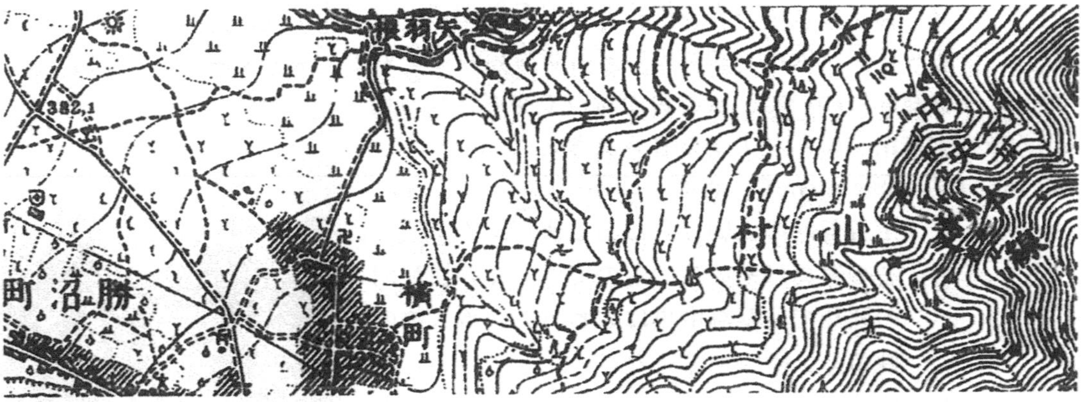

地図２

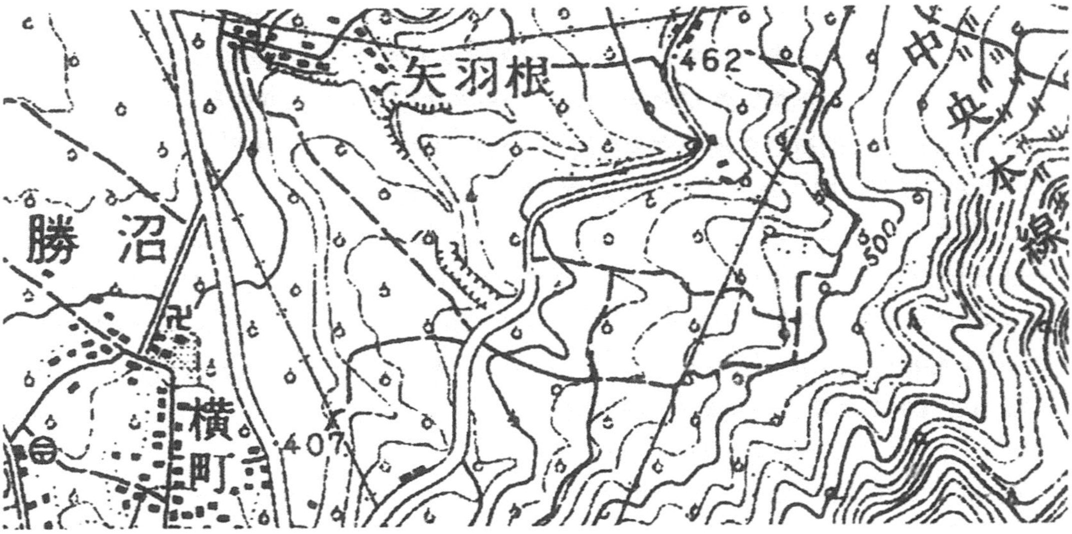

（『国土地理院地図』より作成）

Ⅰ．地図１と地図２では、土地の利用がどのように変化したか、答えなさい。

Ⅱ．土地の利用が、地図２のように変化するのは 1930 年以降です。その理由を、その前年におこった世界の経済に影響を与えたできごとをふまえて答えなさい。

問８　下線部⑦について、江戸時代に関する説明として正しいものを、次のア～エのうち一つ選び、記号で答えなさい。

ア．新井白石は、徳川綱吉に生類憐《あわれ》みの令の制定をすすめた。

イ．徳川吉宗は、農民たちの生活を細かく定めた公事方御定書を制定した。

ウ．松平定信は、大阪周辺を幕府の領地にしようとする上知令をだした。

エ．井伊直弼は、朝廷の許可を得ずに日米修好通商条約を結んだ。

問９　下線部⑧について、秋吉台の周辺で採掘《さいくつ》される地下資源を利用して、山陽小野田市や宇部市で盛《さか》んな工業を答えなさい。

問10　下線部⑨について、各問いに答えなさい。

Ⅰ．下線部⑨の人物たちはある使節団の一員で、右の写真はその時のものです。この使節団の団長で、写真中央にすわっている人物の姓名を、漢字で答えなさい。

Ⅱ．伊藤博文に関する説明として正しいものを、次のア～エのうち一つ選び、記号で答えなさい。

ア．征韓論がしりぞけられ、西郷隆盛とともに、政府を去った。

イ．日本の代表として、日露戦争の講和条約を締結した。

ウ．皇帝の権力が強いドイツの憲法を参考に憲法草案を作成した。

エ．衆議院議員選挙で勝利し、帝国議会で初代内閣総理大臣に選ばれた。

問11　下線部⑩に関連した次の文章を読み、文章中の空らん（　X　）にあてはまるものを、以下のア～エのうち一つ選び、記号で答えなさい。

温泉に行くと、温泉の成分などに関する内容が表示されています。しかし、その表示の仕方が温泉利用者に分かりにくいと（例：温泉に水を加えているが、天然温泉100%と看板などに書いてあり、利用者が誤解しやすい）、景品表示法違反《いはん》となる場合があります。その際、公正取引委員会や（　X　）庁が調査を行い、（　X　）庁が業者に対して指導などをおこないます。

ア．環境　　イ．観光　　ウ．文化　　エ．消費者

【３】日本の漁業に関する次の各問いに答えなさい。

問１　下の二つの表からわかる日本の漁業の課題を答えなさい。

	平成25年	平成26年	平成27年	平成28年	平成29年	平成30年	令和元年	令和２年
漁業就業者数	18.1	17.3	16.7	16.0	15.3	15.2	14.5	13.6

（単位：万人）

「漁業就業者」とは、満 15 歳以上で過去１年間に漁業の海上作業に年間 30 日従事した人をいう。

（農林水産省「漁業労働力に関する統計」より作成）

	平成27年	平成28年	平成29年	平成30年	令和元年	令和２年
日本の平均年収（単位：万円）	420	422	432	441	436	433
沿岸漁船漁家平均年収（単位：万円）	261	235	219	186	169	112

（上段：国税庁「令和３年分民間給与実態統計調査」より作成）

（下段：農林水産省「漁業経営統計に関する統計」より作成）

問２　下の資料は、宮城県の東松島市でおこなわれている事業を簡単《かんたん》に説明したものです。なぜこの事業が、問１であげられた漁業の課題の解決を期待できるのか、資料をふまえて、あなたの考えを述べなさい。

資料

事業名　海洋※ビッグデータを活用したスマート漁業モデル事業

目的

漁師の経験、勘《かん》に頼《たよ》っていた漁業を、ビッグデータを利用した漁業に変えていく

・データの内容
　気象・潮流・水中の画像・漁獲

※ビッグデータ…情報通信技術が進歩したことで集められた膨大《ぼうだい》な量のデータのこと

（（社）「東松島みらいとし機構」より作成）

問題は以上です。

2023(R5) 逗子開成中　3次
教英出版

逗子開成中学校　２次

国語

注意

1、問題は【一】から【三】まで、ページ数は1ページから１４ページまであります。

2、試験時間は５０分です。

3、解答は解答用紙に記入し、解答用紙だけ提出しなさい。

4、字数制限のある問題では、句読点やかっこ、その他の記号も一字として数えます。

5、答えを直すときは、きれいに消してから新しい答えを書きなさい。

6、問題文には、設問の都合で、文字・送りがななど、表現を改めたところがあります。

受験番号	
氏名	

（２０２２ ― Ｊ２）

2022(R4) 逗子開成中　２次
教英出版

【一】　次の各問に答えなさい。

問一　次の①～⑮の各文の――線部のカタカナを漢字で書き、――線部の漢字の読み方をひらがなで書きなさい。

① マドを開ける。　② 戦国時代のブショウの遺品を展示する。　③ イッコクも早く帰りたい。

④ 親フコウな行動。　⑤ レンアイ小説を読む。　⑥ 火星タンサ機が完成した。

⑦ 花モヨウの着物を着る。　⑧ 忘れ物をトドける。　⑨ 野菜をチョゾウする。

⑩ ジョウブに育つ。　⑪ 先祖を敬う。　⑫ 幼い妹を連れる。

⑬ 紅しょうがを食べる。　⑭ 危険を避ける。　⑮ 事実を誇張して伝える。

問二　慣用句を用いた次の①～⑤の各文について、適切な用い方のものは○、適切でない用い方のものは×で答えなさい。

① Aさんには煮え湯を飲まされたので、もう信用できない。

② B君の発表は、初めに発表した人の二の足を踏むような発表だったので、あまり独創性が感じられなかった。

③ いつも世話になってばかりいるので、C君はすみに置けない人だなあ。

④ D先生は角が取れて、すっかり元気がなくなってしまった。

⑤ E先輩はリーダーシップがあり、今回の会合も音頭を取って進めてくれた。

【二】　次の文章を読んで、後の各問に答えなさい。

政府は90年代以降、大学を大きく「改革」していきます。それまで事細かに規制されていた（けれども厳格には守られていなかった）教育カリキュラムを、各大学がある程度自主的に決定できるようにする一方、カリキュラムや＊1シラバスをきっちりと整備させ、授業内容を詳細に定めることを求めました。そして、事前に定められた通りに授業を提供するよう、大学に求めたのです。つまり、大学を「学生に勉強させるための場所」として徹底しようとした、と言えるでしょう。

X

なぜそのようなことが起こるのでしょうか。学生をカリキュラム通りに「きっちりと勉強させる」仕組みを強化すれば、学生の学力は向上するように思えます。それなのにむしろ大学の教育や研究能力は低下してしまった。その背景にはわれわれの社会の「知」というものの捉え方の変化が横たわっているように思えるのです。

別の角度から考えてみましょう。

「コンテンツ」という言葉があります。音楽や映画といったエンタテインメント表現を指して使われることが多い言葉ですが、書物や放送番組、インターネットで見聞きすることができるさまざまな情報も指しますし、最近では大学の講義でさえ「コンテンツ」と呼ばれることが少なくありません。大雑把にいえば、「情報のひとまとまり」くらいの意味で広く使われている言葉です。

①コンテンツという言葉が日本語に定着したのはさほど古いことではありません。新聞記事データベースなどで調べてみると、「コンテンツ」は、90年代なかば頃に日本語の空間の中に急浮上してきた言葉だとわかります。それまでの「作品」や「楽曲」、「番組内容」といった言葉をひとまとめに塗り替えるように「コンテンツ」という言葉は流布しました。

言葉の変化とは、単に「同じものを違う言葉で指すようになった」ことではありません。一つの、あるいは複数の言葉が別の言葉にとってかわられるとき、その背景には社会の「ものの見方」の変化が横たわっています。言葉の変化は社会の変化です。

　コンテンツという言葉の浮上は、社会における文化や知識をとらえる枠組みの変化を示しています。それをもたらした要因の一つはインターネットの社会への普及でしょう。１９９５年はウインドウズ９５が発売され、パソコンからのネット接続が容易になった年です。インターネットは異なった種類の多様な表現や知識をデジタルデータという共通の状態に還元することで、情報の流通を著しく便利にしました。かつては別々のメディアによって支えられ、各々異なるかたちでわれわれの思考や感性を形作っていたさまざまな知識や文化表現は、９０年代なかばを境としてデジタルデータのかたちで一括して扱われ、消費される傾向が進んでいくことになります。

　「コンテンツ」という概念は、知識や表現の質的な違いよりも、それが「ひとかたまり」の情報として同等に扱えることを強調します。書物と放送番組が同じく「コンテンツ」であると名指しされるようになると、それを評価する観点もまた似通ってきます。かつては、書物とテレビ番組は別のメディア、別の世界、別の価値基準に属するものでした。テレビ番組であればそれは速報性によって評価され、書物であればそれが人間の知性にどのように深い影響を与えるかにより評価されました。

　しかし「コンテンツ」として同一のスマートフォンで視聴される対象になれば、その区別は融解《ゆうかい》していきます。「面白いか」「泣けるか」「笑えるか」。あるいは送り手にとっては、そのコンテンツがどれだけ「売れるか」。異なるメディアに隔てられ、異なる基準により評価されていた知識や情報や表現は、今や横並びに測られるようになりました。

　かつては、知識とはそれとの長い格闘の末に身につけるものでした。それが「コンテンツ」と呼ばれるようになってから、教育のあり方も変化したように感じます。何かのために必要な知識は、どこかに「コンテンツ」として存在しており、必要ならそれを見つけて「アクセス」しさえすればいい、という感覚が、学生や社会に浸透したように感じます。

　先に触れた、「カリキュラム通りに学生をしっかり勉強させる」ことを目指した大学「改革」の背景にあった考え方は、私の考えでは、知識や能力を「コンテンツ」としてとらえる考え方です。学費を払った分に見合うだけの知識や能力が得られる場として、つまり、「知」を［　Y　］のように取引するような場へと大学は変化させられてきました。

しかし、大学教育は「コンテンツをインストールする」こととは本質的に異なります。②皮肉なことに、コロナ禍によって大学に通えなくなり、「オンライン授業はうんざりだ」「早く大学を再開してくれ」と声をあげる学生たちこそが、そのことに気づきつつあるのかもしれません。

教育内容＝コンテンツが、オンライン授業のかたちで学生に伝達されている現在の大学の状況は、いわば（政府が、あるいは社会が理想とした）「勉強に純化された大学」です。授業と授業の間の移動時間や、友人との雑談や、サークル活動などといった「勉学と直接関係ない」要素をすべて排除した、純化された「知識コンテンツのインストール」に多くの人々が不満を漏《も》らしている。この事実は、勉強以外の無駄なことがむしろ大学の本質であったことを示しているのではないでしょうか。いえ、もっと強く言いましょう。「大学は勉強するところではない」のです。

大学とは「学術の中心として、高い教養と専門的能力を培うとともに、深く真理を探究して新たな知見を創造し、これらの成果を広く社会に提供することにより、社会の発展に寄与する」（教育基本法第7条）と定められている制度です。「新たな知見を創造し」というところがポイントです。大学とは「まだ存在しない知」を生み出すことこそがその存在根拠なのです。

つまり大学とは、知識を商品のように学生に売るところではありません。また、知識を持った「人材」を育成して企業に送り出すためのところでもない。そうではなく、大学とは、一人一人の学生の知的成長を促すための場所や機会を提供することで、社会にとって必要な知を維持し、そこから新しい知を生産するための場です。

それはハードディスクにソフトウエアをインストールすることよりも、公園で子供たちが創意工夫して遊んでいる状況に似ています（教員や図書館は「ジャングルジム」のような遊具に似ています。その「使い方」に定まった決まりはありません）。「知」とはデジタルデータではなく、身体と感情を持った人間一人一人が身につけ、実践し、対話し、試行錯誤する中でしか「役立たない」。大学とはそのために用意された場です。新型コロナウイルスが社会にもたらした「良い影響」がもしあったとするならば、ただオンラインで勉強だけすることが「大学の学び」ではない、ということに人々が気づいたことではないでしょうか。

コロナ禍がわれわれに教えたことは、[Z]という簡明な事実です。われわれはメディアで発言する専門家の意見の「食い違い」を日常的に目にしています。ある専門家は「ＰＣＲ検査を拡大すべきだ」と主張し、別の専門家は「無闇な検査は控えるべきだ」と言う。あちらの専門家は「いち早く都市をロックダウンすべきだ」と言い、こちらの専門家は「経済への悪影響を考えるべきだ」と言う。

われわれはこのコロナ禍を解決してくれる解決策がどこかにあるはずだ、と信じたい。しかしそんなものは「まだ」どこにもない。コロナ禍を乗り越える知見はコンテンツとしては「まだ」存在していないのです。それは身銭を切って必死に考え、調査し、研究している「誰か」がこれから生み出す「かもしれない」ものです。それを担うのが「知」の仕事であり、大学の仕事なのです。

（増田聡「『大学の学び』とは何か」／内田樹・編『ポストコロナ期を生きるきみたちへ』晶文社）

注　＊1　シラバス……大学などで授業の内容やスケジュールについてまとめられた資料。

問一　[X]に当てはまるように、次のア〜エを最も適切な順番に並べかえなさい。

ア　すなわち政府による「大学は明示したカリキュラム通りに勉強させるところであるべきだ」という「改革」は逆効果だった、といっていいでしょう。

イ　そのような「改革」の実施によって何が起きたか。

ウ　国際的な大学ランキングは著しく低下しましたし、大学生の学力低下への批判はやむことがありません。

エ　２０１０年代に明らかになってきたのは、日本の大学の教育研究水準の停滞です。

問二　――線部①「コンテンツという言葉が日本語に定着した」とあるが、この言葉が定着した後に起こった社会的な現象の説明として最も適切なものを、次の選択肢ア～エから一つ選び、記号で答えなさい。

ア　書物・放送番組は異なる基準で評価されていたが、「コンテンツ」という言葉があらゆる場面で用いられるのと同時に、それらの評価基準がそれぞれ再考されるようになった。

イ　情報化により「コンテンツ」という概念が生まれ、創作物を「コンテンツ」として見なすようになったが、書物もその例外ではなく、書物は「消費するもの」とみなされるようになった。

ウ　ネットの普及によって文化や知識に対する見方の変化がもたらされたが、書物や放送番組を視聴する端末がスマートフォンのようにコンパクトになったことで、それらが「コンテンツ」と見なされるようになった。

エ　本来、時間をかけて深く思考して身につけるはずの知識が、ネットが発達したことが要因となって「コンテンツ」と認識されるようになり、知性を軽視する風潮が社会全体でより一層強まった。

問三　[Y]に当てはまる言葉を、[Y]より後の本文中から二字で抜き出して答えなさい。

問四　――線部②「皮肉なことに」とあるが、「皮肉」であるのはここではどのような点か。そのことについて説明した次の文の（Ⅰ）（Ⅱ）に適切な言葉を指示に従って答え、文を完成させなさい。

学生達が（　Ⅰ　二十字以内　）ことによって、大学教育には（　Ⅱ　十五字以内　）と気づいてしまった点。

問五　空欄 [Z] に当てはまる内容として最も適切なものを、次の選択肢ア〜エから一つ選び、記号で答えなさい。

ア　このような経験したことのない難局に対するために必要な知とは、すでに誰かによって形作られパッケージされている「コンテンツ」ではありえない、

イ　このような経験したことのない難局を迎えた時には、もっともらしいことを言う言論に惑わされることのない、冷静沈着なものの見方が必要だ、

ウ　このような経験したことのない難局に対したときには、社会的弱者に目を向けることを忘れてはならず、それは「知性」がなくては実行できない、

エ　このような経験したことのない難局を打開するために必要な施策は、大学をはじめとする教育機関が社会全体に良質な教育サービスを施すことに他ならない、

問六　本文中で説明されている大学の機能低下はなぜ起こるのか。本文全体を踏まえて説明しなさい。

【三】　次の文章を読んで、後の各問に答えなさい。なお、設問の都合上、本文は省略されているところがある。

沖縄のある村に住む徳正《とくしょう》は、かつて一人の少年兵として太平洋戦争末期の沖縄戦に参戦した経験がある。戦後数十年経ったある日、突然徳正の右足が＊1冬瓜《すぶい》のようにふくれあがり、親指の先から水が噴き出した。それから夜ごと、戦地に置き去りにされた負傷兵たちの亡霊が徳正のベッドを訪れ、彼の足に口をつけ、そこから滴《したた》る水を飲んでいくようになった。徳正はその中に、自分の友人だった石嶺《いしみね》も混じっていることに気づく。兵士たちの亡霊が現れて二週間ほどたった日の夜明け方、石嶺の亡霊はただ一人で現れ徳正の足に口をつけた。そうされながら徳正は、腹部に重傷を負った石嶺と最後に別れた夜のことと女子学徒隊に加わり看護班の一員として行動していた宮城セツとの一件を思い出していた。

「私達は＊2糸満《いとまん》の外科壕《ごう》に向かうから、必ず後を追ってきて」

徳正の肩をつかんでセツは強い口調で言った。石嶺の顔にそっと手を伸ばして別れを告げると、髪を二つに結んだ後ろ姿が、崖《がけ》を滑り降りて木の陰に消えた。

どれだけの間そこに座り込んでいたのか分からなかった。目の前を移動していく兵隊の姿はしだいに低く歪《ゆが》んでいった。前かがみに杖《つえ》にすがっていたのが四つん這《ば》いになり、腹這《はらば》いになって、手足をもがれた両棲類《りょうせいるい》のような影が身をくねらせて進んでいく。置き去りにされることへの恨みや怒声、泣き声が、泥を這いずりまわる音に混じる。崖を滑り落ち、その下で動けなくなった兵達のうめき声を、①徳正はぼんやり聞いた。

トクショウ……。

かすかにそう呼ばれたような気がした。

「石嶺」

耳元で呼んだが返事はなかった。頬《ほお》を近づけるとかすかな呼吸があった。徳正は体をずらし石嶺の体を横にした。＊3腹を縛った巻脚絆《まききゃはん》がよじれて小さな音を立てた。セツの渡してくれた紙包みから乾パンを取り出して手に握らせる。水筒の水を掌《てのひら》に受けて、白い歯ののぞく唇《くちびる》の間にこぼした。あふれた水が頬を伝わるのを目にした瞬間、徳正は我慢できなくなって、水筒に口をつけ、むさぼるように水を飲んだ。息をついた時、水筒は空になっていた。②水の粒子がガラスの粉末のように痛みを与えながら全身に広がっていく。徳正はひざまずいて、横たわる石嶺の姿を眺めた。闇《やみ》と泥水がゆっくりと浸透し、もう起こすこともできないほど重くなったように見える。壕の中の声が聞こえなくなっていた。空の水筒を腰のあたりに置いた。

「赦《ゆる》してとらせよ、石嶺……」

徳正は斜面を滑り降り、木々の枝に顔を叩かれながら、森を駆け抜けた。月明りに白い石灰岩の道が浮かび、倒れた兵が黒い貝のように見えた。③鱗《うろこ》が一枚一枚剥《は》がれ落ちていく黒い蛇《へび》の尾が道の向こうに見える。その後を追って走っていた徳正は、死んでいると思った兵の伸ばした手に引っ掛かって倒れた。這ってくる兵の手を払って立ち上がろうとした時、右の足首に痛みが走った。置き去りにされる恐怖が込み上げてくる。徳正は足を引きずって走り続けた。ふいに背後で炸裂《さくれつ》音が響いた。森の中腹に立て続けに閃光《せんこう》が走る。米軍に発見されることを恐れ、徳正は走りながら、手榴弾《てりゅうだん》で自決した兵士を罵《ののし》った。

四日後、徳正は島の最南端の摩文仁《まぶに》海岸で米軍の捕虜《ほりょ》となった。気を失って波打ち際を漂《ただよ》っているところを救われたのだった。

それ以来、収容所でも、村に帰ってからも、誰かにふいに、石嶺を壕に置き去りにしてきたことを咎《とが》められはしないか、と恐れる日が続いた。

村に帰って一週間ほど経った時、石嶺の母が訪ねてきた。米軍支給の缶詰や芋《いも》を持ってきて、身内のことのように無事を喜んでくれる姿を　X　できなかった。④逃げる途中ではぐれて、その後の行方は知らない、と徳正は嘘《うそ》をついた。

［中略］

二十七の時、魚商《いうあきない》をしているウシと知り合って一緒になった。祖母の喜びようはなかった。二つ上のウシは気が強い分、人情持ちだったから、祖母が亡くなるまでの三年間、実の親以上に尽くしてくれた。二人きりになると、徳正の酒の量が増え、博打《ばくち》にまで手を出すようになった。ウシは子供ができないことが原因かと思い、ひそかに病院に通った。

しかし、⑤徳正が酒浸りになるようになった理由は他にあった。祖母の四十九日の席で、村の老女たちの会話から、徳正は宮城セツのことを偶然知った。

たどり着いた時、糸満の外科壕は米軍の＊4馬乗り攻撃を受けてすでに爆破されていた。以後、宮城セツの消息はつかめないまま、徳正は島の最南端の摩文仁海岸に追い詰められていった。実は、セツたちも一日前にほとんど同じ道を通って摩文仁海岸に着いていた。そして、徳正が爆風を受けて気を失い、漂っていた波打ち際から二百メートルも離れていない岩場で、同僚の女子学生五名と手榴弾で自決を遂げていたのだった。

親戚や客が帰った後、徳正は独り浜に降りた。水筒と乾パンを渡し、自分の肩に手を置いたセツの顔が浮かんだ。悲しみとそれ以上の怒りが湧いてきて、セツを死に追いやった連中を打ち殺したかった。同時に、自分の中に、これで石嶺のことを知る者はいない、という安堵《あんど》の気持ちがあるのを認めずにはおれなかった。声を上げて泣きたかったが、涙は出なかった。酒の量が一気に増えたのはそれからだった。以来、石嶺のこともセツのことも記憶の底に封じ込めて生きてきたはずだった。

徳正の足をいたわるように掌で足首を包み、石嶺は一心に水を飲んでいる。涼しい風が部屋に吹き込む。まどの外に海の彼方《かなた》から生まれる光の気配がある。いつもなら、とっくに姿を消している時刻だった。はだけた寝間着《ねまき》の間から酒でぶよぶよになった腹が見える。臍《へそ》のまわりだけ毛の生えたその生白い腹と、冬瓜のように腫れた右足の醜さ。自分がこれから急速に老いていくのが分かった。ベッドに寝たまま、五十年余ごまかしてきた記憶と死ぬまで向かい合い続けねばならないことが恐かった。

「イシミネよ、赦《ゆる》してとらせ……」

土気色《つちけいろ》だった石嶺の顔に赤みが差し、唇にも艶《つや》が戻っている。［　中略　］

唇が離れた。人差し指で軽く口を拭《ぬぐ》い、立ち上がった石嶺は、十七歳のままだった。正面から見つめる睫《まつげ》の長い目にも、肉の薄い頬にも、朱色の唇にも微笑《ほほえ》みが浮かんでいる。ふいに怒りが湧いた。

「この五十年の哀れ、お前が分かるか」

石嶺は笑みを浮かべて徳正を見つめるだけだった。起き上がろうともがく徳正に、石嶺は小さくうなずいた。

「ありがとう。やっと渇きがとれたよ」

きれいな標準語でそう言うと、石嶺は笑みを抑えて敬礼し、深々と頭を下げた。壁に消えるまで、石嶺は二度と徳正を見ようとはしなかった。薄汚れた壁にヤモリが這ってきて虫を捕らえた。

明け方の村に、⑥徳正の号泣が響いた。

（目取真俊『水滴』文春文庫刊）

注

＊1　冬瓜……ウリ科の植物。「すぶい」は、沖縄の方言。

＊2　糸満の外科壕に向かう……米軍に追い詰められた日本軍は、糸満も含む沖縄本島南部への撤退を始めていた。

＊3　腹を縛った巻脚絆……巻脚絆は、すねの部分を革や布で巻き上げ、擦り傷などから守るもの。ここでは、怪我の応急処置のため、腹を縛るのに用いられている。

＊4　馬乗り攻撃……壕の上に穴をあけ、そこから火炎放射器で火炎を浴びせたり、爆弾を投じたりする攻撃。

問一　[X] に入る語句として最も適切なものを、次の選択肢ア～オから一つ選び、記号で答えなさい。

ア　軽視　　イ　敵視　　ウ　無視　　エ　正視　　オ　凝視

問二　――線部①「徳正はぼんやり聞いた」とあるが、この場面における徳正の様子を説明したものとして最も適切なものを、次の選択肢ア～エから一つ選び、記号で答えなさい。

ア　絶望的な戦局で倒れていく兵たちの声を、自分も置き去りにされた事実に失望しながら、すがるように聞いている。
イ　戦争という極限状態のなか、置き去りにされる兵たちの声を、どうすることもできずに無気力に聞いている。
ウ　周囲で動けずにうめく兵たちの声を、自分も同じ運命をたどるのであろうと自暴自棄に聞いている。
エ　米軍が攻撃しているが、周囲の兵たちのうめき声を、つかの間の安らぎを感じながら聞いている。

問三　――線部②「水の粒子がガラスの粉末のように痛みを与えながら全身に広がっていく」とあるが、この時の徳正の心情を五十字以内で説明しなさい。

問四　――線部③「鱗が一枚一枚剥がれ落ちていく黒い蛇の尾」とはどのような様子を表現しているのか。四十字以内で説明しなさい。

問五　――線部④「逃げる途中ではぐれて、その後の行方は知らない、と徳正は嘘をついた」とあるが、徳正がこのような嘘をついたのは、何を恐れたからか。次の（　　）に当てはまるように、本文中から三十字以内で抜き出し、初めと終わりの五字を答えなさい。

（　三十字以内　）ということ。

問六　――線部⑤「徳正が酒浸りになるようになった理由は他にあった」とあるが、その理由とは何か。その説明として最も適切なものを、次の選択肢ア～エから一つ選び、記号で答えなさい。

ア　戦争の記憶がようやく遠ざかりはじめた矢先に、セツの死を知ってしまい、セツを失った悲しみと戦争への強い怒りがこみあげ、それを紛らわそうとして酒に逃げたということ。

イ　あれだけ強い口調で再会を約束したセツが手榴弾で自決したと聞き、その短絡的な行為は許せないが、どうすることもできずに酒に頼るしか術がなかったということ。

ウ　セツの自決を知って深く悲しむ一方で、石嶺と自分との出来事を知る者がいなくなったことに少なからず安心し、そんな醜い自分を嫌悪しその気分をごまかしたかったということ。

エ　重傷を負った石嶺を救うことができなかったことに加え、今またセツの死を聞き知って、大切な人を守れない自分のふがいなさを感じ、やけを起こしてしまったということ。

問七　――線部⑥「徳正の号泣が響いた」とあるが、徳正が号泣したのはなぜか。その説明として最も適切なものを、次の選択肢ア～エから一つ選び、記号で答えなさい。

ア　石嶺の様子や言葉から、長年罪悪感で苦しみ続けた自分の気持ちをくみ取ってもらえたように思えて感極まったから。

イ　長年の間石嶺の渇きを潤したことで、ようやく石嶺の強い恨みが晴れたと感じ、もう苦しまなくて済むと安堵したから。

ウ　数十年ぶりに見た十七歳の石嶺の姿と現在の自分を比べてしまい、これから老いていくばかりの自分に絶望したから。

エ　一心に水を飲む石嶺にやり場のない怒りが湧いたが、石嶺は理解してくれる様子も無く、ただ虚しいだけだったから。

≪　問題は以上です　≫

【このページは白紙です】

算　数

注　意

1．試験時間は 50 分です．

2．問題は 1 から 5 （1 ページから 9 ページ）まであります．
試験開始後，抜け落ちているページがないか，印刷が不鮮明《ふせんめい》なページがないか確認してください．不備がある場合は監督者《かんとくしゃ》に申し出てください．

3．定規・コンパス・筆記用具以外の使用は認めません．

4．問題用紙や解答用紙を折ったり切ったりして，問題を解くためのヒントとなる形に変形することを禁止します．

5．解答用紙への記入上の注意
- 考え方を書く指示がある問題以外は，答えだけを書いてください．
- 答えに単位が必要な問題は，必ず単位をつけて答えてください．
- 答えが分数になる場合は，それ以上約分できない一番簡単な分数で答えてください．また，仮分数は帯分数に直してください．
- 図やグラフをかいて答える問題に対し，定規・コンパスを忘れた場合は手がきでていねいにかいてください．

受験番号		氏名	

(2022-J2)

1 次の $\square$ にあてはまる数を求めなさい.

(1) $\left[1+1\div\left\{1\div(1-1\div2)\right\}\right]\times12\div\left\{9-6\div(11-9)\times2\right\}=\square$

(2) $\left\{\frac{3}{8}\times7\frac{1}{9}-\left(2-1\frac{5}{6}\right)\right\}\div1\frac{1}{6}\div\left(\frac{1}{2}-\frac{1}{5}\right)=\square$

(3) $\left\{2.75\times1\frac{3}{5}-\left(4.1-2\frac{7}{18}\right)\div\frac{2}{3}\right\}\div\left(\frac{1}{3}+\square\right)=2$

2 次の各問いに答えなさい．

(1) ある規則にしたがって，1，2，4，5，7，8，10，11，13，･･･ と数が並んでいます．50番目の数は何ですか．

(2) ボールペンをまとめて買うことになりました．24本買うと代金は2600円です．25本以上買うと，25本目から48本目までは1本100円，49本目以上は1本85円で買えます．ボールペン1本あたりの平均の値段がちょうど95円になるには，全部で何本買えばいいですか．

(3) 3つの数30，90，Aがあります．これらの数の最大公約数が15，最小公倍数が270であるとき，Aにあてはまる数を求めなさい．

(4) A 君，B 君，C 君，D 君の 4 人の生徒が算数のテストを受けました．A 君は B 君より 9 点低く，B 君は C 君より 14 点高く，C 君は D 君より 4 点低く，4 人の平均点は小数第 2 位を四捨五入して 71.8 点でした．A 君の点数を求めなさい．

(5) 1 ヶ月前，A 君と B 君の貯金の残高の比は 5 : 3 でした．この 1 ヶ月の間に A 君は貯金から 3000 円使い，B 君は 1000 円貯金したので，A 君と B 君の貯金の残高の比は 5 : 4 になりました．A 君の貯金の残高は今いくらありますか．

(6) 右の図のように，1 辺の長さが 4 cm の正方形 ABCD と長方形 EFGH があります．直線 AE と直線 JH は平行で，三角形 BJE の面積が10 cm^2 のとき，辺 EI の長さを求めなさい．ただし，点 B , F , C , G と点 J , D , H はそれぞれ同じ直線上にあるものとします．

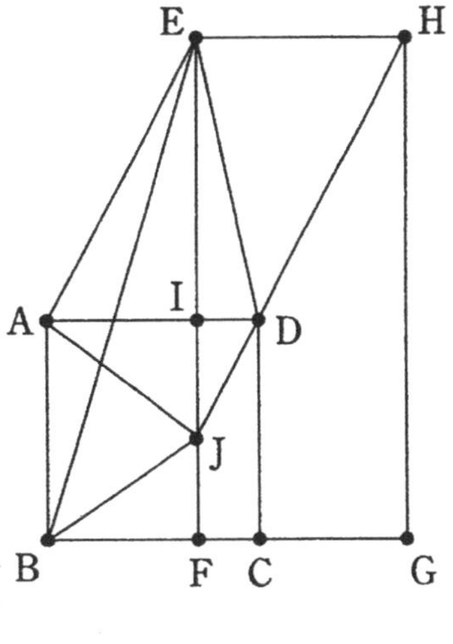

3　図のように，点 O を中心とする円とその円周上に点 A があります．3 点 P , Q , R は点 A を出発して次のように動きます．

① 点 P は反時計回りに動き，2 分で円を 1 周します．

② 点 Q は反時計回りに動き，4 分で円を 1 周します．

③ 点 R は時計回りに動き，4 分で円を 1 周します．

3 点 P , Q , R は同時に点 A を出発し，上の規則で動き続け，3 分後に 3 点とも停止するものとします．このとき，次の各問いに答えなさい．

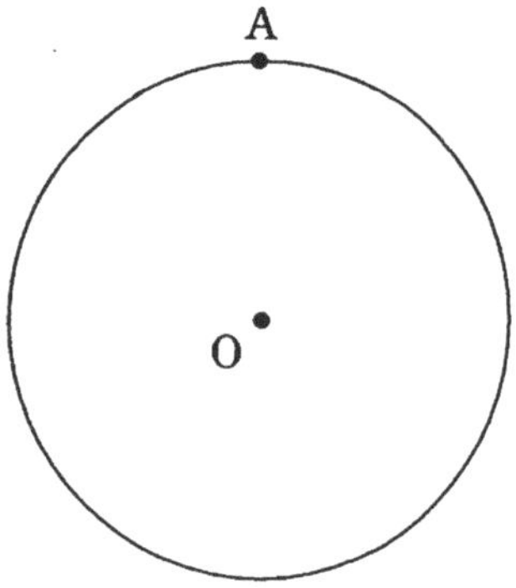

(1) 3 点が動き始めてから 1 秒後に，点 O と点 A , 点 O と点 P を結んでできる角 AOP の大きさは何度ですか．

(2) 3 点が動き始めてから 3 分間の間に，3 点 A , P , Q を結んでできる図形が正三角形になるのは，3 点が動き始めてから何秒後ですか．すべて求めなさい．

(3) 3 点が動き始めてから 3 分間の間に，3 点 P , Q , R を結んでできる図形が二等辺三角形になり，かつそのうちの一辺が点 O を通るときがあります．それは 3 点が動き始めてから何秒後ですか．すべて求めなさい．

《計算余白》

4 友達6人が現在地Pから目的地Qに行くのに，1台のタクシーを使うことになりました．一度に6人全員は乗れないので3人ずつAとBのグループに分かれました．先にAグループがタクシーに乗って出発し，同時にBグループは目的地に向けて歩き始めました．Aグループは目的地の途中の地点Rまで車で行き，残りは歩きました．Aグループを降ろしたタクシーはすぐに引き返し，Pから6 km歩いた地点SでBグループに出会い，そこからはBグループを乗せて目的地に向かったところ，2つのグループは同時に目的地に着くことができました．このとき，次の各問いに答えなさい．ただし，人は毎時4 kmで歩き，タクシーは客を乗せているときは毎時42 kmの速さで走り，ドライバーだけの時は毎時48 kmの速さで走るものとします．また，車の乗り降りにかかる時間は考えないものとします．

(1) 地点Pを出発してから，タクシーがBグループと出会うまでにかかる時間を求めなさい．

(2) RS間の距離を求めなさい．

(3) PQ間の距離を求めなさい．

《計算余白》

5 次の各問いに答えなさい.

(1) 1から500までの整数の中で，12でも15でも割り切れる数は何個ありますか.

(2) 1から500までの整数の中で，8または12または15で割り切れる数は何個ありますか.

(3) Aは2桁の整数とします．1から500までの整数の中で，8でもAでも割り切れる数が6個でした．Aにあてはまる数をすべて求めなさい．ただし，答えだけではなく，途中の考え方も書きなさい.

《計算余白》

2022(R4) 逗子開成中　２次
教英出版

理　科

注　　意

1．問題は【1】～【4】（1～9ページ）まであります。
2．試験時間は40分です。
3．解答は解答用紙に記入し，解答用紙だけ提出しなさい。
4．答えを直すときは，きれいに消してから新しい答えを書きなさい。
5．図やグラフをかく場合は，ていねいにはっきりとかきなさい。必要ならば定規を使ってもかまいません。

受験番号		氏名	

(2022－J2)

【1】図1は，ある河川の上流から下流までを表した模式図です。流水のはたらきについて，下の問いに答えなさい。

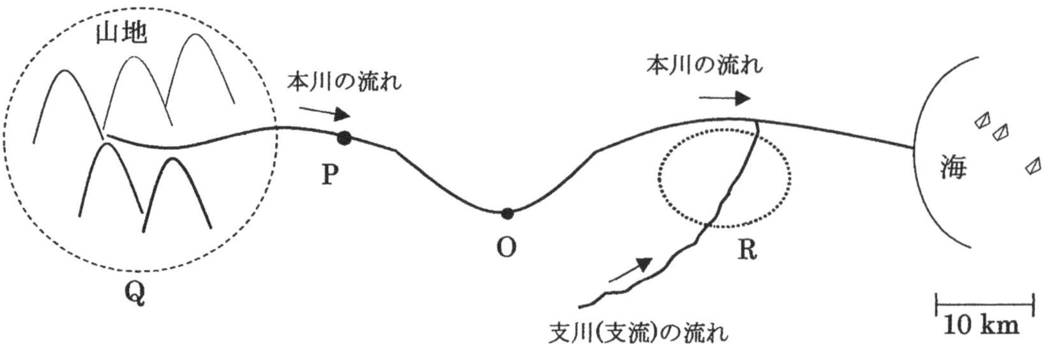

図1

（1）図2は，図1の川の中流付近のO地点を表しています。

① O地点より上流に向かうにつれて川の幅《はば》と地面の傾《かたむ》きはどのようになりますか。次のア～エから1つ選び，記号で答えなさい。

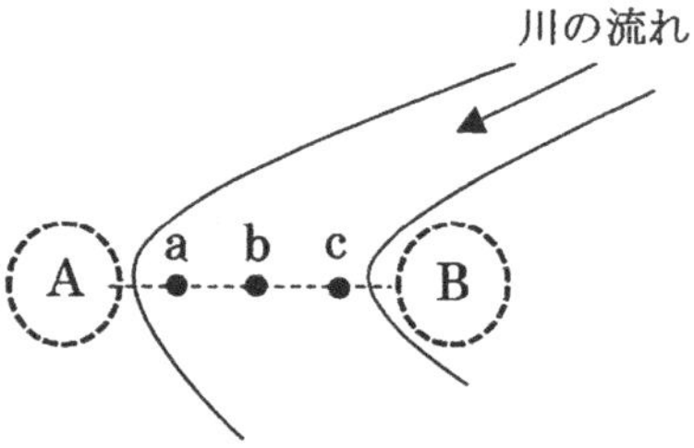

図2

ア．幅は広くなり，傾きは急になる。
イ．幅は広くなり，傾きはゆるやかになる。
ウ．幅はせまくなり，傾きは急になる。
エ．幅はせまくなり，傾きはゆるやかになる。

② 図2のa～c地点のうち，流れが最もおそい地点と川底が最も深い地点の正しい組合せを，次のア～ケから1つ選び，記号で答えなさい。

	おそい	深い		おそい	深い		おそい	深い
ア	a	a	エ	b	a	キ	c	a
イ	a	b	オ	b	b	ク	c	b
ウ	a	c	カ	b	c	ケ	c	c

③ 図2のA，Bは川の周辺の地面を表しています。がけになる場合が多いのはA，Bどちらですか。また，それは主に流れる水のどんなはたらきによってできたものですか。正しい組合せを次のア～カから1つ選び，記号で答えなさい。

ア．A と しん食　　イ．A と たい積　　ウ．A と 運ぱん
エ．B と しん食　　オ．B と たい積　　カ．B と 運ぱん

（2）図3は，P地点の川と両岸の断面を表しています。ある時，この地域で地震が発生して地面が1回隆《りゅう》起(地面が海面に対して今より高くなること)しました。長い年月が経過すると，川のはたらきによって，太線で書かれた地面はどの様に変わりますか。解答欄《らん》に図示しなさい。ただし，地面のかたさはどの場所でも変わらないとします。

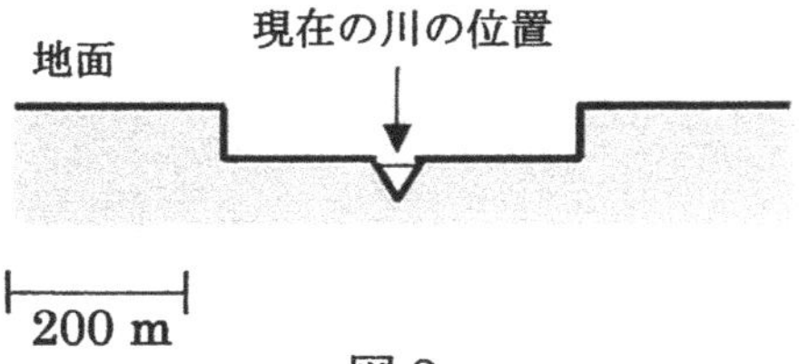

図3

（3）近年，局地的な集中豪《こう》雨などで川の水があふれて，水害が起こることが多くなっています。

① 図1の上流部の山地(面積を 30 km²)のQの点線で囲まれた地域に1時間に 30 mm の雨が10分間降りました。降った雨のうち半分が川に集まるとすると，川に流れこんだ雨水の量は，プール(体積は 25 m×10 m×1.5 m)で何はい分になりますか。

② Q地域の大雨警報が解除されて，しばらく時間が経ってから支川の水があふれ，Rの点線で囲まれた地域で洪《こう》水が起こりました。本川の水の量が増えたことを考えて，R地域で洪水が起こった理由を答えなさい。ただし，R地域やその上流では雨は降っておらず，また，本川の堤防などが決壊《かい》して洪水を起こしたわけではありません。

【2】8月のある日の太陽が南中するお昼ごろに，レンズの直径が 8 cm の虫めがねと黒画用紙を使って，太陽の光を黒画用紙に集める実験を行いました。その後，［調査 1］と［調査 2］を行い，太陽の光を黒画用紙上の 1 点に集めるための虫めがねと黒画用紙の間隔《かんかく》(しょう点距離《きょり》)の計算方法を考えました。下の問いに答えなさい。

［調査 1］

図 1 のように，虫めがねと黒画用紙を 15 cm の間隔をあけて平行にし，太陽の光を虫めがねを通して黒画用紙に集めました。このとき黒画用紙に集まった光の直径は 2 cm でした。

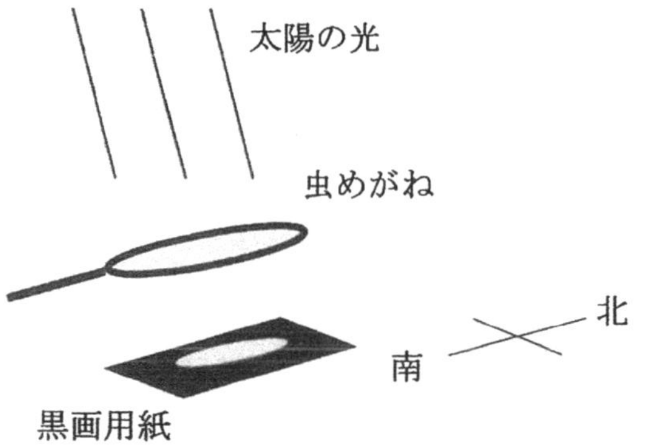

図 1

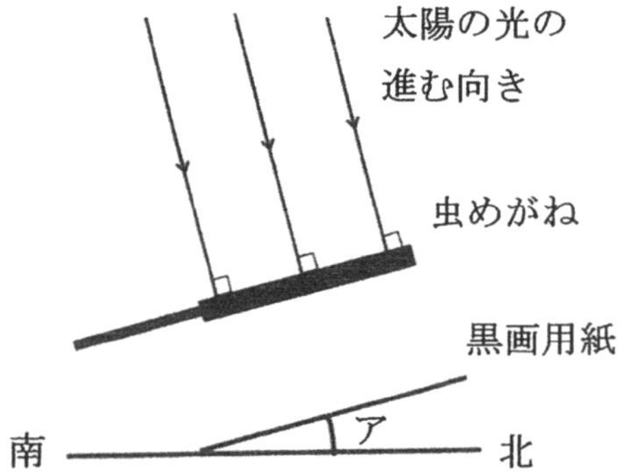

図 2

（1）図 2 のように，虫めがねと太陽の光との角度を 90°にするためには，虫めがねを地面に対して何度傾《かたむ》ける必要がありますか。南中高度を 75°として図 2 の角度アを答えなさい。

（2）［調査 1］だけでは，しょう点距離を求めることができません。その理由として正しいものを次のア～エから 1 つ選び，記号で答えなさい。

ア．しょう点距離は 1 つではないから。

イ．南中高度によって，しょう点距離は大きく変化するから。

ウ．黒画用紙に集まる光の直径が 2 cm になる黒画用紙とレンズの間隔は 1 つではないから。

エ．太陽の光の強さによって，しょう点距離は大きく変化するから。

［調査 2］

しょう点距離を求めるために，［調査 1］の状態のまま，図 3 のように虫めがねのレンズに「海」の形の光を通さないシールを貼《は》りました。その結果，黒画用紙に集まった光の中に，「海」の字の影《かげ》が向きを変えてうつりました。

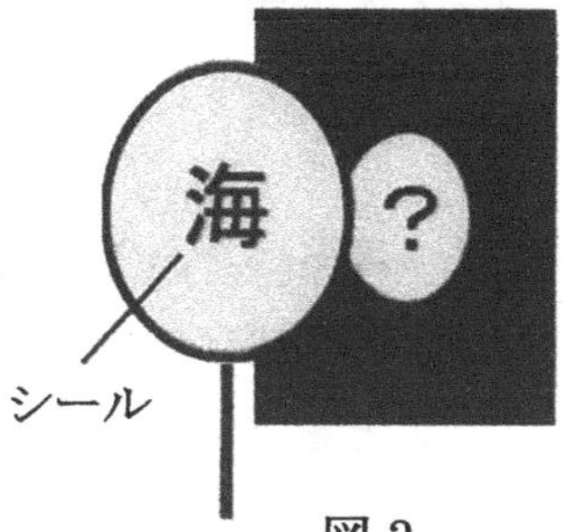

図 3

（3）このときの「海」の字の影のうつり方を次のア～エから 1 つ選び，記号で答えなさい。

ア　　イ　　ウ　　エ

（4）図 3 の状態から，図 4 のように別の黒い板で虫めがねのレンズを上からおおっていくと，黒画用紙に集まっている光はどのように変化するでしょうか。次のア～エから 1 つ選び，記号で答えなさい。

ア．光が全体的に暗くなっていく。
イ．光の上の方から徐々《じょじょ》に消えていく。
ウ．光の下の方から徐々に消えていく。
エ．光の様子は特に変化しない。

図 4

（5）［調査 1］，［調査 2］からこの虫めがねのしょう点距離を求めなさい。答えが割り切れないときは，小数第 1 位を四捨五入し，整数で答えなさい。

【3】水の状態変化についての次の文章を読み，下の問いに答えなさい。ただし，私たちが生活している地表の圧力を１気圧とします。

物質は，あたためたり冷やしたりすることでその状態が「固体」，「液体」，「気体」の間で変化します。このように，温度が変化することによって物質の状態が変化することを「状態変化」といいます。水を冷凍庫《れいとうこ》で冷やすと氷になるように，温度の変化による状態変化は身近なところでもよく観察されますが，物質は温度だけではなく圧力が変化することでも状態変化を起こします。図１は，縦軸《じく》に「圧力(気圧)」，横軸に「温度(℃)」をとり，水がさまざまな温度，圧力においてどの状態にあるかを示したもので，「状態図」と呼ばれます。また，図中の矢印 A～F は状態変化を表しています。例えば，矢印 A はある圧力において，圧力を変えずに温度を小さくすると液体から固体へ変化，すなわち水は氷に変化することを意味します。

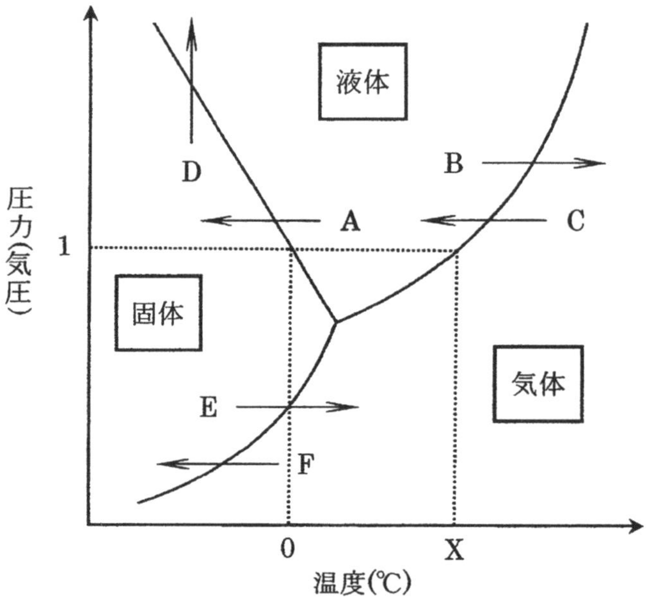

図１

（１）図１の矢印 B が表す状態変化を何といいますか。

（２）X は何℃ですか。整数で答えなさい。

（３）図２のように，ペットボトル飲料のラベルには「凍《こお》らせないでください」と注意書きがされていることがありますがなぜですか。その理由を答えなさい。

図２

（4）次の水に関わる現象と，その現象に関係する図 1 の矢印 C～F の組み合わせとして正しくないものはどれですか。表のア～エから 1 つ選び，記号で答えなさい。

	現象	図 1 の矢印
ア	冷凍庫の中の氷が小さくなる。	E
イ	アイススケートは，氷の上でスムースに滑《すべ》ることができる。	D
ウ	冬の日の朝，校庭に霜柱《しもばしら》ができていた。	F
エ	マスクをしたまま眼鏡をかけると，眼鏡がくもった。	C

（5）熱量に関する次の①～③に答えなさい。ただし，水 1 g の温度を 1 ℃上げるのに必要な熱量は 4.2 J(ジュール)です。

① 25 ℃の水 100 g を 50 ℃にするために必要な熱量は何 J ですか。

② 0 ℃の氷 90 g をあたため，すべてを 30 ℃の水にするのに 41390 J の熱量を必要としました。氷 1 g をとかすために必要な熱量は何 J ですか。答えが割り切れないときは，小数第 1 位を四捨五入して整数で答えなさい。

③ プロパンガス 1 L を燃焼すると，3 L の二酸化炭素と 90000 J の熱量が発生します。メタンガス 1 L を燃焼すると，1 L の二酸化炭素と 36000 J の熱量が発生します。ある量のプロパンガスとメタンガスが混ざった気体を燃焼すると 1.95 L の二酸化炭素が発生し，同時に発生した熱量で 1 kg の水の温度を 15 ℃上げることができました。燃焼する前の気体に含《ふく》まれていたプロパンガスは何 L ですか。答えが割り切れないときは，小数第 2 位を四捨五入しなさい。ただし，発生した熱量はすべて水の温度を上げるために使われたものとします。

【4】人の消化について，下の問いに答えなさい。

私たちは食べ物に含《ふく》まれている栄養を取り入れることによって，成長し活動を行っています。しかし，人の体は食べ物の中の栄養をそのままの状態で吸収することができません。そのため消化という活動をすることによって体内に吸収しやすいものに変えています。図 1 は消化器官を模式的に表したものです。A～E は消化器官を，a～e は消化の際にはたらく液体を表しています。

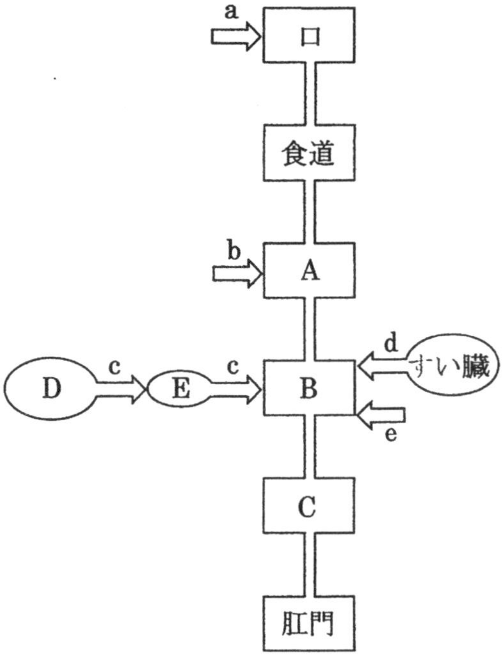

図 1

（1）器官 E の名前を答えなさい。

（2）脂肪《しぼう》を分解する消化酵《こう》素を含む液体を a～e から 1 つ選び，記号で答えなさい。また，脂肪を分解する酵素名を答えなさい。

（3）液体 c，d，e はアルカリ性の状態で器官 B に分泌《ぶんぴつ》されます。アルカリ性である理由として「液体 d，e に含まれる消化酵素がアルカリ性の環境でよくはたらくため」以外に考えられることを簡単に答えなさい。

（4）図 2 はメスのフナを解ぼうしたものです。図 2 のア～エのうち，消化に関係のない器官を 1 つ選び，記号で答えなさい。

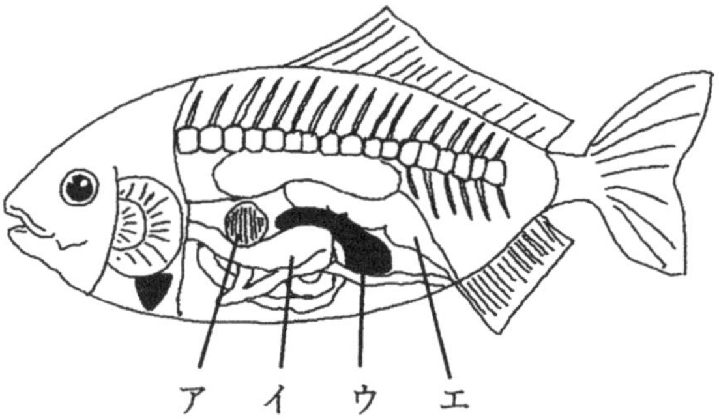

図 2

(5) 図1の器官Dに含まれている酵素Xのはたらきを調べるために，ブタの器官D，二酸化マンガン，過酸化水素水を用いて次のような実験を行いました。ブタの器官DにはヒトとD同じ酵素Xが含まれています。

［実験］

6本の試験管F～Kを用意し，それぞれ次のような操作をしました。

試験管F　ブタの器官D 2 gに 3 %の過酸化水素水 3 mLを加える。

試験管G　二酸化マンガン 2 gに 3 %の過酸化水素水 3 mLを加える。

試験管H　100 ℃のお湯で煮《に》込《こ》んだブタの器官D 2 gを 40 ℃まで冷まし，3 %の過酸化水素水 3 mLを加える。

試験管I　100 ℃のお湯で煮込んだ二酸化マンガン 2 gを 40 ℃まで冷まし，3 %の過酸化水素水 3 mLを加える。

試験管J　0 ℃に冷したブタの器官D 2 gを 40 ℃にし，3 %の過酸化水素水 3 mLを加える。

試験管K　0 ℃に冷した二酸化マンガン 2 gを 40 ℃にし，3 %の過酸化水素水 3 mLを加える。

上の操作の後，試験管F～Kを 40 ℃に保ち 10 分置いたところ，試験管F，G，I，J，Kから気体が発生し，線香の火を近づけると明るく燃えだしました。試験管Hは変化がありませんでした。

① 実験結果からわかることとして正しいものを次のア～オからすべて選び，記号で答えなさい。

ア．酵素Xと二酸化マンガンは 0 ℃に冷やしてしまうとはたらきを失う。

イ．酵素Xと二酸化マンガンは 0 ℃に冷やしても 40 ℃の環境ではたらくことができる。

ウ．酵素Xと二酸化マンガンは 100 ℃のお湯で煮込んでしまうとはたらきを失う。

エ．酵素Xは 100 ℃のお湯で煮込むとはたらきを失うが，二酸化マンガンは 100 ℃のお湯で煮込んでもはたらくことができる。

オ．酵素Xは温度に関係なくはたらくことができる。

② 試験管Fから発生した気体の量を時間の経過とともに調べたところ，図3のようになりました。過酸化水素水を加えてから10分後に，試験管Fにある操作を行ったところ，図4のようになりました。このとき行った操作として正しいものを次のア～オから1つ選び，記号で答えなさい。

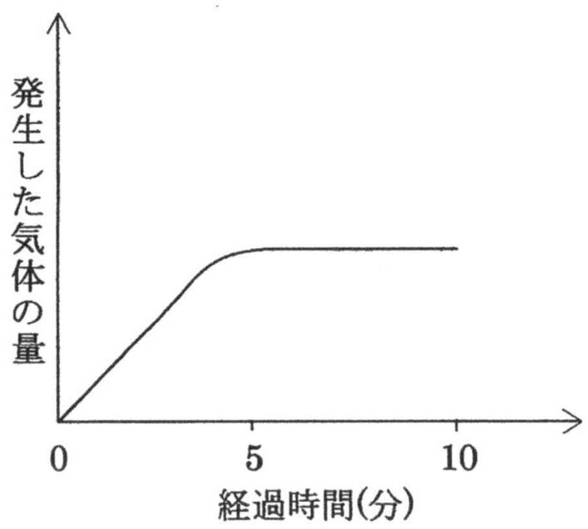

図3

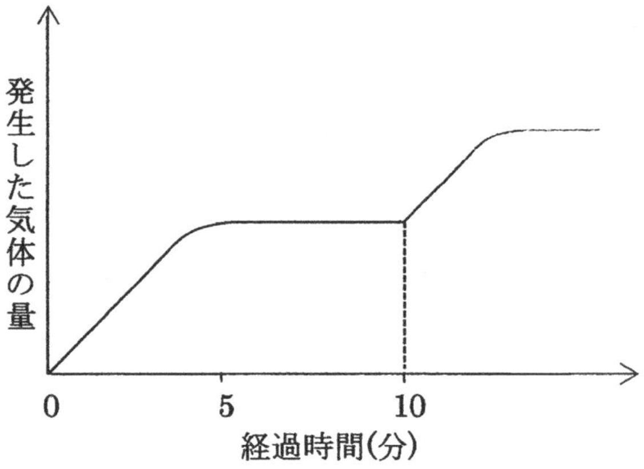

図4

ア．器官Dをさらに加えた。
イ．二酸化マンガンをさらに加えた。
ウ．過酸化水素水をさらに加えた。
エ．温度を40 ℃よりも高くした。
オ．温度を40 ℃よりも低くした。

社　会

注　意
1．問題は【**1**】から【**3**】まであります。 （1ページから 14 ページまであります。）
2．試験時間は４０分です。
3．解答は解答用紙に記入し、解答用紙だけ提出しなさい。

受験番号		氏名	

(2022－J2)

【1】　次の文章を読み、以下の各問に答えなさい。

衣食住という言葉があるように、衣服・食事と並んで住居も人間の生活の重要な基盤《きばん》の一つです。では、この「住居」はどのような歴史をたどってきたのでしょうか。

①旧石器時代の日本の人々は、ほら穴や岩かげ、②動物の皮を利用したテントなどに住み、移動しながら暮らしていました。旧石器時代のおわりころから一か所に定住するようになりました。このころから登場したのが竪穴《たてあな》住居です。

約1万年続いた③縄文時代の終わりごろ、稲作《いなさく》が伝来しました。この稲作の伝来は、単純に日本に米の作り方が伝わったというだけでなく、稲作に適した土地に集住するという、その後の日本の住む場所の選び方に大きな影響《えいきょう》を与《あた》えました。また、稲作の伝来とともに、④収穫《しゅうかく》した米を蓄《たくわ》える倉庫、その米を人々に分ける⑤権力を持った人の建物などがつくられました。

その後、中国や朝鮮から知識や文化、技術が伝わる中で、権力者は、その権力の強さや大きさを示すため、⑥さまざまな特色を持った建物をつくりました。一方、庶民《しょみん》の住居も、⑦鎌倉時代以降、変化がみられました。農村ではそれまでの土の上にしきものをしいて生活していたものが、木の板で床《ゆか》をつくり、その上で生活をするようになりました。さらに、牛や馬を使った農業をしていたため、家のそばに馬小屋や牛舎《ぎゅうしゃ》がありました。

また、武士の台頭とともに、武士の生活にあわせた住居が見られるようになりました。室町時代から安土桃山時代にかけては、各地で力を持った⑧戦国大名や、産業の発展や外国との貿易により大きな利益をあげた⑨商人が文化の担《にな》い手になりました。この時代に生み出された書院造や数寄屋造《すきやづく》りは、現代の日本の建築の元となりました。

戦乱の世が終わり⑩江戸時代に入ると、農業や商工業の発展にあわせて民衆の生活が安定していきました。このころには日本各地で都市が発展しました。江戸などの大きな都市では、限られた土地に多くの人々が暮らすために、長屋《ながや》と呼ばれるものが建てられました。これは現代の集合住宅の元となったものと言えるでしょう。長屋の他にも、江戸時代には現代において日本各地に残る⑪伝統的な街並みとされるものが形成されました。

⑫明治時代に入り⑬近代化が急速に進んだことで、それまでの伝統的な建物に加え、石やレンガを使用した西洋的な建物がつくられるようになりましたが、庶民の住居は江戸時代から大きく変わらない木造建築でした。

⑭1923年に発生した関東大震災では、密集した建物が震災により大きな被害を受け、復興にあわせて多くの住宅が必要になりました。これをきっかけに建物の防火性を高めた鉄筋コンクリート造りの建物がつくられるようになりました。

第二次世界大戦後、日本は⑮高度経済成長期を迎《むか》え、東京や大阪などの大都市には地方から多くの人が働くために移り住み、その結果、深刻な住宅不足を招くことになりました。このような状況《じょうきょう》に対して、国や民間の不動産会社などが大都市郊外《こうがい》に団地や住宅を建設しました。このころつくられた団地には、台所と食事をする場所を一体化するなど、サラリーマン世帯にとって機能的なつくりが取り入れられ、当時の人々の憧《あこが》れの的《まと》となりました。

現在では新しい技術で、照明や冷暖房《れいだんぼう》を自動化した便利な住宅や、太陽光発電を備えたり建物に断熱性を持たせたりするなど環境に配慮《はいりょ》した住宅がつくられています。将来みなさんが自分の家を建てるときには、どのような新しい技術が使われているでしょうか、考えてみましょう。

問１　下線部①について、旧石器時代に広く使われていた、石を打ちくだいてつくられた石器を何といいますか、漢字で答えなさい。

問２　下線部②に関連して、ナウマンゾウやオオツノジカの化石が発見された野尻湖遺跡がある県はどこですか、漢字で答えなさい。

問３　下線部③に関連して、2021 年に世界文化遺産に登録された「北海道・北東北の縄文遺跡群」に含《ふく》まれ、大規模な住居跡や掘立柱《ほったてばしら》建物跡などが発見された青森県にある遺跡の名称を次のア～エから一つ選び、記号で答えなさい。

ア．登呂遺跡　　イ．三内丸山遺跡　　ウ．岩宿遺跡　　エ．吉野ヶ里遺跡

問４　下線部④について、右の資料のような建物を何といいますか、漢字で答えなさい。

問５　下線部⑤に関連して、この時代の権力者の様子を中国の歴史書からうかがうことができます。次の文章は中国の歴史書の一部を現代の日本語に訳したものです。この歴史書の名称を解答らんに合わせて漢字５字で答えなさい。

邪馬台国は、もともと男子を王として、七、八十年間支配していたが、やがて倭国が乱れて何年もの間、たがいに攻《せ》め合うことが続いた。そこで諸国の王たちは合意して一人の女子を立てて王とし、卑弥呼と呼んだ。

問６　下線部⑥に関連して、次の資料Ⅰ～Ⅳの内容と、それに関係の深い人物との組み合わせとして正しいものを次のア～エから一つ選び、記号で答えなさい。

ア．　Ⅰ－桓武天皇　　　イ．　Ⅱ－聖徳太子

ウ．　Ⅲ－藤原道長　　　エ．　Ⅳ－行基

Ⅰ

当時の天皇が仏教の力によって国を治めようとしたなかで、その願いをかなえるために造営した仏像が置かれた建物です。

Ⅱ

仏教の寺院として建立《こんりゅう》されたもので、現存する最古の木造建築物として世界文化遺産に登録されている寺院です。

Ⅲ

当時の仏教に対する信仰《しんこう》や考え方に影響を受けていて、建物内には阿弥陀如来像がまつられており、庭園や建物で来世の様子をあらわしたものです。

Ⅳ

僧《そう》が守るべき決まりである戒律《かいりつ》を日本国内で授けることができるように、当時の天皇が中国から招いた高僧により開かれた寺院です。

問７　下線部⑦について、各問に答えなさい。

Ⅰ．鎌倉時代の農業の発展について説明した以下の文のうち、**誤っているもの**を次のア～エから一つ選び、記号で答えなさい。

ア．鉄製農具の使用が広がり、農作業の効率があがった。

イ．草を地中に埋《う》めて腐《くさ》らせたものや、草木を焼いた灰が肥料として使われた。

ウ．ききんに備えてサツマイモやジャガイモが栽培《さいばい》され始めた。

エ．桑や茶、うるしなどの商品作物の栽培が始まった。

Ⅱ．鎌倉時代の商工業の発展に関連して、鎌倉時代に日本国内で広く流通していた貨幣《かへい》は、平安時代末期に中国から多く輸入されました。この貨幣を発行した中国の王朝名を漢字で答えなさい。

Ⅲ．鎌倉時代の文化について説明した文として**誤っているもの**を次のア～エから一つ選び、記号で答えなさい。

ア．藤原定家らによって『新古今和歌集』が編さんされた。

イ．吉田兼好は『方丈記』を著《あらわ》し、自然・人間・社会を批判した。

ウ．琵琶法師によって『平家物語』が語り広められた。

エ．運慶・快慶らによって東大寺南大門の金剛力士像が制作された。

問８　下線部⑧に関連して、戦国大名が自分の領国を統治するために制定した独自のきまりを何といいますか、漢字３字で答えなさい。

問９　下線部⑨に関連して、豪商《ごうしょう》の出身で茶の湯を大成した人物の出身地における伝統工芸品として現在知られているものを次のア～エから一つ選び、記号で答えなさい。

ア．焼き物　　イ．漆器　　ウ．刃物　　エ．ちょうちん

問10　下線部⑩に関連して、江戸時代には何度か政治の立て直しがおこなわれました。これらを主導した次の人物ア～エを時代の古い順に並べかえ、記号で答えなさい。

ア．水野忠邦　　イ．松平定信　　ウ．徳川吉宗　　エ．新井白石

（問題は次のページに続きます）

問 11　下線部⑪に関連して、右の資料中の★は、国や地方自治体が伝統的な街並みとして指定しているもののうち、港町や船主が住んでいた集落の場所を示したものです。これらは主に江戸時代に整備された交通路に沿《そ》って分布しています。この交通路を何といいますか、解答らんに合わせて漢字で答えなさい。

問 12　下線部⑫に関連して、明治時代におこった出来事として**誤っているもの**を次のア～エから一つ選び、記号で答えなさい。

ア．西南戦争　　　イ．ノルマントン号事件

ウ．米騒動　　　　エ．八幡製鉄所の開業

問 13　下線部⑬に関連して、近代化を進めるために明治政府が実施《じっし》した政策について、正しいものを次のア～エから一つ選び、記号で答えなさい。

ア．徴兵令を出し、満 20 歳《さい》以上のすべての国民に兵役の義務を負わせた。

イ．地租改正を実施し、土地所有者に地価の３％の税を米で納めさせた。

ウ．殖産興業を目指したが、工場の建設はすべて民間によってなされた。

エ．学制を出し、満６歳以上の男女を小学校に通わせることを義務とした。

問 14　下線部⑭に関連して、1923 年より前の出来事を次のア～エから一つ選び、記号で答えなさい。

ア．ロンドン海軍軍縮会議　　　イ．日独伊三国同盟の締結《ていけつ》

ウ．三・一独立運動　　　　　　エ．世界恐慌

問 15　下線部⑮に関連して、高度経済成長期の間に、一般《いっぱん》家庭にはさまざまなものが普及《ふきゅう》しました。右のグラフは各製品の家庭への普及率を示したもので、グラフ中のア～ウには３Ｃ（新・三種の神器）と総称《そうしょう》された製品がそれぞれあてはまります。それらのうち、イにあてはまる製品は何ですか、答えなさい。

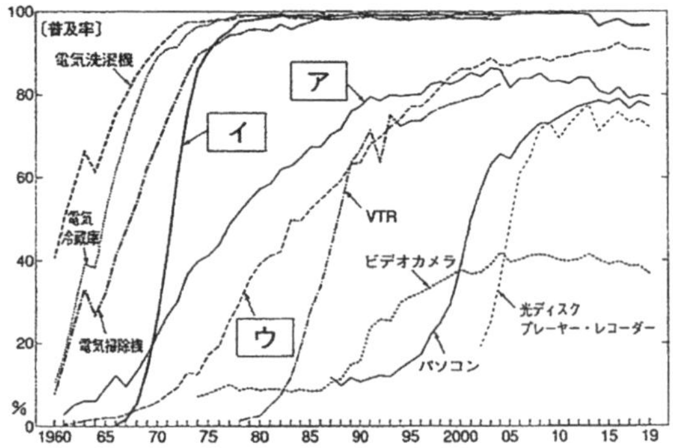

（『数字でみる日本の 100 年』第７版　より作成）

【２】　次の文章は、三郎くんと四郎くんが日本の都市についてクラスで発表したものです。以下の各問に答えなさい。

三郎くん：日本には数多くの都市があり、人口の90%以上がそこに住んでいます。①数多くある都市には、いろいろな特徴《とくちょう》があります。

四郎くん：例えば、都市のある場所ですが、多くの都市は交通の便の良い②平野に立地しています。また、都市によっては③気候にあわせて街並みなどに工夫をしているところもあります。

三郎くん：都市の歴史を振《ふ》り返ると、都市は大きな寺社や港の近く、城の周辺などに立地することで発展をしてきました。現在の④県庁所在都市の多くはもともと城下町だった場所です。

四郎くん：高度経済成長期には、東京や大阪などの大都市に産業や人口が集中したことで、大都市周辺には中心となる⑤都市の役割を補助する都市や、⑥中心となる都市に農産物や製品を供給する都市が多く現れました。⑦都市周辺では、海岸を埋め立てたり、山を削《けず》ったりすることで、人々が住む場所や働く場所がつくられていきました。

三郎くん：都市が発展していくのにあわせて、さまざまな問題が発生しました。１つは環境問題で、工場の煙《けむり》や自動車の排気《はいき》ガスによる大気汚染《おせん》、工場や家庭からの廃水による水質汚濁《おだく》などの⑧公害が各地で発生しました。

四郎くん：２つめは災害で、例えば都市の拡大に伴《ともな》い住宅地が郊外に広がることにより、人々が⑨自然災害に遭遇《そうぐう》しやすくなっていると考えられています。

三郎くん：他にも、都市の発展によって地域間で⑩人口分布に偏《かたよ》りが生じ、都市間で人口や産業が移動することで、さまざまな影響が出ています。

四郎くん：今後の都市には、単に人や産業がどれだけ多く集まるかだけでなく、人々の安全や環境にも配慮することが求められます。将来私たちがそんな都市をつくっていけたらいいと思いますし、そのためにも私たちが暮らす都市にもっと目を向ける必要があると思います。

問１　下線部①に関連して、人口が一定以上の大都市で、都道府県から福祉・衛生・都市計画などの役割の一部を移された都市があります。この都市について以下の各問に答えなさい。

Ⅰ．このような都市のことを何というか、漢字で答えなさい。

Ⅱ．Ⅰの都市に含まれない都市を次のア～エから一つ選び、記号で答えなさい。

ア．横浜市　　イ．静岡市　　ウ．鹿児島市　　エ．熊本市問２　下線部②に関連して、日本の平野のほとんどは土砂が積もってできた沖積《ちゅうせき》平野ですが、形成された場所や過程、形状によって特徴があります。次の資料ａ・ｂのうち、三角州を撮影《さつえい》したものはどちらですか。記号で答えなさい。

資料　a

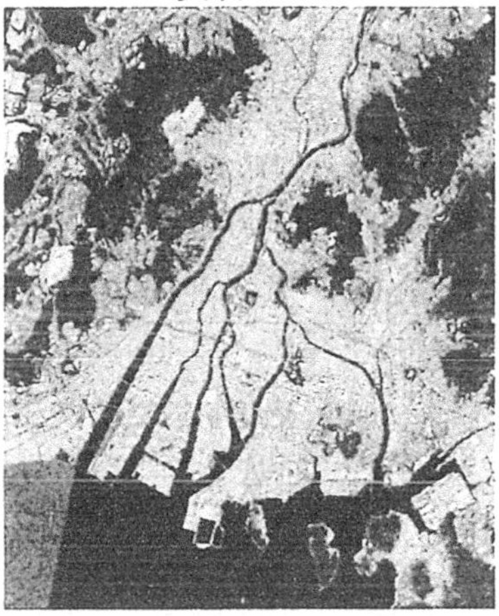

資料　b

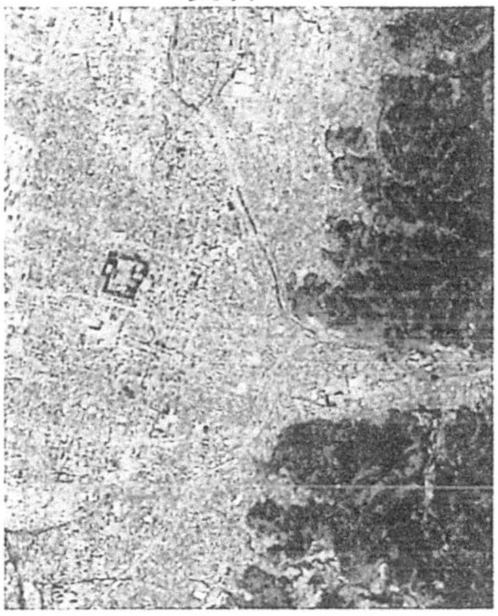

問３　下線部③について、２人は発表にあわせて次の資料１と２を示しました。これらの写真が撮影された場所としてあてはまるものを次の地図中のア～カから一つずつ選び、それぞれ記号で答えなさい。

資料　1

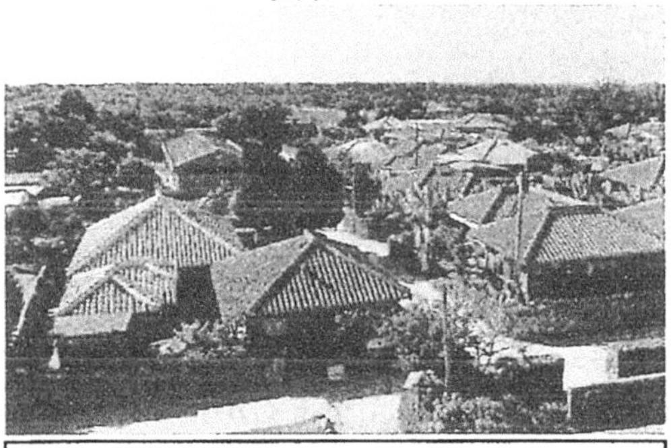

強い風に備えるため石垣で家を囲み、屋根瓦《がわら》はしっくいで固めている。

資料　2

冬の積雪に備えるため、通りの上に屋根をかけ、冬の通行を確保している。

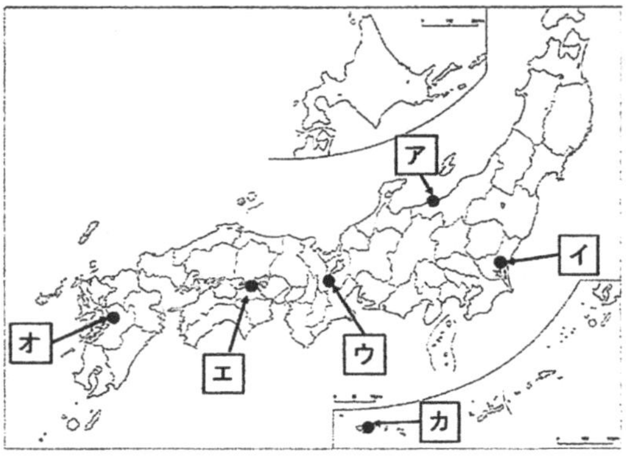

国語　解答用紙

（2022　J2）

受験番号
氏　名

※150点満点
（配点非公表）

↓ここにシールを貼ってください↓

220210

【一】

問一

①	②	③	④	⑤

⑥	⑦	⑧	⑨	⑩
		ける		

⑪	⑫	⑬	⑭	⑮
う	い		ける	

問二

①	②	③	④	⑤

【二】

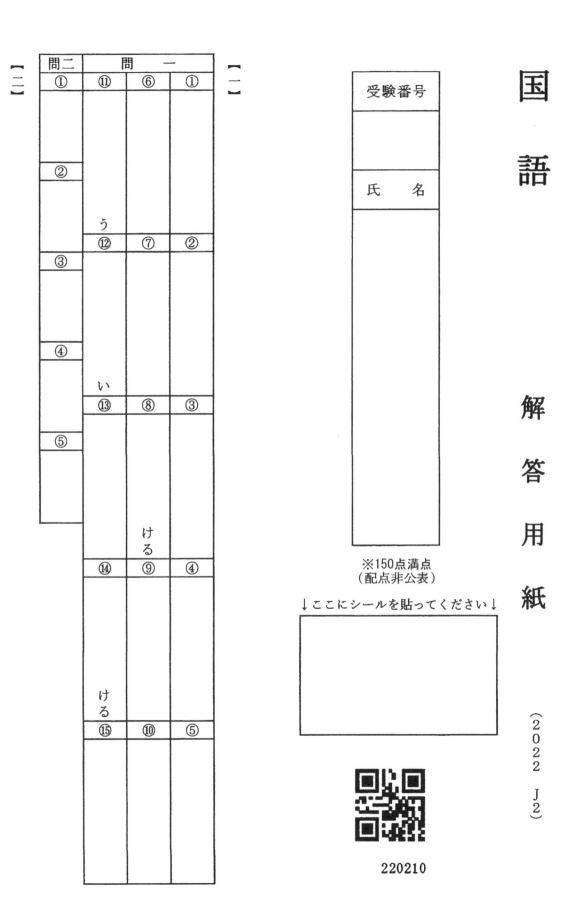

5	(3)	

↓ここにシールを貼ってください↓

受験番号	
氏　　名	

220220

	(5) ① J	(5) ② J	(5) ③ L

【４】	(1)	(2)　記号	酵素名	
	(3)			
	(4)	(5) ①		(5) ②

↓ここにシールを貼ってください↓

受験番号	
氏　　名	

220240

2022(R4) 逗子開成中　２次
教英出版

問3	I		II				
	III						
問4	I		II	記号		正しい答え	
問5	I		II		III		

問6	1.
	2.
	3.

220230

↓ここにシールを貼ってください↓

受験番号	
氏　　名	

社　会　　解 答 用 紙

※100点満点
（配点非公表）

（2022−J2）

【1】

問1	石器	問2	県	問3		問4						
問5	『　』		問6									
問7	Ⅰ		Ⅱ		Ⅲ		問8				問9	
問10	⇒	⇒	⇒		問11	り						
問12		問13		問14		問15						

【2】

問1	Ⅰ		Ⅱ		問2			
問3	資料1		資料2		問4		問5	
問6	Ⅰ							
	Ⅱ							
問7		問8		問9				
問10	Ⅰ			Ⅱ	現象			

【3】

理科

解　答　用　紙

※100点満点
（配点非公表）　(2022 - J 2)

【1】	(1) ①	(1) ②	(1) ③	(2) 
	(3) ① はい分			
	(3) ②			

【2】	(1) 度	(2)	(3)
	(4)	(5) cm	

	(1)	(2) ℃	
	(3)		

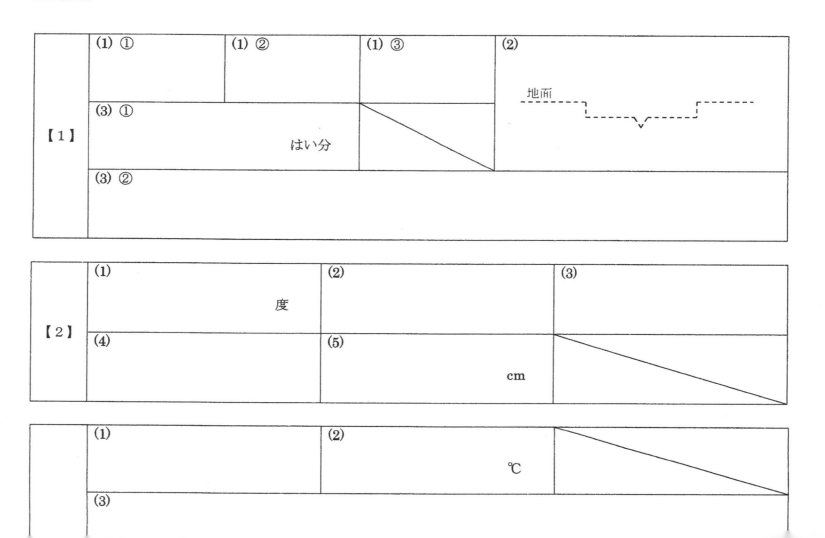

2022 年度　２次入試　算数　解答用紙

※150点満点
（配点非公表）

1	(1)		(2)		(3)	

2	(1)		(2)		(3)	
	(4)		(5)		(6)	

3	(1)		(2)	
	(3)			

4	(1)		(2)		(3)	

	(1)		(2)	

【解答

問四
Ⅱ
問五
問六

【三】

問一
問二
問三
問四
問五
初め
〜
終わり
問六
問七

問４　下線部④に関連して、江戸時代に城下町ではなかった都市を次のア～エから一つ選び、記号で答えなさい。

ア．水戸市　　イ．長崎市　　ウ．名古屋市　　エ．和歌山市

問５　下線部⑤に関連して、次の資料は、各市区町村の人口を100人とした場合、その地域の昼間の人口を示したものです。例えば、資料中の凡例《はんれい》にある「200」は、その地域の人口100人に対して、昼間の人口が200人いることを示しています。資料から読み取ることができる都市の特徴として正しいものを以下のア～エから一つ選び、記号で答えなさい。

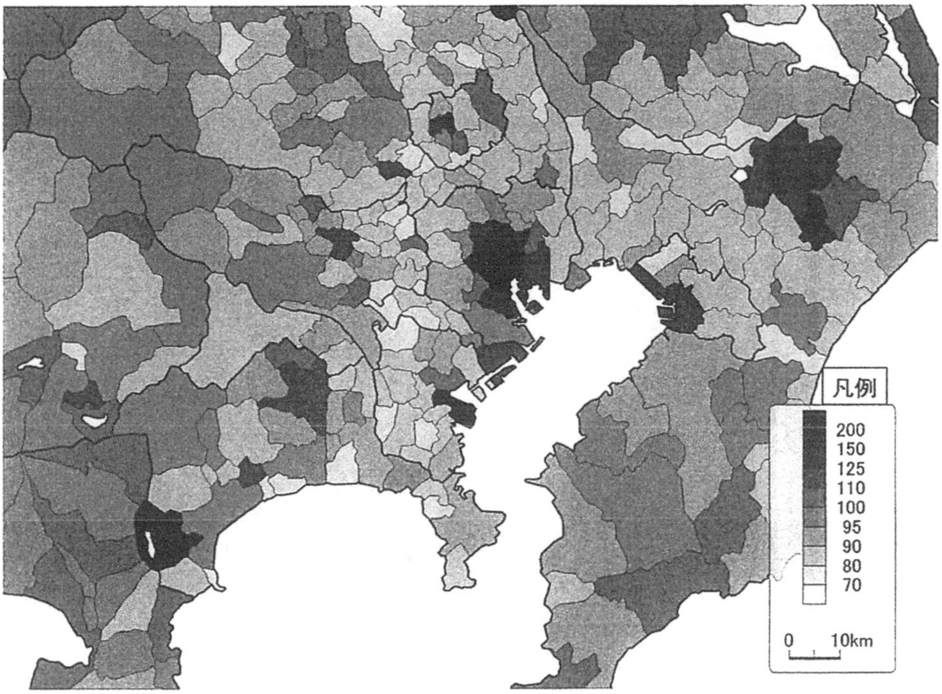

（2015年度国勢調査より作成）

ア．色の濃《こ》いところは、人口が多いことがわかる。

イ．色の薄《うす》いところは、高齢化《こうれいか》が進んでいることがわかる。

ウ．色の濃いところは、通勤や通学で通う人が多いことがわかる。

エ．色の薄いところは、人口密度が低いことがわかる。

問６　下線部⑥に関連して、以下の各問に答えなさい。

Ⅰ．大都市周辺で、大都市向けに野菜などを生産する農業を特に何といいますか、漢字で答えなさい。

Ⅱ．群馬県・長野県や、高知県・宮崎県は大都市から離《はな》れていても野菜の生産が盛んな地域ですが、その理由を産地の気候の特徴を示しながら説明しなさい。

問７　下線部⑦について、下の資料１は1906年、次ページの資料２は2019年にそれぞれ作成された地図です。この２つの地図をくらべて、地域におこった変化を述べた次のア～エのうち、文中の下線部分が**誤っているもの**を一つ選び、記号で答えなさい。なお、1906年の地図中の文字は右から左に読みます。

資料　1

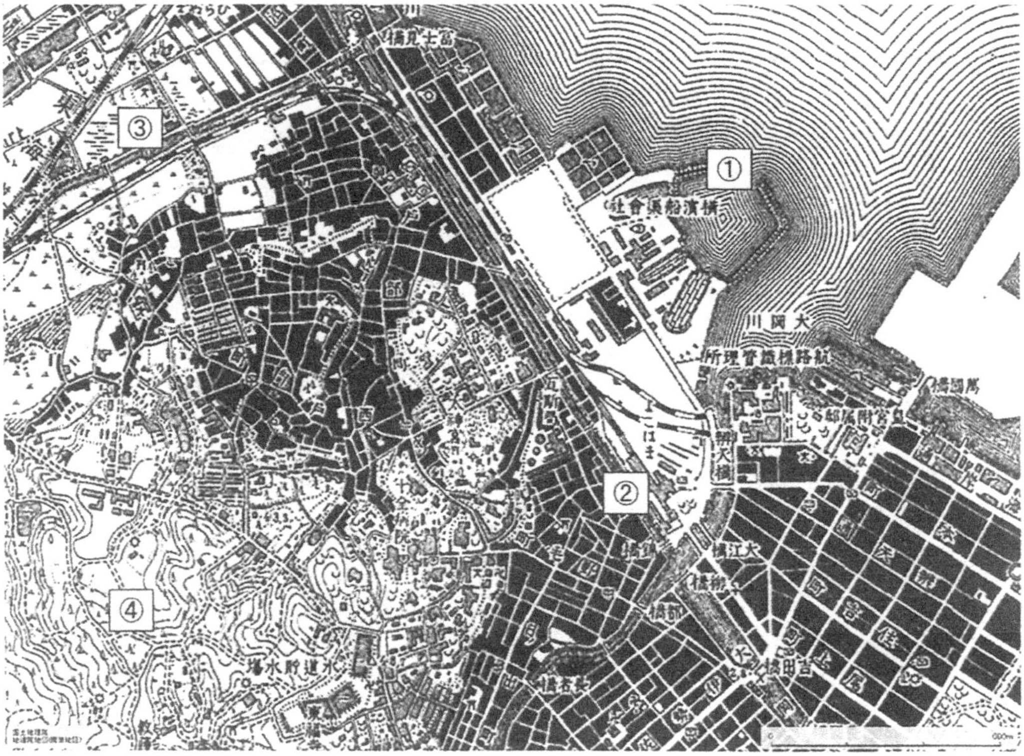

資料１・２ともに、国土地理院地理院地図より作製

資料 2

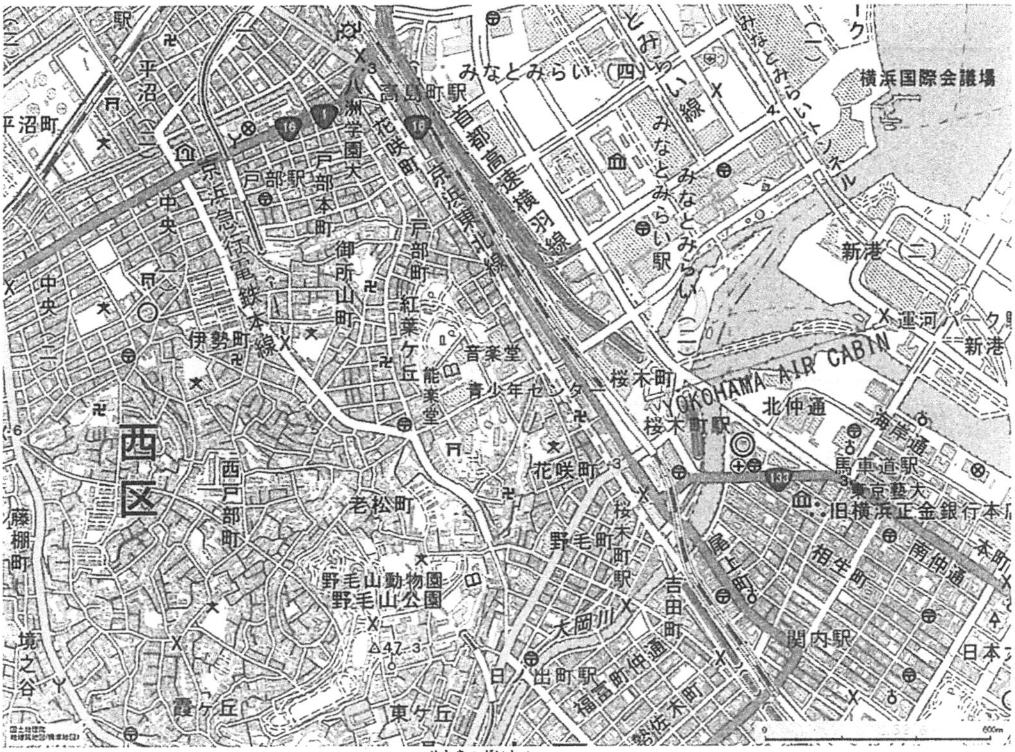

ア．資料1の①には「横浜船渠會社《せんきょがいしゃ》」という造船所がありましたが、資料2では埋め立てがおこなわれ、周辺に博物館や会議場が立地しています。

イ．資料1の②には「よこはま」駅がありましたが、資料2では駅が廃止され、鉄道も廃止されています。

ウ．資料1の③には、かつて「よこはま」駅方面から直接線路が伸びていましたが、資料2ではその線路は廃止されています。

エ．資料1の④は、かつて開発の進んでいない山でしたが、資料2では密集した住宅地となっています。

問8　下線部⑧について、公害について述べた次の文X・Yの正誤の組み合わせとして正しいものを次のア～エから一つ選び、記号で答えなさい。

X：大気汚染の１つである光化学スモッグは、対策の強化によって近年は全く出ていない。
Y：1967年に制定された公害対策基本法は、1993年に環境基本法へ改められた。

ア．X－正しい　Y－正しい　　イ．X－正しい　Y－誤り
ウ．X－誤り　Y－正しい　　エ．X－誤り　Y－誤り

問9　下線部⑨について、過去の災害などをもとに、地震や土砂災害、水害などの被害予測範囲《はんい》と避難《ひなん》経路、避難場所が示されている地図のことを何といいますか、カタカナで答えなさい。

問10　下線部⑩に関連して、以下の各問に答えなさい。

Ⅰ．大都市地域によく見られる一定の地域に産業や人口が集中しすぎている状態を何といいますか、漢字２字で答えなさい。

Ⅱ．高度経済成長期以降、都市の中心部から郊外へ人口が移動し、郊外の人口が増加する一方で都市中心部の人口は減少しました。このような現象を何といいますか、答えなさい。

【３】　以下の各問に答えなさい。

問１　社会には憲法が存在し、さまざまな権利が憲法によって保障されています。憲法に関する以下の各問に答えなさい。

Ⅰ．すべての国民は憲法によって個人の自由が保障されており、その権利を自由権といいます。自由権にはいくつかの自由が含まれますが、そのうち居住・移転の自由、職業選択の自由、自分の財産を侵《おか》されないことなどが含まれるものをまとめて何といいますか、解答らんにあわせて漢字で答えなさい。

Ⅱ．学校に通い、学習することも憲法において保障されています。これを規定した憲法第26条について、空らんａ～ｃにあてはまる語句として正しいものを≪語群≫から一つずつ選び、それぞれ記号で答えなさい。

> ①　すべて国民は、法律の定めるところにより、その（　ａ　）に応じて、ひとしく教育を受ける権利を有する。
> ②　すべて国民は、法律の定めるところにより、その保護する子女に（　ｂ　）を受けさせる義務を負う。義務教育は、これを（　ｃ　）とする。

≪語群≫

ア．資産　　イ．能力　　ウ．普通教育　　エ．専門教育　　オ．無償　　カ．有償

問２　2021年は、衆議院の解散により衆議院議員選挙が実施されました。これに関する以下の各問に答えなさい。

Ⅰ．衆議院議員選挙では小選挙区比例代表並立制が導入されています。この方法に関する次の文Ｘ・Ｙの正誤の組み合わせとして正しいものを次のア～エから一つ選び、記号で答えなさい。

> Ｘ：小選挙区の定数は289人である。
> Ｙ：比例代表制では、有権者は政党名または１人の候補者名を書いて投票する。

ア．Ｘ－正しい　Ｙ－正しい　　イ．Ｘ－正しい　Ｙ－誤り

ウ．Ｘ－誤り　Ｙ－正しい　　エ．Ｘ－誤り　Ｙ－誤り

Ⅱ．国会議員の選挙では、有権者の数が少ない選挙区の方が、有権者の数が多い選挙区に比べて少ない票で１人の議員を選出することになり、有権者１人の票の価値が不平等な状態が生じています。このことを何といいますか、解答らんにあうように漢字で答えなさい。

Ⅲ．衆議院を解散した後の衆議院議員選挙の日から30日以内に開かれ、主に内閣総理大臣の指名を行う国会名を何といいますか、漢字で答えなさい。

問３　みなさんが暮らす社会では、国民が暮らしやすい社会になるようにさまざまな仕組みが作られています。これらに関する各問に答えなさい。

Ⅰ．国や地方公共団体は公共事業や公共サービスをおこなうために税金を国民から集めています。税金は大きく分けて直接税と間接税に分けられますが、このうち直接税にあてはまらないものを次のア～エから一つ選び、記号で答えなさい。

ア．所得税　　イ．住民税　　ウ．消費税　　エ．法人税

Ⅱ．すべての国民が、健康で文化的な最低限度の生活ができるように、国などが国民の生活を保障しようとするしくみを社会保障制度といいます。次のうち、社会保障制度の中の社会保険に含まれないものを次のア～エから一つ選び、記号で答えなさい。

ア．医療《いりょう》保険　　イ．介護《かいご》保険　　ウ．火災保険　　エ．雇用《こよう》保険

Ⅲ．2021年度の国の予算の歳出《さいしゅつ》のうち、約22%が国債《こくさい》費で、全体の２番目に大きな割合です。なぜこのように大きな額を占《し》めているのか説明しなさい。その際、国債費とはどのような使い道にあてられるものかを示したうえで答えなさい。

問４　地域の状況にあった政治をその地域の住民がおこなうことを地方自治といいます。地方自治に関する以下の各問に答えなさい。

Ⅰ．地方自治をおこなう単位として地方公共団体があります。その中には首長と地方議会が存在しますが、地方議会の役割として条例の制定があげられます。条例に関する次の文Ｘ・Ｙの正誤の組み合わせとして正しいものを次のア～エから一つ選び、記号で答えなさい。

> Ｘ．条例が制定された場合には、影響の大きい隣接《りんせつ》する自治体に対しても効果を持つ。
>
> Ｙ．条例は、地方の状況にあわせて制定されるため、国の法律に従わなくともよい。

ア．Ｘ－正しい　Ｙ－正しい　　イ．Ｘ－正しい　Ｙ－誤り

ウ．Ｘ－誤り　Ｙ－正しい　　エ．Ｘ－誤り　Ｙ－誤り

Ⅱ．地域住民の意思を問うために、地方公共団体の住民によっておこなわれる投票を住民投票といいます。これに関して述べた次の文章の下線部a～dのうち、**誤っているもの**を一つ選び、記号で答えるとともに、正しくなおしたものを答えなさい。

> 住民投票にはいくつかの場合があります。例えば、国のつくるａ特別法に関する場合では、対象となる地方公共団体の住民投票でｂ過半数の同意を得ることが必要です。他に、地域の特定の問題に関する場合では、ｃ住民投票条例に基づいておこなわれ、住民の意思を確認し、その結果には法的拘束《こうそく》力がｄあります。

問５　みなさんの暮らしの中にはさまざまなものがあふれています。例えば、スーパーマーケットでは外国から入ってきたものを多く見かけます。これに関する以下の各問に答えなさい。

Ⅰ．以下にあげる国は、スーパーマーケットで売られているバナナ、サケ・マス類、コーヒー豆、衣類の主な輸入先の国です。バナナの主な輸入先としてあてはまるものを次のア～エから一つ選び、記号で答えなさい。

ア．ブラジル・ベトナム・コロンビア・グアテマラ・エチオピア
イ．チリ・ノルウェー・ロシア・アメリカ合衆国
ウ．フィリピン・エクアドル・メキシコ・グアテマラ
エ．中国・ベトナム・バングラデシュ・カンボジア・ミャンマー

Ⅱ．日本はさまざまな国から食料を輸入しています。一方で、食料自給率が先進国の中でも低く、課題となっています。次の資料は日本の果実、米、牛肉、牛乳・乳製品、野菜、穀物の自給率の推移をあらわしたものです。野菜にあてはまるものを資料中のア～ウから一つ選び、記号で答えなさい。

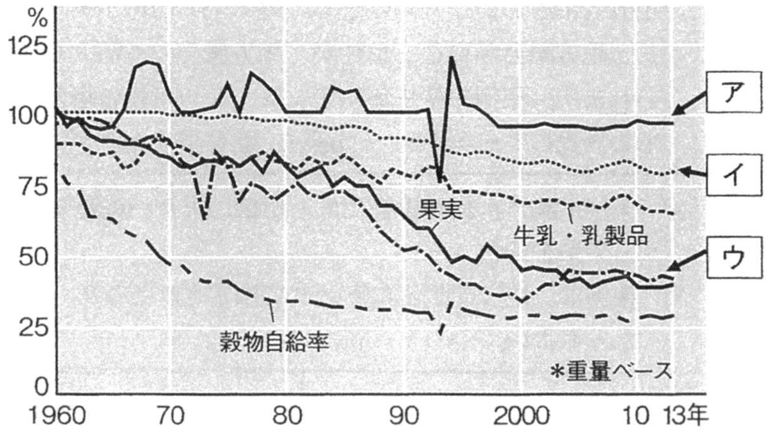

（帝国書院『新詳《しんしょう》地理B』より作成）

Ⅲ. 食料の輸入への依存《いぞん》は日本の食料供給の安定性だけでなく、環境への影響という点でも改善が求められています。生産地から消費者の食卓《しょくたく》に並ぶまでの輸送にかかった「重さ×距離《きょり》」であらわされるものを何といいますか、カタカナで答えなさい。

問６　現在、スーパーシティという未来の都市の設計が進められています。スーパーシティとはAI（人工知能）やビッグデータ（人やモノの動きなどさまざまなデータ）を活用して都市の運営を効率的におこない、公共サービスを向上したり、環境に対する影響を減らしたりということを目指しています。世界のいくつかの国で導入が進められ、日本でも国が中心となって導入を検討しています。次の資料はスーパーシティ構想によって実現する社会の一例を示したものです。この例にある「医療・福祉」、「物流・交通」の分野から出される情報を組み合わせることによって生まれる新しいサービスと、そのサービスによってもたらされる利点を資料の内容をふまえて３つ答えなさい。

資料:スーパーシティ構想の例

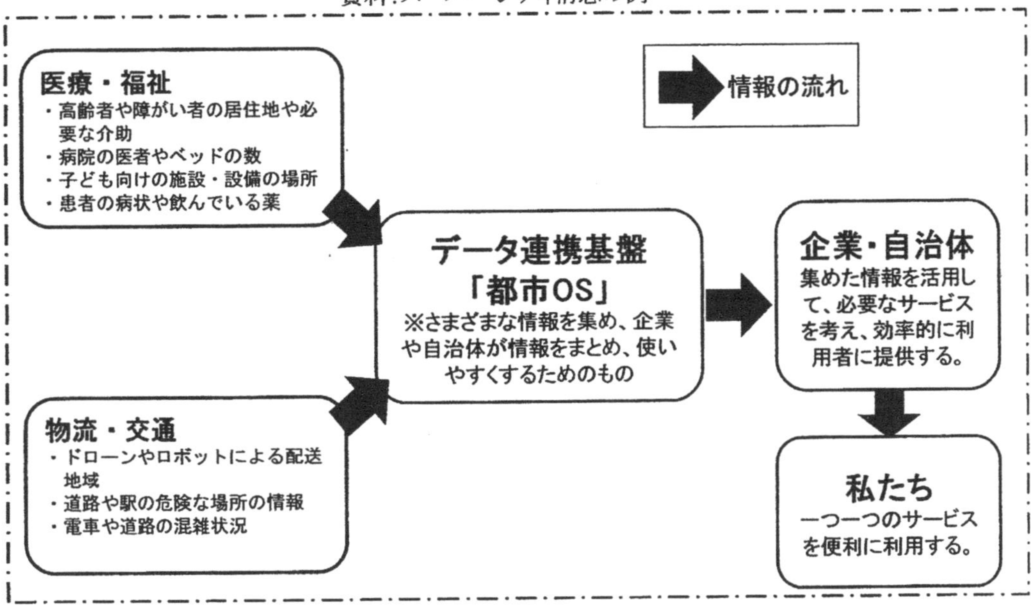

（内閣府国家戦略特区　スーパーシティ解説資料　より作成）

問題は以上です。

2022(R4) 逗子開成中　２次
K 教英出版

逗子開成中学校　３次

国語

注意

1、問題は【一】から【三】まで、ページ数は１ページから１４ページまであります。

2、試験時間は５０分です。

3、解答は解答用紙に記入し、解答用紙だけ提出しなさい。

4、字数制限のある問題では、句読点やかっこ、その他の記号も一字として数えます。

5、答えを直すときは、きれいに消してから新しい答えを書きなさい。

6、問題文には、設問の都合で、文字・送りがななど、表現を改めたところがあります。

受験番号		氏名	

（２０２２ — Ｊ３）

【一】 次の各問に答えなさい。

問一 次の①～⑮の各文の――線部のカタカナを漢字で書き、――線部の漢字の読み方をひらがなで書きなさい。

① 小説をサッシにまとめる。
② ビルの壁をホシュウする。
③ パレードで国王をゴエイする。
④ 長年に渡ってセンノウされる。
⑤ 僕のアイボウは犬のクロだ。
⑥ ケイソツな行動を注意される。
⑦ ワンパクな弟に手を焼く。
⑧ 自由ボウエキで国が豊かになる。
⑨ 体内に栄養をタクワえる。
⑩ イソガしくて遊ぶひまもない。
⑪ 夏至にみんなで集まろう。
⑫ 素人にはわからない差だ。
⑬ 簡便さばかりを求めてはいけない。
⑭ あちこちの川が干上がる。
⑮ 荷物を担いで歩く。

問二 次の①～⑤の各文で説明されている内容は、「独立独歩」のように同じ字が二字含まれる四字熟語で表すことができる。それぞれの文にふさわしい四字熟語になるように、空欄に入る漢字を答えなさい。ただし、繰り返し出てくる二字は後の字群から選びなさい。また、同じ字を二度以上選んではならない。

① Sくんはクラスで友達をからかってばかりいたので、遠足のグループ分けの時、クラスのみんなにSくんと同じグループになることを嫌がられてしまった。

〔四字熟語〕（　　）（　　）（　　）得

② 凶悪犯に追いかけられて倉庫の中に隠れていたが、なんと携帯電話のアラームが鳴ってしまった！　その音を聞きつけた犯人が、今まさに倉庫の扉を開けようとしている……。

〔四字熟語〕（　　）（　　）（　　）命

③ 野外コンサート会場を襲った突然の雷雨に、スタッフも観客たちもどうしていいかわからずあちこち動き回るばかりでうろたえていた。

〔四字熟語〕（　　）（　　）左（　　）

④ 平凡な政治家としてスタートしたK氏だが、数々の交渉や人間関係でもまれた結果、今では政界の裏も表も知り尽くしたしたたかな政治家となった。

〔四字熟語〕（　　）（　　）山（　　）

⑤ 文化祭でお化け屋敷をする際に、みんなが同じ作業をするのではなくて、声が大きくて元気なAくんはお客の呼び込み、手先が器用なBさんは室内装飾の準備、絵がうまいCさんはポスター作りという風に作業を分けることにした。

〔四字熟語〕（　　）材（　　）（　　）

字群［　適　百　不　千　自　往　心　絶　］

【二】　次の〔文章Ⅰ〕〔文章Ⅱ〕を読んで、後の各問に答えなさい。なお、設問の都合上、本文は省略されているところがある。

〔文章Ⅰ〕

誰でも花の美しさは知っている。爛漫《らんまん》と咲き誇った全山の桜花でなくとも、垣根のわきに人知れず咲いている小さな菫《すみれ》の花にも心が惹《ひ》かれる。着物の美しさも、人々は知っている。また、西の空を赤く染める夕焼雲にも感嘆《かんたん》の声をはなつ。

しかし、花や着物や雲ばかりが美しいわけではないのである。ただ、これらの物は色が比較的派手だから、眼につきやすく、そして、眼の神経を刺激しやすいからである。［　中略　］眼の悪い人、視力の弱い人には、よほど刺激の強い色でないと、ハッキリしないであろう。私たちは、なんでも見えると自負しているものの、じつは私たちの視力は千差万別で、それは想像以上だろうと思う。[A]

私は自分が近視であることを長い間知らずにいたが、何かの拍子《ひょうし》に近眼鏡をかけて見て、初めて星の美しさを知った記憶がある。少なくとも私は、星があのようにチカチカと、それこそダイヤモンドのように輝くことを知らなかったのである。私は世界が私のために新しくなったような気さえした。[B]

このような、肉体的な近視は、眼医者もあるし、眼鏡屋もあるので、事はきわめて簡単だけれど、この肉体的両眼ではない目（心の目というのとも少しちがっていると思うが）になると、これには＊1ロイド眼鏡も、金縁《きんぶち》眼鏡もないので、いささか厄介《やっかい》である。夜店で安物を買って、早速《さっそく》、映画館で間に合うという＊2塩梅《あんばい》にはいかないのである。[C]

厄介といったところで、これは人々が考えるほどではないと、私は思っている。少なくとも、いかに目の悪い人であっても、＊3障眼《そこひ》ほどの難病ではあるまいと思う。要は、桜の花を、花嫁さんの着物を、夕焼雲を美しいと思うだけの目さえあればいいのである。むしろ、恐ろしいことは、肉体的両眼以外にも、それと匹敵し得る同格の目が、われわれには備わっているのを忘れていることである。[D]

桜の花が美しいのは、それが派手な色をしており、特にそれが群集をなしているので、目につきやすいからである。もちろん、数の美しさということも在《あ》り得る。しかし、数の美しさは個の美しさから成立している筈《はず》である。烏《からす》が集っても、烏合《うごう》の X にしかならない。＊4 万朶《ばんだ》の桜花が美しいのは、その一輪一輪が美しいからであるに相違ない。だから、桜の花の美しさを真に見るためには、その一輪から出発し、その一輪を見るという目を養うことが肝心《かんじん》である。［中略］私たちは目が開いている以上、もっと他のものをも、桜を見るような目で、見る必要がある。そう思って、私たちの周囲を見ると、じつに、春夏秋冬、桜の花は何時《いつ》でも咲いているのである。桜どころか、もっと、もっと美しいものが、ごろごろ転がっているのである。灰色には灰色の美しさがある。赤の方が灰色より美しいという理屈は絶対に成り立たないのである。目につきやすいものの方が、目立たないものより美しいということも絶対にないのである。健康な目さえ持っていれば、赤色も灰色も同格の色である筈で、赤の方が目立って美しく見えるのは、その人の目が病気にかかっているせいである。

これは何も目に限ったわけでなく、①耳についても同じことが言える。［中略］

目を訓練し、健全にすることによって、日本の文化を向上させることも可能だと、私は信じている。私の目は、私自身の目であって、他人の目ではないのである。②自分の目で物を見、自分の頭で考えなければならない。桜の花が見事だからといって、富士山が神々しいからといって、なにもすぐに見事とも、神々しいとも思う必要はないのである。

〔文章Ⅱ〕

どんなものが美しいかと言えば、それは真なるものである。どんなものが真であるかと言えば、それは自然のものである。自然の呈《てい》する色彩で、きたない色というものは絶対にない。青葉の緑は、枯葉の紅と同質の美しさをもつ。そして、人間が作ったものでも、例えば布地の染色など、染料を植物からとったものが美しいのもそのためである。上手に作ったお茶は、色も味も植物的で、自然である。魚の鮮度についても同じことが言える。この自然の色を呑《の》み込んでしまえば、それは布地にも肉にもお茶にも適用できて、同じ価《あたい》で、いい物が買える。美しいということは、けっして「みてくれ」だけではないのである。食物では、美味《うま》いことが美しいことである。そして、美味い肉は、風味の豊かな茶は、必ず「みてくれ」も美しいのである。こうして、目を養うことによって、私たちは物質的にも、精神的にも大きな利益を得るのである。私は市場などで、物を買っている主婦たちを往々にして見るが、目のある主婦は、いいものに手を出す。魚の色をすぐに見分ける。そのような主婦は、果物を買っても、純粋なものを見分ける。魚も果物も、要するに同じである。

偽物《にせもの》は不自然な色をしている。そのくせ、妙にきらびやかで、人目を惹きやすく出来ている。〔中略〕そして、一度、＊5かかる偽物の美しさの味を覚えてしまうと、＊6堅気《かたぎ》の美しさ、本物の美しさにはなかなか戻れない。本物はあっさりしていて、つつましく、なるべく人目につかないようにしているからである。そして、道行く人を呼びとめないからである。

真なるもの、偽なるもの、美しいもの、きたないもの、これらが、この世の中にうようよと雑居しているのである。ちょっと見ればみな同じような顔をしている。真の本も偽の本も、書物の形をしていることに相違はないのである。美しい心も、きたない心も、同じ皮膚の下にかくされている。玉肌《たまはだ》の下に、必ずしも玉の如《ごと》き心が在るとは限らないから面倒である。しかし、私たちは自分の目を訓練することによって、多少ともこの錯誤をさけることが出来ると思う。そして、偽物を斥《しりぞ》けて、真物を選び、美しいものを身の周りに積み重ねることによって、私たちは生活を豊富にし、日々を愉《たの》しむことが出来る。＊7徒《いたずら》に物質の乏しきを歎《なげ》くよりは、目を修養することによって、富者になることを＊8心がくべきだと思う。

（〔文章Ⅰ〕〔文章Ⅱ〕ともに、青柳瑞穂『ささやかな日本発掘』講談社文芸文庫）

注　＊1　ロイド眼鏡……眼鏡のデザインの一つ。縁が太い円形の眼鏡。
＊2　塩梅……ぐあい。
＊3　障眼……眼球内に障害があって物の見えなくなる病気。
＊4　万朶……多くの花の枝。
＊5　かかる……このような。
＊6　堅気……まともなこと。

＊7　徒に……無益に。無駄に。
＊8　心がく……心がける。

問一　[X] に入る最も適切な語を漢字一字で答えなさい。

問二　本文には次の一文が抜けている。入る箇所として最も適切な箇所を本文の [A] ～ [D] から選び、記号で答えなさい。

> この目の存在に気附《つ》きさえすれば、すでに第一歩であり、自ずと道は拓《ひら》けて来るのである。

問三　――線部①「耳についても同じことが言える」とあるが、その例として最も適切なものを次の選択肢ア～エから一つ選び、記号で答えなさい。

ア　敬語を使いこなすことが美しい日本語だと決めつけること。
イ　論理的な説明が正しいことを言い当てていると思い込むこと。
ウ　大声で語られる演説が真実を述べていると信用すること。
エ　世間に発信されたメッセージが一般常識に通じると誤解すること。

問四　――線部②「自分の目で物を見、自分の頭で考えなければならない」とあるが、どういうことか。〔文章Ⅰ〕をよく読んで、説明しなさい。

問五　〔文章Ⅱ〕を読んだ生徒たちが次のように話し合いをした。会話文中の（　ア　）～（　カ　）には漢字二字の語を、（　キ　）には漢字一字の語をそれぞれ答えなさい。〔文章Ⅰ〕〔文章Ⅱ〕から抜き出しても、自分で考えても、どちらでもよい。

Aさん「『自分の目を訓練する』にはどうすればいいのかしら。」
Bくん「美しい物や（　ア　）を見抜く目を養えるといいんじゃないかな。」
Cさん「私たちは（　イ　）な物に注目しがちだけど、本当に美しい物はそうではなくて（　ウ　）に見えるかもしれないわね。」
Dくん「しかも（　エ　）はどれも似たように見えても、中身は美しくないものも世の中にはたくさんあるよ。」
Aさん「もう！　美しくて、しかも（　ア　）って一体どこにあるのよ！　」
Bくん「端的に言えば、それは（　オ　）だよ。」
Cさん「そうね。たとえ（　カ　）物でも、（　オ　）に由来している物なら美しいわね。」
Aさん「なるほど！　（　オ　）の物なら何でも美しいのね！　」
Dくん「いや、同じ（　オ　）の物でも、質が変化してしまっている物もあるよ。大事なことはその物の（　キ　）を見極めること。僕たちのお母さんだって、野菜を買う時、（　キ　）に注目していいものを選んでいるんだと思うよ。そこまでできることが『自分の目を訓練する』ことになるんじゃないかな。」

【三】　次の文章の筆者である沢木耕太郎は、かつて自身の旅を元にした『深夜特急』という紀行小説を書いて話題となった。朝日新聞の元記者である森本哲郎が旅行記『サハラ幻想行』を再刊するにあたり、筆者との対談を希望した。次の文章はそれに続く場面である。これを読んで、後の各問に答えなさい。なお、設問の都合上、本文は省略されているところがある。

再刊される『サハラ幻想行』のための巻末対談は、小さなホテルの一室を借りて行われた。

話題は森本さんの『サハラ幻想行』の旅を中心に、時に私の『深夜特急』の旅にも及びながら多岐《たき》にわたったが、常に引き寄せられるように戻っていっては語られつづけたのが「砂漠」についてだった。［中略］

森本さんは三十年以上前の『サハラ幻想行』の旅について＊1克明《こくめい》に記憶していた。それは、私が二十五年前の『深夜特急』の旅について克明に記憶しているのと同じだった。

最後に近く、森本さんはこんなことを言った。

「ずいぶんあちこち旅してきましたが、僕の心のなかにいちばん濃く焼き付いているのは、この旅です。いまだにサハラの夢を見る。夢の中で砂の音が聞こえるんですよ。ほかの旅は消えていくけど、サハラの旅が僕の中から消えることはないと思う」

その森本さんとの対談が終わって、私はこう考えるようになった。

①二人の旅には本質的な違いがいくつもある。私のユーラシアへの旅は本当に貧しいものだったが、森本さんは朝日新聞から潤沢《じゅんたく》な資金を得ていたためサハラでは実に豊かな旅をすることができた。ガイドを雇い、ロバを調達するなどということが難なくできた。旅の期間も、私の一年に対して、森本さんの旅の核心部分は三日間にすぎないという長さの違いがあった。さらに森本さんには岩絵を見たいという具体的な目的があったが、私にはなかった。ロンドンという漠然とした目的地はあったが、それすらも変更可能な目的地に過ぎなかった。

違いは多くある。だが、その二つの旅にはたったひとつ共通点があった。それはどちらもが強烈な「夢見た旅」であっただけでなく、ルートを自分で考え、見つけていったという共通点があったのだ。私たちは誰かの足跡を辿《たど》るのではなく、私たちが自分の足跡をつける旅をしていた。

そして、私はこう思うようになった。

確かに旅には「夢見た旅」と「＊2 余儀《よぎ》ない旅」の二つがあるが、その「夢見た旅」にも、自分の足跡を残す旅と誰かが踏み残した足跡を辿る旅の二つがあるのではないかと。

そして、そのとき、こうも思ったのだ。

もしかしたら、『深夜特急』の旅から二十五年が過ぎ、最近の自分は足跡をつける旅をしなくなっているのではないか、と。最近の旅が『深夜特急』の旅ほどの鮮やかな色彩を持たなくなっているのは、それが原因なのではあるまいか……。

その対談からさらに多くの歳月が過ぎたが、とりわけ、近年は、その傾向がますます強くなっているような気がしてならなかった。大きな旅の多くが誰かの足跡を追う旅、辿る旅になってしまっている。［　中略　］

たぶん、それは年齢のせいなのだろう。人は齢《とし》を取るにしたがって、自分の足跡をつける旅ではなく、自分の関心のある人の足跡を辿る旅をするようになるのかもしれない。四国八十八カ所の巡礼の旅が、弘法大師という人の足跡を辿る旅であるように。そう思って、自分を納得させていた。

ところが、去年の末、ある文章を読んで、もしかしたらそうではないのかもしれないと思うようになった。もしかしたら②自分は思い違いをしていたのではないかと。

それは「カーサ・ブルータス」という雑誌のウェブサイトに載っていたひとつの記事だった。鈴木芳雄という方が、「＊3 杉本博司　天国の扉」という展覧会のレビューを書いていたのだ。［　中略　］

《沢木の代表的な著作『深夜特急』にも天正遣欧使節の影がちらつくのである。いや、ちらつくどころか、『深夜特急』は沢木版ひとり遣欧使節だったのだと思えてくるのだ。香港からロンドンに向かうだけなら、スペイン、ポルトガルを通る必要はないのにイベリア半島の突端サグレスまで行っていることや、マカオに長居してしまっている（ギャンブルにハマってしまったためかもしれないが）ことも見過ごせない、天正の少年たちは船で、沢木は二十世紀に乗合バスで西を目指した》

私はその中の「ひとり遣欧使節」という言葉に驚かされたのだ。

少々、買いかぶりの＊4評言だが、言われてみれば、確かに、戦国時代の少年たちが海を船に乗って行ったコースを、私は陸でバスに乗って向かったと言えなくもない。

天正少年遣欧使節のコースは、マカオ、マラッカ、ゴア、リスボン、マドリード、フィレンツェ、ローマというもので、そのローマでは法王と感動の面会をしている。同じように、私は、『深夜特急』の旅で、マカオもマラッカもゴアもリスボンもマドリードもフィレンツェもローマも訪れている。［　A　］、私がローマで会わなければならなかったのは法王ではなく、日本人画家の未亡人だったが。

私の旅のコース選択が、＊5松田先生がスペイン語の授業中に話してくれた「雑談」の影響を受けていたということは自分でも認識していた。松田先生の授業は、常に、十五分ほどスペイン語の教科書をさらうと、あとは自分の研究テーマである十六、七世紀の日欧交渉史の話になってしまっていたのだ。そこによく出てきた人名はフランシスコ・ザビエルとルイス・フロイスだったが、地名は、マカオであり、マラッカであり、ゴアであり、リスボンであり、ローマだった。その地名を「天正少年遣欧使節」と関係づけるところまでは行っていなかったが、［　B　］、もしかしたら私は、松田先生を介して、無意識のうちに彼らと同じコースを辿っていたと言えなくもないのだ。

それまで、私は、『深夜特急』の旅では、まっさらな砂浜に足跡をつけるような旅をしていたと思っていた。ところが、私の眼の前には見えない点線のようなルートがあり、それを辿って行っていたと言えなくもなかったのだ……。

そして、いま、こんなふうに思うようになっている。

もしかしたら足跡を残す旅と足跡を辿る旅とのあいだには、あまり差はないのかもしれない。まっさらと思えている前途にも、見えない点線がついていて、それを無意識に辿っているだけかもしれないからだ。

かつて私は国内で「坂本龍馬脱藩の道」と名付けられたルートを歩いたことがあった。

それには龍馬研究家が作成した地図があった。私はその地図にしたがって四国を横断した。まさにそれは誰かの足跡を辿る旅だった。

だが、私にとってその地図のルートは、具体的にはほとんど何もわからないも同然の道だった。曖昧《あいまい》であやふやな「点線」のようなルート。しかし、私が実際に歩くことで、その点線の中にある個々の点はひとつにつながり、実線になっていったのだ。

あるいは、誰かがお膳《ぜん》立てしてくれたツアーのようなものでも同じなのかもしれない。そこではかなりきっちりとした予定が立てられているだろう。だが、たとえどれほど綿密に立てられた予定のルートでも、出発するまでは単なる点線にすぎない。旅人がそのルートを実際に歩むことで初めて実線としてつながるのだ。

つまり、たとえどのような旅であっても、ルート上の点線は［ C ］点線にすぎず、旅人が一歩を踏み出さなければ永遠に実線になることはなく、点線のままだということなのだ。

それがどんな旅であってもいい。遠くサハラ砂漠に赴く旅でもいいし、一泊二日で近郊の桜の名所を訪ねる旅でもいい。いや、日帰りで温泉に入るための旅でもいい。大切なことは、一歩を踏み出すこと、そして点線のルートを実線にすることだ。

そして、さらに、こんなふうにも思う。

森本さんの『サハラ幻想行』の旅と、私の『深夜特急』の旅が、当人にとって他の旅とは比べ物にならないくらい「濃い」ものになったとすれば、それは足跡を残す旅だったからというのではなく、なによりその旅をいきいきと生きていたからだったにちがいない。好奇心を全開にして旅を生き切った。たぶん、どのような旅でも、その人が旅をいきいきと生きていれば、そこに引かれる線は濃く、太いものになり、忘れがたいものになるのだろう。

まず、一歩を。

（沢木耕太郎『銀河を渡る　全エッセイ』新潮社刊）

注
＊1　克明に……一つ一つ細かいところまで。
＊2　余儀ない……他にとるべき方法がない。やむをえない。
＊3　杉本博司……写真家。ニューヨークのジャパン・ソサエティーで、天正少年遣欧使節をテーマにした展覧会を開き、少年たちの辿ったルートを写真や工芸品で紹介した。
＊4　評言……批評のことば。
＊5　松田先生…筆者が大学時代にスペイン語を教わった教師。

問一　［A］～［C］に入る言葉として最も適切なものを次の選択肢ア～カから一つずつ選び、それぞれ記号で答えなさい。ただし同じ記号を二度以上用いてはならない。

ア　なるほど　　イ　もはや　　ウ　せめて　　エ　あくまで　　オ　もっとも　　カ　かえって

問二　～～～線部「買いかぶり」の意味として最も適切なものを次の選択肢ア～エから一つ選び、記号で答えなさい。

ア　実際以上に高く評価すること。
イ　独りよがりの判断を下すこと。
ウ　世間一般の考え方をすること。
エ　人から伝え聞いて確証がないこと。

問三　——線部①「二人の旅には本質的な違いがいくつもある」とあるが、どのような違いがあるのか。次の文の空欄に入る言葉を指示に従って答えなさい。

（　八字以上十二字以内　）があるかないかの違い。

問四　——線部②「自分は思い違いをしていた」とあるが、どういうことか。次の文の空欄に入る言葉をそれぞれ指示に従って答えなさい。

（　Ⅰ　「若い頃」を必ず入れて、二十字以上三十字以内　）に過ぎないのに、現在の旅は（　Ⅱ　二十字以上三十字以内　）と思い込んでいたということ。

問五　本文を通じて、旅について筆者はどうすることが大事だと考えているか。説明しなさい。

問六　本文の内容に合致するものとして最も適切なものを次の選択肢ア～エから一つ選び、記号で答えなさい。

ア　たとえ「余儀ない旅」をしていたとしても、その旅が自分にとって忘れがたい旅になることがある。

イ　『深夜特急』の旅は何からも影響されていない独自性のある旅だと筆者は思っていたが、実は違っていた。

ウ　森本さんはサハラ砂漠の厳しい環境下で過酷な経験をしたため、今でもサハラの旅を夢に見てしまう。

エ　近場のありきたりな観光地でも、自分がどういう気持ちで旅をしたかで記憶に残る旅になりうる。

≪　問題は以上です　≫

【このページは白紙です】

算　数

注　意

1．試験時間は50分です．

2．問題は[1]から[5]（1ページから9ページ）まであります．
試験開始後，抜け落ちているページがないか，印刷が不鮮明《ふせんめい》なページがないか確認してください．不備がある場合は監督者《かんとくしゃ》に申し出てください．

3．定規・コンパス・筆記用具以外の使用は認めません．

4．問題用紙や解答用紙を折ったり切ったりして，問題を解くためのヒントとなる形に変形することを禁止します．

5．解答用紙への記入上の注意
・考え方を書く指示がある問題以外は，答えだけを書いてください．
・答えに単位が必要な問題は，必ず単位をつけて答えてください．
・答えが分数になる場合は，それ以上約分できない一番簡単な分数で答えてください．また，仮分数は帯分数に直してください．
・図やグラフをかいて答える問題に対し，定規・コンパスを忘れた場合は，手がきでていねいにかいてください．

受験番号		氏名	

2022(R4) 逗子開成中　3次
K 教英出版

1 次の $\square$ にあてはまる数を求めなさい．

(1) $\left\{(252+5)\times 32-252\times 7+5\times 18\right\}\div 25=\square$

(2) $1\frac{1}{9}\times\left\{\frac{9}{10}+1\frac{7}{8}\times\left(2\frac{5}{6}-3\frac{3}{4}\div 4\frac{1}{2}\right)\right\}=\square$

(3) $2.6\div\frac{5}{13}-\left(2.4-\square\right)\times 4\frac{2}{5}=1.92$

2 次の各問いに答えなさい.

(1) A, B, Cの3個のおもりがあります. AとBの重さの平均はAとCの重さの平均より5g重く, BとCの重さの平均は14gでした. Bの重さは何gですか.

(2) ある学校で, 昨年度の生徒数は男子と女子をあわせて500人いました. 今年度は, 昨年度に比べて男子が10%増え女子が10%減ったため, 全体として10人減りました. 今年度の男子の生徒の人数は何人ですか.

(3) 次のように, ある規則にしたがって分数が並んでいます.

$$\frac{1}{200},\ \frac{6}{197},\ \frac{11}{194},\ \frac{16}{191},\ \frac{21}{188},\ \cdots$$

このとき, はじめて1より大きくなる分数は, はじめから数えて何番目の分数ですか.

(4) 図の平行四辺形 ABCD について，BE : EC＝2 : 1，CF : FD＝3 : 1 とするとき，EG : FH を求めなさい．

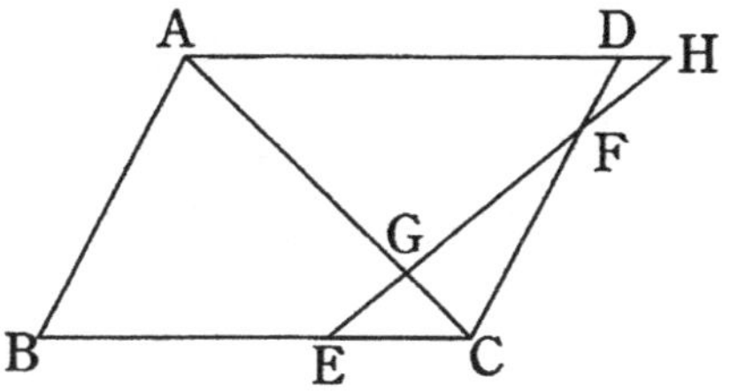

(5) 次の図は，立方体を 4 つ組み合わせたものです．立方体の辺を通って点 A から点 B へ行くには，何通りの方法がありますか．ただし，遠回りをせず，もっとも短い距離で行くこととします．

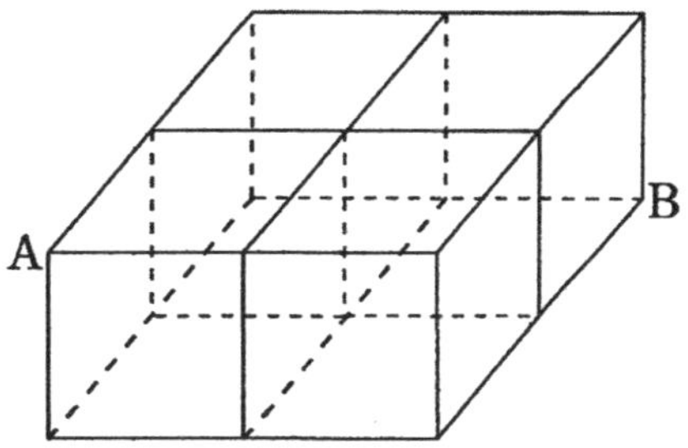

(6) A 君が 6 分で進む距離を B 君は 10 分で進むことができます．また，B 君が C 君より 8 分遅れて同じ方向に進むと，B 君が出発してから 12 分後に C 君に追いつきます．A 君と C 君がそれぞれ 6 km 進むのにかかる時間の差が 48 分であるとき，B 君の進む速さを求めなさい．

3 m, nをそれぞれ整数とし，mがnで何回割れるかを表す記号を[m, n]とします．例えば，mがnでa回割り切れるが，$a+1$回は割り切れないときは，[m, n]$=a$となります．mがnで1回も割り切れないときは，[m, n]$=0$となります．具体的に考えると，50は5で2回割り切れますが，3回は割り切れないので，[50, 5]$=2$となります．このとき，次の各問いに答えなさい．

(1) [8748, 3]を求めなさい．

(2) [1800, a]$=2$と[4050, a]$=2$が同時に成り立つような整数aのうち，最大のものを求めなさい．

(3) [m, 2]$=4$と[m, 3]$=3$が同時に成り立つような整数mにおいて，30000に最も近い整数mを求めなさい．

《計算余白》

4 ある学校の生徒全員に，水泳とマラソンについてのアンケートを行いました．それぞれ得意か苦手かのどちらかを選んでもらったところ，次の 4 つのことがわかりました．

① 水泳は得意だがマラソンが苦手な生徒の人数は，生徒全員の人数の $\dfrac{5}{6}$ 倍であった．

② 水泳は苦手だがマラソンが得意な生徒の人数は，水泳は得意だがマラソンが苦手な生徒の人数の $\dfrac{2}{15}$ 倍であった．

③ マラソンが得意な生徒の人数は 16 人であった．

④ 両方とも得意な生徒の人数は 1 人以上であった．

このとき，次の各問いに答えなさい．

(1) 水泳は苦手だがマラソンが得意な生徒の人数は，生徒全員の人数の何倍であるか求めなさい．

(2) 水泳が得意な生徒の人数が 94 人であったとき，生徒全員の人数を求めなさい．

(3) 水泳が得意な生徒よりマラソンが苦手な生徒の方が多いとき，生徒全員の人数を求めなさい．

《計算余白》

5　長さが 12 cm の線分 AB について，次の各問いに答えなさい．ただし，円周率は 3.14 とします．

(1) 図 1 のように，線分 AB 上に 1 辺の長さが 4 cm の正方形と半径 1 cm の円アがあります．円アを正方形にそって，矢印の方向にすべることなく，円イに重なるまでころがします．このとき，円アの中心がえがく線の長さは何 cm ですか．

図 1

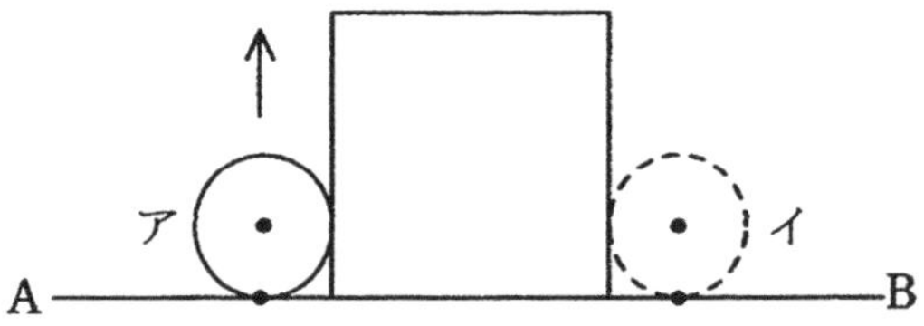

(2) 図 2 のように，線分 AB 上に半径 1 cm の半円と半径 1 cm の円ウがあります．円ウを半円にそって，矢印の方向にすべることなく，円エに重なるまでころがします．このとき，円ウの中心がえがく線の長さは何 cm ですか．ただし，答えは小数第 3 位を四捨五入しなさい．

図 2

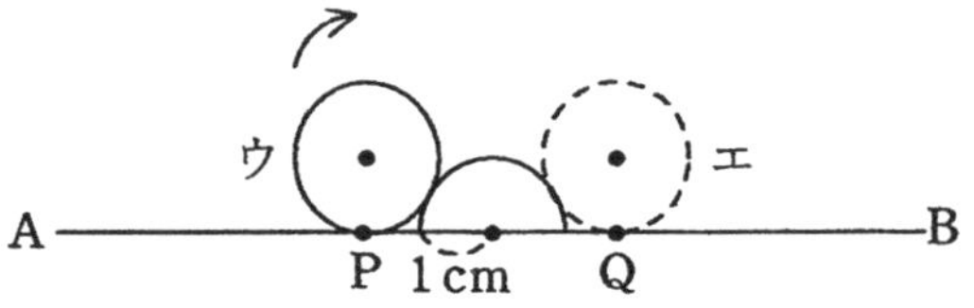

(3) (2)で円ウが円エまでころがったときに円ウが通る部分の図形をオとします．解答用紙の図に図形オをかき入れ，図形オの部分に斜線を引きなさい．
次に，図 3（図 3 には図形オはかいてありませんが，あるものとして考えます）のように点 A 上に半径 1 cm の円カがあります．円カを矢印の方向にすべることなく，最初は線分 AB 上を，次に図形オにそって，最後に線分 AB 上を円キに重なるまでころがします．PQ の長さを 3.46 cm とするとき，円カの中心がえがく線を解答用紙の図（さきほど図形オをかき入れた図）にかき入れなさい．ただし，作図をする上で，補助でかいた線は消さないこと．さらに，円カの中心がえがく線の長さは何 cm か求めなさい．ただし，答えだけではなく途中の考え方も書き，答えは小数第 3 位を四捨五入しなさい．

図 3

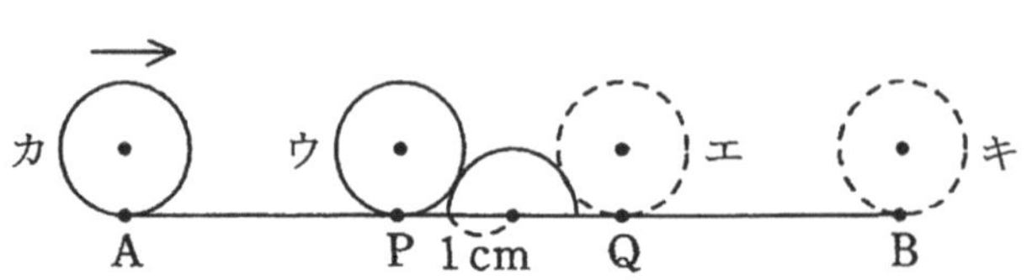

《計算余白》

2022(R4) 逗子開成中　3次
K 教英出版

理　科

注　意

1．問題は【1】～【4】（1～9ページ）まであります。
2．試験時間は40分です。
3．解答は解答用紙に記入し，解答用紙だけ提出しなさい。
4．答えを直すときは，きれいに消してから新しい答えを書きなさい。
5．図やグラフをかく場合は，ていねいにはっきりとかきなさい。必要ならば定規を使ってもかまいません。

受験番号		氏名	

(2022−J3)

【1】植物は種子を作り，子孫を残すことができます。しかし，私たちが普段食べている野菜や果物には種子が入っていないものがあります。種なしブドウや種なしスイカなど人が手を加えたり，品種改良をしたりすることで種子の入っていない果実を作ることができます。植物の種子形成について，下の問いに答えなさい。

（1）スイカの種子は発芽に必要な養分を子葉にたくわえています。スイカの種子と同じ特徴《とくちょう》を持つ種子を作る植物を次のア～エから1つ選び，記号で答えなさい。

ア．クリ　　イ．トウモロコシ　　ウ．カキ　　エ．ホウレンソウ

（2）種子が発芽するときに必要なものを次のア～カからすべて選び，記号で答えなさい。

ア．肥料　　イ．水　　ウ．適当な温度　　エ．日光　　オ．土　　カ．空気

（3）植物の種子のでき方について次の文中の空欄《らん》（　X　），（　Y　）にあてはまる語句を答えなさい。

「被子植物は受粉をしたあと，めしべの（　X　）がふくらみ果実になり，（　X　）の中の（　Y　）が種子となる。」

（4）5種類のミカンA～E種を用意しました。これらのミカンを調べると種子が入っているものと入っていないものがありました。この違いには次の3つの性質が関係しています。

性質1　花粉に問題があり，受粉しても種子を作ることができない。

性質2　めしべに問題があり，受粉しても種子を作ることができない。

性質3　自分の作った花粉では受粉ができず，種子を作ることができない。他の個体が作った花粉なら受粉し，種子を作ることができる。

この3つの性質のうち，どれか1つでも当てはまった場合は種子ができない可能性があります。もしA～E種が性質1～3を持っていない場合は，どの花粉をどのめしべにつけても種子を作ることができます。そこで，A～E種の持つ性質を特定するために次のような実験を行いました。

［実験］　A～E 種それぞれの花粉を取り出し，同種のめしべにつけたところ次の表のような結果となりました。○は種子を作ることができた，×は種子を作ることができなかったことを表しています。

	A 種花粉	B 種花粉	C 種花粉	D 種花粉	E 種花粉
A 種めしべ	×	Z			
B 種めしべ		×			
C 種めしべ			×		
D 種めしべ				○	
E 種めしべ					×

①　次のア～オはミカン A～E 種のいずれかの特徴を表しており，A～E 種が同じ特徴を持っていることはありません。D 種の特徴を次のア～オから 1 つ選び，記号で答えなさい。

ア．性質 1 を持っている。　　イ．性質 2 を持っている。

ウ．性質 3 を持っている。　　エ．性質 1 と 2 を持っている。

オ．性質 1～3 を持っていない。

②　D 種の花粉を E 種のめしべにつけたところ，種子を作ることができませんでした。また，E 種の花粉を D 種のめしべにつけても種子を作ることができませんでした。この結果から，E 種の特徴を①の選択肢《せんたくし》ア～オから 1 つ選び，記号で答えなさい。

③　D 種の花粉を B 種のめしべにつけたところ，種子を作ることができませんでした。このとき，表の Z に適した記号（○，×）を答えなさい。ただし，この条件では分からない場合は△と答えなさい。

【2】気体を発生させる実験について，下の問いに答えなさい。

（1）右の図のような二股《ふたまた》試験管を使い，オキシドールと二酸化マンガンを反応させて気体を発生させました。

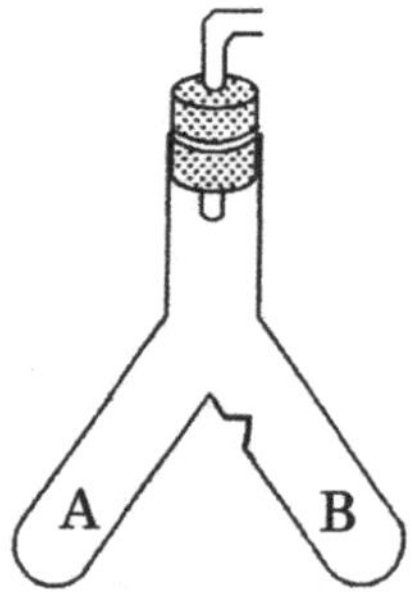

① 図の二股試験管の使用方法を説明した次の文章中の空欄《くうらん》（ あ ）～（ え ）にあてはまる言葉の組み合わせとして正しいものを下のア～エから1つ選び，記号で答えなさい。

「まず始めに固体である二酸化マンガンを（ あ ）側に，液体であるオキシドールを（ い ）側に入れます。次に，二股試験管をかたむけ，（ う ）側から（ え ）側へ薬品を移し，反応させます。」

	（ あ ）	（ い ）	（ う ）	（ え ）
ア	A	B	A	B
イ	B	A	A	B
ウ	A	B	B	A
エ	B	A	B	A

② 発生する気体は何ですか。

③ この反応において二酸化マンガンは，反応の前後で変化せず，触媒《しょくばい》としてはたらいています。触媒のはたらきを説明しなさい。

④ 濃度《のうど》が3.4 %のオキシドール50 gと二酸化マンガンを反応させると0.8 gの気体が発生しました。次に，濃度の異なるオキシドール75 gを同じ二酸化マンガンと反応させると3.0 gの気体が発生しました。このオキシドールの濃度は何%ですか。答えが割り切れないときは，小数第2位を四捨五入しなさい。

（2）ある濃度の塩酸X 50 mLにアルミニウムを加えて気体を発生させました。下の表は，加えたアルミニウムの質量と，発生した気体の体積をまとめたものです。

アルミニウムの質量(g)	0.1	0.2	0.5	0.8	1.0
発生した気体(mL)	125	250	625	750	750

① 発生する気体は何ですか。

② 塩酸X 50 mLとちょうど反応するアルミニウムの質量は何gですか。答えが割り切れないときは，小数第2位を四捨五入しなさい。

③ 塩酸X 80 mLにアルミニウムを1.5 g加えたとき，反応せずに残るアルミニウムは何gですか。答えが割り切れないときは，小数第3位を四捨五入しなさい。

④ 濃度の異なる塩酸Y 70 mLを用意し，同様の実験を行ったところ，1.26 gのアルミニウムとちょうど反応しました。塩酸Xと塩酸Yの濃度の比を整数で答えなさい。

【3】身近にあるさまざまな道具には，てこの原理の工夫が取り入れられています。それらの支点，力点，作用点の並び方を調べてみると表1のように3つのグループA～Cに分けることができます。下の問いに答えなさい。

表1

グループ	支点，力点，作用点の並び方
A	支点－力点－作用点　（または作用点－力点－支点）
B	力点－支点－作用点　（または作用点－支点－力点）
C	支点－作用点－力点　（または力点－作用点－支点）

（1）次の図1～図3の道具は，表1のいずれかのグループに分類されます。それぞれどのグループに分類されますか。A～Cから選び，記号で答えなさい。

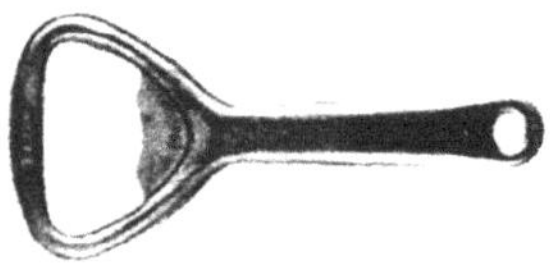
図1 せんぬき

図2 ペンチ

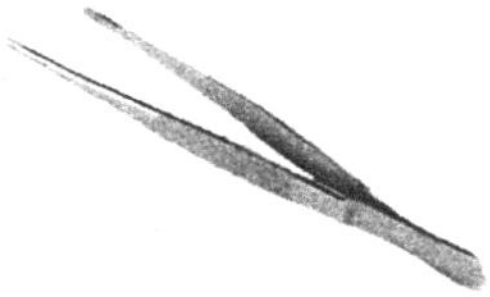
図3 ピンセット

（2）グループAの特徴《ちょう》として正しい文には○，正しくない文には×と答えなさい。

ア．作用点に同じ大きさの力を加える場合，力点に加える力の大きさは力点と支点の距離《きょり》が近いほうが小さい力ですむ。

イ．作用点に同じ大きさの力を加える場合，力点に加える力の大きさは力点と作用点の距離が近いほうが小さい力ですむ。

ウ．作用点にかかる力の大きさは，力点に加える力の大きさより大きくはできない。

（3）図4のはさみについて，次の文中の空欄《らん》（　X　）～（　Z　）にあてはまる語句の組み合わせとして正しいものを次のア～クから1つ選び，記号で答えなさい。

「はさみで紙を切るとき，はさみの刃《は》が閉じるにつれて，（　X　）の位置が支点と（　Y　）ことにより，紙を切るために必要な力は（　Z　）なる。」

図4 はさみ

	X	Y	Z		X	Y	Z
ア	力点	近づく	大きく	オ	作用点	近づく	大きく
イ	力点	近づく	小さく	カ	作用点	近づく	小さく
ウ	力点	離れる	大きく	キ	作用点	離れる	大きく
エ	力点	離れる	小さく	ク	作用点	離れる	小さく

次に，グループＡの並び方で棒を支える様子を図５のように表しました。支点に台があり，作用点におもりがつるしてあります。また，力点にはそのおもりを支えられるような向き(上向き)に力の矢印をかいてあります。

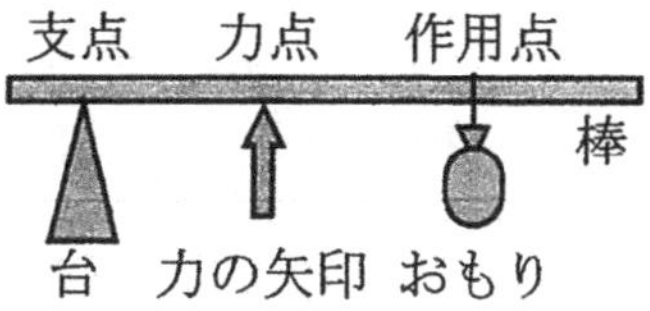

図５　グループＡ

（４）解答欄の棒に，図５にならって台，おもり，力の矢印をかき足し，グループＢを表す図を完成させなさい。

グループＡの並び方を，おもさのわからない 100 cm の棒で図６のようにつくりました。棒には左端《はし》から 10 cm ごとにめもりがつけてあり，10 cm の位置を支点として台を置き，90 cm の位置を作用点として 120 g のおもりをつるしました。この状態で 70 cm の位置を力点としてばねばかりで引き，棒を水平にするとばねばかりは 310 g を指しました。続いて，作用点と力点の位置を変えず，支点の位置をかえてばねばかりの指す値を調べると表２の結果になりました。ただし，棒のおもさは棒のある一点にすべてかかるとします。

表２

支点の位置(cm)	10	20	30	40
ばねばかりが指した値(g)	310	288	255	200

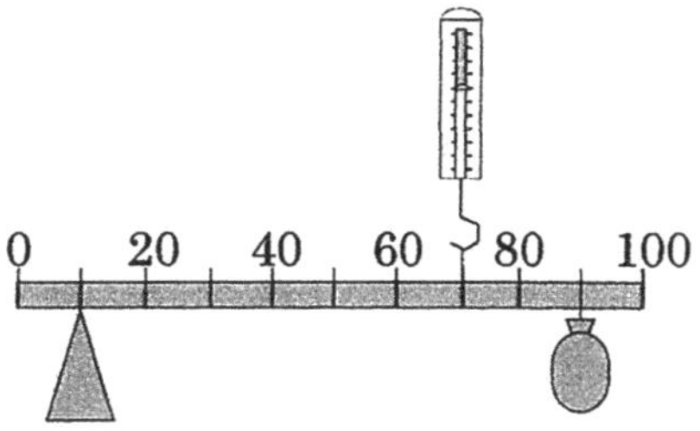

図６

（５）棒のおもさがかかる位置は棒の左端から何 cm のところですか。次のア～エから１つ選び，記号で答えなさい。

ア．10 cm　　イ．20 cm　　ウ．30 cm　　エ．40 cm

（６）棒のおもさは何 g ですか。答えが割り切れないときは，小数第１位を四捨五入し，整数で答えなさい。

【4】図1は，ある火山を20 m間隔《かく》でかかれた等高線で示しています。▲印は火口で，A地点は岩石を観察した場所です。図2は，A地点で観察した2種類の火成岩のスケッチで，どちらも黒っぽい粒《つぶ》と白っぽい粒が見られました。火山活動について，下の問いに答えなさい。

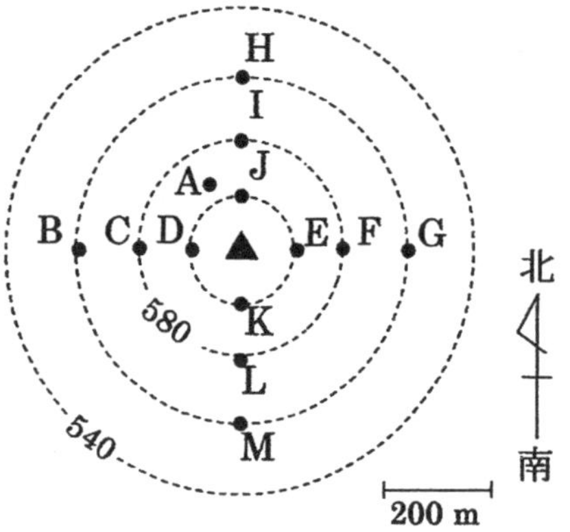

図1

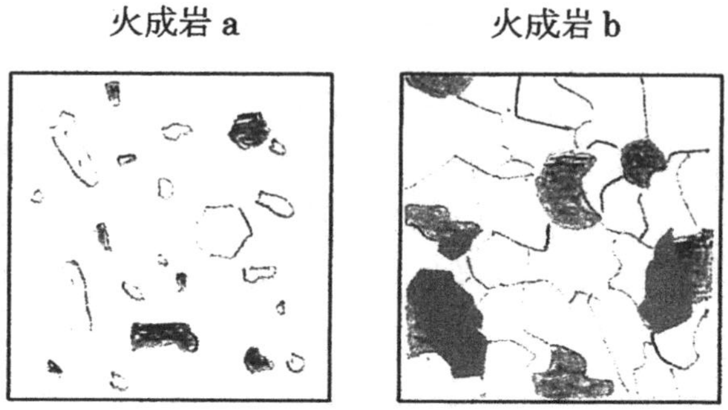

図2

（1）図2の火成岩a，bのでき方について正しいものを次のア～エから1つ選び，記号で答えなさい。

ア．火成岩aと火成岩bは同じくらいの時間をかけてできた。

イ．火成岩aは火成岩bよりもゆっくり時間をかけてできた。

ウ．火成岩bは火成岩aよりもゆっくり時間をかけてできた。

エ．火成岩のでき方に時間は関係しない。

（2）図2の火成岩bの名前を，次の［説明］のように色指数《いろしすう》を利用して調べました。右上の表は6種類の主な火成岩と色指数の関係を示しています。

［説明］

右の図のように，とう明のうすいプラスチック板にかいた格子《こうし》点「・」(総数25点)を火成岩bのスケッチの上にのせ，黒っぽい色の粒と重なる格子点の数を数えます。そして，次の式を使って色指数を求めます。

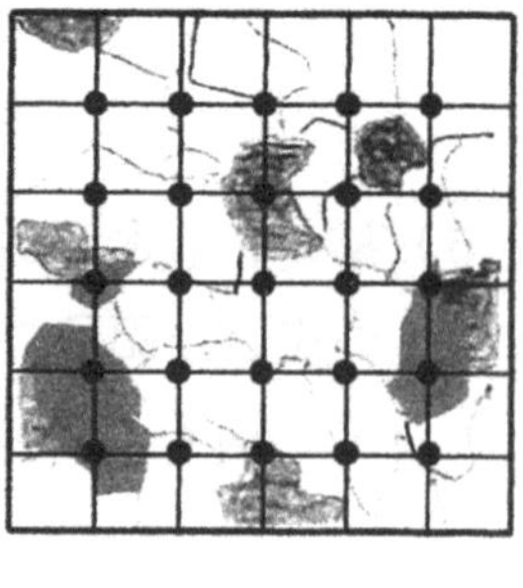

$$色指数(\%) = \frac{黒っぽい粒と重なる格子点の数}{格子点の総数} \times 100$$

<table>
<tr><td rowspan="2">火成岩</td><td>火山岩</td><td>流もん岩</td><td>安山岩</td><td>げんぶ岩</td></tr>
<tr><td>深成岩</td><td>花こう岩</td><td>せん緑岩</td><td>はんれい岩</td></tr>
<tr><td colspan="2">色指数</td><td>10 %より小さい</td><td>10 %～35 %</td><td>35 %～60 %</td></tr>
</table>

① 火成岩 b の名前は何ですか。上の表の中から選びなさい。

② 色指数の値が小さいほど火成岩全体の色はどのようになりますか。

（3）図 3 は，図 1 の B～M の各地点のボーリング調査から作った柱状図です。この図を見ると，火山灰(あ)の層と火山灰(い)の層が見られます。この火山灰は図 1 の中の火山がふん火したときにたい積したもので，この火山は少なくとも 2 回ふん火しています。火山灰の層は，ふん火した当時の上空の風に影響《えいきょう》され，また，火口に近いほど厚くたい積しています。

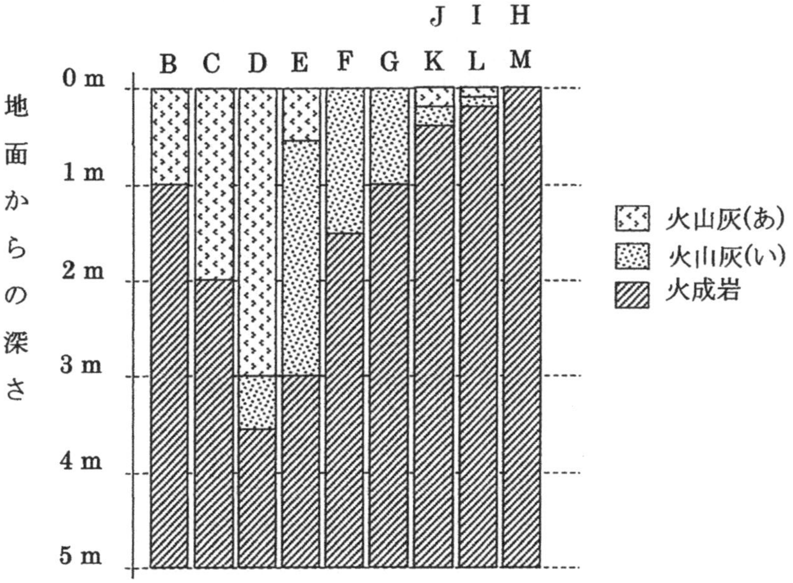

図 3

① 火山灰について正しいものを次のア～エから 1 つ選び，記号で答えなさい。

ア．関東ローム層には，火山灰は含《ふく》まれていない。

イ．火山灰に含まれる粒には，白っぽいものや黒っぽいものがある。

ウ．火山灰に含まれる粒には，角が丸まったものが多い。

エ．火山灰が長い年月をかけて固まり，石灰岩になる。

② D地点を地面から掘《ほ》ると，火山灰(い)の層が最初に見られるのは標高何 m ですか。

③ 火山灰(あ)，(い)がたい積した順番と風向きを示した矢印の組合せとして最も適当なものを，次のア～クから１つ選びなさい。ただし，「→」は西から東を，「←」は東から西を表しています。

	先にたい積	風向き	後にたい積	風向き
ア	火山灰(あ)	→	火山灰(い)	→
イ	火山灰(あ)	→	火山灰(い)	←
ウ	火山灰(あ)	←	火山灰(い)	→
エ	火山灰(あ)	←	火山灰(い)	←
オ	火山灰(い)	→	火山灰(あ)	→
カ	火山灰(い)	→	火山灰(あ)	←
キ	火山灰(い)	←	火山灰(あ)	→
ク	火山灰(い)	←	火山灰(あ)	←

2022(R4) 逗子開成中　3次
教英出版

社　会

注　意

1．問題は【**1**】から【**3**】まであります。
（1ページから11ページまであります。）
2．試験時間は40分です。
3．解答は解答用紙に記入し、解答用紙だけ提出しなさい。

受験番号		氏名	

(2022－J3)

【1】　水や川に関する次の文章【A】～【C】をよく読んで以下の設問に答えなさい。

【A】

地球は「水の惑星《わくせい》」とよばれ、その表面積のうち約（　1　）%が海洋にあたります。さらに、その水のうち大部分が海水であり、淡《たん》水は約2.5%程度しかありません。この淡水の大部分はa）氷河や万年雪です。私たち人間や動物が利用できる淡水は約0.8%に相当する量でしかありません。この水は、ほとんどがb）地下水として存在し、河川やc）湖沼《こしょう》の淡水は約0.01%とごくわずかです。

問1　文章中の空らん（　1　）にあてはまる数字を次のア～エから一つ選び、記号で答えなさい。

ア．３０　　イ．５０　　ウ．７０　　エ．９０

問2　下線部a）に関連して、200万年ほど前の地球は氷河時代であったと考えられています。氷河時代の日本について述べた次の説明文X・Yについて、その正誤の組み合わせとして正しいものを次のア～エから一つ選び、記号で答えなさい。

X：現在のような列島ではなくユーラシア大陸と陸続きであった。
Y：海水面は、今よりも100m以上高かった。

ア．X―正しい　Y―正しい　　イ．X―正しい　Y―誤り
ウ．X―誤り　Y―正しい　　エ．X―誤り　Y―誤り

問3　下線部b）に関連した次の文章を読み、空らん（　　）にあてはまる語句をカタカナで答えなさい。

現在、（　　）中央新幹線の整備が進められています。最高時速500㎞になるといわれ、2027年に品川―名古屋間の開業を予定しています。この工事にあたっては、地下水の流量や水質をめぐって、流域の自治体・県民・事業者との間で議論が重ねられています。

問4　下線部c）に関連して、日本の湖沼に関する説明文として正しいものを次のア～エから一つ選び、記号で答えなさい。

ア．洞爺《とうや》湖・宍道《しんじ》湖は、カルデラ湖として有名です。
イ．日本の湖のなかで、最も深い湖は十和田湖です。
ウ．八郎潟は、日本の代表的な干拓地として有名です。
エ．サロマ湖のうなぎ、浜名湖のホタテ貝など養殖が盛《さか》んな湖もあります。

【B】

「森は海の恋人《こいびと》」運動という言葉を知っていますか。この運動は、d）気仙沼《けせんぬま》でカキ養殖に関わる人々が、豊かな海や川をとりもどすためには、豊かな森が必要だという考え方にもとづいて、植林活動をおこなうことからはじめたものです。気仙沼に注ぐ大川《おおかわ》上流のe）岩手県室根山《むろねさん》に、ブナ・ナラ・クヌギなどの落葉広葉樹の植林を続けています。

カキの漁場は、汽水域《きすいいき》（淡水と海水が混じりあう水域）です。例えば、日本有数のカキ産地として有名な広島湾には、上流域に豊かな森の広がる太田川が注いでいます。この運動が開始されたのは、今から30年ほど前にフルボ酸鉄という成分を通じて、森と海のつながりが科学的に解明されてからです。しかし、当初その関わりは沿岸域の汽水域に限定されていると考えられていました。ところが世界有数の漁場の一つと言われるf）三陸海岸沖の生態系に、中国とロシアの国境を流れる全長4500㎞の巨大河川アムール川のフルボ酸鉄が関与していることが発表されました。海と森の深い関係が明らかになっているのです。

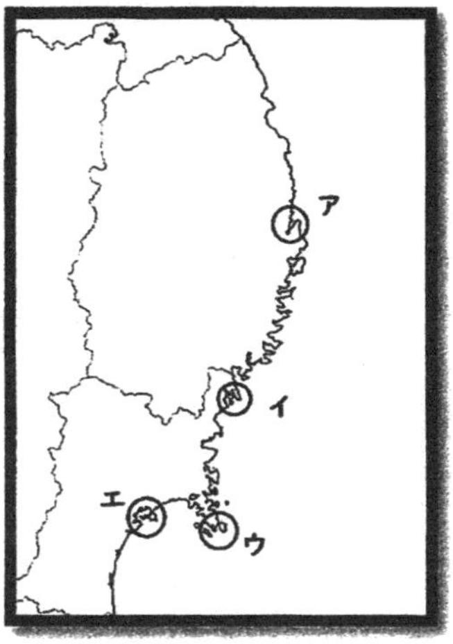

問５　下線部d）に関連して、次の各問いに答えなさい。

Ⅰ．気仙沼のある場所として正しいものを右の地図中のア～エから一つ選び、記号で答えなさい。

Ⅱ．Ⅰで選んだ場所の特徴《とくちょう》やそれに関連した文として正しいものを次のア～エから一つ選び、記号で答えなさい。

ア．海岸線が入り組んでいるため、津波の被害を受けにくいです。

イ．山地が海にしずんでできた海岸です。

ウ．このような海岸は、大隅半島にもみられます。

エ．水深がどこも深く船の出入りがしにくいため、漁港としては向いていません。

Ⅲ．気仙沼の経度と緯度の組み合わせとして正しいものを次のア～エから一つ選び、記号で答えなさい。なお兵庫県明石市は、東経135度00分／北緯34度39分に位置します。

ア．東経127度40分　／　北緯26度12分

イ．東経130度24分　／　北緯33度35分

ウ．東経136度37分　／　北緯36度35分

エ．東経141度34分　／　北緯38度54分

問6　下線部e）に関連して、次の各問いに答えなさい。

Ⅰ．次の文の空らん（　①　）・（　②　）にあてはまる語句の組み合わせとして正しいものを以下のア～エから一つ選び、記号で答えなさい。

> 岩手県を含《ふく》む東北北部は、（　①　）にかけて、（　②　）が長い期間ふくと、冷害が発生することがあります。

ア．①―初夏～夏　②―からっ風　　イ．①―初冬～冬　②―からっ風
ウ．①―初夏～夏　②―やませ　　　エ．①―初冬～冬　②―やませ

Ⅱ．岩手県は、畜産業がさかんな地域として有名です。次の表は、家畜の都道府県別頭数の上位5都道府県（2019年）をまとめたものです。空らん（　①　）～（　④　）には、以下のア～エの家畜のいずれかがあてはまります。空らん（　①　）・（　②　）にあてはまる家畜をそれぞれ一つずつ選び、記号で答えなさい。

	（　①　）	（　②　）	（　③　）	（　④　）
1位	北海道	宮崎	北海道	鹿児島
2位	栃木	鹿児島	鹿児島	宮崎
3位	熊本	岩手	宮崎	北海道
4位	岩手	青森	熊本	群馬
5位	群馬	北海道	岩手	千葉

（『日本国勢図《ず》会《え》2021/22』）

ア．肉用牛　　イ．乳用牛　　ウ．豚　　エ．肉用若鶏（ブロイラー）

問7　下線部f）に関連して、三陸海岸沖は、海流がぶつかりあう恵まれた漁場として有名です。Ⅰ）北からの海流とⅡ）南からの海流の名をそれぞれ答えなさい。

【C】

利根川は、新潟県と群馬県の県境にそびえる三国《みくに》山脈を水源とし、多数の支流をあわせながら（　2　）平野を北西から南東へ流れ、g）千葉県銚子市とh）茨城県神栖《かみす》市の境でi）太平洋に注ぐ大河です。また、流れの一部は江戸川となり、東京湾に注いでいます。流域は、群馬県、長野県、栃木県、茨城県、（　3　）県、j）千葉県、東京都と一都六県におよび、全長は322 kmで信濃川に続き、日本国内において2位、流域面積は、国内最大の河川です。利根川は「坂東《ばんどう》太郎」の異名を持ち、「筑紫《つくし》次郎」のk）筑後川、「四国三郎」の吉野川とあわせ、日本三大暴れ川のひとつに数えられています。

問8　空らん（　2　）にあてはまる地名を漢字で答えなさい。

問９　下線部ｇ）に関連して、銚子港は日本有数の水揚《みずあげ》量を誇ります。これに関連して、日本の主な漁港について述べた説明文として**誤っているもの**を次のア～エから一つ選び、記号で答えなさい。

ア．北海道釧路港は、北洋漁業の中心地の一つです。

イ．青森県八戸港は、東北地方有数の水揚量を誇る漁港です。

ウ．静岡県焼津港は、遠洋漁業の中心地の一つです。

エ．鳥取県境港は、太平洋側有数の水揚量を誇る漁港です。

問10　下線部ｈ）に関連して、次の各問いに答えなさい。

Ⅰ．神栖市を含めた地域に広がる工業地域名を答えなさい。

Ⅱ．Ⅰの工業地域について述べた説明文として、正しいものを次のア～エから一つ選び、記号で答えなさい。

ア．絹織物産業から精密機械工業に転換することで発展しました。

イ．砂丘につくった掘り込み式の人工港を中心に発展しました。

ウ．岸壁に囲まれた天然の良港を改修して利用しました。

エ．内陸にありましたが、高速道路の整備によって発展しました。

Ⅲ．Ⅰの工業地域近辺の地図に掲載《けいさい》されている地図記号を集めてみました。この地域の性格を考えると、**誤っているもの**を次のア～エから一つ選び、記号で答えなさい。

ア．

イ．

ウ．

エ．

問11　下線部ｉ）に関連して、次の文章の空らんにあてはまる語句を漢字２字で答えなさい。なお、空らんにはすべて同じ語句がはいります。

利根川下流域の低湿地帯を、一般に（　　）地帯とよびます。筑波山を含む（　　）筑波国定公園として指定されています。また、佐原《さわら》の町並みは、（　　）の町として知られ、観光客を集めています。

問12　空らん（　３　）にあてはまる県名を漢字で答えなさい。

問13　下線部ｊ）に関連して、京葉工業地域について述べた説明文として、正しいものを次のア～エから一つ選び、記号で答えなさい。

ア．出荷額のうち、化学工業の占める割合が特に高い。

イ．情報が集まりやすいため、千葉県内では印刷業が最もさかんです。

ウ．特に自動車・電気機器などの製造がさかんです。

エ．製紙・パルプ工業や楽器・オートバイ生産がさかんです。

問14　下線部ｋ）に関連して、筑後川が流入する海の名を答えなさい。

【2】　利根川に関する次の文章をよく読んで以下の設問に答えなさい。

利根川は、古くから度重《たびかさ》なる氾濫《はんらん》と流路の変更《へんこう》が記録されています。また、a）利根川周辺地域の様子が現在と大きく異なっていたことが分かっています。

利根川の治水が大きく意識されるようになったのは、（　1　）が江戸に入ってからです。江戸に政治の中心が移ってから、利根川の治水は重要課題となりました。江戸時代初期までは、b）利根川は江戸湾（現在の東京湾）に注ぐ川でしたが、東北地方や北関東から江戸への水運の確保や新田開発の推進を発端《ほったん》に、利根川を東にうつす動きがはじまりました。17 世紀半《なか》ばには、今の銚子市に流れるようになったと考えられています。一方、利根川の水運を支える改修もさかんにおこなわれ、c）寛永年間の 1641 年に江戸川の開削《かいさく》、d）享保年間の 1728 年に見沼代《みぬまだい》用水の完成をみるなど、現在の物流の基礎《きそ》となるような工事がおこなわれました。

利根川の支流、吾妻《あがつま》川上流にそびえる（　2　）山は、たびたび噴火を繰り返してきました。その中でも、1783 年の噴火では、大きな被害《ひがい》がでました。この頃、江戸幕府ではe）田沼意次が失脚《しっきゃく》しています。また、利根川流域ではf）明治時代以後もしばしば大洪水が発生しました。特にg）1947 年のカスリーン台風では大洪水が発生し、その被害は大きく、決壊《けっかい》した水は、現在の東京都葛飾区や江戸川区まで及びました。その後、洪水の被害を防ぐために、ダムの建設や各地に水をポンプで高い所にくみあげるなどの治水計画が立てられてきました。

利根川の支流の渡良瀬川、鬼怒《きぬ》川は現在では利根川に合流して太平洋に注いでいますが、古くは利根川、渡良瀬川は別々に東京湾に注ぎ、鬼怒川は直接太平洋に注いでいたといわれています。

渡良瀬川は、古くから水運に利用されてきました。川沿いの（　3　）は、江戸時代には「西の西陣」「東の（　3　）」とならび称《しょう》せられる絹織物の産地でした。しかし、渡良瀬川は、（　4　）鉱毒事件により汚染《おせん》された歴史もあり、一時は生物が棲《す》めない川となったこともありました。

鬼怒川一帯は、かつて豪族の下毛野《しもつけの》氏によって支配されていました。上流には日光があり、鎌倉時代以降、下毛野氏の流れをくむh）宇都宮氏の支配下におかれました。また、川沿いの茨城県常総《じょうそう》市には、i）歌舞伎で有名な累ヶ淵《かさねがふち》の舞台となった法蔵寺《ほうぞうじ》もあります。

問１　文中の空らん（　1　）～（　4　）にあてはまる人名・地名・語句を漢字で答えなさい。（　1　）は姓・名で答えること。

国語 解答用紙

（2022 J3）

受験番号	
氏名	

※150点満点
（配点非公表）

↓ここにシールを貼ってください↓

220310

【一】

問一			問二
①	⑥	⑪	① 得
②	⑦	⑫	② 命
③	⑧	⑬	③ 左
④	⑨ える	⑭ がる	④ 山
⑤	⑩ しく	⑮ いで	⑤ 材

【二】

5

(3)

図形オの作図（斜線で表す）と 円カの中心がえがく線の作図

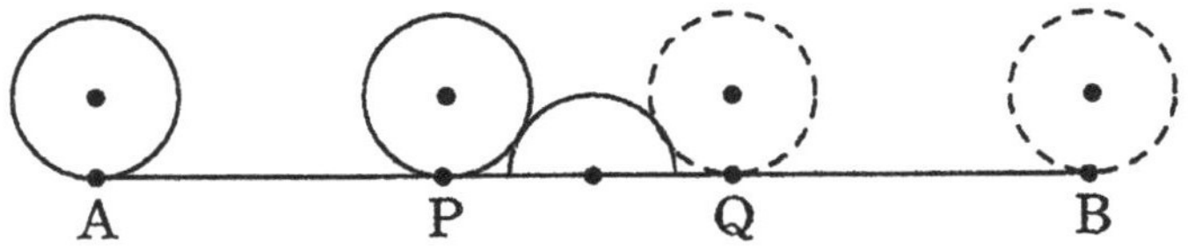

↓ここにシールを貼ってください↓

受験番号	
氏　　名	

【3】	(2) ア	イ	ウ	 棒
	(3)	(5)	(6) g	

【4】	(1)	(2) ①	(2) ②
	(3) ①	(3) ② m	(3) ③

220340

↓ここにシールを貼ってください↓

受験番号	
氏　　名	

2022(R4) 逗子開成中　3次
教英出版

問8	→ → →	問9	→ → →	問10		

【3】

問1	Ⅰ	①		②				
	Ⅱ	①		②		③	(　　)分の(　　)	
問2	Ⅰ		Ⅱ		問3	Ⅰ	衆議院の(　　)	Ⅱ
問4	考え方							
	課題							
	解決方法							

↓ここにシールを貼ってください↓

220330

受験番号	
氏　名	

社会

解答用紙

※100点満点
（配点非公表）　（2022−J3）

【1】

問１		問２		問３		問４				
問５	Ⅰ		Ⅱ		Ⅲ					
問６	Ⅰ		Ⅱ	①		②				
問７	Ⅰ	海流	Ⅱ	海流	問８					
問９		問10	Ⅰ	工業地域	Ⅱ		Ⅲ			
問11		問12		問13		問14				

【2】

問１	1		2		3			
	4							
問２	Ⅰ	①		②		③		
	Ⅱ		問３	①		②		
問４		問５		問６				
	Ⅰ	①		②				

理科　　解 答 用 紙

※100点満点
（配点非公表）　(2022 - J 3)

【1】	(1)	(2)	
	(3) X	Y	
	(4) ①	(4) ②	(4) ③

【2】	(1) ①	(1) ②	
	(1) ③		(1) ④ %
	(2) ①	(2) ② g	(2) ③ g
	(2) ④ X : Y = :		

2022 年度　３次入試　算数　解答用紙

※150点満点
（配点非公表）

1	(1)		(2)		(3)	

2	(1)		(2)		(3)	
	(4)		(5)		(6)	

3	(1)		(2)		(3)	

4	(1)		(2)		(3)	

	(1)		(2)	
		円カの中心がえがく線の長さを求める考え方と計算式		

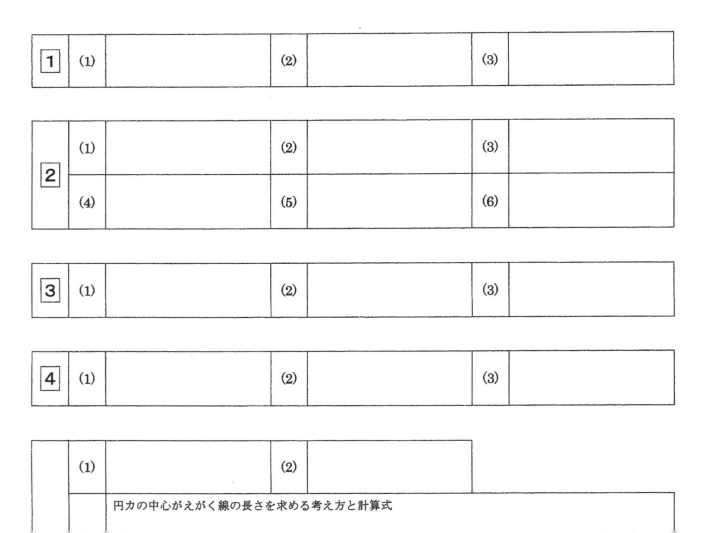

問四

問五
ア
イ
ウ
エ
オ
カ
キ

【三】

問一
A
B
C

問二

問三

問四
I
Ⅱ

問五

問六

問２　下線部ａ）に関連して、次の各問いに答えなさい。

Ⅰ．次の文章を読み、空らん（　①　）～（　③　）にあてはまる語句を漢字で答えなさい。

> ・現在の稲敷《いなしき》市浮島《うきしま》地区は陸地ですが、『常陸国（　①　）』には、奈良時代に、周囲は海であったことを推測できる記述があります。『（　①　）』は、奈良時代に国ごとに作成された地誌のことです。
> ・約4500首の歌をまとめた日本最古の和歌集『（　②　）』には、香取《かとり》の海の情景をよんだ歌が収められています。
> ・720年に完成した歴史書『（　③　）』には、ヤマトタケルが香取の海を通ったと記されています。

Ⅱ．下の地図は、7～8世紀頃の地形をあらわしたものです。図中の●は、この地域の権力を持つ者がまつられていた場所の分布を示しています。この場所を何といいますか、漢字２字で答えなさい。

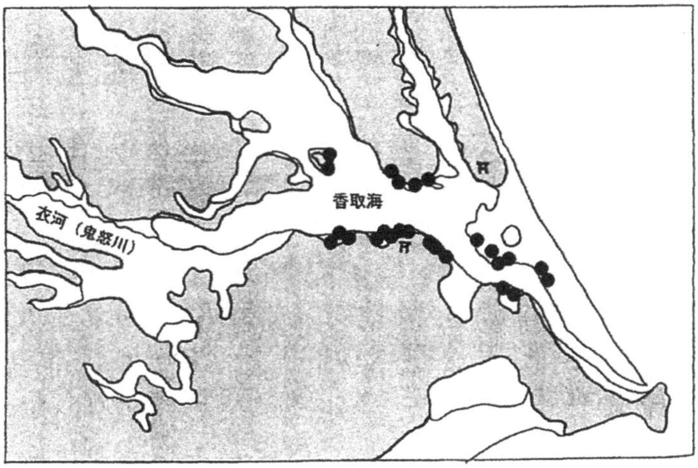

＊白い部分は低地・川・海をあらわし、その他は台地をあらわします

（久保純子「「常総の内海」香取平野の地形と歴史時代における環境変遷」より作成）

（問題は次のページに続きます）

問３　下線部ｂ）に関連して、利根川沿い出身の人物に関する次の文章を読んで、空らん（　①　）・（　②　）にあてはまる語句・人名を答えなさい。なお、（　①　）は漢字２字で、（　②　）は姓・名を漢字で答えなさい。

> 2021 年は、塙《はなわ》 保己一《ほきいち》没後 400 年でした。保己一は、江戸時代の（　①　）者で、平曲家《へいきょくか》です。彼は、少年時代に失明し、平曲家として活躍しました。平曲家とは、『平家物語』を語る人のことです。その後、学問をこころざし、賀茂真淵《かものまぶち》に（　①　）を学びました。賀茂真淵は、（　①　）を大成し『古事記伝』をあらわした（　②　）の師にあたります。1793 年、幕府に願い出て和学講談所という学問所を開き、古書や古い記録を集めて分類・編纂《へんさん》しました。

問４　下線部ｃ）に関連して、徳川家光の時代に起こった出来事として**誤っているもの**を次のア～エから一つ選び、記号で答えなさい。

ア．参勤交代が制度化されました。

イ．島原・天草一揆が起こりました。

ウ．オランダ商館が出島に移されました。

エ．生類憐みの令が出されました。

問５　下線部ｄ）に関連して、享保の改革で実施された幕府の政策として正しいものを次のア～エから一つ選び、記号で答えなさい。

ア．大名に対して、石高１万石につき 100 石の米を幕府に納めさせました。

イ．物価上昇の状況をふまえて、株仲間の解散を命じました。

ウ．外国船の打ち払いを決定しました。

エ．大名に対して、ききんに備えて米をたくわえる囲米を命じました。

問６　下線部ｅ）に関連して、この人物について述べた説明文として正しいものを次のア～エから一つ選び、記号で答えなさい。

ア．上知令を出しました。

イ．人返しの法を出しました。

ウ．天保の飢饉《ききん》をきっかけに失脚しました。

エ．老中として財政を立て直そうとしました。

（問題は次のページに続きます）

問7　下線部ｆ）に関連して、次の各問いに答えなさい。

Ⅰ．明治時代に香取を訪れた人物について述べた次の文章の空らん（　①　）・（　②　）にあてはまる語句をそれぞれ漢字で答えなさい。なお（　①　）は漢字7字とします。

> 正岡子規は、俳句、短歌、新体詩など日本の近代文学に影響《えいきょう》を与えたことで有名です。（　①　）が発布された1889（明治22）年の、4月3日～7日までの旅を『水戸紀行』としてまとめています。東京～利根川～水戸まで徒歩120㎞の旅でした。正岡は5年後、（　②　）戦争に記者として従軍したことも知られています。

Ⅱ．明治時代に関連して、次の〈資料1〉・〈資料2〉は、発行時期が異なる歴史学習漫画の一コマで、ともに「韓国併合」に関して、発言している伊藤博文が描《えが》かれています。その表現や描き方にふれた上で、あなたは、どのような点に注意をして歴史を勉強していかなければならないと考えますか。簡潔に説明しなさい。

〈資料1〉

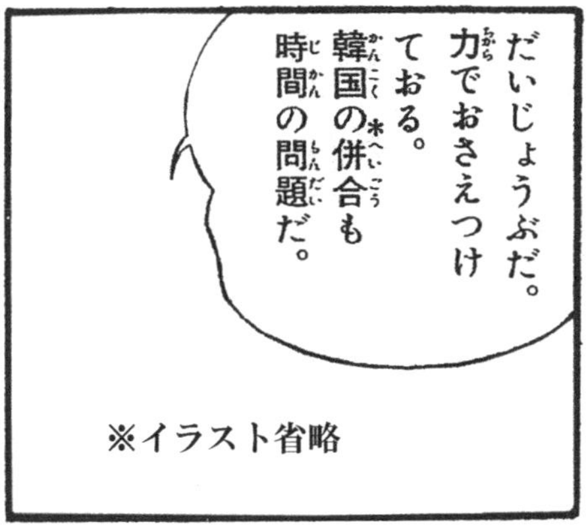

『少年少女日本の歴史』（小学館 1983）

〈資料2〉

『はじめての日本の歴史』（小学館 2016）

問8　下線部ｇ）に関連して、この前後の時期の出来事について述べた次の文ア～エを古い順に並べ直し、記号で答えなさい。

ア．日本はポツダム宣言を受けいれて降伏しました。

イ．サンフランシスコ平和条約が結ばれました。

ウ．日本国憲法が施行されました。

エ．警察予備隊がつくられました。

問９　下線部ｈ）に関連して、宇都宮氏に関する出来事について述べた次の文ア～エを古い順に並べ直し、記号で答えなさい。

ア．宇都宮頼綱《よりつな》は、源実朝をめぐる事件で、謀反《むほん》の疑いをかけられました。

イ．宇都宮国綱《くにつな》は、文禄の役に参加しました。

ウ．宇都宮公綱《きんつな》は、南朝方につき足利尊氏と対立しました。

エ．宇都宮朝綱《ともつな》は、奥州藤原氏との戦いで功績をあげ恩賞をもらいました。

問10　下線部ｉ）に関連して、歌舞伎の役者絵を描いた東洲斎写楽は有名です。写楽が描いたような多色刷《たしょくず》りの版画を漢字３字で答えなさい。

【３】　次の文と表をよく読んで以下の設問に答えなさい。

次の表は、「特定都市河川浸水被害対策法等の一部を改正する法律」（通称《つうしょう》「流域治水関連法」）の 2021（令和 3）年のａ）国会における審議《しんぎ》の流れです。

２月２日	衆議院議案受理
３月 23 日	衆議院付託《ふたく》　ｂ）（　Ａ　）委員会
４月８日	ｃ）衆議院可決
	参議院議案受理
４月 14 日	参議院付託　（　Ａ　）委員会
４月 28 日	参議院可決
５月 10 日	公布
７月 15 日	一部施行

＊付託…議案の審査を任せること

問１　下線部ａ）に関連して、次の各問いに答えなさい。

Ⅰ．次の文は、『日本国憲法』第 41 条です。空らん（　①　）・（　②　）にあてはまる語句を漢字で答えなさい。

> 国会は、国権の（　①　）機関であって、国の唯一の（　②　）機関である。

Ⅱ．次の文章は、国会の種類について述べたものです。空らん（　①　）～（　③　）にあてはまる語句を、（　①　）・（　②　）は漢字で、（　③　）は解答らんにあうように答えなさい。

> 問題文にある「流域治水関連法」が話し合われたのは、毎年１月に開かれる（　①　）においてです。一方、臨時国会は（　②　）が必要と認めたとき、または衆議院・参議院いずれかの議院の総議員の（　③　）以上の要求があった時に開かれます。

問２　下線部ｂ）に関連して、次の各問いに答えなさい。

Ⅰ．空らん（　Ａ　）にあてはまるものを次のア～エから一つ選び、記号で答えなさい。

ア．予算　　イ．総務　　ウ．財務　　エ．国土交通

Ⅱ．Ⅰの委員会では、災害に関する研究者や公的機関の専門家を呼び、意見を聞いています。このような場を何といいますか、漢字で答えなさい。

問３　下線部ｃ）に関連して、次の各問いに答えなさい。

Ⅰ．参議院にくらべて衆議院の方が、強い権限が与えられています。これを何といいますか、解答らんにあうように漢字で答えなさい。

Ⅱ．Ⅰについて述べた説明文として**誤っているもの**を次のア～エから一つ選び、記号で答えなさい。

ア．予算の議決について、衆参両議院が異なる議決をおこない、弾劾裁判を開いたにも関わらず、意見が一致しなかったときは、衆議院の議決が国会の議決となります。

イ．内閣総理大臣の指名について、衆参両議院が異なる議決をおこない、両院協議会を開いたにも関わらず、意見が一致しなかったときは、衆議院の議決が国会の議決となります。

ウ．内閣不信任の決議は衆議院のみができます。

エ．法律案の議決について、衆参両議院が異なる議決をした場合は、衆議院の出席議員の３分の２以上の賛成で再可決すると成立します。

（問題は次のページに続きます）

問４　次の〈資料１〉〈資料２〉は、流域治水関連法をうけて、全国で検討されている流域治水プロジェクトに関するものです。両資料をよく読んだ上で、本プロジェクトが提案する流域治水の考え方と課題を説明し、あわせてその課題を克服するためにはどのような解決方法があるのか、あなたの考える解決方法を解答らんにあうように説明しなさい。

〈資料１〉流域治水プロジェクトについて

今回の法律で、ダムや堤防《ていぼう》にたよる水害対策からの転換《てんかん》がはかられました。流域治水とは、ダムや堤防といった従来の対策に加えて、流域に関わるあらゆる関係者が協働して水害対策をおこなう考え方のことです。あらゆる関係者がおこなう対策とは、山間部など上流部の集水域から、平野部で洪水に見舞われがちな氾濫《はんらん》域まで、流域全体を視野にいれて考えていきます。ダムやため池、遊水地や堤防などの充実に加え、土地利用の規制や避難《ひなん》行動の促進も含まれています。

しかし、各流域治水協議会の地域関係者は市町村首長や国や地域に関する組織の関係者にとどまります。すなわち、地域住民の代表者が少なく、地域におけるあらゆる立場の関係者が、プロジェクトに関われていないのが現状です。

〈資料２〉流域治水プロジェクトの実例

国がすすめる田んぼダムという仕組みは、地域住民の協力により、無償《むしょう》で提供される田んぼをダムの替わりに使う、というものです。これは、雨が多く降った時に、あえて川沿いの田んぼに水を流し、川の流水量を減らすことで、洪水の被害を少なくするものとして注目されています。しかし、あまりにも多くの豪雨が集中して降ってしまった場所では、田んぼにがれきが流入して土がえぐられる被害が起きており提供された田んぼの作物の、収穫への影響が心配されています。

問題は以上です